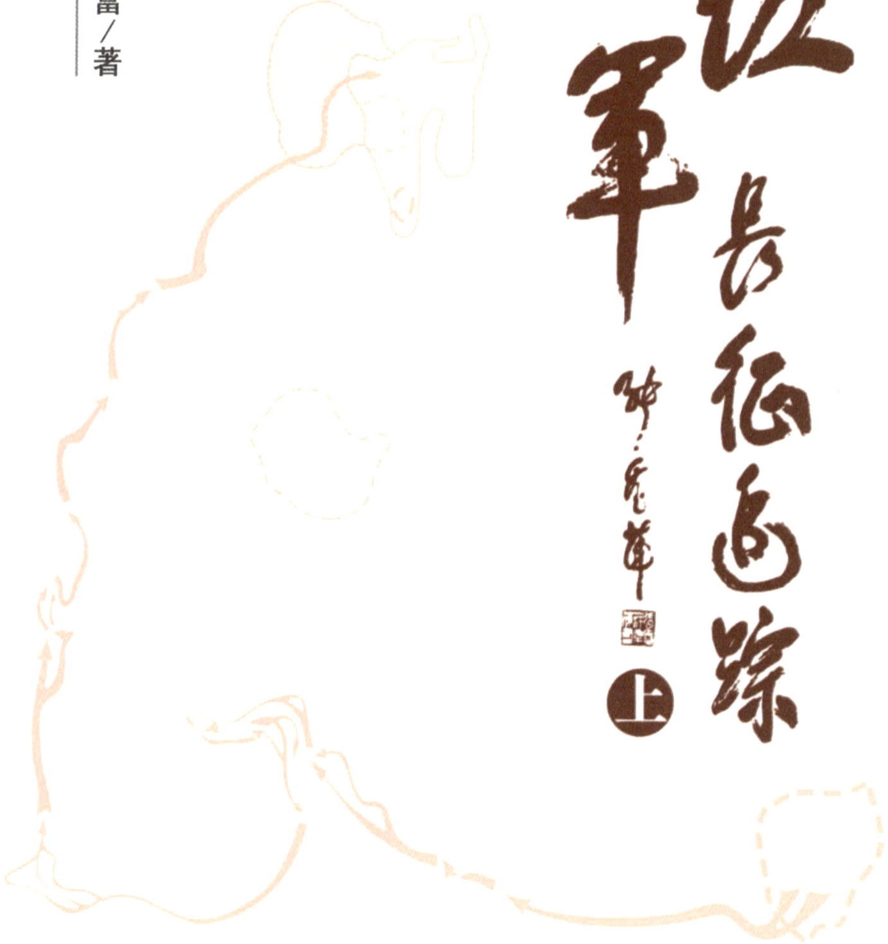

红军长征遗踪

上

罗开富／著

经济日报出版社

在湖南汝城县沙洲村，3 名女红军借宿徐解秀老人家中，临走时，把自己仅有的一床被子剪下一半给老人留下了。老人说，什么是共产党？共产党就是自己有一条被子，也要剪下半条给老百姓的人。

——2016 年 10 月 21 日，习近平总书记**在纪念红军长征胜利 80 周年大会上发表重要讲话时讲述的**“半条被子”的故事，详见本书上册第 38 页

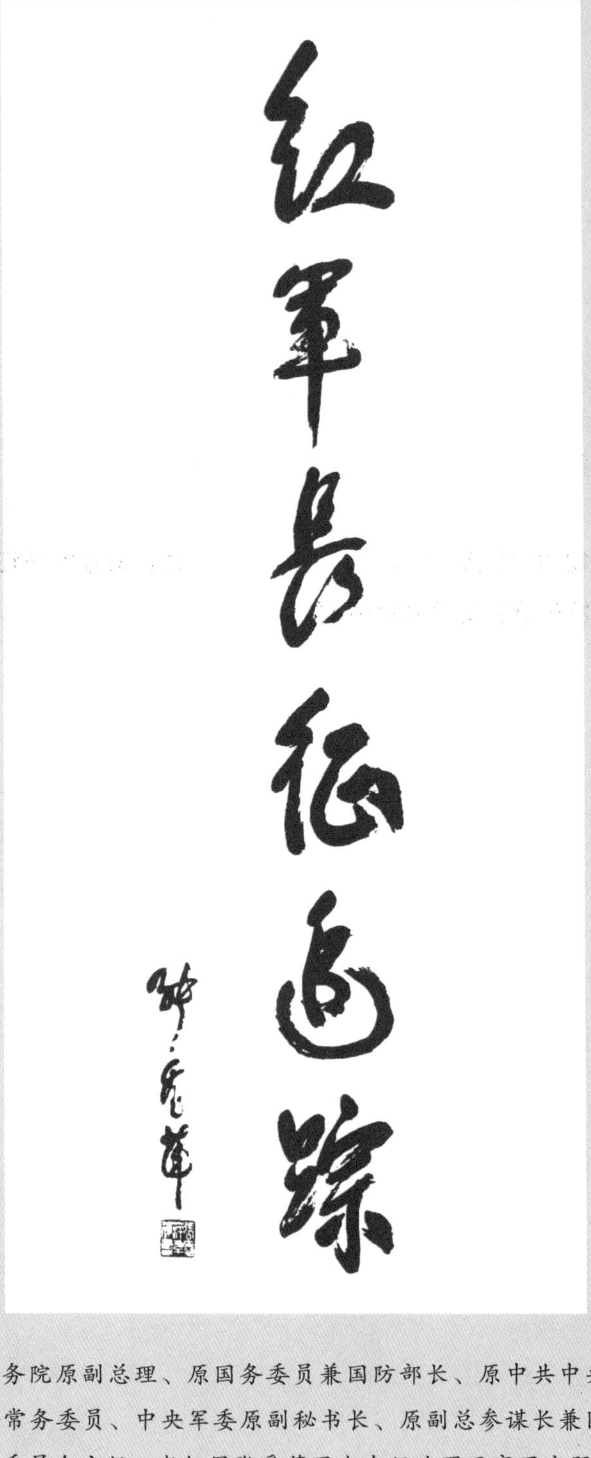

国务院原副总理、原国务委员兼国防部长、原中共中央顾问委员会常务委员、中央军委原副秘书长、原副总参谋长兼国防科学技术委员会主任、老红军张爱萍同志专门为罗开富同志题写。

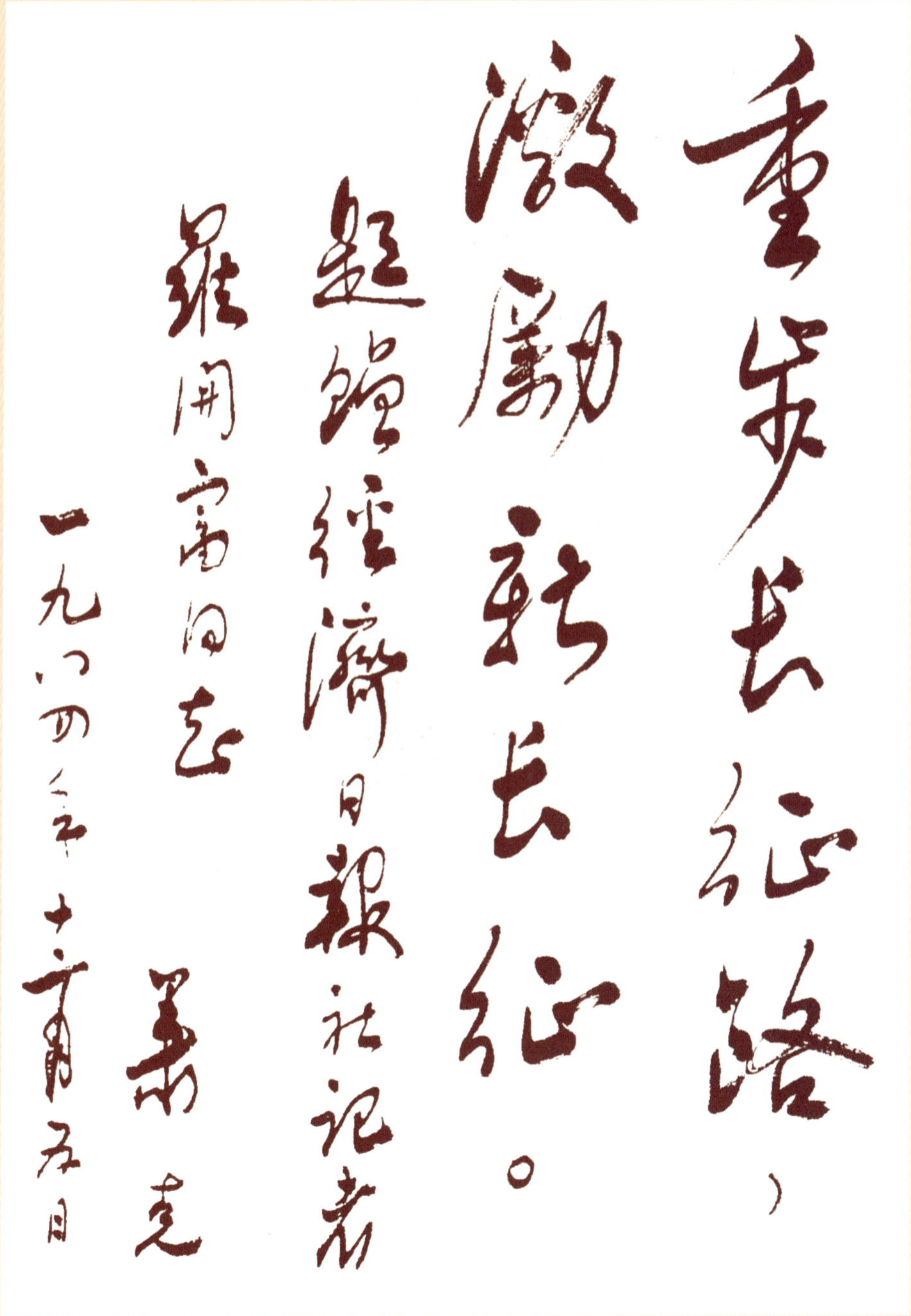

中华人民共和国国防部原副部长、中国人民解放军军事学院原院长、老红军肖克同志为罗开富同志题词。

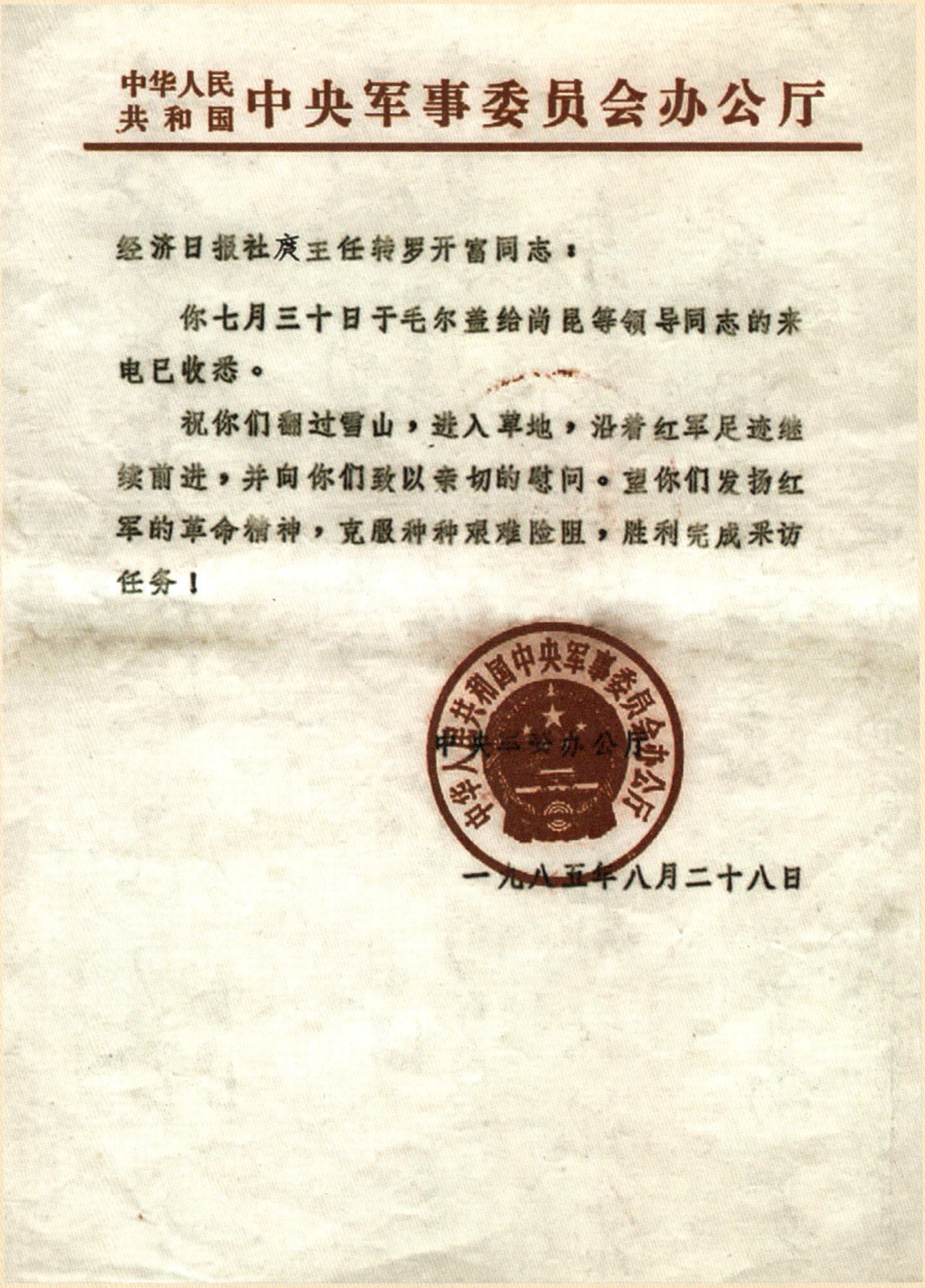

中华人民共和国中央军事委员会办公厅

经济日报社庹主任转罗开富同志：

你七月三十日于毛尔盖给尚昆等领导同志的来电已收悉。

祝你们翻过雪山，进入草地，沿着红军足迹继续前进，并向你们致以亲切的慰问。望你们发扬红军的革命精神，克服种种艰难险阻，胜利完成采访任务！

中华人民共和国中央军事委员会办公厅

中央军委办公厅

一九八五年八月二十八日

这是中华人民共和国中央军事委员会办公厅 1985 年 8 月 28 日请时任经济日报记者部负责人、现任中宣部副部长的庹震同志转交给罗开富同志的文件。

时任中央军委常务副主席的杨尚昆同志在阅读作者刊发在《经济日报》上的“来自长征路上的报告”。

作者在转达长征路上人民对王震同志的问候。（唐玉摄）

作者向杨成武将军汇报长征路上今日的变化。（王正挂摄）

1986年初作者向张爱萍将军汇报长征路上情况。（邓维摄）

老红军谈话摘要

胡耀邦在中南海会见罗开富的一次谈话中说：“人民没有忘记红军，我们也没有忘记人民。”并嘱咐他一定要代他向长征沿途人民问个好。

胡耀邦说：“我们自己能有多少本事！都是靠了人民的支持，才有红军的胜利，建立了新中国，取得了当前的经济发展，所以我们时刻不能忘记人民。”

胡耀邦说：“你每天走路，每天写文章，还把长征路上人民的心意背到北京。我也得感谢你。我知道，你们这些记者，都是很辛苦的。”

载《经济日报》

11月19日，全国政协副主席肖华发表谈话：“罗开富这一采访活动很有意义，对于我们发扬红军艰苦奋斗的精神，致力于振兴中华的宏伟事业，将起到很大的鼓舞作用。”

肖华说：“我看了罗开富同志发自长征路上的报道，知道我们当年走过的地方发生了很大变化，感到十分高兴。他说，长征的目的是什么？就是为了民族的解放，人民的幸福，直到实现共产主义。”

肖华说：“罗开富同志是新中国徒步走长征路第一个记者，应该广开视野，深入基层……写出中华民族腾飞的新篇章。”

载1984年11月20日《经济日报》

11月20日，全国人大常委会副委员长耿飚发表谈话：“罗开富沿二万五千里长征路线徒步采访，是一壮举。请代我给罗开富捎个好。”在给罗开富的题词里，他热情地写道：“祝罗开富同志继续完成你的光辉事业，并希望对红军长征途中的群众表示感谢和慰问。”……耿飚了解到罗开富脚上已打出了血泡，他说：“‘逆游百步，顺流九里’，克服了现在的困难，以后就会顺利。请告诉罗开富同志，长途跋涉要注意后劲，每天要坚持用盐水泡脚，过雪山时，要多吃点生姜、辣椒驱寒；要带上手杖、草绳，雨天路滑时可以派上用场。”

载1984年11月21日《经济日报》

11月24日，中央军委副主席聂荣臻发表谈话：“这确实是一次很有意义的行动，应当得到鼓励和支持。红军的万里长征，虽然是50年前的事，但长征的精神永存，如同一座灯塔，永远照耀着我们前进的道路。”……聂荣臻请本报转达他对罗开富的感谢。他说，我希望记者多报道长征途中的新人新事，反映老区人民如何继承革命传统，战天斗地，改革创新，开创社会主义建设新局面的精神风貌。

载1984年11月26日《经济日报》

11月22日，中国人民解放军副总参谋长何正文发表谈话：“罗开富通过这次徒步采访，写出老区的变化和人物风貌，反映出人民呼声和要求，将增强人们建设四化的勇气和力量，给人们以新的启发，很有现实意义。”……他听说罗开富快要走完江西、广东、湖南三省的长征路程，非常高兴，欣然命笔，题诗一首赠给罗开富：

发扬长征精神，勇往向前迈进；

完成考察使命，业绩献给人民。

载1984年11月27日《经济日报》

11月24日，全国政协副主席杨成武发表谈话：“我把自己写的《忆长征》赠给正在长征路上采访的记者罗开富。”老将军说：“这本《忆长征》是我在1981年写的，罗开富可以看看，对他沿途的采访会有些帮助的。”……“看来，徒步走全程的记者，罗开富还是第一个，这种精神很可贵。”

载1984年11月28日《经济日报》

本报记者罗开富11月14日关于徐解秀老婆婆想念三位女红军的报道刊出后，**当年参加长征的红军女战士、全国政协委员谢飞追忆往昔，激动不已。**她对记者说：“悠悠五十载，沧海变桑田。可对那些在革命最艰难的时候帮助过红军的父老乡亲们，我们永远不会忘记。请罗开富同志捎句话，我们也想念大爷、大娘、大哥、大嫂们！”谢飞告诉记者，**当年红一方面军参加长征的女战士共30名，至今还健在的有15名，她们是：邓颖超、蔡畅、康克清、刘英、李坚真、钱希钧、李伯钊、廖似光、钟月林、危秀英、邓六金、李桂英、谢小梅，王泉媛和谢飞。**她要罗开富转达15位现存的红军女战士对父老兄妹们的怀念之情、感激之情。并表示，她要和战友们联系，想办法找到徐解秀婆婆想要找的那3位女红军。

载1984年11月30日《经济日报》

罗开富在长征路上发回的报道，把老将军肖克的心又带回了战火纷飞的第二次国内革命战争年代，带到了万水千山的征途。**红军长征时，肖克是红军六军团军团长，现在担任国防部副部长，中国人民解放军军事学院院长。**他说，记者罗开富沿长征路线徒步采访，是很有意义的。说着，他欣然命笔，书写了“重步长征路，激励新长征”的题诗，让我们转赠罗开富。

载1984年12月10日《经济日报》

老红军、总参测绘局顾问朱镇中看到报上刊有罗开富写的广西老区人民当年舍生忘死救护他的消息，激动地说：我忘不了救我生命的粟铁匠一家！忘不了生我养我的老区人民！报纸上的报道是实情，当年粟铁匠一家是冒着杀头的危险救我的。他们为了让我早日恢复健康，卖了东西买粮，粟铁匠的老母亲自己吃野菜却要我吃大米……在我离开他们的时候，铁匠含着泪说：伢子，一路上小心，胜利了有机会来看看……朱镇中说：粟铁匠一家救我图的是什么？图的就是胜利，解放。老区人民用自己的生命和血汗养育了我们、养育了革命，我们应该永远记住他们为中国革命做出的贡献！

载1984年12月12日《经济日报》

12月24日，中央军委常务副主席杨尚昆发表谈话说：“为纪念长征50周年，经济日报派记者沿长征路线徒步采访，这件事很有意义。……打娄山关时的营长、连长，现在可能都不在了，资料没有收集保存下来，很可惜。红军长征的资料，原来收集得不够、保存的不多，在‘文化大革命’中又破坏了不少，只好现在重新再收集。你们派记者去采访，这很好。……罗开富同志一路上边走边采访，叙述当前长征的情况，反映人民的意愿，这很好嘛，将来可以出一本书。”

载1985年1月1日《经济日报》

1月10日，国防部部长张爱萍发表谈话说：“罗开富不怕艰苦、不怕困难，徒步采访长征路的精神，对正在从事现代化建设的全国人民是很大的鼓舞。青年一代应该有这种勇气，敢于到最艰苦的地方去创业，到最贫穷的地方，去帮助人民创造富裕的新生活。想当年，我长征时才23岁，年轻力壮的，罗开富已42岁，走这样的长征路很艰难，很不简单啦！他写的报道也很有意义，我看他写的渡于都河、打汝城的报道时，想起了我们红三军团的许多往事。”

张爱萍充满感情地说：“离开遵义，罗开富要走的路更艰苦。每天走完路，一定要用热水泡脚，再擦点烧酒，这是我们长征时保护脚力的最重要经验。……代我转告罗开富：继续勇往直前，祝他胜利归来。归来时，我将前去欢迎他。”

载1985年1月11日《经济日报》

1月14日，中顾委委员李卓然发表谈话说：“经济日报记者罗开富报道长征沿途的近况，宣传红军长征精神、遵义会议的意义，这件事做得很好！”……今年86岁高龄的李卓然长征时是红五军团政委。

载1985年1月15日《经济日报》

1985年1月20日，中共中央党史资料征集委员会副主任、全国政协常委童小鹏到桐梓的路上看望正在行走的罗开富，他说：“要穿得暖一点，注意身体，才能完成长征采访任务。”……“50年了，走长征路的人很多，但都是只走一段，走的也不一定是原路，还没有一个人从头至尾把红军走过的二万五千里走通过，所以老红军都关心着开富同志。”

载《红军长征追踪》上册

3月31日上午，**79岁高龄的六届人大代表、中顾委委员、老红军李坚真说：**“罗开富要走的路还很长，过雪山时脚冻了，不要马上用热水洗，要先用雪或冷水慢慢擦；过草地要小心脚被水浸泡，如果发炎，可以先用萝卜叶子烧水洗，然后搽上酥油，这样可以很快治愈。我祝愿罗开富同志圆满地完成任务，顺利地到达吴起镇。”

载1985年4月1日《经济日报》

1985年6月15日，国防部长张爱萍通过办公室，向宝兴（县）询问罗开富有关情况和爬雪山的安排。办公室的同志说：“首长（即张爱萍）指示，罗开富到了宝兴，要先给他检查身体，决不能硬撑着过。50年了，国内外就这么一个人走全程，解放军要出来保护着过雪山，决不能出事。”

载《红军长征追踪》下册

1985年8月8日，老红军、成都军区副司令员陈明义发表谈话：“陈明义谈到他在途中遇到罗开富的情形时说，经济日报在纪念红军长征五十周年之际，派记者沿长征路徒步采访，向全国人民特别是青年宣传当年红军的英勇战斗精神，同时反映长征路上人民的新生活，反映他们的呼声和要求，是一件非常有意义的事。我作为老红军战士，要感谢你们，并希望罗开富在途中代我们当年的红军向沿途人民问个好。”

陈明义还说，“当年范长江从草地开始，沿着红军长征路线进行过采访，现在罗开富从瑞金开始，进行全程采访，了不起！从某种意义上说，罗开富是第二个范长江，我祝愿他顺利完成这一重大任务。”

载1985年8月8日《经济日报》

曾经参加过两万五千里长征的原中国人民解放军副总参谋长何正文22日对记者说，《经济日报》记者罗开富过草地的报道我看了，写得很生动。这些报道使我回想起当年长征路上过草地的艰难岁月。请转告罗开富同志，注意安全，依靠当地向导，尽快走出草地。

载1985年8月24日《经济日报》

习近平总书记讲了我们这本书中的故事

——代第三版前言

我们怎么也没有想到习近平总书记会在纪念红军长征胜利80周年大会上的讲话中讲到了我们书中的故事！这是经济日报出版社全体党员在2016年10月21日上午集体收看习近平总书记在这一重要讲话直播视频时共同发出的感慨，这个故事就是现在已经被全党乃至全国人民熟知的“半条被子”的故事。

习近平总书记在讲话中这样讲述：“一部红军长征史，就是一部反映军民鱼水情深的历史。在湖南汝城县沙洲村，3名女红军借宿徐解秀老人家中，临走时，把自己仅有的一床被子剪下一半给老人留下了。老人说，什么是共产党？共产党就是自己有一条被子，也要剪下半条给老百姓的人。”

这可是习总书记在讲话中讲到的唯一一个故事，而这个故事就来自我们出版的这部《红军长征追踪》上册的第38页。这是我们经济日报出版社的光荣，更是这本书的作者罗开富同志的光荣，是罗开富同志在32年前徒步重走长征路时采访到的感人故事之一，并把它写进《红军长征追踪》这本书。

看完习近平总书记的讲话视频，我们当即决定再版这部红色经典。当我找到已经75岁高龄的作者、也是我们经济日报原常务副总编辑罗开富同志时，他一下子就猜到了我的来意，并告诉我他也没想到习近平总书记会讲到他在书中写到的这个故事。而且，各大媒体已经纷纷约他做访谈节目或栏目。

罗开富同志和我们都懂得习总书记为什么这么看重长征精神并把这段故事穿插其中，就是让大家不忘初心，让大家都明白：“长征永远在路上。一个不记得来路的民族，是没有出路的民族。不论我们的事业发展到哪一步，不论我们取得了多大成就，我们都要大力弘扬伟大长征精神，在新的长征路上继续奋勇前进。”

因为习总书记讲到我们书中这个故事，不仅我们出版社的员工情绪激奋，就连罗开富同志也变得精神头儿十足，他说，总书记这么重视长征精神，并把实现“两个一百年”奋斗目标、实现中华民族伟大复兴的中国梦看成是我们这一代人的长征，他要积极配合出版社再次出好这本书。

正如**习近平总书记指出的：在今天新长征的道路上，“我们还有许多‘雪山’‘草地’需要跨越，还有许多‘娄山关’‘腊子口’需要征服，一切贪图安逸、不愿继续艰苦奋斗的想法都是要不得的，一切骄傲自满、不愿继续开拓前进的想法都是要不得的”**。我们再版《红军长征追踪》就是让人们记住胜利是怎么来的。

这是一部不多见的好作品，是作者从42岁走到43岁用脚丈量368天、用几度生死换来的杰作。20世纪80年代有位叫徐敬亚诗人曾这样写长征：“在这条路上，曾经走过一队真正的将军，一队华夏民族最辉煌的血肉、骨骼和精神。”同样，在这条路上也走过一个用生命去探索长征精神的人，他就是罗开富。

所以，他的探索值得我们每一个人去品读。

韩文高

2016年11月25日

二版前言

一

与罗开富交往，要有心理准备，他经常于不经意间，语惊四座。

比如，他说："人文思想和精神是真正的生产力。"

这是一种感悟，也是一个总结。他的意思是说：一个人，一个民族，一个国家，确立正确方向后，一定要坚定信念，团结向上，不屈不挠。有了这种精神，无论面对怎样的危局，也能在艰难中崛起，达于成功，复兴，强盛。缺乏这种精神，则一事无成。

这是他对红军长征胜利的总结，也是徒步全程重走长征路的感悟。《红军长征追踪》全书都贯穿着这样一种精神。

按照当时经济日报总编辑安岗同志对他长征采访"六个必须"要求，罗开富在红军长征50年后的1984年10月16日从江西瑞金以西的于都河畔出发，途经11个省市，历经1年零3天，于次年到达陕北吴起镇，成为红军长征之后徒步原路走完长征全程的世界第一人。在途中，罗开富遇到了许多常人难以想象的困难：左腿膝关节在启程不久就摔骨折了，半路换的一条铁手杖也生生地磨短了一寸；在广西2000多米高的老山界，他又饿又累，饥不择食，只好吞食随身带的止咳冲剂、速效感冒片和生姜晶；高山缺氧、疲劳之极使他差点命丧雪山；超极限的体力精力支出使他肝病、胃病复发，本来已经很瘦的他体重又减了十几公斤。在泸定桥，赶来看望他的杨成武将军和安岗同志看他瘦得实在不成样子，都劝他"赶快休息，治疗要紧"，但是他抱着只要有一口气就要走到底的决心，含着眼泪请求："让我再坚持几天，实在不行了，再换人，如果我真的不行了，希望接替我的人能背着我的骨灰走进吴起镇，也证明中国记者的一份骨气啊!"最后，坚定的信念终于创造了奇迹。**《红军长征追踪》每天一篇日记，真实记录了368**

天的所见、所闻、所思、所想。应该说这是一部走红军路，学习红军精神，用坚定的信念、钢铁的意志和汗水甚至生命做支撑，用脚、眼睛和绷紧的大脑神经写成的日记。

当然，如果书中仅仅记录了这些，那么至多也只是一个苦行者的朝拜日记，难能可贵的是这本书还是有着大量第一手珍贵资料的历史记录。20年前，当时许多老红军和帮助过红军的老乡们大都健在，许多红军过后留下的珍贵的历史真迹还基本保持原貌，他尽最大努力去采访、去搜集，获得了大量的人们以前没有发现的资料和情况，对红军长征精神进行了深入挖掘和充分展示，在社会上引起广泛而深远的影响。应该说，这种精神是民族脊梁的骨髓。1984年6月胡耀邦同志在会见美国《纽约时报》著名的专栏作家哈里森·索尔兹伯里时就说："中国虽然正在进行现代化建设的新长征，人们依然可以从中国红军的长征中汲取勇气、力量和智慧。"

二

这本书是一个关于成功的故事，给你一把成功的钥匙。

红军长征改写了历史，改变了一个党、一个民族、一个国家的命运；罗开富徒步重走长征全程完成了新闻史的一个壮举。他们的共同特点就是"不曾想"和"坚持"。

红军长征开始，不曾想到底走向哪里，不曾想要走多久多远，不曾想走过去那边到底是怎样的一片天，更不曾想最后竟然走了两万五千里，反败为胜，夺得全国胜利，创造了一个历史的奇迹。

罗开富全程徒步重走长征路，历时1年零3天，坚持每天为报社发回一篇文稿，报道50年后长征路上的变化。他没曾想自己的举动会在社会上引起那么强烈的反响，许多老革命家、老红军战士纷纷为他题词、题诗、赠书或者发表谈话；没曾想到自己一下子成了名人，工人、农民、解放军指战员、知识分子知道他，烈士后代、港澳同胞也知道他；没曾想自己会作为一年内徒步里程最长、发稿最多的记者载入新闻史史册；不曾想会成为与范长江、穆青等一样闻名海内外的名记者；不曾想他写的日记《红军长征追踪》已与《西行漫记》《长征，前所未闻的故事》被有些著名大学作

为新闻采写学习的三本必读书。

更让他不曾想到的是边走边写，瘦了几十斤。走到吴起镇后，成了红军长征50年之后唯一一个能够用双脚走完长征全程并亲历、目睹和记录了长征沿途沧桑变化的见证人和忠实记录者。也因此，**这本书已经不是单纯的介绍70年前的长征，而是将历史与现实融为一体，是将当年红军的光辉业绩和现今当地人民走向现代化的进程融为一体，在一定意义上，是再现了至少50年中国大地的变化史。**

徒步全程走完二万五千里并成功完成考察、采访、报道等任务的罗开富面对如潮的鲜花、掌声、赞美和各种荣誉，却说："罗开富算什么，没有老红军老革命们的鼓舞，没有报社领导和同志们的支持，没有沿途各族百姓的帮助，没有红军精神的激励，罗开富什么事情也干不成。"所以，他始终珍藏着老红军当年给他的题字、题词、书籍、资料，珍藏着报社领导和同志们当年给他的信函、电报、报道，珍藏着向导、陪同、老红军、老百姓等每一个题字留言，珍藏着布依族老妈妈给他的拐杖，苗族姑娘们赠送的绣花衣、绣花带，珍藏着老工会会员专门为他走红军路缝制的布鞋和鞋垫，珍藏着沿途宣传部党史办等给他提供的各种珍贵的历史文物和资料，珍藏着雪山草地当年红军曾经吃过的野菜野草，也珍藏着全国各地乃至国外读者的每一封来信来函……20年过去了，他始终珍藏着，作为激励自己的最宝贵的精神财富，视如珍宝。他说："我要留着，留给后人，让更多的人记住他们，记住人民，记住红军精神。"

"湖水无心逐浪，苍松有志凌云"，是经济日报报业集团前任社长武春河送给罗开富的题字，意思是说因为胸怀宽广思想深邃，所以无意追逐浮名俗利；因为志向高远，所以必然取得非凡成就。这正好道出了罗开富成功秘笈。

三

新版《红军长征追踪》与首版最大的不同当然是增加了大量的图片。

由于当年红军长征所走的桂、湘、云、贵、川、甘、陕等大多是崇山峻岭间相对闭塞的少数民族聚集地，时间又是在社会经济形态和生活形态还未发生急剧变化的20年以前，所以，沿途较为重要的革命文物、历史真迹还在；优美的风光、奇特的民俗、古朴淳厚的民风民情，还有各具特色的民族服饰、礼仪、饮食、特产等，都还保持着较好的自然状态。

罗开富沿途拍摄了近千幅照片，忠实记录了长征沿途多姿多彩的民族风情；记录了雪山草地、崇山峻岭、幽谷险关等迤逦神奇的自然风貌；当然还有保存较为完好的历史真迹，当时健在的老红军或者帮助过红军的老乡。如果说他用笔记录的是“闻所未闻的故事”，那么他用镜头留住的则是“见所未见的影像”。

从罗开富重走长征路到现在又有20年过去了，这是改革开放经济飞速发展社会生活急剧变化的20年。20年前从来没有去过一个记者的深山僻壤也许有许多青年后生走出了山寨，九寨沟的“三妹”卡龙沟、当时发现的我国最长的溶洞多缤洞将被开发成了黄金旅游景点，当年红军走过的天堑鸿沟架起了大桥，崎岖小路不仅通了汽车还有火车的汽笛长鸣，古朴的山寨和民族浓郁的服饰也都已经“旧貌换新颜”。

但是当年红军走过的道路是怎样曲折艰难，雪山如何壮伟，草地如何辽阔，古风犹存的少数民族生活是怎样的面貌，为红军摇橹过江的汉子是何等苍老，夜郎古地到底是怎样一个地方，毛儿盖会议旧址原来是什么样子？这一切一切都成了凝固的历史，保存在罗开富永恒的底片上。

这些照片不仅是我党我军发展的珍贵历史资料，而且会成为修复革命历史旧址、拍摄历史题材影视作品最真实可靠的参考；成为研究民风民俗民族服饰的珍贵资料；它翔实形象的内容、质朴生动的图片也会成为研究历史文化变迁的见证：见证了历史，见证了中国共产党领导中国人民从贫穷落后走向富裕强盛的丰功伟绩。

就在本次新版《红军长征追踪》即将问世之际，20年前还鲜为人知、而今因其辉煌已举世瞩目的横店集团投资数亿元、占地9000多亩的“红军长征博览城”即将开城，而景区设计正是以红军长征为主线，以罗开富这本日记为主要设计依据的。其中展示了大量罗开富沿途所拍摄的照片和收集的珍贵资料、文物等。博览城恢宏的建设，不仅说明了横店集团创始人徐文荣会长的胆识、气魄和远大目光，也可以看出这片热土上的人们对长征精神的崇敬和热爱。

书中，我们从罗开富和他的向导、陪同所拍摄的近千幅照片中精选出300余幅，以飨读者。

同时，新版书还增加了200多幅红军时代的珍贵的历史图片和文物图片，大大增加本书的历史凝重感和可读性。

四

新版所做的另外一个工作，就是把一些较为重要的语句用黑体字做了重点强调。

罗开富基于对中共党史、军史和历史的广泛研究和深刻思考以及沿途采访，使他记录下许多真正堪称“闻所未闻的故事”，这些无疑对研究党史、军史、历史都是极为难得的珍贵财富。而他的开阔、严谨、细致和实事求是，使他提出的问题大多尖锐深刻。在书中，他提出了一系列值得深思的问题，比如：为什么红军长征初期，指挥权掌握在李德、博古等人的手里，为什么毛泽东具有卓越的才能却受到无情打击和排挤，李德是不是共产国际派来指导中国革命的，湘江战役究竟惨烈到何种程度，通道转兵的意义，为什么说1935年的9月9日是毛泽东一生中最黑暗的日子，他又是如何脱险走出生死困境的，刘少奇陈云到底有没有参加长征，到底是什么时候因为什么事情彭德怀第一次被误解，又最终为什么没能消除误解，雪山有多高，草地有多宽，为什么雪山口必须在规定时间之前通过，那么多红军的补给由谁来筹措。上百个历史之谜，读来让人感到惊心动魄而饶有兴趣。

一年多采访中，老革命家、老红军们的支持和鼓励，报社领导的关怀和帮助，沿途百姓、各级地方领导的拥护和爱戴，向导和陪同们的生死与共，等等，都成为该书值得瞩目的红线。

我们用黑体字标出，是我们觉得这些对发扬长征传统，振奋民族精神，更好地加强执政党建设，带领全国人民共同建设富强的国家，都有特别的借鉴和启迪作用。

五

日记虽然是20年前写成的，但是罗开富对资源开发和保护关系的深刻思考，对旅游经济发展潜力的透彻认识，对循环经济、可持续发展的精到见解，对贫富差距的深远忧思，对革命文物历史文物价值的评判和有关保护的建议，无不高屋建瓴，反映出作者高度的敏感性和罕见的前瞻性，即使是今天读来仍然觉得耳目一新，令人赞叹。

书中，我们不仅能和作者共同感受一路上的所见所闻，而且能同他一路探询，一路思索：**从红军何以能够在那样艰难困苦中战胜强大的敌人，到点点滴滴中反映出的军民鱼水深情；从50年后当地的巨大变化，到如何利用当地环境优势、资源优势引导人民走向富裕；从对现实阴暗面的揭露和批判，到如何在解放思想、转变观念、发展经济的同时，发扬优秀传统精神……都是极有说服力的生动教材，能够对每一位读者产生有关理想、信仰等人格精神方面的深刻影响。**

今天的新闻工作者读《红军长征追踪》有着更为现实的深刻意义，罗开富同志作为新闻前辈用真情反复强调：为人民鼓与呼是记者的责任；深入生活是记者的责任。新闻是“走”出来的。这正像曾任经济日报总编辑庹震同志曾总结的那样：“我们还从罗开富同志身上真切地感受到：一个优秀的记者，应是脚踏实地、不畏艰险、全心全意为人民服务的记者。‘艰苦奋斗炼就第一流记者，深入实际写脚底板新闻’，这应该是对罗开富的高度评价，也应是对广大新闻工作者的有力鞭策。”

傅秋爽

2005年10月1日

一版前言

1995年9月的一天，我曾与开富同志一起出差到湖北的恩施土家族苗族自治州，在返回武汉的飞机上，一位坐在我们后排的20多岁的姑娘从我们的谈话中听出一个叫罗开富的，于是凑上前来问："您是罗开富？"

"是啊。"开富同志当时有点诧异。

姑娘追问："您就是徒步重走长征路的那个罗开富？"

"怎么，你认识我？"开富同志疑惑地问。

"我看过您写的文章，是在《经济日报》上，那个栏目好像叫《来自长征路上的报告》。"

"那是1984年到1985年的事了，你多大就开始看报纸？"开富同志非常惊奇。

"当时，我刚刚13岁，是我爸爸每天都看您的报道，我顺便看到的。那时候我就很崇拜您，所以记住了您的名字。"姑娘边说边从背包里拿出两条香烟送给她崇拜的英雄般的老记者。开富连忙谢绝说："你能知道我，我就很高兴，怎么能要你的烟？"可是姑娘执意要给，她说这不是送礼，这是她对全世界第一位徒步重走长征路并为人们写下了那么多好文章的勇敢记者的敬重。无奈，开富同志收下了这个素不相识的年轻姑娘的敬意。

从开富同志重走长征路到遇上这位崇拜他的姑娘已经相距10年时间，可读过开富同志《来自长征路上的报告》的这个孩子却在长大后还能记着文章的作者，可见开富同志当年徒步重走长征路时克服千难万苦写下的新闻报道（每天一篇，登载在1984年10月17日至1985年11月12日《经济日报》的头版）在社会上产生了多大的影响力和感染力。另外，不仅孩子看，孩子的爸爸也在看，一套文章能够影响两代人甚至几代人，这说明开富同志用坚定的信念、不怕苦的精神以及惊人的毅力为我们的党、我们的国家和我们的人民做了一件非常有意义的事情。

1987年，经济日报出版社曾将开富同志重走长征路采写的新闻稿结集出版，书名为《来自长征路上的报告》。今天正值中国共产党建党80周年之际，经济日报出版社很荣幸能够出版开富同志整理的当年他重走长征路时记下的日记，应该说这部“来自长征路上的日记”比前期出版的《来自长征路上的报告》更精彩、更神秘、更耐人寻味。

开富同志所著述的这部由张爱萍将军题写书名的《红军长征追踪》是一本日记，也是一部历史，更是一本独特的研究著作。这部书有这样几个特点：**一是现场感极强。**因为书中所记都是开富同志亲眼所见，亲耳所闻，所以长征路上的一草一木、一景一情、一人一事都历历在目，跃然纸上；**二是故事性较强。**作者的著述手法本身就是叙事的日记体，所以看文章就像听故事，曲曲折折，娓娓道来，着实令人爱不释手；**三是思想性很强。**作者对长征路上的所见所闻不是简简单单的记录，而是边记边思考，使读者在读书的过程中不断得到新的启发并发现新的价值，其实，将历史过程和现实采访相映照所迸发出的思想火花融入日记正是这本书的精华所在；**四是现实性十分突出。**该书所记录的不仅仅是红军长征时的感人事件，还记录了红军长征50年后当地人民对红军的感情、对红军的思念以及对中国共产党的爱戴，除此而外，还记录并思考了当地人民今天的生活、今天的困难以及那里人们的喜怒哀乐；**五是具有较高的资料和文献价值。**由于开富同志在重走长征路的过程中，始终不忘深入群众，尽最大努力去寻找当年的老红军和帮助过红军的老乡们采访，所以，他获得了大量人们以前没有发现的资料和情况，有些堪称“闻所未闻的故事”。这些资料和情况无论是对研究历史的、研究红军长征的，还是对红军长征非常着迷的广大读者都将是难得的财富。

我们相信，看过这本书之后，读者会说，罗开富同志又为我们写了一本好书，经济日报出版社又为我们出了一本好书，因为这是作者在1年零3天的时间里（1984年10月16日从江西瑞金出发，途经11个省区，1985年10月19日抵达陕北吴起镇），以汗水、信念甚至生命做支撑，用脚、眼睛和绷紧的大脑神经写成的一部独特而难得的著作。

作者与出版社谨以此书献给中国共产党80周年诞辰！献给时刻关注我们的党、我们的国家和我们的人民的人们！

韩文高

2001年5月

总目录

1984 年 10 月 15 日~1985 年 10 月 19 日

目录(上册)

1984年10月15日~1985年5月2日

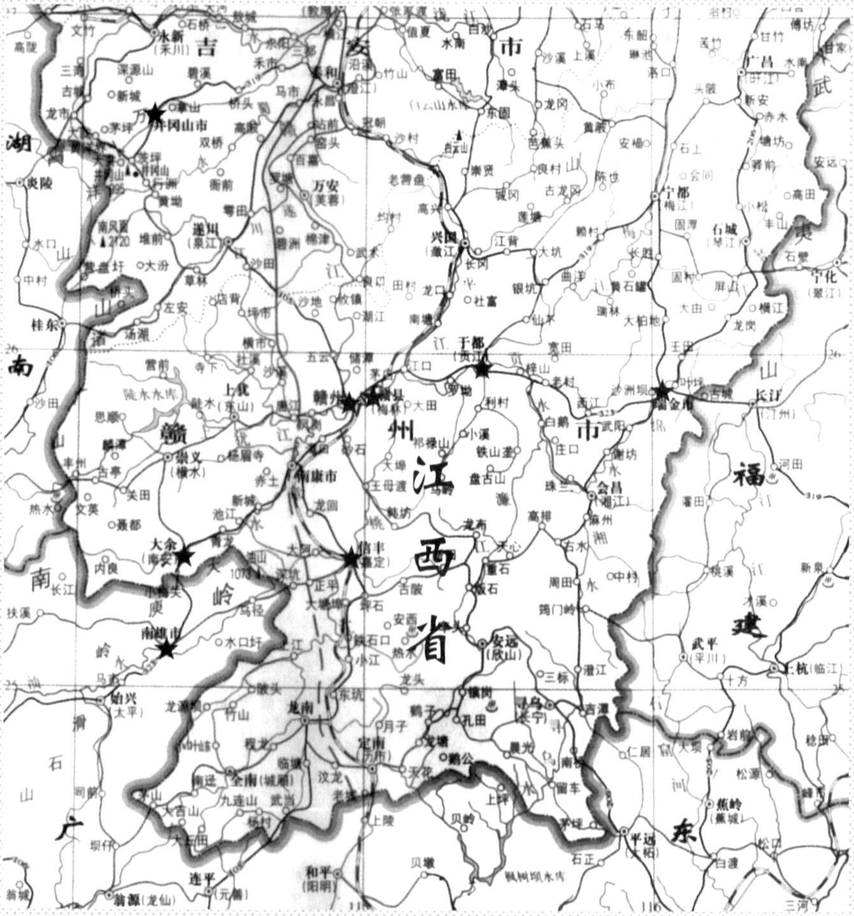

江西省

1984年10月15日~1984年10月30日

于都县　赣县　信丰县　大余县

1984 年 10 月 15 日　阴

江西于都县

一个有志向的人，做完一件大事，往往会这样告诫自己：这仅仅是走了万里长征的第一步。而我，什么大事还没做，明天却真的要迈出万里长征的第一步了，我的心情很激动。

我是中午从江西瑞金来到于都县城的。古名为贡水的于都河紧靠县城。我放下行李，直奔河畔。只见宽处约 500 米、窄处约 400 米的河水蜿蜒东流。河水十分清澈，在阳光照耀下，水波和河底的沙石在粼粼晃动。

50 年前，中央军委总部工兵营等单位在于都河上架有五座浮桥以备突围。中央红军突围是秘密行动，开始于 1934 年 10 月 16 日傍晚。

50 年过去了，当我此时迈着沉重的脚步，凝望乌云密布的天空，流连于河畔时，忽然觉得心情很沉重：**人间真情最难舍，在中国共产党领导下，**

▼福建长汀、江西于都都是中央红军长征出发地——该图为出发地之一的江西瑞金以西的于都河畔。(于都县委宣传部提供)

无数英勇的中华儿女洒热血，抛头颅，在人民的拥护下建立起中央苏区。而“左”倾机会主义路线只几年间就几乎把中央苏区搞垮了，红军主力被迫突围转移。在于都河畔，人民与红军、战友与战友依依惜别，而当时谁都心里明白又不明白：走的，不知走到哪里去；留的，不知留到哪一天。都不知何日再能相见。虽说革命处于低潮期总是难免的，但历史在当时是鲜活的，红军将士心有不甘：好端端的红色根据地被“左”倾机会主义路线的领导人葬送了啊。不了解这个背景，就未必能体会红军将士们在走上史无前例的伟大长征时的沉痛惋惜、深情难舍而又充满革命乐观主义的复杂心绪。离别，总是痛苦的。

我在瑞金梅坑村时人们告诉我，当时的“左”倾领导者排斥异己，将一些不同意自己所作所为的人留了下来。由于毛主席在红军中的较高威望，加上周恩来的力持，“左”倾领导者才不得不让毛主席参加转移，但不少领导被留了下来。中国共产党创始人之一、党的一大代表何叔衡知道自己被留下后，就约请老战友、中华苏维埃共和国国民经济部部长林伯渠在河畔的一座小屋里，米酒就花生彻夜长谈，感慨万千。临别时，何叔衡想为将走上征程的战友再做些什么，就把自己穿的毛衣送给了时年 50 岁的林伯渠。林伯渠百感交集，为此赋诗《别梅坑》：

共同事业尚艰辛，
清酒盈樽喜对倾。
敢为叶坪弄政法，
欣然沙坝搞财经。
去留心绪都嫌重，
风雨荒鸡盼早鸣。
赠我绨袍无限意，
殷勤握手别梅坑。

想不到这竟是他们的永别，两位战友此去再没有重逢。

从许多史料来看，这次战略转移是中央“三人团”

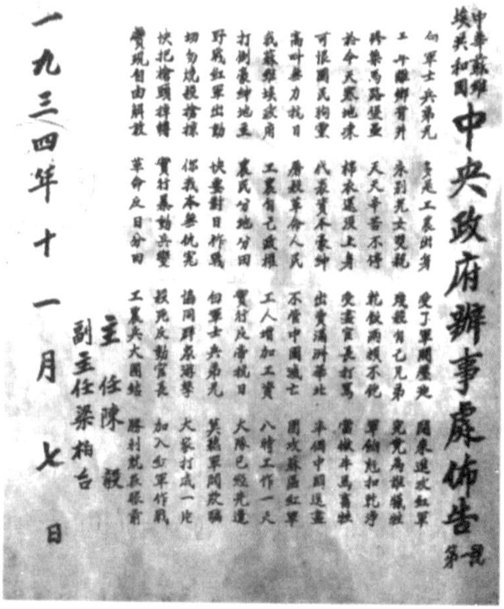
中華蘇維埃共和國
中央政府辦事處佈告 第一號
主任 陳毅
副主任 梁柏台
一九三四年十一月七日

▲红一方面军撤离中央革命根据地后，中央工农民主政府办事处发布的布告。

江西省

1984 年 10 月 15 日~1984 年 10 月 30 日

▲瞿秋白(1899~1935)

1934 年中央红军主力长征后，留在根据地坚持斗争。1935 年 2 月，在福建武平县被捕，同年 6 月牺牲于福建长汀。

即博古（秦邦宪）、李德、周恩来决定的。中央政治局没有开会讨论，连毛泽东等事先也不清楚。当时，毛泽东受“左”倾领导者的排挤，从第四次反“围剿”开始，在军队里已没有职务。在那战火纷飞的年代，军事指挥权被剥夺了，自然就没有实权了，只剩下名义上的党中央政治局委员、中革军委（即中央革命军事委员会的简称，以下同）委员、中华苏维埃共和国临时中央政府主席的职务。毛泽东很晚才接到可以随军转移的通知，而此刻的毛泽东还在离瑞金城150 多里外的于都农村搞调查研究。在忙着开会向留下来的干部们布置撤离的同时，毛泽东给远在瑞金云石山的爱妻贺子珍写信，要她作好远行的准备。根据中央决定，要把孩子留下，这使毛泽东心情沉重。使毛泽东心情更沉重的是：许多为党出生入死、具有丰富斗争经验的战友被留了下来，而这些人许多是因为曾经对王明、博古（秦邦宪）搞的“左”倾路线看不惯，抵制过，或提出过批评。毛泽东向博古（秦邦宪）要求让瞿秋白等人和红军主力部队一起转移，博古（秦邦宪）不同意，毛泽东只好作罢。

▲博古(秦邦宪)

中央红军大转移由中央“三人团”负责组织和领导，“三人团”的分工是：博古负责政治，李德负责军事，周恩来具体组织军事行动计划的实施。对大转移，周恩来只是执行者，不可能知道所有的事情，尤其是在走与留的人员上，博古和李德仅就军事方面的领导干部征求了周恩来的意见，对其他人员，周恩来只知道个数字。在中央红军于 1934 年 10 月 16 日傍晚告别中央革命根据地开始远征前的 10 月 10 日，周恩来接到了陈毅从红军总医院写来的信，陈毅是在兴国前线受的伤。周恩来立即去医院看望老战友。直到此时，陈毅才正式得知红军要战略转移，自己将留下来坚持斗争。

朱德是中国工农红军的总司令，由于他坚持毛泽东军事战略和战术，也受到“左”倾领导者的排斥。博古、李德甚至没有让他参与战略转移的决策，直到临走前几天，才将决策结果通知他。事后，朱德曾说过：这“使我很伤心”。

顾玉平是一直为周恩来牵马到陕北的警卫，现在住在瑞金。我在访问他和其他老红军时，他们都说：走了八万六，留下一万八，大家告别时都噙着泪水。但当时无论去留，都怀着对革命事业的赤胆忠心，坚决地服从组织的决定。

1984 年 10 月 16 日　阴转小雨

于都县黎村

傍晚，细雨霏霏，我和向导邱勋志、谢登泉两位青年各背着 10 多公斤重的行李和资料，在 50 年前中央红军开始长征的同一时刻，登上了征程。

1934 年 10 月 16 日傍晚，红军在五座浮桥上齐头并进。当时的 5 座浮

瑞金“中央大礼堂”

桥分别搭在江西于都县城龙门前、塔脚下、水南中坝、水南上坝和门坎石。此外，一些部队还分别在孟口、跃州、鲤鱼小河口、中埠、三门搭了浮桥。而今，这些浮桥都见不到了，代之是一座钢筋水泥大桥。

我们过桥时，但见于都河中渔火点点，不时闻犬声阵阵。行进中的寂静难掩心中的沸腾。我们打着手电，摸着小路，走了20多里，走进于都城南三角塘。由于披着雨衣，汗水蒸发不出去，内衣都湿透了。难得路边有人家还亮着灯，小邱上前敲门，女主人迎进。我们一坐下，深秋的汗水，很快变得冰凉。好在女主人很快给我们每人端上了一碗辣乎乎的青菜咸肉汤，喝下后，累乏顿去，寒意顿消。

我们继续赶路。走出村子，伸手不见五指。向导打着手电，找了半天，才找到当年长征的路线，沿着半是山丘、半是水稻田的小路前进。走了半个多小时，除了背上被雨衣遮盖的行李和资料外，其他地方已湿漉漉的，分不清雨水和汗水。两个肩膀被背带勒得生痛，想休息，却找不到地方，因为天上地下都是水。实在累得不行了，我们只好两人在一人背后托着行李，各自站几分钟，算是轮流拄着拐棍休息。就这样走了30多里，夜半时分，终于走到了红军跨过于都河后第一个宿营地之一的黎村。

在离村口约一里地的田埂上，迎面看见几个手电在漆黑的夜空中闪动，而我们手中的电筒也立即晃动着回应。深夜的雨点在手电筒的光亮中变成了无数闪烁的银丝，给人温暖，给人兴奋，我知道，接应我们的人来了。

冒雨迎接我们的乡党委钟书记似乎更加兴奋，他一边握着我的手，一边说："辛苦了，50年前的今夜，我爷爷、父亲他们就是在这里把远征的红军迎进村的，今夜让我赶上迎接走长征路的记者，难得呀。"

凌晨两点多，当我把写好的第一篇报道"走上红军长征路"电稿拟好后，钟书记在我的笔记本上写道："经济日报记者为了了解中国工农红军长征的真实情况，了解老区人民的政治、经济发展情况及人民群众的生活情况，不辞辛苦，徒步重走长征路，我们非常感激。"

1984年10月17日　小雨

于都县大坪村

心里有事，就睡不踏实。昨晚（实际上是今天凌晨）我只睡了3个多小时就醒了。

上路前，我就在想，中央红军进行的二万五千里长征，共用了368天，平均每天要走75里路。我要在这个历经春夏秋冬的时间里走完，就不能多睡。况且还必须每天写一篇稿，每天靠当地党史办或向导帮助去寻找主力红军踏出的原路和与敌人打过仗的战场。论艰难困苦，我当然不能和红军相比，但走路的时间加上采访、写稿、誊到电报纸上和找邮电所发电报的时间等，每天至少要花十六七个小时，时间是非常紧的，也是很辛苦的。我想，凡事开头难，只要向英勇的红军学习，一定会开个好头。

第一天走下来，我的脚上就已打起血泡。早上从黎村出发，沿着田埂七拐八弯走了近4个小时，才走了40多里，到达禾斗乡。我们在乡长张智斐的安排下，边在农家用餐，边召开座谈会采访。放下筷子，收起笔记本后，又钻进雨帘中。

▼红军长征第一山——江西瑞金云石山。

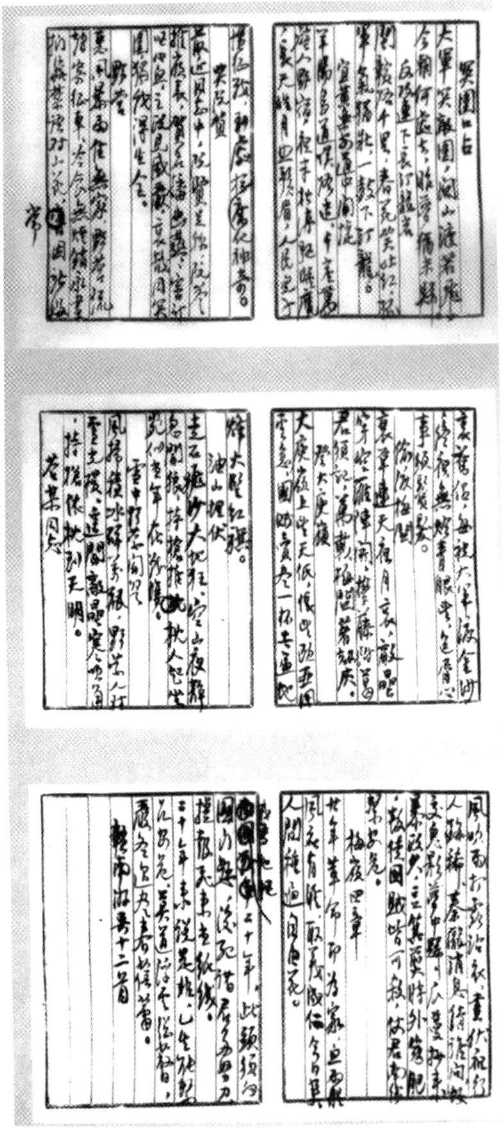

▲陈毅同志“赣南游击词十二首”手迹。

当走了大半天，一身水一身泥走进大坪村时，小邱、小谢和我都累倒了。我们随便找了一个屋檐下放下行李，就瘫坐下来，几分钟内喘不上气，也讲不出话。被惊动的屋主人出得门来，差点被吓着了。连连问：“你们几个是干啥事的？”当我们拿出证件，说明来意后，屋主人和一些闻声过来的人们立即投来了敬佩的目光。几位老人还直埋怨我们：为什么不早说呢？走红军路，写红军事，好事啊。

大家争着把我们让进屋里，让我们喝茶休息，不知是谁还拿来紫药水和消毒棉，让我们搽擦脚上的伤口。然后，乡亲们带我们去参观当年红军住过的老屋，几位70多岁的老人争着给我们讲当年红军进村后给老百姓治病、担水、扫院子的故事。一位姓张的老人说：“我们这里是红区。当年，把红军迎进村，大人小孩都高兴。后来听说他们还要开拔，都舍不得。但哪能留得住，只好大人小孩一起上，连夜炒米、炒麦、炒豆子，将它们磨成面，装在布袋里送给红军。”另一位张姓老人说：“我还把挂在墙上的小辣椒都拿下来给了炊事班，但红军硬是不要老百姓的东西，这哪行！御了寒，不冻着，吃了粮，不饿着，才能打敌人，同志，你说对吧。”听着红区老人50年后的真诚诉说，**我进一步明白了一个真理：只有真正受到人民群众拥护的军队，才是不可战胜的。**

1984年10月18日　阴

于都盘古山钨矿

今天雨转阴。虽然还是走泥泞小路，但比雨中行进轻松多了。

昨天经于都的禾斗乡、靖石乡，走到丘陵深处的江西铁山垅钨矿采访后，又走了一程，夜宿江西盘古山钨矿。我在铁山垅钨矿和蛇形山上看到，当年为了支援红军远征而设的临时救护所至今保存完好。盘古山钨矿党委书记曾中弘和矿长关兆初、副矿长陈盂强介绍，当年矿工们不但为红军治伤、筹粮，后来还有一百多人跟着红军走了。留下来的，也有不少参加了在中央苏区坚持斗争的项英、陈毅的部队。得道多助，这是实践的又一次证明。

今天的采访，使我打算在采访中增加一项新的内容，这就是留意和尽可能核实沿途参加红军的人数。**根据我出发前后收集的资料，中央红军渡过于都河的总人数是86859人。其中：第一军团19880人；第三军团17805人；第五军团12168人；第八军团10922人；第九军团11538人；军委纵队4693人；中央纵队9853人。**

以上是红军出发时的花名册人数。过了于都河后，就有工人、农民和知识分子陆续加入正义之师。这支部队到陕北时“只剩精兵六千”。由此看来，**除了一小部分在过草地时进入红四方面军的建制外，在长征路上为革命牺牲的，因伤病经组织批准留在沿途的很多，绝不是简单的86000多人**

▼反“围剿”中的工农红军。（聂荣臻摄）

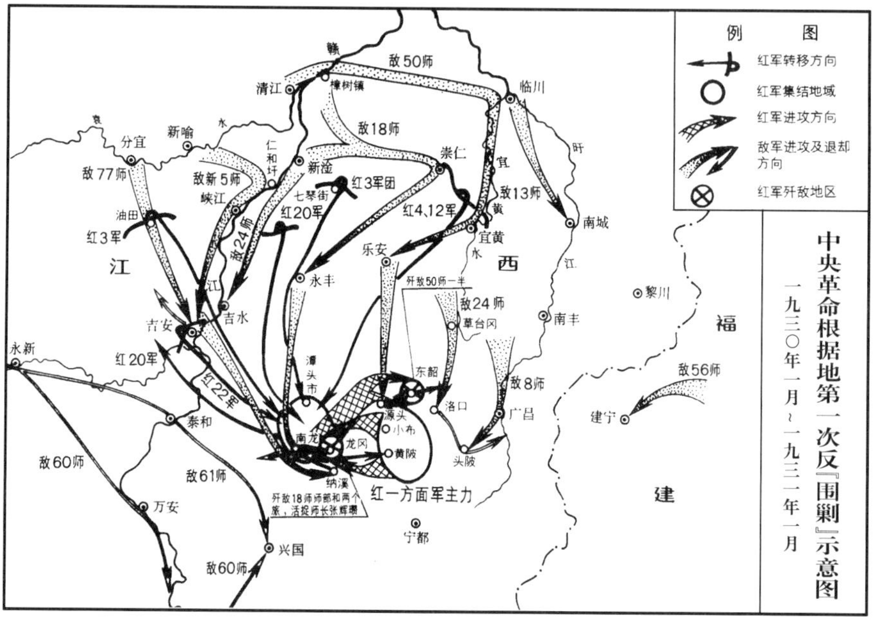

▲中央革命根据地第一次反“围剿”示意图

减去 6000 人的数字。我掩上笔记本，望着窗外凌晨已放晴的格外寂静的星空，心潮翻腾：长征之路，是一条洒满红军鲜血的路啊。

1984 年 10 月 19 日　晴

于都祁录山乡

中午离开盘古山钨矿时，我们增加了一位名叫吴金元的向导，原因是我们要翻越祁录山，赶到祁录山乡去。**坐落在山腰的祁录山乡，就是当年中央军委发布命令、红军突破敌人第一道封锁线的地方。**

据说祁录山山高林密，山上野猪多，还有蛇。吴金元是打野猪能手，4 年间打死野猪 70 多头，政府奖了他 700 多元钱。找他当向导，就是由于这个原因。

我们上山一看，确是郁郁葱葱。坡道并不陡，只是太长。由于平时很少有人走，坑坑洼洼的小道都淹没在野草丛中，极其难行，小邱稍不小心，就扭伤了脚脖子。好在伤得不重，大家帮助按摩一阵，又休息了一下，就瘸着上路了。小谢怕这样走得慢，半夜也出不了山，就对小邱说：“我们现在倒是像远征小分队了，只是有的伤病员还不像红军那么坚强，能不能走快点？”正当小邱举起拐棍要“揍”小谢时，老吴突然说：“你们看！”顺着他手指的方向看去，不远处，一大一小两头野猪正向我们呲着嘴。老吴举了举猎枪，又把枪放下说：“没事，它不主动攻击我们，也就不和它纠缠了。”大家有点紧张地说：“这方针完全正确，赶路要紧。”

爬上山腰一块开阔、树木稀疏的平地，我们先用拐棍把枯草烂叶打了一遍，以防毒蛇隐藏其间。大家确信安全无疑后坐了下来，一面歇气，一面喝水。当我正想对着军用水壶喝第二口时，突然传来老吴急切而又令人毛骨悚然的声音：“都不要动，有毒蛇！”我向老吴望去，只见老吴抬头向天空。我赶紧循着他的目光看去，原来在我们背靠的几棵树的树冠上，两条南方称为“火赤练”的毒蛇缠着枯枝，头朝下，正向我们不断地吐着蛇信子。虽然我小时候也常在田边地头抓蛇，但一般抓的是无毒蛇，而且是处在有利位置，在有把握不伤人的情况下才抓。现在怎么办？只见老吴把猎枪放在地上，抓过我的长拐棍说：“你们都赶快挪开，它敢窜下来，我挑着打死它。”我们拖着行李挪到安全地方后，只见老吴抬着头，还死盯着空中。小邱喊着：“老吴，撤吧，我们已经安全了。”老吴这才拎着我们剩下的行李，走到我们身旁。小谢感慨地说：“老吴，你真像个共产党员啊！”“什么？我本来就是党员，还是村党支书呢。”老吴见我们安全了，松了口气，回答得不无自豪。

▲1934 年在瑞金出版的《红色中华报》（瑞金县委宣传部 供稿）

我问老吴：“你们这里的毒蛇真怪，怎么像猴子似的爬树？是找食，还是玩呢？”老吴说：“这里的蛇是有点怪，但也是被逼出来的。因为野猪喜欢吃蛇，而蛇要生存，长年累月，也许是进化吧，吃了食就爬上树。一是躲避野猪吃它，二是休息，三是有时同类聚多了，就居高临下向野猪报复。”他说曾见过 10 多条毒蛇从树上窜下来，有的窜到野猪身上，有的爬到野猪头上，与之搏斗。大家听了既感到惊险刺激，又激动兴奋。

祁录山给我最深的印象不仅是历险，我还看到了三处红军时期的造纸厂，厂房都是长条形的，长约 30 米至 50 米不等，宽约 10 多米，房梁、房柱等都是硬木的，房上盖的约三分之一是瓦片，其余都是茅草或稻草。屋内一些简单的木制设备中夹有少量的铁制品。其中有一处作动力的水轮机至今还被清澈的溪水冲得直转。这一带原是中央苏区的范围，中央红军的文件用纸，特别是《红星报》的用纸据说当时大多出于这里。造纸厂何以至今还保存完好？老吴说大概有三个原因：一是这里山高林深，离大路和县城都很远，红军撤退后，敌人没有发现。二是当地农民不时搞些副业，造些土纸，也就不断修补。三是当地群众想念红军，经常自觉地来维修。用老吴的话说："我们党组织十分注意青少年的传统教育，有这些实物摆着，可让后来人明白今天的好日子可不是随便得来的，是一代一代革命者用血和汗换来的。"

我在想，老吴说得对，**一个民族、一代精英创业之艰苦，仅有文字记录是不够的，还必须有实物证明，使人有真实感受，才更真切。但愿这价值连城的 3 座红军造纸厂能永久保留下去。**

1984 年 10 月 20 日　晴

于都县井前村

苦不苦，想想红军长征二万五。这是我们这代人在遇到困难时，经常用来鼓励自己的一句话，但当年红军长征究竟苦到什么程度？我在走上长征路五天后算是真有了点体会。我每天连续走路，已走了 300 多里。当每天凌晨二、三点钟把稿写好发走后，接下来的事情就是整治脚上的伤口，疗理腰酸背痛。

第一天，脚上就磨起了血泡。第二天又磨得更重，昨天下了祁录山竟溃烂了。昨天晚上一坐下来，就忙着整理资料、写稿和誊稿，整整忙了四个多小时，准备休息时才发现，脚上的伤口竟和袜子粘连了。没法子，脱不下来，只好把袜子剪了，把粘在肉上的碎袜片留在脚上。洗又不能洗，怕感染，不洗又怕加重溃烂。乡里领导找来医生给我的伤口消毒后，在我每只脚上分别包上了 3 只大口罩，说这样可以减少磨擦，过些天伤口才会好。

但问题又来了，脚上包了口罩，鞋子就不够大了。在这远离公路的山区，根本无法买到新鞋。大家出了两个主意：一是连夜编几双草鞋，二是做担架抬我。我连忙告诉他们，第二个方案决不从命，原因有二，**一是1982年，美国有位名叫汉森的记者，打算走中国红军的长征路。走了几个县，就因脚破腿肿走不下去了，被人送到北京。老红军杨成武将军会见了他，感谢他关注中国红军的长征，对他的深入采访表示赞赏。再有一位是美国前纽约时报副总裁索尔兹伯里先生，他也携夫人采访了中国红军长征路。虽然有时坐汽车、有时坐滑竿，总共花了2个多月，不可能把红军长征路真正走完，但毕竟76岁了，值得敬佩。据路上接待过他的人告诉我，来采访长征的一些外国记者说：这条路的艰险是人类难于想象的，后人不大可能去征服这条艰险之路。**我想，现今中国记者号称30多万人，我虽不是大家举手选出的代表，却是其中一分子，应该为中国记者争口气，不但不骑马、不坐车，走原路，还要每天写篇文章。基于这些原因，在听取了一些红军前辈的意见和考虑到当时的情况以后，**本报安岗总编辑给我规定了"六个必须"：一是全程每一米路都必须是徒步，决不弄虚作假；二是必须按长征的同一时间行进；三是必须走原路，即使山下或山上有了公路，也要走红军走过的山间小路；四是必须每天写一篇文章；五是1935年10月19日中央主力红军走到吴起镇，我必须在50年后的同一天走到；六是在中央主力红军因战事休整的路段里，必须设法徒步采访红二、红四方面军的路线并做出报道。同时也规定了要有向导签字，最好自己记些日记，留下感想，留下见闻，留下历史记录等等……**

昨晚上，我在祁录山乡把以上情况说了后，大家都点头，安排一些人为我打草鞋去了。

这时候，祁禄山乡乡长肖锡美给我题诗一首：

不畏艰难踏征途，
晓行夜宿堪辛苦；
前辈精神重显现，
改革路上展宏图。
送别此山往前走，
愿君乘上顺风途；

祖国处处有亲人，

延安河畔把功书。

望着满屋的父老乡亲，感受着亲人般的关怀，我感觉到血在体内沸腾。

入夜，大家靠在各自的位置上，先后打起盹来。乡领导“逼”我睡在床上，灭了灯，还守在那里，看我睡去。

似乎觉得不一会儿天就亮了。我赶紧起床，收拾一会儿，套上崭新的却又被乡亲敲软了的草鞋上路了。今天走了70多里，直线距离不长，但尽在山上、水边绕，又走出了一个大血泡。

1984年10月21日　晴

赣县韩坊村

今天我们在路上整整走了10个小时。中午离开于都县境，进入赣县小坪乡。然后翻枕头山，经安前村到虎山岭。这虎山岭一带，是敌人设置的阻拦红军前进的第一道封锁线的前哨阵地。我红军小试牛刀，就把守敌消灭了。听着人们的介绍，察看当年战场，自豪之情油然而生。又走了几个小时，傍晚7点10分走到韩坊村。该乡的乡长朱苗光弄了几个菜招待我，同时也为了感谢于都县的同志。

今天，于都县给我增加了一位向导，名叫张金发。在和我分别时，他在我笔记本上签上“中国江西省于都县祁禄山乡井前村公民：张金发”,大家有点不解，认为写得太复杂了点。小张对他们说：“不是啊，罗记者走的是‘六个必须’，外国记者走不下来，罗记者说到做到了，外国人不承认怎么办？每一程、每一个中国向导都写上自己的名字，到时让不相信的人来检查，不就方便了嘛。”朱乡长听罢连连点头，对小张说：“好家伙，你这位于都的中国公民还真有点水平。”说罢，朱乡长找了一本笔记本给我说：“这个中国公民讲得有水平，就照他说的办，每一程的每一个向导都应该签上字，谁要是不相信罗记者每一步都是走的，可以找这些向导搞外调嘛。”

1984 年 10 月 22 日　晴

信丰县

今晨 2 点 10 分写完稿，记完日记，休息时已近 3 点，睡了 2 个多小时，早上 5 点多起床，5 点 40 分就由朱苗之乡长等引路向信丰县城出发了。

上午 10 点多告别赣县，进入信丰县龙舌乡月岭村。走到下午 1 点，在黄峰村吃中饭，然后继续赶路。一直走到夜里 9 点多才进了信丰县城，刨去吃中饭和途中小息时间，路上走了 13 个多小时，疲惫不堪。

据史料记载，中央红军突围的动议是 1934 年 5 月就有的。由于“左”倾领导者奉行的是进攻中的冒险主义，防御中的保守主义，转移中的战略避战主义，在被动转移时，携带了大量辎重，连造枪炮的机器、印票子的机器，还有当时笨重的医院里的 X 光机器等“坛坛罐罐”都带上了，整个是大搬家。刚出发的头几天，八万多人的队伍沿着羊肠小道行进，走得很慢。**10 月 20 日，中央军委在祁禄山下达了突围（即冲过敌人的第一道封锁线）命令。总攻时间为 21 日夜及 22 日晨，突围的地区是在安远、信丰间的新陂、小溪和赣县的马岭等地。**

面对着敌人的阻拦，整个部队行进加速了。我也踩着 50 年前的这个点，开始加快了行走速度。休息时间越来越少，每天发一篇稿后已相当疲

图为古陂大桥，1934 年 10 月 22 日，中央红军曾在此桥同敌人激烈战斗。（罗开富摄）

倦，于是对写日记有了动摇。但我想，人生难得一机遇，我走红军路，首先得向红军学习，只有坚持下去，才不会辜负老红军和编辑部，还有本报广大读者的期望。想虽这么想，但想不到写着写着就睡着了，香烟把稿纸烧了个洞，人也被烫醒了。这却使我受到两点启发：一是碰到每天休息时间不超过3个小时的情况时，简单记个事或记个名，等一二天或三四天后在红军休整、打仗停留的时间里，再补充完善。二是当天事情十分必要记清的，就在手中不停地夹一支燃烧的香烟，睡着了会让烟头烫醒。

叶挺

今天我计算了一下：我每天的工资是2块2角，补助8角钱，共计每天收入3元钱。每天烧掉每包2角钱左右的香烟3包，付去每天三餐1块2角钱的伙食费，余下的1元多钱买药品、购蜡烛和手电电池，节省一下，钱够用了。我为自己找出了克服困难的办法而高兴。

1984年10月23日　晴

信丰县古陂乡

在崎岖的山间和泥泞的田间走了一个星期，在蜡烛或时亮时断又昏暗的灯光下写了7篇稿，昨晚进入信丰县城。一进城，忽然觉得城里的电灯是那么亮，街道是那么平坦。7天来，我大都在农民家住，睡眠时间加起来也不到30个小时，常常顾不上洗脸、换衣就上路了。今天住进了县招待所，就有点刘姥姥进大观园的心境了。

我一照镜子，才发现自己竟那么脏，白衬衣沾满了黄土，衣领黄中带黑。凌晨3点多写完稿，就进入房间浴池洗澡。尽管怕两脚血泡沾水溃烂，不得不把腿架在浴缸沿上，但洗得还是很痛快。洗完美美地睡了3个多小时，起床后就出去采访了。

信丰，素有“人信物丰”之誉，自唐代设县至今已有1200多年历史。信丰河东西流向，宽约100米，两岸柳、杨与白墙、黛瓦拥抱着农舍，清晨，河中蒸腾的热气上升，几只小船似在雾中穿梭，不时传来的摇橹声伴着几声鸟鸣，我觉得信丰真是美到家了。

今天我们的采访地是县城东40里处的古陂。这是敌人给中央红军远征设置的第一道封锁线，也是红军远征以来仗打得最激烈，把敌人消灭得最彻底的地方。

出信丰城不久，在大屋坳山村陈古山家老屋后墙，我见到了红军长征时留下的标语。在叉口村，83岁的韩启沬和76岁的韩启洪谈起他们送红军时的情景，至今仍表露出依依不舍的神情。**他们还向我描述了叶挺将军率部队北伐路过这里的情景，还领我去看了当年留下的遗迹**。这几位老人埋怨我来晚了，看到的东西太少，他们说：“再过几年，生活还要好，老房子拆光了，就更加见不到当年的什么了。我们这些老人归西了，怕后人也听不到过去的什么了。”我向老人说：“县里都有党史办，解放以来就陆续收集了好多资料，还拍了很多照片留着呢。还有的革命遗迹，党和政府正在采取措施保护。”**我在安慰老人，也在安慰自己，实际上心里也和老人一样在担心：生活好了，这些革命文物能保留得住吗？**

1984年10月24日　阴

信丰县

昨天采访了古陂。这里是一个大圩（集市），约300户人家，有白墙黛瓦的新建平房和二层小楼，也有赣南较常见由骑马墙装饰得很考究的农家小院。目光所及，开阔地不多，低坡丘陵望不到尽头，村子东南边200多米处，还有敌人在当年建造的方形“乌龟壳”（即碉堡）。

在中央红军远征的路线上，敌人设置了四道封锁线。第一道就设在信丰、古陂、安远一线。中央红军以一、九军团为左翼，三、八军团为右翼，中央纵队和军委纵队居中，五军团殿后掩护，进行了突围。

突围开始于1934年10月21日夜，左翼前锋由红一军团第二师为前卫，第一仗首先在安远和信丰间的版石圩一线碉堡群间打响。守敌为粤军一个旅。10月22日，一军团进攻版石圩。经过两个半小时激战，红军击溃粤敌第一师第三团和教导团，大部敌人向安西逃跑。红军在追击中，又歼敌一个团，外加消灭一个营，俘敌300多人，缴获大量枪支、弹药，还有敌人的一些文件。

红军右翼以三军团四师为前卫，也是21日晚开始攻击行动的。当晚占领白石圩后，即乘胜追击。先头团十一团在四团和十团配合下，击溃古陂守敌一个团，也缴获了大批弹药等。

打下新田、古陂后，当地老乡高兴，从中央苏区出发给红军带路的向导也高兴，他们往回走时，边走边凑句子唱：

十月里来秋风凉，
中央红军远征忙。
星夜渡过于都河，
新田古陂打胜仗。

▲彭德怀

夜晚，在远离古陂灯火的山脚下，向导告诉我们，在从新田到古陂的战斗中，曾参加过平江起义的三军团四师师长洪超就壮烈牺牲在这里。在漆黑的夜空中，我们为当时年仅25岁的洪师长沉痛默哀。我还想到了彭德怀这位忠臣良将，出生入死，为共和国的建立和巩固身经百战，到头来被害得死不瞑目。彭老总含冤去世前，还在告诉身边的人不要忘了他的老部下洪超将军，他是长征路上牺牲的第一位师长，是一名优秀的战将。想到这里，我不禁潸然泪下。我为洪超师长默哀，也为洪超师长庆幸，因为他有这样的好首长。我也为彭大将军致哀，古来忠臣良将都会永远活在人们心中。

1984年10月25日　晴
信丰县桃江乡

今天走了70里，到达桃江。

这里真称得上是“两岸树木夹翠竹，逢河过溪必清澈”。

风景虽好，但心里并不轻松。走到现在，因太累已吃不下东西，脚也烂得很厉害，还得思考如何改进采访与写作。

我现在面对的情况是：一是不论风雪雨晴、山路泥道，还是生病发高烧，每天必须平均走完70至80里路，用去约9至10个小时；每天找住地然后找吃的，还要开座谈会，找当地党史办核实路线、材料，约4个小时；

加上写稿、誊抄稿件，找邮电所发稿约4个小时；长期睡3个多小时，是否吃得消？二是路上尤其是山区很难找到电话，既无法向编辑部汇报，报社更找不到我，如何改进和提高报道水平，心中无数。三是每天发稿用的是电报，每个字3分钱，新闻稿减半，约2000字，每天需付30元左右，加上伙食费和购香烟等开支，身上钱已不多了，向沿途借？一路采访下来发现，当地农村年人均收入200元至300元，县乡财政都是赤字，怎借？再说，即使肯借，如何还？

看来，我必须设法解决以上三个问题。

1984年10月26日　阴

信丰县油山乡

过桃江后，我们爬上了江西信丰、大余和广东南雄三县交界的油山。这是红军长征经过的地方，也是红军远征后，留在中央苏区的项英、陈毅、陈丕显、李乐天、杨尚奎、刘建华等同志率部坚持三年游击战争的中心地带。

油山区域近200平方公里。清溪苔藓、翠竹绿树。据向导说，当年敌人大肆围剿，烧杀抢掠，许多山脊被烧得见土。我看到的有些山上，大树参天浓荫蔽日处，是未遭劫难的；有些小树成片，望不到尽头的，是解放后栽的或飞机播种长起来的。踏上油山，回忆历史，心绪和绿色的林涛一样起伏。从1934年10月红军主力长征到1937年抗日战争爆发的3年时间里，留在赣粤和赣闽边区的是红二十四师和十几个独立团，共一万八千多人。他们的任务是掩护主力红军转移、保卫根据地、保卫土地革命胜利果实，在中央苏区坚持游击战。中央机关和主力红军长征前，中央决定在瑞金成立由项英任书记的中共中央分局和由陈毅任主任、梁柏台任副主任的中华苏维埃共和国中央政府办事处。同时成立由项英任司令员兼政委、贺昌任政治部主任、龚楚任参谋长的中央军区。

中央红军踏上长征路后，中央苏区的形势不断恶化。主力红军最后一批渡过于都河是11月21日。5天后的11月26日，敌占宁都；19天之后的12月10日，敌占瑞金；12月17日，敌占于都；12月23日，敌占会昌。至此，中央苏区最后剩下的县城全部陷入敌手。中央撤离前，“左”

倾路线的领导人划定宁都、瑞金、会昌、于都四县交界地区为中央分局“最后坚守的阵地”。中央分局书记项英机械地执行中央的指示，没有根据我人少伤员多、敌人兵力集中等变化了的情况，及时地转变斗争方式，仍然采用大部队作战，因而丧失了开展广泛的群众游击战的大好时机。

根据查对史料，结合今天在油山上访问的当年在油山打游击的叶新民等老前辈的述说，我终于弄清了一些史实：在 1934 年 11 月底，陈毅等就提出了部队分散游击的意见，得到了绝大多数同志的赞同。由于来不及向中央汇报，项英只同意局部转变。直到第二年党中央召开遵义会议后的 1935 年的 2 月 5 日、13 日和 23 日，党中央先后给中央分局发来电报，明确指示要彻底改变斗争方式，将部队分散到周围地区开展广泛灵活机动的游击战。党中央的指示，给处在形势险恶之中的中央苏区军民指明了正确的斗争方向。中央分局决定，剩下的部队先后分九路突围，开展游击战争。

据和敌人进行过艰苦斗争至今活下来的人告诉我，当时敌人采用的方针是以集团兵力据守各个县城和交通要道，用堡垒封锁，将苏区分割成许多小块，然后分区“清剿”。敌人每占一地，就对那些坚强不屈的红军和群众狠下毒手：活埋、挖心、肢解、碎割，真是惨绝人寰。红军和人民群众无比坚强，坚信只要坚持斗争、誓不妥协，苏区总有一天仍会红旗一片。

站在这块鲜血染红的土地上，我突然间认识到，**在中国革命史上，红军三年游击战争，同举世闻名的红军二万五千里长征一样光照千秋。**

▼1940 年，陈毅同志（左一）和坚持南方三年游击战争的部分干部于江苏省溧阳市水溪村合影。

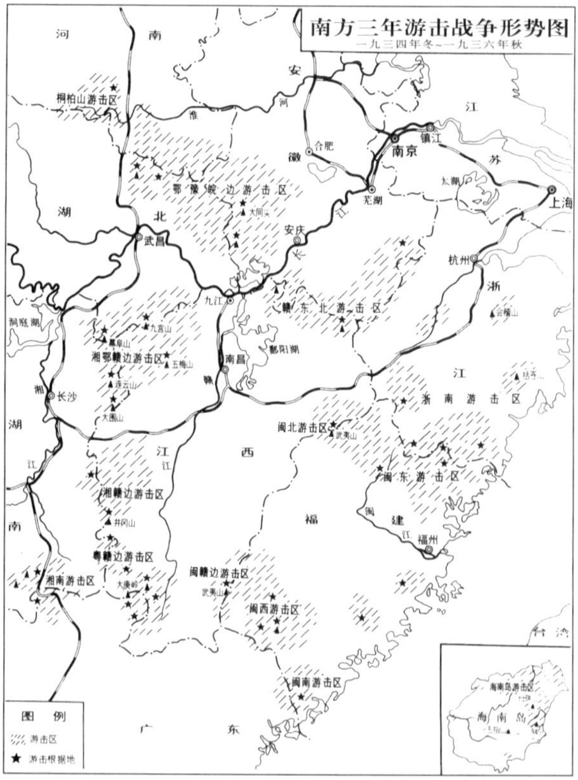

▶南方三年游击战争形势图。

1984年10月27日阴有小雨

信丰县坑口村

今天，我仍然行进在油山中。据向导说，我们时而进入广东，时而又回到江西，但大方向是向江西的大余县前进。

在数十里连绵起伏的崇山峻岭中行进，只见万木挺拔，郁郁葱葱，松、杉、油茶和竹子犹如大海波涛，直连天际。

风景虽好，但身体糟糕。这几天一直感冒，昨天发烧至38度多。药倒是吃了，但不能休息，只好硬撑着走路，觉得疲惫不堪。

上午，我到了油山上的廖地。这是中央主力红军远征后，留下来坚持斗争的项英、陈毅、李乐天、杨尚奎、蔡会文、陈丕显等领导历经九死一生突围出来后的集合地。红军远征是匆忙的，谁留下来，更是博古、李德几个人说了算。在红军主力走了5个多月后，留在中央苏区的领导人还没有集在一起过。这些领导人的第一次集合的时间是1935年3月下旬。可是这时，他们已和党中央失去了联系。原因是在集合前的3月9日下午，项

▲项英

英、陈毅、贺昌率二十四师七十团突围，贺昌在一个叫归庄的地方壮烈殉职。电台从下午1点呼到3点，没有叫通，直到天黑前，才与党中央的电台沟通联络，发出了电报，报告了部队突围情况，也收到了党中央的回电。可惜的是中央机要密码换了，留在油山上坚持斗争的译电员谁都翻译不出来，他们只好埋掉电台。从此，这1万多红军游击队便与党中央失去了联系。

晚上，项英、陈毅等带领几个警卫战士，借了老百姓的衣服，化装后才潜下山来，恰遇我信丰县委书记曾纪财，由他带路，才脱离了险境。

1935年4月，在大余县岭乡召开了赣粤边红军游击队全体军政干部会议。确定今后以油山、北山为主要游击根据地。

由于红军主力远走，敌人重兵“围剿”，坚持斗争的艰苦实难想象。油山上红米段村的几位老革命对我说：那时，我们红军游击队几乎失去了一切最基本的生存条件，几个红军里的知识分子总结了当时艰苦生活的几句话，“天是被子地为床，野菜野果是主粮”、“饥同飞鸟争余粒，倦向芳草索绣衾”。他们说完后问我：“我们当过野人，你信不信?”我连连点头说：“我信，当时油山上的红军的确过着野人般的生活。”

在这般境况中，红军能在中央苏区坚持下来，靠的是对党的信念和革命者的坚强意志，还有人民的支持。经过访问，我的印象更深了。

我在油山上还访问了坑口村农民李绍昌和他的妹妹等老人。李绍昌今年83岁，妹妹79岁。李老说：“红军一走，敌人杀进来了，一时间山上田里都是红军和老百姓的尸体。我妹妹的任务是冒险找能吃的做好，我的任务是送饭，送给项英、陈毅、陈丕显等领导，有时还要站岗、放哨。粮不好找，送饭更难。敌人为了报复，开始狂得很，逼得我们的领导一夜间要换二、三个地方，难找啊。有些送饭的被人瞄住了，怕暴露领导，就自己往山下滚，死了好几个。”说得悲壮，记得沉重。停了一会，李绍昌又对我说：“我们喜欢把陈丕显叫阿丕，你要是见了他，代我向阿丕问个好。他常叫我阿昌老俵。有次他两天转了三个山头，吃不上饭，我找了他两天两夜才找到。我把干饼子（烙饼）和咸菜送到他手里，他吞了一半后，才缓过气来，但忽然警惕起来，问我，饼子怎么还有点温？我告诉他，我一直抱在胸口啊。他很动情地说："有人民的支持，我们一定会胜利。"我说，有你们红军，肯定会挖了敌人的兜（指彻底打倒反动派）。阿丕听了可高兴了，他说："这一天一定会来，到时我请人写首'军民奋战挖兜歌'。"

▲瑞金的红军纪念塔（罗开富摄）

老人讲时，他那白发苍苍的妹妹一直站在墙角，不时地点头，后来眼角湿了，擦了好几次。和我一块听的，有向导、有农民、有干部10多人。李绍昌老人破旧的一间小瓦屋可说是家徒四壁，家里只有一条木凳，由于人多，大家没地方坐。油山乡党委副书记邹隆煌和信丰县宣传部的施东斌等人找来几根长圆木，横在砖头上，才使大家坐下来。村民告诉我，陈毅他们北上后，敌人要抓他们兄妹，他俩东躲西藏，直到解放军来了才出头，可这时年岁都大了，家又穷，都误了婚事，至今兄妹二人只有三只半碗，其中的半只缺了两个口。碗少人多，谁渴谁喝。当我拿起缺了口又有裂缝的碗喝了一口，望着他们兄妹时，我的眼角湿润了，我在想：什么叫打江山难？什么叫作革命者不易？不走长征路，怎会有今天震撼心头的感受！

作为后人，除了敬仰他们，不忘记他们，该为他们做些什么？而我呢？

1984年10月28日　阴
大余县池江乡

一大早，从信丰县的油山出发上路。沿途风景真好，翠竹青松，溪水潺潺。走了一天，傍晚到达大余县池江乡。这里靠近章水，当年红军越过章水西进，直指粤湘交界的城口，迎战第二道封锁线。

池江乡所在地也是被青山绿水环绕。放下行李，想轻松地到村里转一转，放松一下。今天见到的风景虽好，但一路上心情并不好。原因是我总在想：这块热血的土地上，人们为什么还这么穷？我在油山乡上乐村看到一所小学，墙壁屋顶破旧，窗框大多没有了，自然也找不到一块玻璃。虽说南方无寒冬，但那种干冷不是好受的。我往里一看，学生们大都穿着单衣，不少是补丁连补丁。有的冷得鼻涕挂下来，正在用小手擦着，有的被风吹得直拉紧衬衣的领子。我对村干部说：“冬天到了怎么办？买不起玻璃挡寒，窗上用木板挡一挡也行啊。”他们告诉我，也想到过这个办法，但是不能挡，因为那样就没有光线了。拉电线没有钱，即使点上电灯，也付不起电费。要是用蜡烛，点煤油灯上课，费用更高。听了这些解释，我还能说什么呢？

其实不只是油山上穷，走的这一路都大体如此。**于都县为革命牺牲的指战员从花名册上来看就有 2 万多人，但至今还没有钱修建一座革命纪念馆**。我在清石等地看到，当地油料丰富，买了榨油机等加工机械，但因为枯水季节断电，或因没有钱埋电杆拉电线，机械都停着。走过的几个县，粮食问题虽基本解决，但年人均收入仅 200 元左右。

这里的人们很穷，但很热情。我不管走到哪里，老百姓都主动介绍情况，争当向导。有的人百里相送，有的人放下病孩追赶我提供材料，有的大嫂或大娘为我煎个荷包蛋或炒上一盘肉。我在感谢她们的同时却发现，

◀坚持南方游击战争的部分干部 1938 年在南昌合影。前排左一刘英，左三曾山；后排左起：陈丕显、黄知真、谭启龙。

每当这时，一些孩子总远远地看着我，看着桌上的菜，有的馋得流口水。我心里顿时一紧，知道了这是为什么。有时我就把孩子拉到桌边来，叫一起吃，有时就把菜送过去，但都被大人们阻拦了，理由不外是下边几句话："小孩不上桌，这是规矩。""别把他们惯坏了，过年过节，我们吃得可好哩。""你走路辛苦，还要熬夜，小孩整天就是玩，要补什么！"从这些理由中，我明白了，城里人的家常便饭，这里的老百姓要到过年过节才能享受到。明白了这些，心里真说不出是个什么滋味，要知道，在这块土地上，他们的爷爷辈是为共和国的建立抛了头颅，洒尽了最后一滴血的啊。

1984年10月29日　晴

大余县东坑村

一早在大余县池江乡邮电所发出电稿后，沿着红一军团西征路线，翻越隘脑岭，来到了东坑村。

老开座谈会不是个办法，今天重点是到农家看看。印象中大余县比前几个县生活好一些，至少大多数人温饱解决了。但有一个共同特点：农民手头大多没有钱花。当年红军为避敌人走的偏僻之地，至今也大多没通公路。交通闭塞、信息缺少，基本没有什么致富门路。沿途虽翠竹青青，成片耸立，筷子却是从外地运进的。实在是有点感慨，不禁写了一篇文章，题目是"有粮有猪有竹子，缺钱缺肉缺筷子"。

再一个问题是孩子多。我走进东坑村陈美玉家，竟见到他家生有6个孩子，最大的19岁，最小的3岁。据介绍，全家承包了6亩8分耕地和20亩山林，很满足，只是去年没钱买化肥，今年手头更紧。我想，生这么多孩子，都张着口伸着手，岂有不贫之理。可是与陈美玉交谈中得到的印象是：现在苦一点，孩子大了就会好的。19岁的大儿子已经是全家主要劳动力了，等孩子都大了，苦日子就会过去。看来，观念不变，计划生育政策想落实是困难的。

今天走的路较平坦，脚上没有打起新的血泡。晚上烫了脚，换了一次口罩，看到老血泡被压下去了，溃烂处开始结疤，心里异常高兴。但很快又发现了新的问题，由于背资料，肩上磨破的一块伤口已在溃烂，很痛。我搽了点药膏，也压上了一只口罩，明天可能会减点痛。

1984 年 10 月 30 日　晴

大余县西华山钨矿

50 年前的今天，红军大部队渡过江西大余的章水，继续西进。至此，敌人的第一道封锁线已被我英勇的红军突破。

今天需记述的是：**第一道封锁线是由广东军阀陈济棠的部队防守的。**这里面有一些来由：虽然蒋介石事先也大致了解红军要转移，但搞不清红军往哪里走，嫡系部队中央军远在湘赣边，来不及调动，同时蒋还有既消灭红军，又削弱地方军阀部队的意图，故命陈济棠阻挡并消灭红军。蒋介石阴险，陈济堂也不是笨蛋。他害怕的是红军南下广东。对敌人的计谋和尔虞我诈，毛泽东、周恩来、朱德等领导早就看穿。在他们的部署下，早在 1934 年 9 月底何长工、潘汉年就前往白区与陈济棠的代表进行秘密谈判，先后历经 1 个月，达成了“互相借道”的协议。红军远征开始时，总部派人通知陈济棠：有部分红军要借道。陈济棠部队让出了一条 40 里宽的通道。

但敌人毕竟是敌人。陈济棠为应付蒋介石的命令又怕红军进入他广东的地盘，沿途还是派了好几个师，筑了很多碉堡，进行阻拦。当我红军进入紧邻广东的大余县境时，陈济棠为自保急调主力扼守粤北一线，派张达师固守大余，陈济棠还亲自到韶关督战。

大余县党史办的同志告诉我，明天沿途可看到不少敌人当年修筑的碉堡。

今天我爬上了五岭之一的大庾岭中的西华山。红军突破敌人的封锁线后，就是从这里西进的。我看到了新中国建立的第一批产钨企业——赣南钨矿区。矿党委书记钟蔚琪领我参观了四坑 431 中段巷道，还参观了处在一片梅林中的山上风景区，见到了苏东坡、文天祥、张九龄等诗人留下的题山咏梅的诗篇。

日感疲乏，消瘦了许多，嘴上也燎起了好几个泡。大余县派出了县人民医院的卢明大夫和我一同徒步行走，以利边走边给我吃一些药，到了宿营地，帮我腿上、脚上换药等，让人十分感动。记完日记，为减轻负重，只好忍痛弃掉一些用过的资料，明天准备爬梅山。

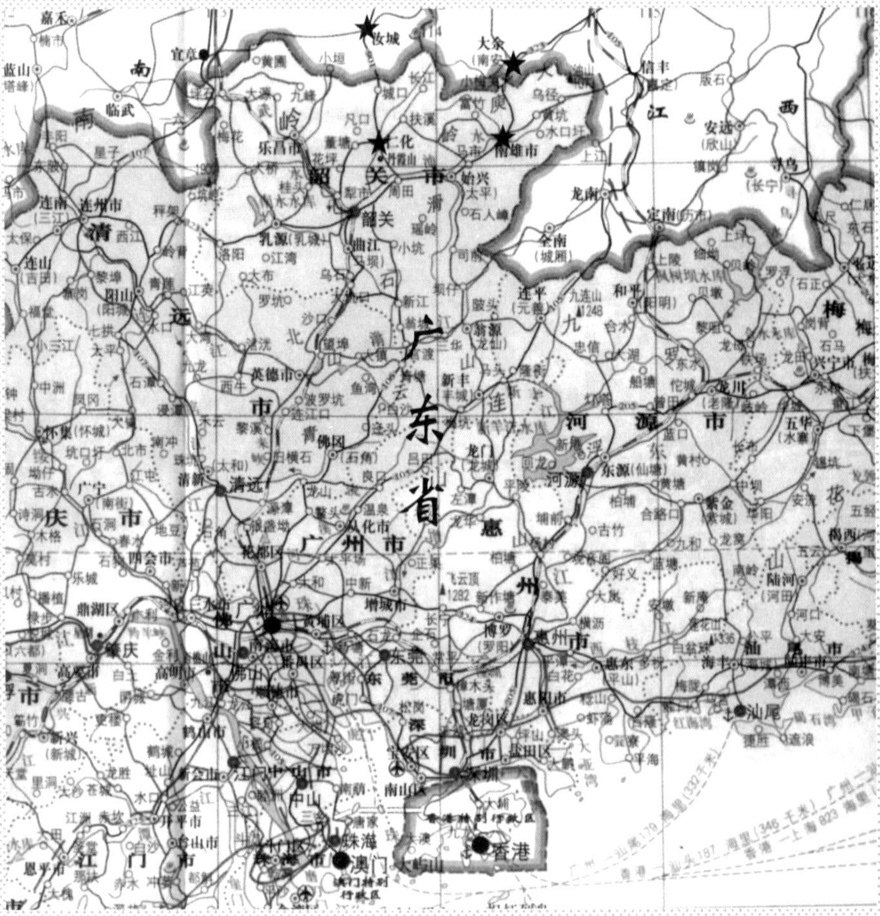

广东省

1984 年 10 月 31 日~1984 年 11 月 2 日

南雄县　仁化县

1984 年 10 月 31 日　晴

广东南雄县梅岭区公所

下午，我在江西大余县党史办同志引导下，爬上红军当年长征经过的五岭之一大庾岭。这个岭，主要是中山和低山，其中观音山为最高峰，海拔 1428 米。目及之处，一片墨绿，红叶夹在其间，十分壮观。

下午 3 点 10 分，我跨过岭上“分江（西）广（东）之界”的梅关，进入广东南雄县。

梅关因唐朝开岭南驿道，道旁多植梅树而得名。秦代所建关楼坍塌后，重建的关楼、城座和关门尚存。横匾上写着“岭南第一关”。站在关上，北望江西，南瞰广东，大庾岭万山重叠，气势磅礴。

我们出梅关后，沿着长有半人高杂草的小道往西走。在葫芦村 82 岁的苏传辉的带领下，爬上村背后的山坡，见到当年敌人修筑的碉堡。这座碉堡比我前些天见到的大得多。这使我想起了经历过二万五千里长征的鲁瑞林、田维扬、崔建功等老红军对我说过的，敌碉堡有好几种，有小堡（可容 2 至 3 人）、有班堡、有排堡。我顺着碉堡的窗口（也称枪眼）往里一看，吓了一大跳：在烧黑的水泥顶棚上的几根断钢筋上，挂着一个很大的马蜂窝，好几只野蜂围着蜂房乱转。万一它们觉得有危险，呼唤同类向我们袭击，就很麻烦了。虽然我的目光扫了不一会儿，但还是看清里边至少有 40 多平方米大，还有半人高的隔断墙，看来是个排堡。苏老告诉我，当年这些碉堡很多，沿粤赣边境一直修到湖南境界，有五六十个，现在剩下不多了。

离敌堡北约 50 米，还能看到敌人修的战壕，远远望去特别明显。也许是由于战壕里容易积雨的缘故，长的草和树木比长在坡上的颜色要深得多。

太阳下山前，我们顺着险峻的山势，进入广东南雄县腹地。

1984年11月1日　阴

南雄县

今天从广东南雄的乌径出发，穿过红军与敌人作过战的大岭头山冈，沿着曲折的小路，走了50多里，到达上朔村。

过去，我没有到过广东农村，只是在1975年至1977年在我借调到云南电影制片厂任制片兼编导之一拍摄《云南产品在广交会》期间，在广州和黄埔拍摄过几个月的电影。感觉城里人很勤快很讲交情、肯帮忙，印象不错。这次到农村走一走，觉得广东农民也不错，热情、真诚、聪明、淳朴。这一天，红军主力是从南雄小梅关往仁化县挺进的，我却没有走上力红军走过的道路。事后，县委新闻办的同志对我说，他们不会让我少走一步的，今天之所以不让我走主力红军走的路，是让我看看当时红军即将进入白区前，红军筹粮筹药的地方，原来如此。

上朔是丘陵区，每个村庄都在盆地中。我在区政府所在地的上朔村廖家坐下不久，一位70多岁的老阿婆问了我几句话，我听不大懂，旁边人用普通话告诉我说："老人问你身上什么地方不舒服。"我放下采访的笔，抬头望着这位慈祥的阿婆，心里很是感动。我说："脚上磨破了点皮。"她说："让我看看。"说着就过来要扶我，这下可惊动了大家。因为与南雄的领导昨天才见面，他们都觉得我是好好的。老人把我领到厅堂与卧室的过道问我哪里痛，要看看。她看了我的右肩膀和两只脚后说："作孽啊，不是破了，都烂了。"说完找来一些纸包、布包和瓶子，先用一条新毛巾擦去我伤口上的污垢，又把包中、瓶中散药洒了上去，然后用灰布和布条扎紧了我的肩膀。我自己赶紧把脚包好，穿上了前些天新买的大我脚码两个号的43码解放鞋。过了半个多小时，就觉着伤痛消失了许多。

事后，人们很佩服这位阿婆，说她从我一进村看到我后，就从我脸上和走路的样子上看出我身上的伤痛不轻。

我很感动，也很感谢这位老人的敏锐和关心。要干事，总会碰到困难，碰到伤痛只好忍着，但却让这位老人发现了。乡长彭宪全很年轻，他说，这里民风本来就淳厚，60岁以上的老人都见过红军，都说红军是真正为老百姓着想的人，都喜欢红军。当时除了地主和土豪劣绅跑了，家家都为红军送粮，还有的送衣、送被、送药，还有不少人参加红军长征了。后来，敌人来了，许多人参加了红军游击队，仅上朔和周围的12个自然村，就在革命中牺牲了110多人。

傍晚，我到了县招待所，只觉浑身发热，头痛得厉害，就到门口水龙头上用水敷脸。我捧着冷水刚擦了几下，忽然一个人拍着我的肩膀高兴地说："罗记者，我终于找到你了。"我擦干了水一看，不禁"啊"了一声，真有点他乡遇故知般的分外亲切，我问："黄主任，你怎么也在这里?"他说："我是追你来了，你看，您要的资料给你送来了。"我赶紧翻看起来，眼睛不禁湿润了。

原来，我在10月22日走进江西信丰县城的当晚，县委书记问我有什么困难需要解决。我告诉他，沿途各地领导都很重视，没有什么困难，就是资料不够，比如进入信丰，我就想起了《长征组歌》，我一直找不到。

说者随意，听者用了心，当晚县里就派人找。这组歌是老红军肖华写的。后因江青这伙"四人帮"要当文化"旗手"，一是把不是他们写的歌啊曲啊统统打成黑的；二是因为肖华将军与"四人帮"斗争过，这伙人哪能容得了这《长征组歌》留在世间，所以很难找到了。当晚在信丰没有找到，第二天我就上路了。想不到信丰的同志9天后就送来了，还捎来写在信丰县人民政府便笺上的几句话：

罗开富记者：肖华同志的《长征组歌》，我找了一位同志抄

▼红一军团第二师师长杨得志（右）和政治委员肖华（左）1936年春末留影

了一份，供您参阅。抄的人字迹潦草，请谅。

与您接触时间很短，发现您有着许多优点，很值得我们学习。

你是建国35年来最辛苦的记者，深望您保重身体，一路顺风，胜利到达目的地！

黄育才，1984年10月24日深夜

黄育才，是江西信丰县政府办公室主任，陪我采访过，给我的印象是踏实，说话做事很有水平，想不到还那么热情，为了完成我的任务，竟在百忙中找了好几个朋友，大家翻箱倒柜，才找到了这珍贵的资料，还亲自送来。我作为一名记者，除了感激、感谢，就是决心要学习这种牺牲自己、为他人着想的精神。

1984年11月2日　阴

仁化县城口镇

今晚夜宿广东仁化的城口。

当年在这里，敌人给红军设下了第二道封锁线。这道封锁线设在湖南汝城至广东仁化县的城口，在这约80里的封锁线上，敌人布满了明碉暗堡。虽然凶狂，但毕竟是广东军阀陈济棠的地方军，抵挡力不强，加之军阀自保意识强，只要红军离开广东就行。所以我军在前进途中，只遭遇到几股敌军，打得最激烈的是在城口。

取城口夺通道的任务由我红一军团二师六团承担。在团长朱水秋、代政委王集成率领下，在50年前的今夜，红军以奔袭的方式夺取了城口。据老红军陈云同志讲："红军一出封锁线（指突破第一道封锁线），如虎添翼，即猛扑湘、粤边之汝城（湖南）、城口（广东），随即占领城口，粤军之军用煤油几千箱及大批弹药均被红军夺去。"

迎着夜幕，我和仁化的邵雨强、邝勃同志等到城口七星桥附近去看了当时生俘敌人100多人、缴获煤油、弹药的地方。当年的旧房子还剩有几间。为了欢迎和感谢红军，百姓们利用当地温泉，挖了大池让红军洗澡。现在这地方则完全变了，变成了一座十分讲究的温泉浴室。区政府的谢节能让我一定要去洗一下，我十天没洗澡了，也真想洗一下。但想到今夜还要写稿，记日记，还想给当年指挥打下城口的王集成老将军写封信，就婉言谢绝了。

60年代，我在中央军委直属的一个总部工作，王集成是我们的副政委。他为人刚直不阿，疾恶如仇，这样的人在朝中出奸臣时，大多不会有好下场。王将军与“四人帮”斗了一年多，后被“莫须有”的罪名说成是叛徒。当我们听说要把他隔离起来审查时，我去看他。此刻，他关心的是战友，是党的事业。王集成对我说：“这伙人（指江青一伙）想打倒的‘老家伙’都是老革命，是党的宝贵财富，你们千万别上当，要尽力保卫老革命才对。”他还特意询问了当时大院里被斗得更惨的邱主任的情况。

邱主任，名叫邱子明，是我所在总部的政治部主任，长征时是团政治处主任。由于他身材瘦小，战争年代吃了苦，受了伤，本来就病多，这时已被批斗得连说话都困难了。几个老同志正在设法把他送出城外，让他少受折磨。这时恰好听到一个消息，北京军区战友文工团的著名歌唱家马玉涛也正受江青等人迫害，几个正直的同志也正为她设法逃离魔掌。后经几个老同志商量，趁我送爱人鲁萍由北京回昆明的时机，我们连夜准备，于1968年1月初的一天清晨5点多，让他们俩穿上便衣化装成是我们的同行者，大家都戴上大口罩，坐上北京玉泉路附近的一辆公共汽车，秘密地把他们送上了开往石家庄的火车。

面对城口看到和听到的情景，回想当年的往事，怎不让人感慨系之！人是物非，物是人非，好人、功臣总是多遭磨难啊。我在给王集成将军信的最后写道：“首长请多保重，如果我能回到北京，我要把您率部打下的城口人民的牵念和问好带给您。”

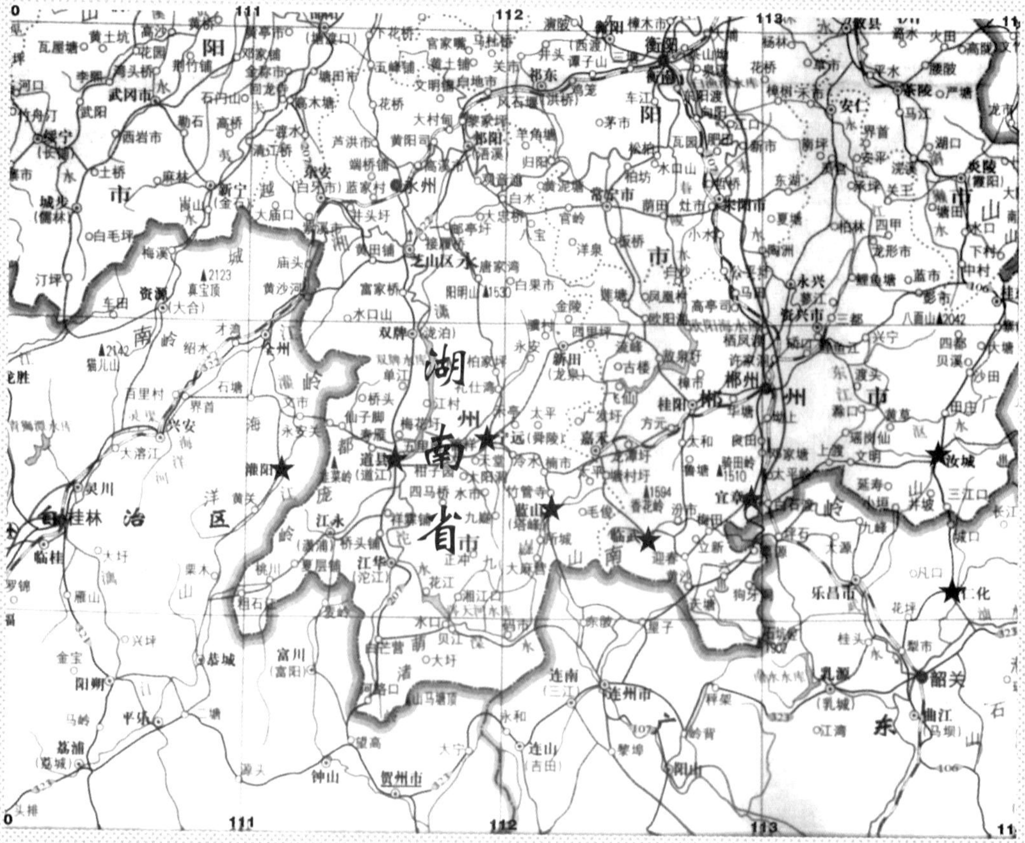

湖南省

1984 年 11 月 3 日~1984 年 11 月 26 日

汝城县　宜章县　临武县　蓝山县　宁远县　道县

1984年11月3日 阴

湖南汝城县城

从江（西）广（东）分界的梅山往南去广东的南雄是走下坡路，从南雄到仁化县城往北的城口进湖南是上坡。今早7点20分从城口出发，一直是爬坡，虽然走的是公路，但风来黄沙滚滚，车过一片混沌，走了80多里才走进湖南省的汝城县。

坐办公室的人，总以为走平路最好，实际上不是那么回事。回想半个多月来，走了1300多里了，大多在爬山下坎，脚是磨破了，却不觉得太累。而今天走的大多是公路，反倒觉得特别累，连大腿上的筋都是痛的。

10月31日从江西翻过大庾岭上的梅关进入粤北，3天后的今天又从粤北翻山进入湖南。两天来，我与伴我同行的广东仁化县党史办的邵雨强、县委办的邝勃，还有城口区的谢节能混得很熟了。一路上，上午我们像背纤似的爬山，中午后又是一颠一颠地下坡，他们在路上给我讲红军经过时的情况，也给我讲当地的风土人情、天文地理，使我增加了不少知识，很为自己今天能从珠江水系走进长江水系而兴奋。

过去我常听说三山五岭。但不大清楚五岭是在什么地方，原来五岭绵延在湘、赣、粤、桂四省区的交界处，构成我国南方的一个重要山区。通常所称的五岭，就是指大庾岭、骑田岭、萌渚岭、都庞岭和越城岭。红军长征把五岭都穿越了。前些天我过梅关、今天出城口翻越的都是大庾岭山区。给我的印象都是此起彼伏，有石英岩、石灰岩等组成的峰峦山簇，但更多的是中低山和丘陵。好像没有统一的走向，也不是一条山脉，而是沟壑纵横的一片破碎的山地。大庾岭近似东西向，横隔在江西大余和广东南雄两盆地之间。相传汉朝派庾胜兄弟驻守在此，并在岭北建大庾城。“大庾岭”由此得名。

由于雨量充沛，五岭山地成为南方各省区主要河川的发源地，它们顺着地势分别汇入长江和珠江水系。上午，我们爬的是大庾岭南坡，雨水入珠江，下午下坡，水入长江。看来今天我用两只脚实现了“中午才饮珠江水，晚上沐浴在长江”的愉悦。

1984年11月4日　阴
汝城县白云村

汝城是湖南东南部的一个中等大小的县，南与广东仁化接壤，东与江西大余毗邻。敌人的第二道封锁线就设在仁化县城口与汝城之间。当时红军的形势是严峻的，因为这时蒋介石已基本弄清中央红军主力突围的大方向是西进，要与湘西贺龙、任弼时、肖克、王震等领导的红军会合，所以蒋介石已任命何健为“追剿”军总司令，指挥湘军和蒋系薛岳、周浑元部共16个师，专门追击红军。

尽管是蒋介石的命令，又是嫡系，但薛岳和周浑元为了保存自己的实力，行动滞缓，似有点考验湘军，也有点让湘军尝尝红军厉害的意思，一直落在红军侧后，这对红军自然有利。而湘军头子何健自然不同了，因为他的反动统治已受到威胁，所以他在抵抗红军和进攻红军上都很卖力。

红军原计划是攻下城口后，星夜行军一举攻下汝城。我攻城的先头部队是红三军团的四师。四师中的十二团攻一阵后，发现城里有敌两个团扼守，还有不少坚固的碉堡，我红军的山炮、迫击炮无法摧毁其工事。今天我走过白云村时就听说，红三军团的军团长彭德怀曾在这里亲自打了两发迫击炮弹，都未炸开缺口。彭老总在汝城亲自打迫击炮，我曾听国防部长张爱萍等老红军说过，是不是就在这个村打的，因要走路，就无法进一步考证了。据史料记载，这时红军想挖掘地道进行爆破已无时间，因为攻城的红军在城南，而城北的敌人援军已到。为了争取时间，摆脱敌人，中央军委决定放弃进攻汝城的计划，主力只好从城南天马山折向西前进，而这条路大多在崇山峻岭中。

今天我已初尝当年红军艰险难走的滋味，老脚老皮又磨出了新的血泡，更不幸的是在爬坡时蹬断了一块沙岩石，人从山上滚落下来。幸好被一大一小两棵杉树接住，腰受了点伤。只是苦了向导，移走了我肩上的行李，还要照顾我。

▲董振堂，河北新河人，1931年加入中国共产党，宁都起义领导人之一，曾任红五军团总指挥，1937年1月在甘肃高台县战斗中牺牲。

1984年11月5日　阴

汝城县延寿乡

50年前的今天，中央和军委纵队及红军主力分三路，从汝城南出发，沿大坪、新桥、界头、延寿等乡村进军宜章。

这三路进军路线都在崇山峻岭中。我选择的是中间这条路，日行80多里，傍晚走到延寿乡。一路走下来，我和同我一道走的汝城县委党史办的何志鹏、县委宣传部的郭晓雄都很佩服红军的勇敢坚强，真是一支不可战胜的军队。因为我们只是走路都觉得很累很险，其中有四、五里上上下下的山间小道几乎是挂在崖壁上的。那么红军当年辎重那么多，整个是大搬家，究竟是怎么克服困难走过来的，搬过去的？更何况，还要打仗。

今天，我们采访了简水、东寿等地，殿后的红五军团为阻击敌人，保卫中央纵队，就曾在这些地方消灭过敌人。**当时的红五军团的军团长是董振堂，政委李卓然，参谋长刘伯承，政治部主任曾日山，中央代表是陈云。**当地的老人告诉我们：大红军真厉害，广东军阀陈济棠的部队修了很多工事，被红军的迫击炮一阵猛轰，丢下尸体就往山缝缝里跑。红军带了很多枪炮，还缴了敌人很多枪炮。我们老百姓帮助搬运，有些人后来参加了红军。

延寿乡党委书记谭纯明告诉我们，延寿这个名字好听，但过去一直缺水、缺粮，没有几个识字的人。近3年来，由于党和政府的关心，已先后投资八万多元办学，入学率已达95%。我们见到的情况虽然差不多，但条件实在太差了，如新坡小学，门窗残缺不全，学生缺少凳子，老师没有办公桌，办学与读书之艰苦可以想见。问题是老百姓穷，乡政府也穷，夜里给我写稿点的是蜡烛，乡政府工作人员不到必要时都是摸着黑讲话，摸着黑做事，为的是节约每一分钱。县里陪我来的同志去问他们为什么不用煤油点灯，回答是：煤油要凭票购买，供应不上。这时，我在想着两个问题：一个问题是替农民想的，只要领导机关的同志能多到这些地方走一走，住几日，感受一下这些困难，是能够帮助他们解决的。第二个问题是替自己想的；我在凌晨写好的稿，看来是发不出去了。因为用的是电报，这里没有电，找到了邮电所也没有用。放下笔，我准备想别的办法。

1984 年 11 月 6 日　阴
汝城县盈洞乡

人们总说一山更比一山高，今天我从延寿走到盈洞才算领教了它的隐义：那就是，一山更比一山难。

我和汝城县的何志鹏、郭晓雄 3 人，在延寿乡山眉村简会德的向导下，爬上延寿西北的仙人崖。当时真觉着头有些晕了：尺把宽的小道，四五百米长，从远看，似乎是挂在绝壁上，走上去，吓得不敢往下看，路之难走可以想见，地之险要尽人皆知。谁控制了仙人崖，谁就居高临下，控制了这里的战局。50 年前的今天，正是红九军团的将士们用自己的血肉之躯和对党中央、战友们的无限忠诚与敌人殊死争夺后占领了仙人崖，使中央纵队和红军主力得以安全通过山下的开阔地。

当时红九军团罗炳辉为军团长、政委蔡树藩、参谋长郭天民、政治部主任黄火青，中央代表是刘少奇。

据解放军原通讯兵部副主任林伟的长征日记记载：在延寿，红九军团配合红五军团与堵截之敌展开激战。我红九军团一个连占据了延寿西北的仙人崖，后被敌人夺回，并以此为阵地向我军射击。罗炳辉军团长认为仙人崖失守对我非常不利，乃亲自率领一个连，经数次冲锋，终将它夺回，使我军安全通过。

仙人崖难走，其他小路也好走不了多少，可以说是我从于都河畔走上长征路以来最难走的路。当我们告别仙人崖，又爬上一座高山时，竟看到了一个名叫叶窝的村子。虽然只有 5 户人家，对我们来说已是喜出望外了，因为今天看到的村庄太少，正愁没有地方找饭吃呢。这里的老人告诉我：红军经过这里时，这里几乎没有路，因为这个山区在那时人更少，是红军踩出了这条路。后来在路边才住上了几户人家。

走在这条路上，我们想着红军的伟大：为百姓踩出了一条路，为人民踩出了一条胜利之路。而看到一些老百姓走在路上的艰难，又使我百感交集：一天下来，我们在崎岖的山道上只遇到 10 多个人，而这些人都是负重走路的。不是两人抬着一头大肥猪，满身是汗，就是扛着一麻袋的粮食，累得气喘吁吁。我很想采访他们，但总是不忍心，有时只是打个招呼，看着他们流着汗走远了。

天快黑时，我们走到离盈洞乡不远的村子里。我了解到，这里农民的收入主要靠养猪，而当地规定够131斤的猪，食品站才收。但这里没有良种猪，饲料又不足，饲养方法又落后，想养到那么重，一般需2年左右。就是够秤了，卖亦难：农民苏水梅告诉我，到食品站卖猪，要抬着猪走两天。交公粮，买返销粮都走这条路。而且艰难的不仅是走两天，其中有两点光听人说、光听汇报是无法体会到的：一是路太难走，有些时候路太陡或太窄，一不小心（或带的干粮不够体力不支），支撑不住，腿一发软，连人带猪会一起滚到沟里或山下；二是抬着猪出门时，猪够秤，抬上一天，有的猪不进食，光往外排泄；有的猪能进食，带的饲料却不够，到食品站时，十有七八不够秤。最后要么再抬回家，要么找个地方再养几天。

收购站如此折腾人，农民问我能不能向上反映，我答应了。我问他们为什么不向县里领导反映呢？农民回答说，这深山老林里，哪里能见到上面的干部？见到的，也是乡里催交猪催交粮的。

1984年11月7日　晴

宜章县里田乡

离开盈洞乡走了两个小时山路，终于见到了一段公路，心里好舒畅。这段公路是湖南汝城至宜章的。可惜只走了一截，沿红军行军路线又折向山间小道。经汝城县文明乡的沙洲村，傍晚爬过一座高山后，进入宜章县的里田乡。

里田乡政府所在地是个村子，15瓦的电灯时亮时灭，亮时也没蜡烛亮。本想节约点蜡烛，明天到有电灯的地方补记，因为多日的干燥和劳累烧得眼睛又痛又胀，看字都吃力，但刚写完“三个红军姑娘在哪里”的稿件后，怎么也睡不着，心情难于平静。

文明乡，50年前红军经过时叫文明司。1934年11月11日，中央军委主席朱德曾给在文明司担任卫戍司令员的李维汉发来过电报，命令他率部继续钳制敌人，掩护中央军委纵队的前进。先头部队6日就经过文明乡和沙洲村了，由于当时红军庞大的后勤部队“坛坛罐罐”的拖累，过一个地方总要花一个星期左右。

我是中午走到沙洲村的。一开始我就注意到一位裹小脚的老人不远不近地跟着我，看着我。我看出来她想跟我说什么，但因为找饭吃，开座谈会，又要了解李维汉当时在文明司当卫戍司令的活动情况，一直没有时间跟老人谈。直到下午 3 点多我要离开前，才采访了这位老人。

事情原来是这样的：这位老人名叫徐解秀，今年 84 岁。50 年前的昨天晚上，3 位女红军和她一块睡在厢房里，4 个人盖着她床上的一块烂棉絮和一条红军的被子，第二天（1934 年 11 月 7 日）下午 3 点多她们走时，把一条被子剪了一半给她。她不忍心，也不敢要。3 位红军对她说：“红军同其他当兵的都不一样，是共产党领导的，是人民的军队，打敌人就是为老百姓过上好生活。”

在她们互相推让的时候，红军大部队已开始翻山。她和丈夫朱兰芳送她们走过泥泞的田埂，到了山边时，天快黑了。她不放心，想再送一程，因为是小脚，走路困难，就让丈夫送她们翻山。谁知她们这一走，从此没了音讯。年年这几天，她总要在与她们分别的山脚下等好久。前些天，听村里人说红军要来了，她喜出望外。今天才知道，是采访红军路的记者来了。她问我：“你能见到红军吗？”我答：“能见到。”她说：“那就帮我问问，说话要算数呀，说好了，打败了敌人要来看我的呀！”她说到这里，脸上已流下了泪水。我和在场的人都沉默着，眼角也都湿了。

她一边擦泪，一边自语着：“她们不来看我，他（指丈夫）为什么也不回家呢？50 年了，时间不短了，我的腿脚也不灵了，为了等他，眼睛快等瞎了，不是说好的吆，送红军翻过山，就回来和我一块回家的……是不在人世了？好心人该给我送个信，我好为他上支香呀！”

徐解秀阿婆领我到一间厢房里，约有十六七平

▼1991 年腊月徐解秀老人去世，此为她的墓地。墓前是作者代替老红军奠献上的被子。（黎明摄）

来。我见到只有一个小窗，比较暗，木板的床铺上竖有 4 根竹竿，横有 4 根，是挂蚊帐用的。木质的床腿和竹竿等都因年代久远而发暗发亮了。她说：“我丈夫和那 3 个姑娘走后，我就没有再搬动过。心里总在想，我丈夫会回来的，红军姑娘会回来看我的。”她抚摸了一下枕头说：“我们 4 个人，2 个人睡一头，横着盖着她们的被子。”

“3 个姑娘长得很漂亮，有一个还不到 20 岁，心也好，你们说，一条被子能把半条给穷人，天底下哪有这样的好人！我丈夫送她们上山时，她们还在一步三回头地对我说，大嫂，天快黑了，你先回家吧，等胜利了，我们会给你送一条被子来，说不定还送来垫的呢。现在我已有盖的了，只盼她们能来看看我就好了。”

我擦了泪水，握着老人的手说：“徐大妈，我一定向红军汇报，尽力帮你找到她们。”她点点头说：“找到就好，找不到你也要回来看看我呀。”

徐阿婆把我送到山脚，就是当年送红军送到这里分别的地方。站在她一旁的 68 岁的朱青松说：“红军走后，敌人把全村人赶到祠堂里，逼大家说出谁给红军做过事，大家都不说，敌人就搜家。女红军留下的半条被子被搜走了，还强拉踢打让徐解秀跪在祠堂里半天。”徐解秀阿婆听了后对我说：“虽然那辰光为了红军留下的半条被子吃了点儿苦，不过也让我明白了一个道理，什么叫红军，什么叫共产党，共产党就是自己只有一条被子，也要给穷苦人半条的人。”

1984 年 11 月 7 日，罗开富在湖南文明村采访到 50 年来盼三位红军姑娘归来、盼丈夫归来的 84 岁的徐解秀大娘，夜晚写下了《三位红军姑娘在哪里？》的文章。刊发后，引起了邓颖超、蔡畅、康克清、谢飞、邓六金等 15 位女红军的极大重视，在报上发表谈话，要完成解大娘的心愿。图为参加长征的部分女红军合影。

1984年11月8日　晴

宜章县城

凌晨发完稿，清晨向白石渡前进。

这几天都在崇山峻岭中走，脚被反复磨，终于磨出了老茧，经受了考验，很少磨起新的血泡。但嘴上却长满了泡，特别是眼睛也肿了，觉得胀痛。汝城县的何志鹏不放心，尽管进了宜章县，还要再护送我两天，我心中十分感谢。因为每个县交接向导时，新接手的总以为我无非是走一走路，看一看景，到时管一顿饭，安排个地方睡觉就行了。一般都是陪我走上一二天才知道，我的走路只是一半的工作，还有一半是走到50年前红军宿营地后，要开座谈会、核实材料、写稿、誊稿、找邮电所发电稿，没有5至6个小时是不行的。与何志鹏一起走了几天，他已熟悉我的这一套了，有他在我身边，我用不着自己去解释，去安排了。清晨，他帮我找到邮电所，将1个字1分半钱的新闻稿发走时，我已入睡。对我来说，多睡半个小时已是金贵无比。

今晨，我是2点半放下笔，5点半起床的。离开宜章里田乡政府，经过张家、周家、涂家、陈家、罗家5个村以后，太阳还未升起。在约有500多人的周家村，只有一个水潭，许多人在排队等水。罗家村缺水更严重，许多人围着滴得很慢的泉水，焦急地等待着。我想计算一下，靠这样一滴滴地接满一脸盆水，到底要多少时间。谁知，我一坐在褚红色的泥地上，

▼红军经过的湘南、粤北丘陵区的凉亭或接官亭。(罗开富摄)

就睡着了。原来有小何在身边，我放心。脸盆水满了，小何叫醒我说了声：“21分钟”，还让我看了看表上的指针。

中午走到白石渡，晚上走进宜章城。夜里又是老一套：烫脚、找医生治病、写稿、誊稿、找邮局发稿。接手陪同我走了一天的宜章县的钟根深似乎有所悟，他对何志鹏说：原来经济日报的记者是这么走长征路的啊，县里布置我接手这个任务时，我还真有点看轻了。因为“文革”中加上这些年，走长征路的人真不少，还有国外的，无非是走走看看，没有一个是这么认真的。还有那“六个必须”，真叫人服了，我也准备豁出去，陪罗记者几天。他向小何表态：一定安排好，让罗记者不少走一步路，还要让他多睡一分钟。

1984年11月9日　晴

宜章县白石渡

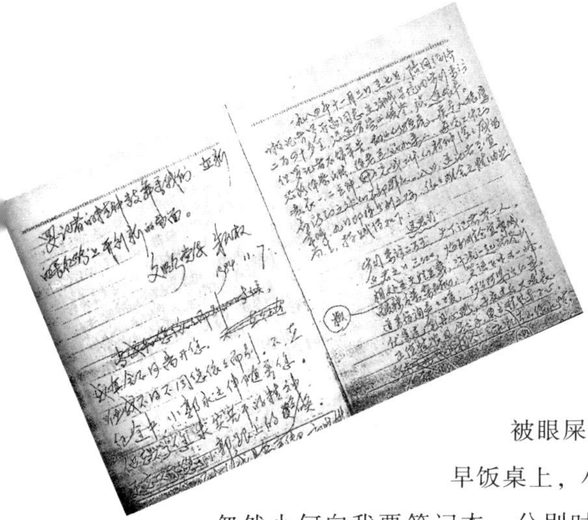

早上7点，何志鹏和钟根深推开了我的门，送上了热水让我洗脸。小何望着我肿胀的双眼问我：“罗老师，你看得见我吗？”我说：“看得见，我会永远把您记在心中。”他递上烫毛巾，让我先敷眼睛，这么来回几次，我那因发炎而被眼屎糊满的双眼终于完全睁开了。

早饭桌上，小何与我都因将要分别之故，很少动筷子。忽然小何向我要笔记本。分别时，我读到了他写在我笔记本上的《送君行》：

步行采访二万五，天下记者第一人，
迎君之日三江口，临别难舍宜章城。
相处五天胜五载，汗流一起踏岭行，
酸椒青菜梨树坳，笑语飞时又一峰。
道采宿询声声暖，阿公阿婆话红军，
伏案走笔丹心现，子夜过后又凌晨。

正值情浓突分手，云泉难离赤子心，
不道何时再相会，永忆青山绿水情。
古人折柳吟留别，我凭“经济”寻知音，
千嶂万壑遮不住，遥望长征路上人。
今日拙作送君行，一路顺风伴全程，
来年到达吴起镇，举杯向北有汝城。

读罢，我已泪水盈眶，而他脸上也默默地流着泪珠。

小何走远了，直到看不见身影了，我还在看，还在想：中国共产党领导的红军为了拯救国家，为了人民的翻身解放，吃了那么多苦，做出了那么大的牺牲。安岗总编辑给了我一个机会，想不到我给当地的党政领导和群众添了那么多麻烦。每天的“本报记者”的报道，倾注了别人多少心血、多少感情啊。

1984年11月10日　晴
宜章县梅田镇

今天下午，眼睛虽然还是红肿，但毕竟能睁开了。在宜章党史办副主任钟根深的陪同下，我从县城出发，沿当年红一军团向临武县方向行进的路线，经焦溪村，翻越高明铺和石子岭，晚上抵达梅田镇。

这一路仍是山不太高但路不好走的丘陵。

梅田镇不大，只有一条县级公路和外界联系。这个地方很重要，东边和西南紧邻广东。当年红军突破第三道封锁线后，中央军委纵队在梅田相对平静地住了一夜晚。这对天天行军中的部队来说异常珍贵。

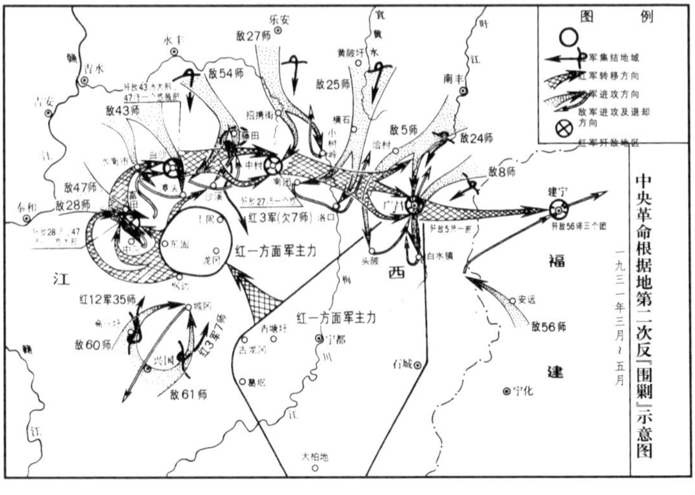

▲中央革命根据地第二次反“围剿”示意图。

50 年前的 11 月 2 日，中央红军在广东城口与湖南汝城间突破敌人的第二道封锁线后，蒋介石慌了手脚，立即飞赴南昌。11 月 6 日，他在南昌行营颁布紧急“堵剿”红军西进的电令，在湖南境内的宜章至良田（郴县南）之间设立了第三道封锁线。当时敌人的兵力部署是：湘军刘建绪、李觉部驻守北边的郴县，王东原师驻守良田，陶广师驻在文明司，广东军阀陈济棠部的主力余汉谋、李汉魂、缪培南、陈汉光部的主力部署在红军西进线以南严密布防。敌人想前堵后追，南北夹击。蒋介石仍不放心，又急调嫡系部队薛岳、周浑元部从江西赶来。我从史料整理中发现，这时红军面对的是：湘军 7 个师、粤军 3 个师 1 个旅、中央军 9 个师 2 个旅。

我中央红军司令部早在突破第二道封锁线的第二天，即 11 月 3 日 10 时即指示聂荣臻、林彪率领的红一军团经汝城、宜章南边的大坪、新桥地区向湖南、广东交界麻坑九峰前进；北边由彭德怀、杨尚昆率领的红三军团向前进攻，以保卫中间的中央军委纵队前进。

11 月 6 日~13 日，红军司令部为保中央军委纵队南翼的安全，又命令红一军团抢占九峰山。可是，红一军团军团长林彪不执行命令，不去抢占九峰山，率部队一直拣平路走，企图一下子冲过乐昌。政委聂荣臻坚决执行中央命令，与林彪发生了争吵。直至下午 3 点，林彪偷听敌人的电话，并在亲自与乐昌道上的敌人赖田民团长通话中，得知敌人 3 个团已到乐昌，还有 1 个团在增援时，林彪才着了急，赶快率部抢占了阵地。

11 月 10 日夜，红三军团第六师占领宜章城。11 月 14 日，红军长征路上出版的《红星报》登载了 11 月 11 日 23 时中央军委向全军发布的命令。命令说：“军委赞扬三军团首长彭（德怀）、杨（尚昆）同志及三军团全体指战员在通过汝城及宜郴两封锁线时之英勇与模范的战斗作用。”在这之前的 11 月 10 日，红军司令部批评了红一、九军团行动无计划及执行命令迟缓，延误了通过敌人封锁线时间的错误行为。从这些电文和后来的红军回忆来看，**这是长征路上林彪因年少气盛又有点投机取巧遭到的第一次批评。**

红一军团 11 月 9 日转进九峰山区，抢占了有利地形，红三军团五师 10 日攻占良田、六师 11 日攻下宜章后，打通了西进路线。中央红军大部队至 11 月 15 日止，从宜章、坪石等地全部通过了敌人第三道封锁线，其中不少部队在梅田稍事停留。我明天也将跨越姚山江，经下城、卢市，按红军先头部队行进时间向蓝山的新圩前进。

1984年11月11日 晴

临武县城

今天一清早，我从夜宿处梅田镇折返宜章县城，不为别的，只是为母老村的农民讨个公道，向县里反映情况。

党的十一届三中全会召开已6年了，我所经之地的粤北农民，温饱大多解决，而且手头还有些余钱，农村、山区经济开始活跃。但进入湘南十天来的印象却不佳，不少地方农民温饱还没有解决，有余钱的人家不多。昨天在焦溪的一个小店，见到一位穿着几处打了补丁衣服的中年妇女向店主说了不少好话，才用两个鸡蛋换了15粒已有点发粘的糖果。与我同行的钟根深说，这种情况并不少见。所以我昨晚上采访了母老村后，决定宁愿少睡点觉，也要向县里反映。因为安岗总编辑和红军老战士对我的采访提出过明确的要求：多反映红军长征沿途人民的呼声。

事情是这样的：梅田镇母老村农民1979年集体商定购买一辆新汽车。经宜章县原车辆监理站负责人曾中林搭桥，县商业局答应卖给母老村一辆车，但要先付款。因当时村里无现金，就从县煤建公司垫出煤炭货款1.5万元给商业局车队。此款后来已由农民归还。当年9月中旬，车队叫农民提汽车，农民一看是旧的，没有要，第二辆又是旧的，农民又没要；到10月中旬，又叫农民去车队提车，农民看到的还是快报废的旧车，坚决不要。后来，曾中林以送农民回村为由，把这辆旧车开到母老村。几天后，农民请人把这辆车开回车队，并向原车队负责人陈章友表明，如无新车，就要退款。5年过去了，农民的这笔血汗钱至今没有被退回。他们已向省、地、县有关部门多次反映，没有哪个部门重视，没有听到一点回音，旅差费都花了近千元。

昨天我从宜章城到梅田镇是走路的，今天早上返回县城是回头路，所以是坐车。反映情况后，车子又把我送到上车的地方，继续沿红军前进的路往前走。虽然为了赶回损失的时间，走路需加快，累得多，但能为当年支援过红军的农民做点事，心里还是高兴的。

下午3点多，我从宜章的鹧鸪坪进入湖南临武县境，经杨柳寨等地，晚上8点多走到县城。钟根深同志与我告别时，又一次帮我把又肿又红的眼睛搽了药，并给了我两管青霉素眼膏，一顶草帽。几天的相伴同行，我了解到老钟的月工资才30多元。我要付钱，他说死也不要。他说：原来不知道记者是这么能吃苦的，我穷，只能表这点心意。草帽买了两年了，舍不得戴，送给你路上遮个阳挡个雨。来接我的临武县的杨水仁、曾广高、唐孝辉三人看着钟根深的这种深情，也被感动了。

1984年11月12日　阴雨

临武县芹塘村

临武因县城坐落在湘南武水之畔而得名。小巧玲珑的城，干净整洁的街。经济比途经的湘南几个县城要发达，店铺林立，城里人穿着较讲究，农民进城穿着也整洁。挑担的、背筐的、提篮子的很多，也有骑自行车的，互相很谦让。我睁大眼，搜寻着湘南县城的新闻和风情。有时目光和某人相对，也会得到一个亲切地点头，给人以礼仪之邦的感受。

红军突破敌人第三道封锁线后，11月11日先头部队进入临武县境。主力红军从宜章出发后，中央军委纵队居中，红一军团先为左翼后为右翼，三军团则先为右翼后为左翼，15日攻下临武县城。

这些天，我跟着红军先头部队的时间走，比较主动。早上把近半月来的脏衣服洗了，早饭后上街买了些包脚的纱布，还买了些治病疗伤的药。随后在县城和郊区走访。给人印象深的事情很多，其中两件值得一记。

一是离县城不远处，有个芹塘村。50年前红军经过这个村时，农民郭井保等曾用舜峰酒和一些草药为红军治疗伤病，很管用。当年红军西征、揭开红军长征序幕的红六军团长肖克将军曾于1981年到临武视察工作。虽然已过去47年，肖将军还记得此酒，并高兴地品尝，赞扬此酒对革命有功，酒的质量也好。

据了解，**舜峰酒的酿造在当地已有四五百年历史。离县城不远有座舜峰山，酒因山而得名。**制酒用的水来自天头岭上，用料也讲究，一直供不应求。路上，我一般很少喝酒，但今天也喝了一杯。原来，此酒属黄酒类型，色泽棕红，透明清亮，口感绵醇，回味悠长。可惜的是农民用的是手工制作，而国营小酒厂仍是采用原始的传统方法生产，内销不够。日商要订货，因看到用手工装瓶，酒的重量有差异，只好放弃了这笔生意。厂长曹向运对我说："不是我们不想搞上去，而是没有资金。"

二是早就听说湘南百姓向以勤劳忠厚著称，临武百姓可称得上是代表。公元 804 年，唐代大文学家韩愈被贬为阳山县令路经临武时，当地百姓热情接待，并不因他贬官而冷淡他，还把他登临过而仰天长叹的一座山改名为韩山以示纪念。1180 年过去了，历经无数朝代，又历“文革”和“扫四旧”，此韩山山名无人敢改动它。我站在韩山上，感慨不已。想到当今一些人今天请这个“高官”题词，明天要那个名人赐“墨宝”。而过些天要是人家失势了，或有更可巴结的人，就赶快摘匾的摘匾，涂抹的涂抹，唯恐沾上政治上的少许“尘埃”，或为自己再去找“爬山阶梯”洗净印痕……想到这些，我更深地敬仰着临武百姓的崇高品性。

1984 年 11 月 13 日　阴

临武县楚江圩

下午 1 点半，我和临武宣传部的唐孝辉、县委办的杨水仁、县党史办曾广高一行 4 人走了近 50 里，傍晚住在楚江圩供销社旅社。吃罢夜饭，参观了场地整洁的供销社仓库：农民需要的货备得较多，除了煤油、糖等几样还要凭本限量供应外，其他一般都能敞开供应。

今天住的虽是农村小店，但房间整洁，而且配有 15 瓦的台灯。发了稿，一边翻看自己带来的资料，一边看当地解放 30 多年来关于红军过宜章、临武等地的资料。其中有当时为红军当向导的口述，有访问老红军的记录，有红军行军路线、时间、战斗、参军人数、留下伤员等详细资料。我这次的徒步采访是在回顾历史的同时，主要是用新闻的手法反映沿途的经济成就、生产情况，反映群众的呼声，反映红军没有忘记沿途的父老乡亲，而沿途人民也没有忘记红军为百姓打天下的感情。而留在民间的史料故事生动、翔实，正是我迫切需要的。

到现在为止，我看到的红军长征资料和书籍已经很多，基本上可以对长征了解个大概。其中红军的回忆录最为精彩、生动、翔实。但正如杨成武等老红军所说：那时文件散失很多，每个人又都忙于赶路、打仗，找纸笔是十分困难的事。直到新中国成立后才有时间来回忆长征路上的事。而某地方如行军路线、具体的战斗、老百姓的帮助、地形地段、宿营点等不可能记得那么清楚了。我在采访途中发现，沿途各地党史办找老红军、向导、上级党史办等部门的反复核实，包括对当时国民党的文件、报纸、俘虏的军人的查核等工作都做得十分细致，材料扎实、可信，也是留给后人的宝贵财富。这些资料内容十分丰富，且绝大多数是没有发表过的，故显得十分可贵。我想，这次如果能顺利完成徒步采访任务，我应申请到沿途来学习、研究、收集这些资料。因为历史到目前为止，中国工农红军惊天地、泣鬼神的长征在中外古今作战史上还是绝无仅有的，研究长征史，是很有意义的一件事情。

1984 年 11 月 14 日　大雨

临武县下大水村

武水为湘南名江，源头是在临武县的下大水村一带。今天我们冒着大雨来到下大水村，并不是为探民间所说的武水之源，而是来寻访一位当年长征时与敌英勇作战而中弹的伤员，他名叫黄德明。一见面，他就用一口湖南土话对我说："冇得老百姓救护，我绝不能活到今天（"冇"字是湖南土话，音冒，即没有的意思）。"

其实黄德明是福建上杭县白砂乡塘厚村人，父亲曾担任上杭县横岗乡苏维埃主席，黄德明是儿童团长。他那时名叫李煌业，15 岁参加红军，后来参加了长征。50 年前的今天，黄德明在下大水村附近与敌人作战时右腿受重伤，被 3 位农民救起，藏在西山瓦窑村寺庙里。敌人得知红军留有伤员，出告示说：谁能抓到一个红军伤员，赏给 12 担稻谷和 20 块光洋，这在当时是中等庄户人家一年的收入。当地群众不但保护了他，还设法为他取出了弹头。他伤好后红军部队早已远去，他就留在下大水村，改名黄德明，与村里贫苦姑娘结了婚。我见到他俩时，都已是 70 多岁的人了。我为他俩照了张合影。他家虽不是村里最穷的，但从两位老人身上穿的打了许多补丁的衣服和干瘦又缺营养的样子来看，温饱还没解决。他俩说：见过人家照相，但自己家缺钱，还冇照过，所以很高兴。我也很高兴，却也担心，因为报社也穷，给我配的一架凤凰相机是 2 年前用 40 多元钱买的，开启都不灵，不知照出来效果如何。

走了近一个月，路上听到和见到一些留下来的红军伤员的情况，伤员们有多少还活着，各县说得清；但究竟当时留下多少，牺牲了多少，恐怕就很难说清了。这些革命前辈都受尽了人间磨难，值得我们尊敬。

从访问老红军中得知，长征前各部队是作了一些准备的，但都不知道路会走这么长，走这么久。比如红三军团从瑞金出发时，有一个卫生部，共有人员 300 多，其中机关 150 多人，担架队一百多人，挑药担子的挑夫 30 多人；还有一个全是十五六岁的小战士组成的看护队。到达陕北时，八名小战士已牺牲在漫长的长征途中，而机关干部、担架队也牺牲不少。这可以看出长征前的准备不足，究竟走到哪里去？方向不明。“左”倾路线的错误，致使红军丢失了中央革命根据地，痛失了无数中华英才。沉痛的教训值得汲取。

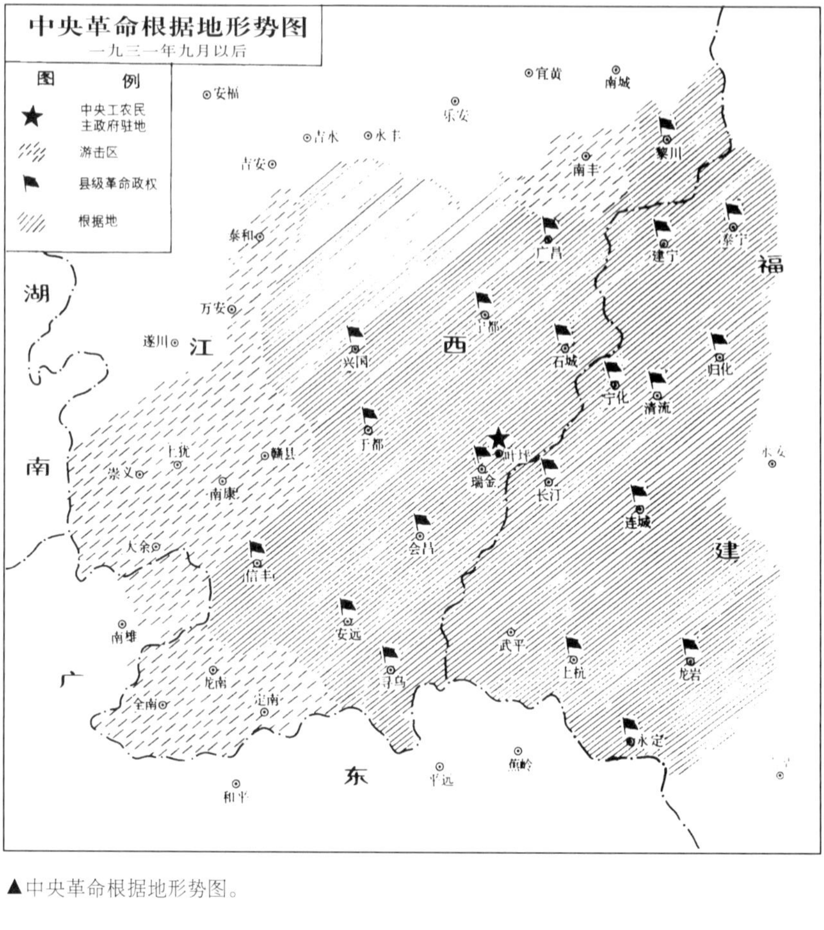

▲中央革命根据地形势图。

1984年11月15日 阴

蓝山县城

今天一早从临武县楚江圩出发，经下河铺和田心村等地，在楚江乡矮砦村农民贺文璋的向导下，走了90多里，天黑才进蓝山县城。蓝山也是一座美丽精巧的县城，很晚了，街上还很热闹。夜里写完稿已是凌晨2点15分了。我洗了个澡，给脚上、肩上的伤换了药、包扎好后，又搽了钟根深送给我的眼膏，感到浑身舒服。但躺在床上怎么也睡不着，想起昨天下午的电话，只觉得暖流还在心中涌动。

昨天下午5点多，我从临武县的下大水村看望红军长征时留下来的伤员黄德明回到楚江圩。进招待所刚脱下又是泥又是水的衣服，就有人叫我到供销社去听电话。这真有点惊奇，也有点不习惯了。为了节约钱，也因山间行路找电话难，一个多月来，已没有给人打过电话；再说，我每天走路，也没有人能找得到我，这是谁来的电话呢？

我拿起电话，只“喂”了一声，就传来了“你是开富吗？辛苦了！”啊，是庹震，电话是从北京打来的。

自9月26日离开报社，10月5日在昆明告别妻子女儿以来，再没有见到过同事和亲人。虽然一直沐浴在沿途父老乡亲的温暖之中，但远离单位后产生的孤独、远离家里亲人后的思念还是时时袭上心头。更紧要的是与报社失去联系后，心中对报道没有底，很需要领导的指点，路上遇到的一些困难和经济上的拮据也很想汇报，这时多么需要听到报社的声音啊。想不到在这山沟里被庹震找到了，心里怎不激动与惊奇！

庹震是我们记者部负责人，指挥驻全国各地的记者站，也是我这次徒步红军长征路的具体指挥。自我从瑞金出发以来，每一篇稿件都是从县乡邮电所用电报发给北京邮局，再由他处理的。认识他是在今年9月中旬，22日，安岗总编辑代表报社宣布他任记者部主要负责人后，我和他交谈了几次，而过去仅在云南记者站用电话或信件联系过。他给我的印象是年青、充满活力，更难得的是思想敏锐、勤奋刻苦，业务水平高。与他分别在一个月夜，是在北京南城福州馆前街的一个小招待所。他每天的工作时间是从早晨直到半夜，驻全国各地记者的许多事都需要他去处理，还有许多会要开。我们告别是在9月26日凌晨，他对我的徒步采访和写稿等出了许多

▲曾任经济日报总编辑庹震同志。1959 年出生，1982 年武汉大学经济系毕业后进入经济日报社工作；曾多次获得中国新闻奖；1984 年 10 月，被评为首届全国优秀新闻工作者；1993 年当选第四届“中国十大杰出青年”；1994 年被破格晋升为高级记者；1995 年获国务院颁发的政府特殊津贴；2002 年获范长江新闻奖。从 1984 年起，即开始担任经济日报社部门领导工作，先后任总编室负责人、工交部副主任、记者部副主任、记者部主任，1996 年 6 月，担任经济日报副总编辑，2005 年 6 月起，担任经济日报总编辑。现任中央宣传部副部长。

好点子，并约好了联系的办法。谁知，路上的艰难和通讯手段的落后比想到的要严重得多。

听到了小庹（我们都这样亲切地称呼他）的声音，就找到了直接领导，此刻真有点战争年代找到了党的感觉。我想，不身处这种特殊环境，是体会不到这种领导亲、同事情的。

小庹转达了安总和张副总及记者部全体同志的问好，在对我的稿件给予肯定的同时，也指出了值得改进的地方，还为我出了许多好点子。他告诉我，关于路上的费用正在与农业银行联系解决。他最后说：“报社知道，你的体力消耗很大，也得了病，每天要熬夜，每走一步，每写一个字都付出了艰辛，同志们都很理解您，关心您……”听到这里，我流下了热泪，心里有好多话说，却又不知说什么好，只是说：“请放心……”就说不下去了。

1984年11月16日　阴雨

蓝山县龙游村

蓝山县坐落在五岭之一的萌渚岭山地中。如今是太平盛世，百姓安居乐业。县城很清新，白墙黛瓦，二层楼居多。街道宽约20多米的有3条，约10米宽的有10多条。较宽的马路两边都摆满了鲜菜、鲜鱼、鲜猪肉。做买卖的人较多，却不嘈杂，更听不到争吵声。我觉着这同湘南民风淳朴、礼仪为上有关。卖东西的把货物摆在那里让人随便挑，购货的一般都看上分把钟，伸了手也不乱翻，拣看准的东西就让摊主称。说多少钱，就付多少钱。随后是互相点点头，或目光对视，礼貌地笑一笑，或一声“走好！”算是告别。点头、笑一笑、一声走好，很简单，却都出自心间，很自然。

我看见一个鱼摊上，放着几个木桶，还有3个大脸盆，都装满着清水，里边游动着鱼。我见脸盆里有一条青鱼，2斤来重，已奄奄一息，不时翻着肚子，因此容易抓。我抓在手里问：“老乡，这鱼多少钱1斤？”摊主朝鱼一看说道：“你要？拿走吧。”我说：“拿走？斤两还没称呢。”也许他听出了我的外乡人口音，放下手中的活对我说：“大兄弟，第一次到这里买鱼吧？”我点点头。他指了指我已放进水中的鱼说：“本地人是不买死鱼、不吃死鱼的。死鱼谁要谁拿走，我怎能要人家的钱啊。你是外乡来的，今天我要送你一条活的，自己挑吧。”他的真诚我是感受到了，但由于我来自鱼米之乡，习惯了那种买鱼时的讨价还价，称鱼时的斤斤计较，死鱼当活鱼喊价，活鱼肚里灌大米、麦粒等现象，今天突然遇到这种反差，一下子还真有点反应不过来，不知说什么好。还是陪同我的蓝山县委办的唐代建和县委党史办的熊应华代我做了说明。“噢，不是买鱼的？走长征路的！今天，我这个农民更要招待了。”说着就往木桶里去抓鱼，我们坚决拦住了，告诉他今天我们还要走很远的路，他只好作罢。此刻，我由衷敬佩着这位农民兄弟，感叹着这种中华民风的源远流长，真不知说什么做什么来表示感谢。我掏出了身上2角多钱一包的“金沙江”牌香烟，抠出一根递给他，见他两手是湿的，就把烟送到他嘴边，让他叼上，并擦火柴帮他点燃。他的一双湿手已在身上擦干了，把烟从嘴上拿下后，连忙说：“同志哥，我有洋火（火柴）啊。你送了烟，又点火，受不得，受不得。”

1984年11月17日　阴

蓝山县蓝圩

这些天，我一直按红军先头部队的行军时间行进。**在红军突破敌人第三道封锁线后，敌人继续阻拦和追击。在蓝山、宁远、道县等地，我军和敌人激战的战场较多，**我打算到战场上多看，多一点感受。所以按先头部队时间走几天，就能多走些地方。今天我在罗阵庙村吃中饭，这里就有我红军伏击追敌的战场遗址。到旧战场上翻回忆录、对地图、核对材料、听当年见证人的描述，记起来，心里踏实很多。

我今天了解到不少情况：

1934年11月的今天，中央革命军事委员会发布命令，红八、九军团由原来的两个师各合编为一个师，师下不设团，直辖五个营。红军进蓝山前后与敌两个师进行了4次激战，其中一次就是在蓝山境内，由朱德总司令和红三军团彭德怀军团长亲自指挥。地点在我经过的大叶岭等9个山头，约有10多平方公里，如今林木葱葱。当年就在这里，红军布下2个师的伏兵狙击追兵。11月21日，尾追之敌两个师进入我伏击圈，激战一整天，敌136团整个团几乎全部被歼。在此激战的前三天即11月18日，中央军委副主席周恩来亲率红一军团一师三团到蓝山城郊。19日晚，周恩来亲自指挥红三团攻占了蓝山县城，消灭敌保安团一个营。除缴获了一批枪支弹药、军装、被服外，还没收了国民党县政府的十多斤金子、5000多块银元。红军打开仓库，把粮食分给了穷苦百姓，部队也补充了给养。当年周恩来夜宿的旧县政府遗址现在尚存。

我看到，红军当年激战过的9个山头上，已立了高压线，修了水库，栽了果树。我夜宿的肖家山脚下的蓝屏圩也有了电灯。不过，今夜的电灯都用不成，亮一下，却突然灭了。我刚点上蜡烛，电灯又亮了，刚写了几行字，电灯又灭了。这是怎么回事呢？我走出了破旧的小屋子，只见村南头的天空中火花四溅。我赶忙过去，只见几个农民用根长竹竿在顶空中的保险盖。顶上了，四周就有了灯火，不一会又黑了。我对他们说："这样干怕不行吧，要出危险的。"一个农民对我说："不怕，我们常这么干的，总比烧松明照亮和点桐油灯强。"

我找到了乡干部问，他们说："现在有了电，就是缺电工，冇（没）法。"

我问了县里陪我来的同志，才知道：这个县已被列为全国 100 个电气化试点县之一。到目前止，全县已兴建了 27 座小水电站，装机容量已达 1 万多千瓦了。

我也有法，写稿要紧，不然晚上的 3 个半小时睡眠时间又悬了。写完稿，我很有感叹：要是电力部门的各级领导同志能真正深入下来，向红军学习，为百姓着想，总不至于修得好电站，却培训不出农村急需的电工吧？

让农民举着竹竿顶空中的保险丝，让人们守着电灯点蜡烛、点桐油灯，可能这也算得上是全国电气化试点县的“一道风景”吧。

1984 年 11 月 18 日　阴

宁远县水市圩

湘南的初冬，景色真美。北京人大呼小叫看红叶，而这里山道两边多的是。殷红的、淡红的、橘红的，还有玫瑰红的……应有尽有。广州人叫遍大街小巷的菊花展，这里不收一分钱门票，想什么时候看就什么时候看，路两旁到处盛开，点缀在望不到尽头的绿草茵茵、树木森森的红土地上。这番潇洒、这个气势、这种生动、这无限的花卉的鲜灵也许只有在红军洒下鲜血的长征路上才能看到……

今天一早，我从蓝山县的蓝屏圩出发，去宁远县的水市圩。

早上刚起床，退伍红军老战士曾德明就来了。他和小儿子曾怀湘要陪同我一起去宁远县。他说，前边是蓝山和宁远两县公路的断头处，不大好走。我看他大腿骨受过伤，至今走路还不方便，劝他不要去。他说：当年受重伤经组织上留下的战友有八九人，有的被敌人抓到活埋了，有的被严刑拷打折磨死了，我还能走，不碍事。

曾德明原名曾庆知，是广东龙川县人，于 1931 年在中央苏区加入红军。长征前在红五军团十三师机要科工作，师政委是宋任穷。50 年前的 1934 年 11 月下旬，在前边的道县与敌战斗中右腿受重伤留下。在当地群众保护下养好伤，辗转到蓝山县蓝屏乡定居，改名曾德明，今年 71 岁，满头银发。他和我一路走，一路忆当年，讲当年为了民族的解放，人民能过上好生活，不少战友受伤、牺牲的情况。

蓝山县城到蓝屏圩有一乡间公路，通公共汽车，到了圩的村口，公路就没有了，我们就走上了田埂。约走了2里多，我扶着他跳过约一米宽的水沟，就进入宁远县的下灌乡。这里仍是高低不平的小道，又走了2里多路，才走上宁远县修到这里的公路终点站下河村。两个县之间的这一段断头路，总长不过5里左右，给百姓带来的困难却是难于诉说。

湘南的晚上容易下雨，因为昨晚又是潇湘夜雨，田埂上泥泞不堪。今天我看到骑自行车的、陪老人走的、带着孩子的、肩挑手提的……到了这两个断头路口，都得从汽车上下来，走完这段断头路，再去等车。在5里路上，我见到的景象是：自行车扛在肩上的、小青年背着老人的、小孩子被架在大人脖子上的、挑担的被压得龇牙咧嘴的，还有滑在泥沟中的……路上我不禁问向导：“这段路怎不接起来，多不方便啊。”得到的回答是，这是两个县的事，没有上级来管，你推我，我推你，怎办成？我又问：“那两县的领导来往也不方便呀。”其中一位向导说：“那倒不必急，两县之间还有一条公路，就是绕得远一些，领导上有小车，不怕！”曾德明老人说：“50年前，我们跟随宋政委长征经过这里，走的就是这样难行的路，现在还是这个样子，真有点不好向老百姓交代，我们的各级领导应当是先为老百姓办事的啊。”

今晚为此我写了篇稿，题目是：“老红军，伴记者，重走长征路；5里路，50年，坎坷无人修。”

1984年11月19日　阴
宁远县城

今天我本来是从宁远下浇村往西走的。下午3点多，我正在一条乡间大道上走得起劲，突然看到前边有几个人快步向我走来，还传来“开富！开富！”的亲切呼喊。我好惊奇，在这前看不到村、后看不到店的荒山里，除了身边的两位向导，谁会知道我呢？加上睡眠太少、火大，半月前患的眼疾还没有完全好，看远处的东西不大行。直到这两人走近了，我才看清，一位是本报记者部的赵健，一位是驻广东站的张绪森。我们握着手，那种亲切，难于用言语表达。他们是陪同总编辑安岗到长征路上看我来了。50年前的这一天，红军在宁远的行军路线主要有两条。我听说安岗坐火车又乘汽车，身体不大好，正在别处等我时，心里好不激动。我们几个人就折向正南，往县城走去。

傍晚时分，当我们走进店铺林立又有点古香古色的宁远城里，走进简陋的县政府招待所，看到站在那里等我的安岗同志时，我激动得只是喊了一声：“安总，你好吗？”就再也不知道说什么了，只是眼里闪着激动的泪水。安总也很激动，他看看我的脸，摸着我已皮包骨头的胳膊和用纱布绑着的受伤的左手说：“开富，你瘦了，吃了不少苦吧，我们来看你了。”

没有安岗这样有气魄、这样有远见的总编辑下决心，我不可能有机会走长征路；没有安岗的坚持和亲自安排，每天不可能在报纸头版发一篇《来自长征路上的报告》。一路上我一直想念着安总，关心着安总的健康。我看到安总的身体很虚弱，在饭桌上，他吃得很少，我心里很不安。

我认识安岗只是两个来月，知道安岗却是很早了。他在新闻界有着崇高的威望。早在1936年6月起，他就任晋冀特委机关报《胜利报》编辑主任、社长。1941年7月任《晋冀豫日报》副社长、社长。1946年任晋冀鲁豫中央局机关报《人民日报》副总编辑。1949年任《人民日报》副总编辑，1955年4月创办人大新闻系，并担任第一任系主任。中央决定创办《经济日报》后，尽管他已65岁高龄，仍服从中央决定，出任第一任总编辑，为中国新闻事业的发展日夜操劳。我们报社上下都知道安岗雷厉风行、认真负责的工作作风和认真贯彻党中央指示、夜以继日的拼搏精神。只要他在北京，上了白班总是每天坚持上夜班，即使周末、星期天都不例外。

想到这些，我对安总说：比起红军前辈、新闻界的前辈，我在路上吃的苦算不了什么。我请安总放心，我要争取坚持到最后，尽最大可能让安总少为我操心。

宁远县的同志十分热情，但由于条件有限，把招待所当时能腾出的唯一一个单间给安总住。开始，他不同意，一定要让我住，自己去睡通铺。他说：保证记者休息好，生活安排好，搞好采访，是报社重要的工作之一，也是报人的传统。后来在我们的再三劝说下，他又看到大房间铺虽多，但能写稿又能休息好，才勉强同意。

1984年11月20日　阴

宁远县峨皇峰下

“九嶷山上白云飞，帝子乘风下翠微”，这两句诗出自毛主席的《七律·答友人》。当年，毛泽东率领红军长征，途经九嶷山区，目睹九嶷山的秀丽风光，留下了深刻的印象。20多年后，毛泽东写下这首七律。

今天，安总身体还是不大好，但是他坚持要陪我采访一天。

九嶷山位于宁远县境内，红军长征两次经过宁远。第一次是1934年8月下旬，红六军团经过这里。第二次是中央红军主力于同年11月17日至23日经过该县。我们是沿当年第二次途经这里的路线进入九嶷山区。今天陪同安总一行到达九嶷山中心地区采访。

九嶷山真是风光独到，只见九峰耸立，挺拔秀丽，山间白云缭绕，若隐若现。相传这里是舜帝安葬之地。历代诗人和画家曾以优美的笔触描绘她无限的绮丽，今天我们看到九嶷山仍留下不少珍贵的历史文物。在逶迤起伏的群峰之间，我们看到直泻的飞瀑，还看到人工开凿的水渠像一条彩

▲经济日报总编辑安岗非常关心作者的安全和长征采访，不顾68岁的高龄，先后五次到长征路上看望他。这是安岗(右三)到红军突破敌人第三道封锁线的九嶷山区看望作者(右二)。

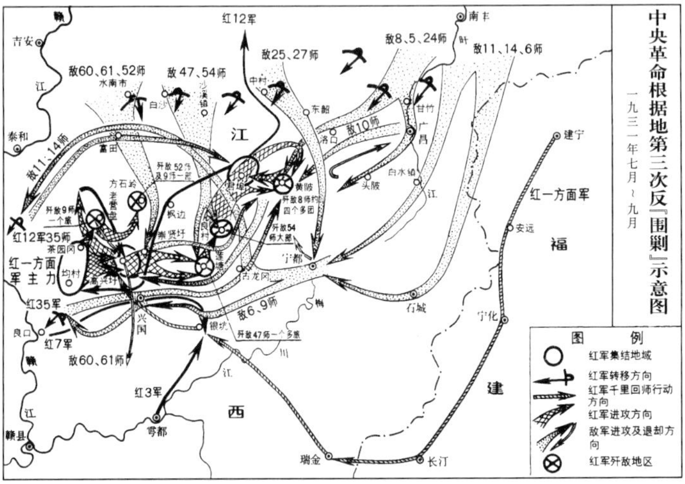

▲中央革命根据地第三次反“围剿”示意图。

链，飘浮在云间。如此美景真是不易看到。

可是，在这景区，不论我们走到哪里，都可以看到农民为了建房或烧石灰而到处开山挖石。爆破石头的声音似炸雷，时时可以灌进我们的耳朵。因此，远看这风景区，万绿丛中，露出东一块白，西一个坑，一片支离破碎；近看山峰，遍体鳞伤，好不叫人痛心！

据说舜峰山前，有一棵著名的将军树，当我们走到那里却找不到了。农民兄弟告诉我们，前些年有人在树下办畜牧场，将军古树被猪粪烧死了。他们对我说，看不到“将军”，还可以看古柏。虽然没走多远看到了它，但树干上钉着钉子，挂着电线，虽然古柏还活着，但已奄奄一息了。又一次使人愤愤然！

安总对我说，一个记者不要忘了自己的责任，长征路上要多反映人民的呼声。我在这里休息时，记录了上面的观感。也初拟了今晚稿件的双行题：“远眺九嶷人已醉，进山见景心不安；古树山石遭破坏，保护开发要加快。”

安总和我们一边走，一边了解当地的情况。当群众了解到我是走路采访长征时，往往先是惊奇，后是高兴，接着是掏心里话。不少人对安岗说：走着写文章好，能看到公路边和火车道旁看不到的东西，写出来就更全面。安岗很高兴，对我说：“脚板底下出新闻，你看人们都这么欢迎，坚定信心往前走吧，群众是你的坚强后盾，相信你能坚持到底。”

我向安总坚定地点了点头。

1984年11月21日 阴

宁远县城

50年前的今天，我红军左翼部队从蓝山出发，在大林江渡过沱水，相继解放了江华、永明。我右翼部队因宁远城已有敌人3个团先行进驻，没能攻进城去，即经宁远城郊、天堂圩西进。在屋脊岗丘陵与敌“追剿”军二十三师李云杰部进行了激战，在我军基本没有损失的情况下，击溃了敌人，后向西边的道县前进。

今天在城郊走访了当年的战场后，我计算了一下时间，明天可以踩着中央军委纵队的时间走到天堂圩，所以我折返县城。边走边看，觉得自己带的资料不够。陪同我的县党史办吕九林很热情，而且对红军史很有研究，他建议我必须要查对一些资料，包括当时敌人的文件。

研究了一些资料后我发现，**中央红军进入宁远后，形势非常不利，正处在决定生死存亡的前夜。**

红军长征虽然是被迫进行的，全军指战员不知走向何方，只知道向西再向西。但高层领导还是有一定计划的，那就是要与湘西的红二、红六军团会合。

▲红六军团长征途中攻克湖南省新化城后部分干部合影。前排左起第三人王震，第四人夏曦，第五人肖克。

记到这里不得不追记，以待后人校正：

▲粟　裕

中央红军于1934年的4月11日至4月28日在广昌与敌人硬拼18天后，红军主力损失很大，而敌人却以31个师的兵力，从6个方向开始了向中央革命根据地的全面进攻。中央苏区在缩小，人力物力已十分匮乏。在此情况下，李德一面提出所谓“用一切力量继续捍卫苏区”，一面也提出要转移。根据周恩来的回忆，为了探路和调动敌人，在中央红军远征前，中共中央派出了两支部队。一支是以中央红军第七军团组成的抗日先遣队，到闽浙皖赣地区开展游击战争。这支部队是1934年7月6日从瑞金出发的，全军团有6000多人。军团长是寻淮洲，政委乐少华，参谋长粟裕，政治部主任刘英，中央代表曾洪易随军行动。

▲抗日时期任八路军一二〇师政治部主任时的甘泗琪。

红六军团是1934年8月7日下午3点，由独立四团开路，从赣州西北部的碧溪、新江地区出发，踏上了西征的征途。全军团有2个师，共有9000多人。军团长肖克，政委王震，参谋长李达，政治部主任张子意，中央代表、军政委员会主席任弼时。部队出发的当晚，就在遂州县的藻林圩打了一仗，全歼守敌。一路上，这支部队与黔、桂、湘之敌打得异常惨烈，如12月15日，红六军团向贵州甘溪方向转移时，被龙塘之敌截击，十八师的五十二团被截断，全团官兵浴血奋战3昼夜，终因敌众我寡，弹尽粮绝，损失惨重。师长龙云被捕，后遭军阀何健杀害；政委甘泗琪受重伤后仍率部杀出一条血路，直到12月24日在黔东印江县的木黄与贺龙、关向应、夏曦等领导的红二军团会师。12月26日，在川黔交界的西阳县南腰召开了会师大会，宣读了11月16日中共中央的决定：创立湘鄂川黔边省委，任弼时为书记，贺龙、夏曦、关向应、肖克、王震等为委员。中央还决定：二、六军团都改为一个师，仍保留二、六军团名义，二军团长贺龙、政委任弼时，六军团长肖克、政委王震。两军团都受中央军委直接领导，两军共同

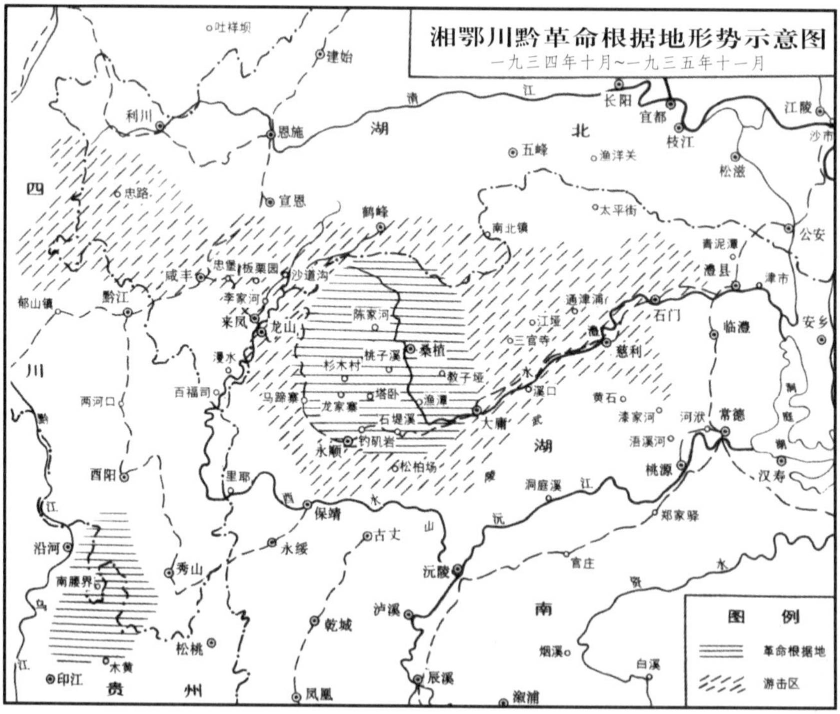

▲湘鄂川黔革命根据地形势示意图。

行动时，则由贺龙、任弼时统一指挥。

红六军团的西征，一路播下了革命的火种，消灭了敌人大量有生力量，但是未能达到调动大量敌人，策应中央苏区粉碎敌人第五次“围剿”的预期目的，不过却为中央红军主力突围西征起了探路的作用。

对于红军7月间的这两步棋，敌人开始并不大在意。在我红军突破第三道封锁线后，蒋介石觉得不对劲了，十分震惊，立即亲抵南昌行营作出判断，他认为红军主力“必沿五岭山脉，循‘肖匪’（敌人污蔑肖克将军）故道，经（广西）兴（安）全（州）间窜，且其行动必速，不致北犯，”计划把我军消灭在湘江之滨。为此，蒋介石在1934年11月12日指令：“派何健为追剿军总司令，所有北路入湘第六路总指挥薛岳部及周浑元部，统归指挥，并率在湘各部队及团队，追剿西窜朱毛‘股匪’，务希各部精诚团结歼灭该‘匪’于湘水以东地区。”敌人重兵即将集合在前，我红军主力却仍往西前进，等于是往敌人的口袋里钻，形势非常严重。毛泽东等领导早看到了，提出了避其锋芒的建议，但代表“左”倾路线的领导就是不听。

（因天快亮了，吕九林催我快睡，只好明天再记。）

1984 年 11 月 22 日　阴

道县相子园

今天我走到了道县相子园。

50 年前的今天，我红军在这几十平方公里的丘陵中，与敌人激战。我军击溃湘敌李云杰等一个多师后，继续向湘桂交界的道县、江华、灌阳、全州前进。在这之前，蒋介石判断中央红军主力是去与红二、六军团会合，便封了三个“追剿”军总司令：

第一个总司令是陈济棠，辖 5 个师 2 个旅；第二个总司令是何健，下设 5 个司令、辖 15 个师及保安团、补充团等 8 个；第三个司令是李宗仁，副总是白崇禧，辖 5 个师。而这 3 个总司令上边还有个总司令，这就是蒋氏嫡系薛岳。

兵家之战，一般都讲究避其锋芒，何况在敌强我弱的严重形势下。所以在 11 月初，彭德怀就建议红三军团应当迅速向北，挺进湘潭、宁乡、益阳，以威胁长沙，迫使蒋敌改变部署，狙击、牵制敌人。他同时还建议中央军委率其他兵团向西北方向靠近四川、贵州、湖南的溆浦、辰溪、沅陵一带前进，迅速发动群众创造战场，创造根据地，粉碎敌人进攻。彭德怀指出：“否则，将被迫经过湘桂边之西延山脉，同桂军作战，其后果是不

▼罗开富在道州浮桥桥头向当年为红军撑船的蔡子奎(左一)了解情况。(王延斌摄)

利的。”

对于彭德怀的积极建议，李德这个一不懂兵法，二不懂中国国情却掌握着红军“三人团”实权的人根本不听。过了几天，在形势对我越来越不利的情况下，**毛泽东再次提出改变进军方向的建议：“红军主力不要过潇水……应沿潇水东岸经保和圩、雷家坪等地经零陵的杰山铺，再向东北攻祁阳，过湘江，在两市镇或宝庆一带与敌决战。然后再返回中央革命根据地去。”毛泽东的这个带有全局性、战略性的建议，也被李德、博古（秦邦宪）这些“左”倾领导拒绝了。红军主力仍按他们几个人在江西匆忙做出的与红二、六军团会师的计划，向道县的潇水前进。而潇水前边的湘江两岸，蒋介石正在向那里调动40多万兵马，等着红军往口袋里钻。**

身临当年的战场，面对这段历史，人们更加敬仰毛泽东和他的战友们，也更加痛恨“左”的东西对我党对我军对国家的危害。

1984年11月23日　阴

道县水南村

今天我依依不舍地告别了在宁远陪我5天行程的吕九林、陈伯录，他们临别时又特意买了笔记本给我。

中午在道县（当时称道州）上关乡龙江桥村李添运家吃午饭。现在我是走到哪里吃到哪里，有什么菜吃什么菜，但我一路声明，绝对不能上大鱼大肉加白酒，因为途中我看到的农民还很穷。今天中餐是一个小油菜，一碗肉丁炒辣椒，一盘酸辣咸菜，还有一锅辣鱼汤。我吃得满头大汗、满身舒畅，感冒似乎好了一大半。湖南又辣又酸的农家菜真是好吃。我在想，好多菜进了城，恐怕就找不到这个味道了。

下午，我的腿脚轻松多了，走路也快得多，傍晚走进了道县城。

道州是红军前进路上的咽喉要地。要占领道州，就必须先过城东的潇水。1934年11月16日夜，也有说17日晨，红一军团前卫二师四团正在蓝山县祠堂圩待命，接到师部命令：“薛敌（薛岳）率五师之众在我野战军后尾追，湘、桂两敌向道州、蒋家岭前进，企图配合薛敌截我于天堂圩、道州间。道州无大敌。我野战军为达到迅速先敌占领道州，渡过潇水，转入机动区域，打击敌人的目的，着你部立即由此地出发，经天堂圩，限明

▲红军抢渡湖南道县潇水上的浮桥。这是原址上保留了原貌的浮桥。(罗开富摄)

日相机占领道州县城，并拒之由零陵向道州前进之湘敌……”

从祠堂圩到道州直插有130多里。红四团团长耿飚、政委杨成武布置完后，部队立即出发，于18日早上攻占了道州城。对于这个时间的确认，研究红军史家还未完全统一，也有的回忆说是22日拂晓进的道州县城。从杨成武将军的《忆长征》一书中看，路上没有遇到什么抵抗，只在近道州城前遇到敌机盘旋，部队躲了一阵。到道州城东潇水河畔，找西岸的渡船花去1个多小时。军令如山，这支部队从瑞金出发以来，一直是先遣团，在20多个小时里除了耽误的一个来小时，加上东拐西拐的弯路，走一百五六十里路是完全可能的。22日占领道州一说也不是没有来由，我从当地党史材料和红军回忆录中分析，当时耿、杨率领的四团属红四师，师长是陈光，政委是刘亚楼，这个师占领道州后，很快又向西挺进，把道州交给了一师，师长是李聚奎，政委是赖传珠。紧接着中央军委纵队、各军团从22日至28日间陆续进了道州城，然后向广西境内的湘江进发。可见22日进道州一说也有道理。但我问过耿飚和杨成武两位将军，他们都说攻占道州应当是18日早上。

我是今天傍晚过潇水进道县的。50年前的道州城有敌人一个连和几十个民团。红军一师师长命五团在潇水上游架桥北渡，四团在潇水南岸的水南村至道州城墙间架浮桥。半夜，我工兵排长率领三个战士，在机枪火力

▲当年红军攻打古道州架起的浮桥至今还在（一些木料已更换过）。这是作者行进在道州浮桥上。（王延斌摄）

的掩护下，跳入潇水。这时敌人也猛烈向我射击，最后终被我火力压住。我牺牲一人，其他三人游到对岸，夺得了船只，在当地船工和其他群众的帮助下，11 月 18 日天亮时，就架好了三四米宽的可以通过四路纵队的浮桥。

今天，我看到水南村边的潇水上浮桥还在，并从上边走过。上了岸走了几百米远就进了县城。我看到的浮桥是用几条铁链把 10 多只扁舟连在一起，上铺木板，约有 4 米宽，近 200 米长。走上去浮桥有晃动，但大体平稳。一些老人告诉我，浮桥还是当年的样子，但一些木板和小舟因历经 50 年风雨，不少腐朽了，现已换了新的。

1984 年 11 月 24 日　阴

道　县

今天在道县城外走了 40 多里，主要是采访红军总部、各军团当年的驻地和战斗的遗迹，还访问了当年红军从潇水过河时，帮助夺船和撑船的船工蔡子奎。

蔡老已 71 岁，满头白发，精神很好。据他自己述说和当地党史部门介绍，因为他为红军干过事，红军西进后，白匪把他抓去坐牢，免不了严刑拷打。他说："坐牢时有点害怕，只 20 来岁，被杀了还是可惜的。可也想到活的岁数不大，却碰上了救苦救难的大红军，也是幸事。那时的官家、军队从不把老百姓当人看，不是骂就是打。红军不同，我本来就是船工，帮红军就撑了那么几下船，一起架了座桥，就给了我衣服，给了盐巴，给了粮，还声声对我说，'小乡亲，辛苦啦'。你想，我活得值，老几辈谁碰到过这么好的军队。"因为许多老百姓都帮助过红军，敌人抓了许多，也许是杀不过来，半年后，蔡子奎被放出来了。

解放后，蔡老在县饮食部门工作，当过两届县人大代表。当我转达老红军向他表示敬意、慰问时，子奎老人热泪盈眶，激动地说："谢谢！是共产党，是红军救了国家，救了百姓。"他问耿飚、杨成武将军可好，并在我的笔记本上写上了这样几句话："我当真想不到老红军这样关心我们，我们也很（想）念老红军，祝你们健康长寿，1934 年 11 月份为红军架桥在南门口河边的蔡子奎，1984 年 11 月 25 日。"县里的同志对他说，今天

▲当年为红军抢渡湖南道州潇水的老船工蔡子奎(左一)在古城墙下,向罗开富介绍红军攻打古道州的情景。(王延斌摄)

是 24 日，老人想了一下说：“不改了，哪一天我都感谢共产党，想念红军啊!”

蔡老陪我来到南门渡口，我看见当年红军抢渡的湘水上已修起了钢筋水泥大桥。当年红军登上的城墙、城门都保存得很好，只是城墙的缝隙间长了许多小草。城墙上除了长有半人多高的野草，还长有很多小树，给人以沧桑和萧肃之感。

在和蔡老告别时，他说还想跟我说件事，我就请他说。他看看我身边有县里的领导，说道：“还是让我写吧。”说着，眼里就滚落了泪珠。他用自己的袖子擦去后，把我的笔记本垫在一块大石头上写道：“请求首长，我在文化大革命中被开除 10 余年的全穴（家）苦命，多次上京访（反）映，在道县得不到落实解决，请上级条条与我对照落实。敬礼，蔡子奎。”我把蔡老写的话交给县领导看了，他们都很重视，说是“文革”中遗留的问题，表态要抓紧落实。

1984年11月25日　日阴 夜雨

道县城

今天一天，心情既高兴又沉重。

高兴的是北京老红军向我描述的当时破败的道州城完全变了样：当时最大的3米宽、不到2里长的道州大街，已变成了20多米宽、12里长了。4米宽以上的街道已有了十多条。这些街道两旁，有1000多家国营、集体、个体店铺。与红军经过的湘南的几个县城比较起来，这里算是最繁华的。县里的工业从无到有，已建起食品、纺织、二轻、建材、化工等行业，年产值已达7000多万元，一片百业兴旺的景象。与此同时，**古道遗风也好，古代民风也罢，在这里还可见踪影。我见到有的老伯还穿竹裙，就是在外衣的腰部系上一件打了很多褶的裙子，有半截的，也有和长裤一样长的，大都是深蓝色的，也有深灰色的。我站在古城门下，有时见到一些白**

▲1935年11月下旬，3位小红军在湖南道州城书写标语时，被追上来的敌人杀害，当地群众冒着生命危险把小战士掩埋后又把标语保护下来。曾目睹小战士书写标语的老人林顺发（右一）向作者介绍当时的情况。（王延斌摄）

发老人见面还相互作揖打拱地问好，不禁觉得中华文明真是源远流长，一种生在礼仪之邦的豪情从心底升起。

离开城墙，走了几百米，来到濂溪河边，看见耸立着一堵高墙。墙上保留着红军当年写的标语“工农革命胜利万岁，工农革命努力奋斗”。看来，县里很重视保护长征遗迹，县里以政府名义在高墙边上立着一块牌子，要求大家保护，并把这堵墙取名为“红军墙”。我在高墙前正准备拍照，走过来3位老人。真巧得很，他们都是当年现场见证人。他们对我说，写这条标语的是3个红军小战士，都才十多岁，够不着高，是搭了桌子写的。两个在下边托着墨水桶，一个站在上边写。由于大部队已陆续出发，这几位小红军尚未写完，尾追的白匪军就到了，隔老远就乱开枪。一些老百姓听到子弹在身边呼呼地飞，就躲到一边去了。但这3位小红军仍在坚持写，直到写完最后一个字。我在老人们指点下抬头细看，标语上端还有5个弹孔痕迹。68岁的林顺发老人告诉我，这3位小红军已饿得面黄肌瘦，都跑不动了。其中一位被白匪军抓住，用枪托打他，要他屈服。小红军说：“我已14岁了，我晓得你们是白匪，专门欺压百姓的，我们是红军，是为工农利益的。”敌人看他不屈服，就朝他开了枪。这时，小红军还在大声说：“红军会胜利，白军要完蛋。”

站在红军墙下，我为小红军久久地默哀。凌晨写完稿子，我还在深深地沉思。我带的资料中有记载：红军长征过道州城，在城里留下的标语“触目皆是”，而我在城里只看到了3位红军小战士写的这一条。全县33个乡，有19个乡留下红军长征的足迹。但从经过的几个乡来看，一条标语也看不到了。明天再走几个乡，怕也难见。据老人们说，早些年村里、城里的红军标语还有很多，近几年拆旧屋建新房，不少标语给毁了。这真令人惋惜，却又无可奈何。作为记者，只能写上一篇文章呼吁一下罢了。

1984年11月26日　阴小雨

道县仙子脚

中央军委纵队和各军团相继渡过潇水，过了道州后，继续西进。我今天看了革命先烈何宝珍在道县城关镇生活、学习和工作的地方后，也向广西灌阳方向前进。

▲刘少奇

何宝珍，湖南道州人，牺牲时才32岁。俗话说：“秀才经商，赔得精光。”她父亲是清朝末年典型的秀才，毕生潦倒，在道州城关镇做点小买卖，因赚不了钱，养活不了家，年幼的宝珍只好给人家做童养媳，曾随婆婆到地主家当小佣工。

何宝珍年纪稍大一些时候，地主要她陪小姐到私塾念书，后又到县立国民女子小学堂伴读。由于她聪敏刻苦，虽为小姐的贴身丫鬟，却深得老师喜爱，让她作为正式学生和大家一起上课。后在老师的斡旋和资助下，何宝珍冲破地主阻挠，于1917年考入衡阳省立第三女子师范学校。1919年的“五四”运动风暴波及衡阳时，爱国学生夏明翰、蒋先立等积极响应，决定在衡阳雁峰寺召开大会，举行示威游行，支援北京学生反帝反封建的爱国斗争。第三女师的校长却禁止学生参加，锁上大门，不准学生外出。经何宝珍发动和串联，大家每人自制一面小红旗，旗上写了反帝反封建内容的口号。在开会那天，大家越墙而出，从几个渡口过河后参加了大会和游行。后来第三女子师校又举行罢课斗争。在斗争中，她成了这个学校的学生领袖之一，并出席了湘南学生联合会会议。当时中共湘南区委书记是毛泽东。何宝珍多次听过毛泽东讲话，进步很快。1922年初，经张秋人介绍，加入了社会主义青年团，成为学校团组织负责人之一。后由于她领导同学们开展反封建和揭露校长欧阳骏贪污腐化的丑行，被开除学籍。在无家可归、无亲可投情况下，住在长沙毛泽东家里。不久，加入了中国共产党。**1923年初，党派她到江西安源路矿工人子弟学校和工人夜校任教。不久，何宝珍和正在这里领导工人运动的刘少奇结婚。**

▲何宝珍

结婚后的7年间，她跟随刘少奇出生入死，先后在长沙、上海、广州、武汉、天津、沈阳、哈尔滨等地同军阀、政客、汉奸、特务以及帝国主义做斗争。因为她做的是党的地下工作，只好把长子允斌和女儿爱琴托人带到乡下抚养。

1932 年冬，刘少奇从上海去江西苏区工作，何宝珍留在上海任互济总会营救部长，四处奔走，利用关系营救被捕同志。1933 年 3 月被捕，囚禁于南京市监狱。在狱中，何宝珍和帅孟奇、钱瑛、夏之翔等组织狱中难友同敌人斗争。**1934 年秋，互济会一个干部被捕入狱，经不起严刑拷打，供出了她是互济会负责人后，敌人就对何宝珍施用种种酷刑，想得到所需要的口供。何宝珍坚强无比，对敌人说："请吧，共产党员是不怕死的，革命者是杀不尽的！"最后，何宝珍在雨花台英勇就义。**

今日傍晚，我和道县宣传部长王延斌等人去一个夜校采访农民学文化、学科技的情况。虽已初冬，时不时下一点小雨，仍有秋风秋雨秋萧瑟的感觉，不禁起了愁思。"文革"中打倒了刘少奇，又把何宝珍说得啥也不是。党的十一届三中全会拨乱反正，刘少奇平反了，何宝珍想是也平反了。历史就是历史，不要因人、因政治、因需要而废史就好了！中华民族受尽了灾难，而多少人中豪杰用鲜血和生命捍卫着这个民族，为这个民族增光添彩。中华民族的后人应当永远记着他们，而不应歪曲历史！记着这些人和正确评价他们，是为了从他们身上汲取力量和智慧，激励我们更好前进。

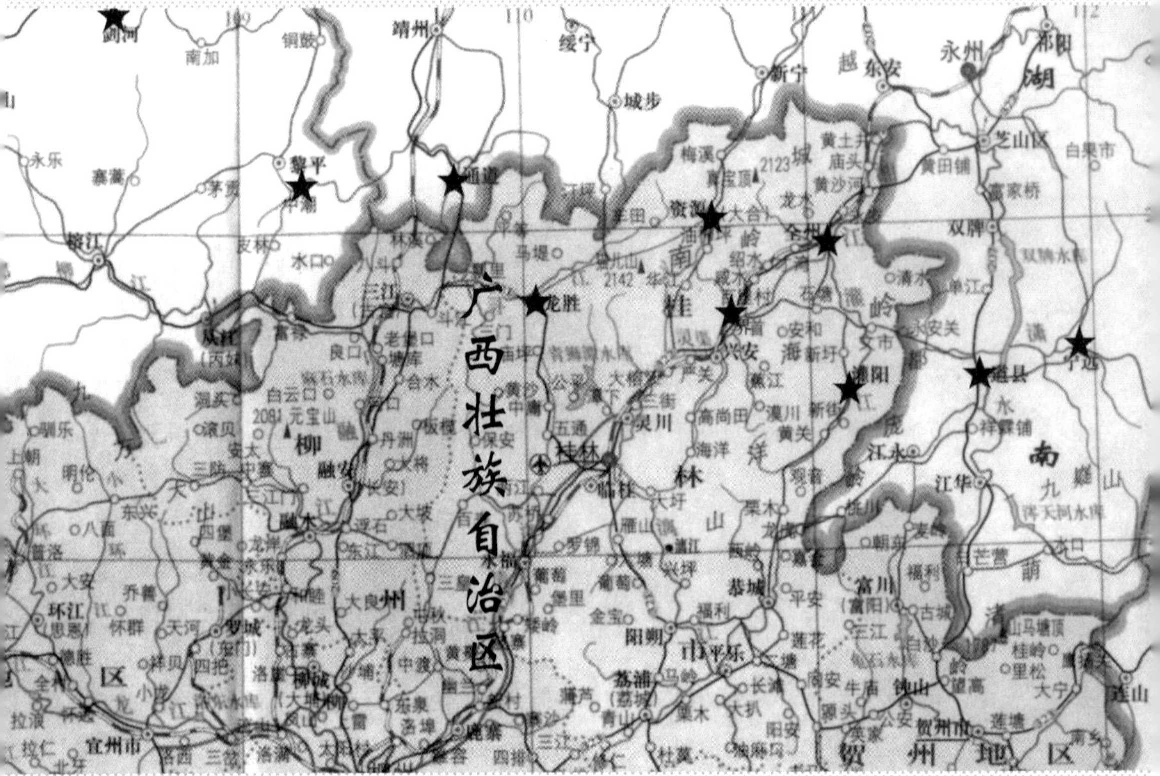

广西壮族自治区

1984 年 11 月 27 日~12 月 10 日

灌阳县　全州县　兴安县　资源县　龙胜县

1984 年 11 月 27 日　阴间雨

广西灌阳滨家桥

50 年前的前天 **(1934 年 11 月 25 日)，中央红军主力陆续由湘桂交界的永安关和雷口关进入广西灌阳县。中央军委纵队 11 月 26 日晚从湖南道州堡子岭出永安关，于 27 日早上到达广西灌阳文市圩。至此，红军已真正进入敌人设置的第四道封锁线，一场大战、恶战迫在眉睫。**50 年后的今天早晨，我也经堡子岭进入广西灌阳，出永安关，翻上金鸡山，越过桂岸，中午到达文市圩。下午又翻过月岭，行进在荒山中，傍晚到达水车，晚上住宿在滨家桥村 88 岁的唐祖树家。当地的党史资料和唐老伯都证实，50 年前的今夜，这个村上住的是陈云、董振堂等同志率领的第五军团的军团部。当时的几间民房现仍保留完好。

永安关虽非十分险要，却有两省分隔的肃穆。用花岗岩叠砌的牌楼虽残缺不全，但主要的架构顶着几块大石依然高耸山巅，给人以巍巍的庄严之感。它似乎在告诉人们争战千年、烽火连绵的历史。顺着牌楼望出去是逶迤无际的树林，还有顺着山中的沟壑延伸的省际间的分隔线。出了永安关有一条山间小道，是当年红军行军路线，至今仍是青石板路。两旁峰连峰，柏连杉，静得连自己的喘气声都嫌格外难听了。而各种鸟鸣声不时交响，悦耳动人……我想，要是人们到这里来旅游，一定会觉得与别处不同。这里是一片人迹罕至的大自然，每条溪水和飞瀑都是甜的。从中可以感受到历史，找到静穆，体会到时空。就是在这条路上，50 年前的今天，8 万多红军将士，保卫着党中央，保卫着中央军委，保卫着红军司令部，携带着无数的辎重，扶着抬着无数伤病员，将要去迎战 40 万敌军的封锁线，这是何等的艰苦卓绝！不到这里，体会不到前辈的艰辛。我在路上走着，体会到了一种悲壮。

青石板路只走了三五里，就开始爬月岭。悬岩上路很窄，走到下午1点多，大家饿得不行了，下山时只好在一块红薯地里，每人挖了一个红薯。用草擦去泥，连皮都吞下了。

下午3点多到了灌阳的文市乡。陪同我走了5天的道县宣传部长王延斌、党史办何和、广播站站长奉开祝同我依依不舍地道别。王延斌赠给我一本书，是1955年5月人民出版社出版的《中国工农红军第一方面军长征记》，书页纸都已发黄。这是我路上最缺少的资料之一，使我十分感动。我捧着这珍贵的书，翻开扉页，只见上边写着："这本书我已保存了18年，今天送给罗开富同志，以表示对他的可贵精神的支持，并希望能对其工作有所帮助。"世界上最珍贵的就是真诚和友谊，真正得到了，谁个不动情？我紧紧地握着延斌的手，道了声："再见！"四目相对，眼角都湿了。

延斌他们是陪我从湖南走到广西的，回去时，湖南早来了车在等着。当延斌他们要上车时，我突然想起了一件重要的事，我边掏口袋边让王部长等一等。因为我一直记着中午由于太饿，在山上挖吃的红薯。当地的红薯是4分钱一斤，我们共挖了4个，约有2斤重。在中途休息时我还打听到那块地属桂岩村，我把给农民写的表示歉意的信和两角钱交给了延斌，让他回程时在当地村庄问一问，是谁种的地就交给谁。与王部长同来的道县的同志说："你看，我们也准备好了。"说完也拿出一张条子和几角钱。这真是不约而同。王部长伸过手来说："我知道，记者的纪律也是铁的，我保证完成任务。"说完，接过我手中的东西。

车子绝尘而去，王部长一路上对我的关心、期望和理解将会永留我心间。

1984年11月28日　阴
灌阳县新圩

昨晚记完日记，已是凌晨2点40分了。我准备睡觉，却见床上已有县里的两个同志睡熟了，而且有一位人高马大的睡得正香。我见床沿上还有点地方，打算挤上去躺一下等天亮就是了。谁知，我挤上去不久，睡在中间的一翻身，就把我迷迷糊糊地挤到了床下。我用手电一照，此刻床沿也找不到了，因为那人的半条大腿还支在床沿外。我想，尽管这儿交通不便，县里的同志至少是用自行车代步的多，今天陪我走那么多路，而且是第一天，肯定格外乏和累，就不忍心喊醒他们，明天还要爬山和走好多路。怎么办？我就手拉过一捆茅草，坐在一堆树杈上睡着了。不久却又被冻醒了，只好推开一扇木门，在晒场上又找来一大捆茅草，把它盖在腿上。又睡了一会儿，天快亮时，实在冷得坐不住了，见床沿又空了一块地方，就趁机又坐到床沿上，借着其中一位翻身之际，拉了一个被角盖在腿上。不知睡了多长时间，太阳一出来，我们就出发了。

告别滨家桥，走了 30 多里，就到了新圩。这时只觉得浑身骨头发酸，全身发冷。我用自己的温度计一量，38 度多。这些天一直在患感冒，昨夜被冻了一夜，又加重了。我吞了几片药，就随新圩乡党委副书记蒋忠明去爬水口山，这里是彭德怀、杨尚昆率领的红三军团狙击敌人的战场。

红军抢渡湘江前，中央军委纵队居中，右路是聂荣臻、林彪率领的红一军团，左路是彭德怀、杨尚昆率领的红三军团，红八、红九军团在侧翼策应，殿后的主要是红五军团。我今天走的是左路军的行军路线。

水口山海拔 1000 多米，高大的树木稀少，但灌木和植被很好。我们登上山顶后，见到远处一片重重叠叠的山。向导说，我们已处在十万大山的边缘了。山下的长沟里有狭长的农田和半山腰的村庄。由于这一带人烟稀少，山上战壕保存得很好，约有一米宽，望不到尽头。战壕里的草比山坡上的颜色要深。我跳进去，齐胸深。灌阳县委党史办的刘继元、宣传部的文崇军等同志说：过去壕深大都齐肩，这些年因雨水冲刷，草木的腐殖质把壕沟底部垫高了。

据记载，我红三军团在这里狙击敌人长达一个多星期，牺牲的同志很多。蒋忠明看我在沟里想挖点遗物或遗骨时，对我说，战壕里经常可以挖出“瑞金制造”、还标有镰刀斧头图案的手榴弹等，不过今天不行，没带工具，靠树枝挖难找。过些天，我们挖到后，派人用车去追你。

下到半山腰，终于见到了一个村子，名叫枫树脚村，约有 10 多户人家。我们在村口黄光文家讨口水喝，一坐下来，意外地知道当年黄家曾收留过一位红军伤员。伤员养了两天伤，便要去追赶队伍，临别时，交给黄光文的祖父黄和林一面红旗，并对黄和林说，红军是共产党的队伍，是打“白狗子”救穷人的，我们胜利后，我自己回来取这面红旗。红军过湘江西进后，尾追的敌人就来搜查。黄和林冒着被杀头的危险，把红旗装在一只小木箱里，背着箱子躲到深山去了。1941 年黄和林临终前，把红旗交给了儿子黄荣清和孙子黄光文。1944 年，日本侵略军到了灌阳，到处烧杀抢掠，黄荣清和黄光文就背着这只木箱逃难，历尽艰险。回来时，村里房屋已被烧得荡然无存，而这面红旗保存了下来。

1979 年，黄荣清去世，临终前，嘱托黄光文把这面保存了 45 年的红旗交给政府。

黄光文听说我是走红军长征路的，心情很激动。为了表达他对党、对红军的热爱，他装了一麻袋当地特产红枣，要我带回北京，交给在这块土地上战斗过的红军老战士。后来他弄明白了，我是走路的记者，每天要走 70 多里路，无法携带，于是他想了一会儿说："国旗上有五星，红军长征经过这里已 50 周年，就请你带五颗红枣去，以表示我对红军的想念吧。"我接过了他挑选的最好的五颗红枣后，为他全家照了相。

1984 年 11 月 29 日　阴

全州县古赵头

身处红军血染湘江的战场，心里总是很激动。今晨写日记写晚了，盖了 3 床被子刚捂出点汗，天就亮了。还想睡几分钟，向导来催我去蒋忠明家吃早点。

这里的早点与众不同，是喝油茶。所谓油茶，就是把当地产的茶油熬熟后加水，放进熟花生、香菜、辣椒和调料，真是好吃。说实在的，一路上疲劳之极，睡眠太缺，不少时间是满嘴血泡，胃口早就"倒"了，吃什么都胃口发木，只是为了维持生命，继续走下去而已。想不到今天一喝油茶，我却找到了味觉，来了劲。我让多加点辣椒，再来一碗，喝得满头是汗，感冒好了一半。我对忠明的爱人说，走完长征路，我要专程来喝油茶。她说："就怕你不来，这里的山珍多着呢。"

走了 40 多里路，下午 2 点多到了灌阳与全州交界的一个山坳里，地名叫新卫。我们找到一户人家正在用餐，全州来接我的县委宣传部副部长廖绍琼和党史办唐厚军赶到了。广西北部很冷，吃饭像城里人吃火锅，所不同的是一口大铁锅由几块大石头支在地上，大家围坐一圈，边添柴边取暖边加菜边吃边交流情况。灌阳县党史办刘继元请全州县的同志坐下后说：

▲抗日时期任八路军一一五师政治部副主任的肖华。

“让你们多跑路了，本来应该是在交界处交接的呀。”全州的廖部长说：“今日不同呀，肖华将军发表了讲话，对罗记者的采访很重视，我们多跑十几里路算什么呀！”说完，她把 11 月 20 日的《经济日报》头版拿给大家看，题目是《肖华预祝长征路采访成功》。肖华将军的谈话有近千字，当我看到导语中“这一采访活动很有意义，对于我们发扬红军艰苦奋斗的精神，致力于振兴中华的宏伟事业，将起到很大的鼓舞作用。……希望罗开富广开视野，并预祝采访成功”时，我十分激动，心里默默地说：徒步采访，每天发稿确实艰辛，但和红军当年边走边打仗相比，这点困难算不了什么。我会向红军学习，克服困难，决不辜负革命前辈的期望。

一路风尘一路情，在灌阳的采访，走的路多，收获也很多。在朝迎星斗，晚送夕阳，没有地方睡觉，只能挤着睡的几天里，大家建立了深厚的感情。在我要离开他们向全州县出发时，大家都依依不舍。县委宣传部的文崇军在我笔记本上写了一首诗，以表达心情。题目是“赠记者罗开富同志”：

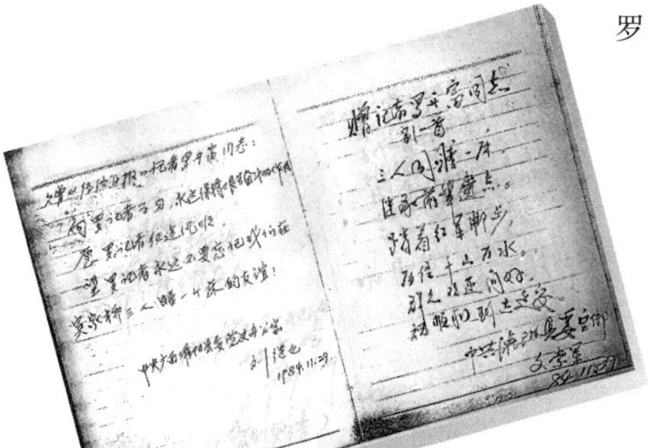

三人同睡一床，
继承前辈遗志。
踏着红军脚步，
历经千山万水。
群众欢迎问好，
祝顺利到达延安。

下午我的病又加重了，浑身发冷，骨头酸痛。全州县的同志几乎把我的行李都抢过去背着，我才咬着牙走完了 40 多里，到了古赵头村，已是夜晚 9 点多了。

找了间平房让我住下后，廖部长找来了一盆炭火让我烤，唐厚军不停地给我烧开水，并找来了药定时给我吃。凌晨两点多，稿件誊抄好后，唐厚军还在守着我。他说：“你快睡，明天要过湘江，要走很多路。廖部长和我见到你时，都觉得你病得很重，她要我好好照顾你。”我说，还要写点日记再睡。他说：“没关系，屋里温度太低，你写也罢，睡也行，反正今夜我要为你加炭火。”我想，正是沿途人民的关心和支持，给我增添了战胜困难的勇气。

1984 年 11 月 30 日　晴

全州县鲁板桥

早上醒来，舒服一些。见小唐还在火盆里加炭，我问：“厚军，你一直没有睡？”他说，在火塘边躺了一会儿。我说：“就凭廖部长的关照和你的热情，我的病也会很快好的。”

今天要过湘江。早上县里把党史办主任刘心潜也派来了。他已年近花甲，几十年来一直研究红军在湘江两岸突破敌人第四道封锁线的战史。他们 3 人陪我到了鲁板桥、脚山铺，后沿红一军团行军路线，经茅埠村，涉水过了落花江，又走 40 多里，到屏山渡口，乘上小渡船过了湘江。60 岁的老艄公胡运仕把船撑到江心时，月亮已在江中洒下清辉。

通过走、听、查资料、看现场和思考，我今天对“血染湘江”4 个字才有了更深的理解。

这里所说的红军抢渡湘江是发生在广西境内的。湘江源于桂北，蜿蜒曲折穿过兴安县，进入全州县。这里是五岭中的越城岭和都庞岭两大山脉中间的丘陵谷地，人称湘桂走廊。

▼在广西兴安县红军过湘江纪念地——三官堂留影。（唐厚军供稿）

▲湘江战役，红军将士由8.6万人锐减至3万多人，所以后人称湘江战役为“血染湘江”。这是广西资源县为红军烈士建造的纪念碑。

红军冲破敌人的三道封锁线后，蒋介石急红了眼，来了一个狗急跳墙，把30多万正规军调到这湘江两岸的崇山峻岭中，加上地方保安军共有40余万人，筑了一个包围圈，等着红军往口袋里钻。毛泽东等领导对蒋介石的这一套早就看穿。在进入湖南时，毛主席就向中央建议，要避敌锋芒，李德、博古（秦邦宪）等人不听。到了湘江边，毛泽东又一次坚决反对在全州南面强渡湘江，提出了改变进军方向的建议。可是“左”倾领导却仍然不听。在1980年出版的李德写的《中国记事》一书中，他写到了当时的情况：“我建议，从南面绕过全县，强渡湘江，……毛泽东粗暴地反对这个建议，……”结果是**由于李德等“左”倾领导者的错误指挥，在湘江两岸激战一个星期，我红军付出了极其惨重的代价。渡过湘江之后，我军已由长征出发时的8.6万多人，剩下3万多人了。**

月夜清辉，渡船划到江心，我让艄公停一停：我要在月夜里好好看一看，想一想，我要为牺牲在湘江的红军将士们掬一捧水，默一次哀。我过的这个渡口是当年红一军团大部队渡河的地方。50年前的今天，蒋介石的空军和桂系的空军正在轮番出动，轰炸我红军在湘江中架起的四座浮桥和行军中的部队。两岸的部队，为了保卫中央军委纵队一万四千多人安全过江，为了打开一条生存的血路，正日夜与敌展开拼杀战。红军将士们英勇非凡，子弹打光了，刺刀拼弯了，枪托砸坏了，就用石头打。身体受伤不能走了，就抱着敌人一块滚下山崖，滚入江中……**红一军团在20多里的战场上，喊着“一切为了苏维埃新中国”的口号，与敌人展开了7天多的恶战。**据资料记载：仅12月1日这一天，就在我今夜过江渡口的两岸，红一军团的红三团一营和二营的指战员们以刺刀对刺刀，与敌人展开了白刃格斗，刺死刺伤八百多敌人。但自己伤亡也很大，只拼了一天，一千多人，只剩下了六百多人了。我们的红军指战员就是这样为了人民的利益，血染湘江！血染群山！第二天又接着和敌人拼杀，用对党和人民的忠诚，用共产主义一定会胜利的必胜信念，用胸膛和鲜血终于坚持到了最后，坚持到了胜利！

刘心潜几乎和我同时弯腰捧起了湘江里的水，他望着手指间汩汩漏去的水，像自言自语，又像是对我们说：“后代的日子会一天比一天过得好，可我们不能忘了红军血染湘江，谁要是忘了，那真是背叛啊。”

1984年12月1日　晴
全州县脚山铺

上午怀着沉重和崇敬的心情看了红军烈士墓，下午到咸水、绍水、霖源、脚山铺等战场凭吊红军英灵。我觉得**湘江大战可说是惊天地、泣鬼神，是中外古今作战史上无与伦比的**。第二次反法西斯大战中，盟军在法国的诺曼底登陆，在西方人眼里，这够伟大、够惊天动地的了。但与我湘江大战无法可比：**诺曼底登陆盟军战死的有9000多人，而我湘江大战，红军除去路上一个半月的减员，牺牲的有3万多人。我觉得后人应当好好研究红**

▼广西资源县“血染湘江”的红军战场旧址。（罗开富摄）

▲长征精神代代相传。这是在红军血战湘江的江边，广西全州县委宣传部长廖绍琼（右二）、县党史办主任刘心潜（右四）和唐厚军（右五）陪同罗开富凭吊抗战时期的革命烈士墓。

军百折不挠的精神，以利中华民族的振兴，以永立于世界民族之林。

湘江大战要记的东西实在太多了，今天只能记万分之一二。从全州县掌握的资料中摘取红军当年函电交驰中的一些命令，便足见我军打得如何英勇，战场上是何等惨烈！

11 月 25 日，中央军委发布作战命令：过湘江时，红一军团为右翼，红三军团为左翼，红五军团为后卫，八、九军团等部为策应，从两翼和后卫掩护中央纵队和军委纵队过湘江。

同一天，党中央及总政治部又向中央红军发布政治命令：“我野战军即将进行新的最复杂的战役，要在敌优势兵力及其部分的完成其阻我西渡的部署条件下，来突破敌人之第四道封锁线并渡过湘江……为着胜利的进行这次战役，要求野战军全部人员最英勇坚决而不顾一切的行动，进攻部队应最坚决果断的粉碎前进路上一切抵抗，并征服一切天然的和敌人设置的障碍……”

11 月 30 日晚，与敌搏斗了一天的红一军团领导在全州县脚山铺给中央军委主席朱德的电报中说：“朱主席：……由脚山到白沙铺只二十里，沿途为宽广起伏之树林，敌能展开大的兵力，颇易接近我们，我火力难发挥，正面又太宽，如敌明日以优势猛进，我军在目前训练装备状况下，难有占领固守的绝对把握。军委须将湘江以东各军，星夜兼程过河。……”

当晚深夜1点半，朱主席以十万火急下达命令：“一军团全部在原地域有消灭全州之敌由朱塘铺沿公路向西南前进部队的任务。无论如何，要将汽车路向西之前进诸道路，保持在我们手中。”

当晚深夜3点半，中央局、军委、政治部以万万火急向红一、三军团联合发出指令：“一日（即天亮后）战斗，关系我野战军全部。西进胜利，可开辟今后的发展前途，迟则我野战军将被层层切断……我们不为胜利者，即为战败者……望高举着胜利的旗帜，向着火线上去。”

为了党中央的安全，为了红军的生存，**8万多从江西边走边战的我英勇的指战员，不顾一切牺牲，以坚决的突击，执行进攻和消灭敌人的任务，保证了党中央、中央军委领导和机关于1934年12月1日中午渡过了湘江。**各军团完成了中央军委规定的任务后，交替掩护，边打边撤。而这时敌人蜂拥般向江边夹击过来。不少红军指战员怀着对国民党反动派的满腔怒火，向尾追的敌人射出了最后一颗子弹；怀着对党的忠诚，对人民的感情，对战友的挚爱，向着猛扑过来的敌人扎去最后一刺刀，为红军在生死存亡时刻，铺就通向胜利之路流尽了最后一滴血。这热血汇入湘江，滋润沃野，滋润着共和国的千秋万代。

1984年12月2日　晴

兴安县界首

隆冬的桂北湘江，水流仍急，两岸绿色如盖，界首渡口，一座水泥桥横跨两岸。我拿起相机照了几张照片后，一边听全州县党史办同志介绍，一边查阅资料，一面察看现场。

我了解到，50年前的昨天晚上至今天，敌人分两路从左右两翼向这里合拢过来，想占领我界首渡口。我军指战员，互相帮助交替掩护，跳进江中，渡过一个算一个。岸上的掩护正在渡河的，渡过去的又掩护水中的……但终因敌人太多，各军团都有未能渡江惨遭敌人杀害的。尤其是担任殿后任务、掩护大军渡过湘江的红五军团、八军团、九军团，付出了惨重的代价。**长征出发时，红八军团10922人，渡过湘江后只剩下一千多人；红九军团11538人，渡过湘江后也只剩下三千多人了。**

红五军团是担负湘江大战的总掩护部队，只有三十四师和十三师两个师。长征出发时，全军团有12168人。红十三师掩护全军过了湘江后，又按照命令从12月1日夜9点多开始，一口气跑了90多里赶到湘江边，在三十四师的拼力掩护下，部队大部分渡过江去。在红十三师部队还没有渡完的时候，30多万敌军占领了界首渡口和封锁了过湘江的一切通道。**我红三十四师此刻在陈树湘师长率领下的五千多将士已陷于数十倍于自己的敌人包围之中。敌人以百倍的疯狂向我红三十四师猛攻。红三十四师孤军奋战，英勇拼杀，弹尽粮绝，最后没有一个人投降，大部分壮烈牺牲。陈树湘师长率领近二百人，拼力杀出一条血路，突出重围。但是敌人不断追杀，陈师长身负重伤，不幸被俘。在敌人争相邀功，企图把我陈师长送到长沙途中，陈师长自己用手绞断了受伤流出体外的肠子，英勇殉难，实现了他决不当俘虏的誓言！其余指战员，在湘南的道州、宁远、江华、蓝山等地与敌日夜周旋、英勇斗争近半年，也大多壮烈牺牲。至此，中华儿女应当永远铭记的光荣的红军三十四师全军覆没。**

我们是中午到界首渡口的。直到夕阳西沉，全州的刘心潜、廖绍琼、唐厚军等同志和我还在英勇红军杀敌的战场上徘徊。血染湘江，用英勇、壮烈、惨烈都写不尽、写不完、写不出红军的伟大精神！

夜深了，我还在想，如果今后我能募集到资金，应当重返湘江战场，制作一个血染湘江的大沙盘，让人们观看，让后人铭记。要让我们的后代知道，中国共产党是在与艰难险阻斗争中成长的，共和国的红旗是用无数革命先烈的鲜血染红的啊！

1984年12月3日　阴

资源县油榨坪

一早出发，沿当年中央军委纵队过湘江后的西进路线，经咸水、西瓜坪、邓家、洛江等村庄，翻越名叫三千界的高山，走了90多里，于黄昏到达资源县中峰乡油榨坪村，住黎志平家。

这些天，我病得很重，一天走下来，粒米难进，只在洛江村喝了一口汤。到油榨坪后，我倒在一间小黑屋子里，就迷迷糊糊地睡过去了。

凌晨1点多，黎志平、李清珍夫妇用湿毛巾把我弄醒了。只见李清珍怀抱着婴儿，眼里闪动着既担心又惊慌的目光：“同志！同志！你怎么会昏过去呀？你到底是做什么的呀？”小李几乎是喊着问我。我头痛欲裂，想张口却说不出话。小李把婴儿放在一边，让她的丈夫掰开我的嘴，用小碗给我喂冷开水，我却又迷糊过去了。

当我第二次醒来时，中峰医院院长赵生知带着人正在给我打针。乡长孙昌军见我醒来，大大舒了口气。我一看表，已近凌晨2点了。我示意小李从我行李袋里摸出几支蜡烛点上，坚持着写完稿就又睡去了。天亮了，我见黎志平夫妇还在我床边照顾我，小李还抱着婴儿，我好感动，说了声“谢谢”，小李可高兴了，说：“同志，昨晚真被你吓着了，我们又不知道你是做什么的，是好人还是坏人，要是醒不过来怎么办啊。”我说：“不会的，有你们这样的好人保佑着我呢！”趁他们去为我做早餐的工夫，记了以上几笔。

1984年12月4日　阴

资源县油榨坪

早8点多，我正靠3条棉被和李清珍为我生的一盆熊熊炭火发汗，听说资源县委副书记和宣传部长已经到了乡政府，说是来看望我的。我只好强撑身子起来，由黎志平和孙乡长照顾着，走到了乡政府门口。见门口贴着“热烈欢迎红军代表罗开富来我县指导工作”横幅，我对宣传部长说，先把标语拿掉，我是记者，不能拿大帽子吓人。

县里看我挺认真，不是客套，只好取下标语。我想要点资料看看，他们说一时找不着。其实这里离县城只20多公里，但也没人答应让县里帮我找来。我提出要向导，因为明天要进入瑶族地区去爬老山界，他们答应了。但我觉着他们还不了解我的工作情况，身体又不好，靠说又说不清，怎么办？这时，全州县来接廖部长、唐厚军等人的汽车要回去。我就告诉廖部长，请她回去后，代我向县委杨书记求个助，请派唐厚军陪我走出广西。与小唐相处5天来，他对我采访、找资料、治病帮助很大，对我走路、写稿、找邮电所等一套程序也熟悉了。

廖绍琼等同志看着我站都站不起来，握手都没劲的样子，重重地点着头，再三嘱我保重，眼里都噙着泪水。他们这一走，我熟悉的人没有了。

▲告别向导和陪同总是依依不舍，罗开富（右一）在广西资源县华江乡与陪同的全州县委宣传部副部长廖绍琼（右二）、党史办唐厚军（左二）等同志合影。（唐厚军供稿）

因全身发酸、发冷、头痛欲裂，与县里领导谈了个把小时，离开乡政府后，又往小李家的黑屋子走去。只见枕头边放着一条半新不旧的涤卡灰色的长裤和两条补过的衬衣。这使我想起来了，这长裤是全州县委杨书记送的，这衬衣是廖部长帮助洗补的。自上路以来，带的几条裤子都先后磨破了，却找不到地方或没时间买。全州县城算是繁华一点，但走了几家商店，都找不着我这 1.76 米身高的衣裤，都是很短，腰身又小的，穿不上。前天晚上和我身高差不多的杨书记看望我，见我右腿裤子的膝盖处用线扎住了破洞，当晚回家找了这条裤子给我。自我上路以来，我的几件衬衣都又脏又破了，没时间洗也没时间补，只好继续轮换穿。一路上廖部长他们一直帮我背着行李，昨天我们很晚才走到中峰乡，这里属资源县，他们把我交接后，任务就完成了，然后找地方休息了。今早他们到黎志平家来向我告别时，我不在。他们就把给我的衣裤放在床上后，找到乡政府向我告别。望着这堆衣物，想着昨夜黎志平夫妇、中峰乡乡长孙昌军、中峰医院院长等为我彻夜未眠的情景，我从心底里喊出一句话：没有沿途父老乡亲的支持和帮助，红军到不了陕北，今天我按长征路徒步采访，还是同样的道理。

1984年12月5日 阴

资源县岔岭瑶寨

今天我从中峰乡出发，走进了山区，夜宿在瑶族赵文芒家。

中峰乡油榨坪是红军过湘江后集结和休整的地方。红军的许多回忆录里都提到了这个地方。我看到的这个坝子很大。当地人说，这是地处山区的资源县山中最大的坝子。所谓坝子，就是四周都是山，中间是平地的地方。**1934年12月3日，周恩来、董必武、徐特立、林伯渠等同志，穿着草鞋，拄着拐棍，头戴防空帽进入油榨坪**。殿后的红三十四师没有了，为了保卫红军能在这里休整几天，这个任务落到了肖华、彭绍辉率领的“少共国际师”（红一军团十五师）肩上。他们扼守在湘江西岸的紫石关，掩护全军在油榨坪休整、补充粮食等。整个油榨坪有一万多亩土地，村子稠密，现在设了中峰乡。当时许多农民都用玉米、红薯，甚至大米支援过红军，还救治过湘江战役抬下来的许多伤病员。

昨天中午，我喝了几口稀饭后，觉得精神好多了，就在乡长孙昌军的陪同下访问了几家老百姓。在坝子南边的龙溪村的粟家珉家里，我了解到村民救治红军战士朱镇中的事。

粟家珉今年56岁，他父亲粟传琼是个铁匠。1934年12月7日，红军大部队已陆续离开油榨坪坝子向西南进入苗、瑶山区。8日下午，粟铁匠在资江桥边的树丛里看到一位因受重伤昏迷不醒的红军战士，就赶紧把红

◀林伯渠（右）、谢觉哉（左）在延安合影。

军伤员背回村里，藏在村边的草堆里，天黑后送去棉被和吃的，并跑了16里路，进入深山请来老猎人，用草药为他治伤。这位红军稍能支撑身体后，怕在敌占区拖累这一家，坚持要去追赶部队。粟铁匠连连摇头：往东走，是湘江，到处是敌兵，往西走，是深山老林，还有地方军保安团把守山口，鸟也难飞。粟铁匠对他说："湘江大战我们看到了，你们打的是老百姓恨死的国民党反动派和保安军，你们是好人，是穷人的队伍，只要我铁匠在，你就好好养伤。"过了些时日，风声不太紧了，又把他背回家里养伤。铁匠家吃野菜，把借来的大米煮给他吃。后来红军伤愈后，一定要去找部队，铁匠把身上仅有的两件好一点的衣服和5块光洋送给他。铁匠送了3里路，分别时两人都泪沾衣襟。红军伤员说："我名叫朱镇中，打倒了反动派，我们再见。"

朱镇中走后，一直想念着粟铁匠。广西一解放，他就写信给粟铁匠。1956年，朱镇中在南京军区担任了领导后，把粟铁匠接到南京做客。1962年，朱镇中到龙溪村看望粟铁匠全家和寻找老猎人。后来朱镇中调北京工作，仍经常写信问候粟铁匠。1981年粟铁匠逝世前，朱镇中将军专程赶到交通不便的龙溪村探望重病中的粟铁匠。粟铁匠弥留之际，对儿子粟家珉说：**"我活了80多年，看到了穷人受够了人间苦，也看到了共产党这个党为了让穷人翻身，也受了不少难，历了不少险。红军是最能舍生忘死、最重情义的。我死后，过年过节，要想到先为湘江大战牺牲的红军烧支香，磕个头。"**

今天我从油榨坪出发时，资源县委宣传部领导莫中成、县委办领导莫燕萍和县志办潘品泉等，还有一早由全州县赶来的唐厚军，加上我共5个人上了瑶山。我们爬到瑶山岔岭时，突然见到10多户人家，大家真是喜不自禁：因为进入深山老林，找一户人家太不容易了。当年红军过瑶寨纪律严明，为穷人治病，给群众衣被，省下自己的口粮和盐巴分给瑶族群众，几十年来一直传为美谈。当瑶族兄弟得知我们是走长征路的，沾上了红军的边，真是了不得了。大家很快备酒做菜，烧了大火塘，边吃边围着火塘，又舞又喝，村民和客人都兴奋得很。

我采访了村里负责人罗华水和一些村民后，被领到瑶族赵文芪家，架了几块木板，点上蜡烛写完了稿。这时大家还在跳还在唱，莫燕萍、莫中成、唐厚军不时来看我，见我写完了稿，争先恐后地说："刚才瑶族兄弟姐妹都在找你这个后辈红军跳舞哩，被我们拦住了，现在赶快去吧。”我很感激，多好的陪同，多亲的瑶族乡亲啊！可想到又累又病，此刻站都站不起来，还要写日记，便对他们说：“请你们再抵挡一阵，代我唱几支真诚的祝福的歌，我谢谢大家了。”

1984年12月6日　阴

老山界苗儿顶

趁着等吃的，我又一次翻看了我在课本上曾读过的老红军陆定一写的《老山界》一文，摘录几句于日记中：“听说要爬一个30里高的瑶山，地图上叫越城岭，土名叫老山界。下午才开始走，沿着山沟向上。前面不知为什么走不动，等了好久才走了几步，又要停下来等。”“在‘之字拐’的路上，一步一步上去。向上看，火把在头顶上一点点排到天空，向下看，简直是绝壁，火把照着人们的脸，就在脚底下。”“过了不多远，看见昨夜所说的峭壁上的路，也就是所谓的‘雷公岩’的，果然陡极了，几乎是90度的垂直的石梯，只有一尺多宽。旁边就是悬崖，虽不是很深，但也是怕人的。崖下已聚集着很多马匹，都是昨晚不能过去，要等今天全纵队过完了才过去。有几匹马曾从崖上跌下去，脚骨都断了。”“爬完了很陡的山，到了平梁，我以为30里山就那么一点。恰巧来了一个瑶民，坐下来谈。知道还差得远，还有20多里很陡的山。”

老山界是红军从江西出发以来所过的第一座难走的山。读了上述摘录，足见其险峻。

早晨，由瑶族同志罗华水当向导，我们一行走上了50年前红军翻越过的老山界。因为我这次采访的要求是走原路，山崖绝壁自然不能回避。好在有瑶、苗、汉3个民族的几位大汉照顾我一个，在几乎90度的绝壁小路上，前后几人护着我，连拖带拉又顶着，花了4个多小时，才把我送上了雷公岩。

这里有一个护林站，原来是打算到这里吃午饭的。谁知站里的门都锁着，也许护林员都到山里去工作了。这对我们来说就麻烦了，因为先前向导计算着中饭能在护林站解决，夜里在老山界顶苗儿山电视差转台住宿，所以早上出发时没带干粮。**这时大家都饿得不行了，怎么办呢？还是莫燕**

萍有办法，他提议回头去捡橘子皮来充饥，大家都很赞成。

事情是这样的：昨天上山前，中峰乡孙乡长和黎志平夫妇送了30几个橘子给我。今天爬的大多是悬崖，却见不到泉水，更见不到一户人家，大家就用橘子解渴，边吃边扔皮。潘品泉20多岁，是苗族，个子又小，我亲切地叫他小同志。他自告奋勇回头去捡橘子皮，我们就边休息边等。我怕他出危险，又请罗华水去找他。半个多小时后，两人安全回来了，大家把捡到的10多块橘子皮分着吃下后，又继续向上爬。

上山时，大家有说有笑，罗华水更是话多。他给我们讲了好多红军登老山界的故事，讲了当年广西军阀禁止瑶民信仰自己的宗教，惨杀瑶民的罪行，也向我们讲述了解放后瑶民生活的欢乐。到了这时，饥饿难当，连罗华水也不大开口了。

就这样走了十多里，小同志饿得开了口，问我为什么不向红军学习，吃树皮、草根？我们受到了启发。可是草根挖不成，树皮更难剥。原来苗儿山是华南第一高山，又正值隆冬，树皮和地皮、草根早都冻得邦邦硬，别说这时我们既没有气力，也没有工具，即使二者都有，也难刨得动。

又坚持爬了七八里，抬头已见差转台了。这时大家饿得已两眼昏花，爬不动了。想休息一下再走，谁知一坐下来，几乎都瘫了，不想再动了。**小同志说：“罗记者的稿纸我们吃点行么?”这句话又启发了大家。我从莫中成帮我背的大包里掏出了我的备用药品：十多包罗汉果止咳冲剂、生姜晶、胃舒平、治感冒药等，大家顾不了那么多，三一三十一的分别吞了下去。**莫燕萍又把保存在身边、不到万不得已不喝的半瓶水拿出来让大家每人喝了一口。最后小同志潘品泉见我还留着十几片黄黄的药片，也主张要吃。我说吃不得，是黄连素。他说，不管那么多了，吃饱了爬山。他吞下了6颗，留下7颗给我，还送给我水。看到他这份饿相和真情，我也吞下了剩下的7颗黄连素。

想不到这些药真管用，饿得实在不行，肚里塞进点能吃的东西就使我们都抬起了腿。花了一个多小时，我们终于爬完了最后的三四里路，到了差转台的大门口。

祸不单行，想不到的是差转台的同志不让我们进门。好不容易验明了所有证件，唐厚军和资源县的同志还把各地怎么重视的情况向他们说了，差转台的同志才让我们进了门。谁知把我们送到楼上一间小屋里后，就没有人来招呼我们了。我让小同志找人，他回来说："人家说，这里是保密单位，不让乱走动。"我说，不乱动可以，要点吃的再说。回答是不行。我摸出几元钱交给小潘，让他到食堂去买点生米回来嚼嚼也行，可他回来说，人家不给。

这是怎么回事呢？好在屋里有水，我喝了个饱，就写起了日记。等写到这里时，情况还未改观。为了不致饿坏，有的同志躺在稻草垫上。小同志等人在床板上比比划划准备磨稻草，我明白他们的用意，放下手中的笔，对小潘说："小同志，好样的，我来帮你。"

1984年12月7日 阴
龙胜县江底乡

红军登上老山界的山顶后，陆定一这样写道："我忽然想起，将来要在这里立个纪念碑，写着某年某月某日，红军北上抗日，路过此处。……我们完成了任务，把一个坚强的意志，灌输到整个纵队每个人心中，饥饿、疲劳、甚至伤病的痛苦，都被这个意志所克服。不可逾越的老山界，被我们这样笨重的队伍所战胜了。""……这个山使部队中开始发生了一种习

◀在广西资源的老山界上，作者（后排左一）与向导唐厚军（后排左二）、罗华水（前排左一）等合影。

气，那就是用脸盆、饭盒子、口杯煮饭吃东西……”想起昨天我所遇到的困难，对陆定一的描述真有了一些体验，尤其是除了罗华水和我，其他的4位青年都说，生来都还没有这么饿过。

苗儿山海拔2142米，四周飞鸟难觅，几十里杳无人烟，而且天寒地冻，所以我们昨天在差转台虽饿得支持不住，也不敢离开。台里的领导人始终没有和我们见面，接待我们的是一位叫秦飞雁的青年。她虽然对我们提出的充饥要求左挡右拖，但从她的眉宇间却可看出有同情、有无奈，还有一种“过一会再说”的表情。

果不其然，当我们无奈地望着窗外天上闪烁的星光时，小秦领着台长来了。台长虽然没有说对不起，却总算说要请我们吃饭了。来到食堂，桌上两菜一汤：炒鸡蛋、咸菜、胡萝卜汤，饭管饱，还有啤酒。我们很是纳闷，刚才的两个多小时里，他们似乎还把我们当“阶级敌人”看待，现在怎么又请客，吃饭了呢？我们面面相觑，想问，又怕问跑了面前的热情，加上小秦不时投过来目光暗示：多吃，不要多问。我们边吃边采访，饭后还由工程师韦启赛陪我们把山上所有保密或不保密的地方看了一遍。

这个差转台是1978年建成的。这里的条件很艰苦，少有青菜，下山困难。再过几天大雪封山后，吃的就更困难了。在这里工作的人令人起敬。我提笔写了一篇报道，题目是“飞鸟难见，老山界上神兵越，为求解放；南雁留栖，差转台旁新人忙，乐在万家”。稿件用电话发出后，我睡了4个多小时。

吃了早饭开始下山，经雨水，到达资源县的两河口村。山上雨雪纷纷，下到半山却是绿树飞瀑。我们思念着红军当年的艰苦，也为弄明白了昨日的遭遇而无限感慨。

昨天晚饭后，我们才从台里几个人的口中弄明白，他们开始是把我们当成大骗子看起来了。说也难怪，这个山上经常有骗子来，骗吃骗喝。还因机要重地，前几天刚抓到一个打着“高干子弟”牌子要了解差转台情况的骗子。余悸未去，又来了一位北京中央大报的记者，还说是走长征路，从北京到地方都在关心这个人的采访，更是不相信。所以先把我们放在小屋里，等晚上再说。想不到晚上从桂林来了一个电话，使我们彻底改变了境况。

资源县委前些天曾给差转台打过电话，说县里几个部门有人将于12月

5日陪我上山，请热情接待。接电话的那位领导当天下山去桂林了，忘了给台长说。傍晚时，那位领导在桂林听到经济日报有位记者走红军长征路的事，才突然想起这件事，赶快往台里打电话，一场误会才消除。

今早离开差转台时，同行的几个人还有点愤愤不平。唐厚军说，就是没有电话通知，记者证件齐全，也不应该把我们饿成这个样子呀！秦飞雁不无歉意地说："是啊，我们是应该相信的，不过……不过看着罗记者……罗记者这个样子……"说到这里，我们大家都明白了：这时的我只有一百多斤重，干瘦得皮包骨头，两眼深凹，头发很长，脸晒得很黑又起皮，同记者证中的照片基本不像了。还有，我只有一只脚正常，右脚因脚趾又肿又烂，被包着，只好找了一只大三码的比左脚颜色深一些的解放鞋绑着穿……这幅形象本不像常人眼中的记者，而我们还一再说是中央大报的记者，不让人生疑才怪！就这样，大家笑着又依依不舍地带着一点苦涩，告别了差转台。

1984年12月8日　雨
龙胜县泗水乡

1934年12月6日至13日，红军经过龙胜县境。这个县的全称是龙胜各族自治县，居住着苗、瑶、侗、壮、汉等多个民族，地处广西北部。昨天我们从老山界下山，走70多里夜宿该县江底乡。今天我由龙胜县两位向导带路，和唐厚军夜宿泗水。一路上的踏访，我知道已到了苗族同胞聚居地。这里山清水秀，但交通十分不便。雨下得很大，我们一路上都是深一脚、浅一脚地行进。

昨天早上，资源县的莫中成、莫燕萍、潘品泉和罗华水向龙胜县交接后就回去了。临行前，他们对我在资源县遭遇的两个误会又一次表示歉意。莫燕萍说："我们原以为你也只是来走走看看的，3日夜，全州县同志把你交给我们后，我们不很在意，把你一个人丢在村里，病得昏迷了。如今陪你走了5天，才了解到做一个记者很不容易。老山界如今有了简易公路，你不走，却一定要走红军的原路，去了解红军的艰辛，去体会党的伟大，实在难得啊！"我感谢他们说，这些天风雨兼程，行李都是你们背，夜里的炭火都是你们添，每夜都轮流陪我到凌晨写完稿，又克服许多困难把稿子发到北京……依依不舍，互相掏心。当我开始登上山崖时，资源县的同志还在山脚下望着。我挥手让他们走，莫中成却追了上来。我和唐厚军等停住了脚步。他走到了近前，要了我的笔记本，写了几行字：“罗老师：请你途中随时冷静，走路小心，谨记‘一失足成千古恨’。我将于报刊和书店中看您的文章、著作，在中国地图上追寻您的足迹，祝你成功！”他写完后，我们都默默无言，脸上挂着雨水和泪水。再见了，资源县的好兄弟！

我们今天走的不少还是半尺多宽的山路，还是没完没了地下雨，还是唐厚军不时地搀扶着我……

不论是瑶族还是苗族，对红军和共产党的感情都很深。我在沿途村寨见到的 65 岁以上的老人都争着告诉我：这山脉的大名叫越城岭，山峦重叠，树木茂密，东西长 600 多里，南北宽 200 多里。苗族、瑶族世代受汉族反动派和乡绅土豪的长期欺压，直到红军经过这里时，他们才挺起了腰杆。共产党领导的红军不但消灭了欺压他们的坏人，还把自己米袋子里的粮食大半分给了苗、瑶族的穷人。当时，不少苗族青年加入了红军。红军走后，有的穷人在我地下党领导下，组织了苗族自己的红军和敌人斗争。尽管这一带如今还很贫困，相当多的人温饱还没有解决，但大家都坚信一年会比一年好。

夜里不时有苗族大爹给我送炭来，还给我生了两盆火。一位苗族杨大妈不但给我烤干了湿衣湿鞋，凌晨 1 点多，还从家里给我煮了一大碗白糖糯米粥送来，外加一包酸辣鱼。我不忍心吃，因为先前在她帮我烤衣服时我已了解到，他儿子有时还要卖血以弥补生计。老人像是看穿了我的心事，说：“‘四人帮’这伙坏人被打倒了，明年我们就不苦了。你是走红军路的，已瘦成这个样子，要是你不吃，就看不起苗族大娘了。”面对这样热爱党、热爱红军、关心人的苗族大妈，我只好放下手中的笔，吃了起来。杨大妈高兴了，在转身关门离去时，她又嘱咐着：“糯米是补身的，一定要吃完啊。”

我记住了罗华水，记住了杨大妈，记住了瑶族、苗族父老乡亲。

1984年12月9日　雨

龙胜县平等乡

今天经河口、广南走到平等乡。这里离湖南的通道、陇城等地已不远了。一天的淫雨，一天的山路，很是累人。这里是苗族村寨，对外地人十分热情。乡政府很穷，但听说我晚上还要写东西，竟在乡干部特意腾出的简易木板房的桌上铺了一张大白纸，泡了浓茶，放了点心，让人很感动。夜阑人静，我围着火塘翻阅资料，了解50年前的今日的有关情况。其中两件摘录于下：

1934年12月9日20时，朱德就红军行进部署发布电令：

> 三军团主力应进至白岩平寨西村地域，一部扼守丛林孟坳两隘口阻廖部北进，其先头师或团应进至陇城，向长安堡及其以西通黎平道路侦察警戒。

×××长征大事记：

> 1934年12月9日，晴。
> 一军团主力经广南城，到平茶。二师向通道前进。
> 三军团到马蹄街。
> 五、八军团经黄祥到东寨，水林冲。
> 九军团进驻长安营。
> 军委二纵队到芙蓉寺。
> 野战军司令部到杨湾。
> 三军团到河口、八滩。
> 五军团到中洞。
> 八军团到千家洞。
> 九军团在皮水隘阻止敌人。
> 军委二中队在塘洞休息一天。
> 野战军司令部到江底。

> **朱总司令命令：**
>
> 连日桂敌派出大批密探，在我各兵团驻地，纵火烧民房，企图疲劳及嫁祸于我军，破坏红军在群众中的信仰。各兵团首长及其政治部，应于到达宿营地后，及离开宿营地以前，严密巡查，并规定各连值班，一遇火警，凡我红色军人，务必设法扑灭，及救济受难群众。纵火奸细，一经捕获，应即经群众公审后枪决。

沿途我找到不少资料，由于时间紧，研究不够，有的就弄不明白。从红军翻越老山界以来，这一天×××记述的总的是不成问题,中央军委和各军团都在记述中的村寨、山隘或小集镇上活动或守卫。从史料和红军的个人回忆录中看，记述的时间也对。但是对一些具体地点的记述我就弄不明白了。如三军团到马蹄街、三军团到河口、八滩。就我今天所走来看，从八滩到河口就有30多里，一个军团此时只万把人了，战线能拉那么长吗?还有到马蹄街，更远，是分兵出击吗?

还有，军委二纵队在记述中出现两次，而一纵队没有出现。长征时，军委有两个纵队，第一纵队和第二纵队。第一纵队是长征的指挥部，却一个字也未提及。是误记了，还是为了不暴露指挥部的位置？或是过湘江后，中央和军委合并为一个纵队，统称第二纵队了？……总之，我弄不清的地方很多。

我越走，越学习，越研究，越觉得红军长征资料太丰富了。中华民族是一个永不忘记前人功德的民族。随着时间的推移，我相信长征会促成一门热门的红军学，会有更多的人来研究，会有更多的后辈来关注和学习。如今老红军大多还健在，我们应下功夫抢救红军史料。它不仅是中国共产党和中国人民的宝贵财富，也是世界战争史上的壮丽史诗啊。

1984年12月10日　雨

龙胜县龙坪寨

今天又是下雨，我和唐厚军等人走到龙胜县的龙坪镇。

这里靠近湖南，全镇400多户人家都是侗族，守着一个很大的田坝子。看来比进入龙胜几天来看到的寨子要富一些，几乎家家都是木楼房。楼房连成片，从山脚到山顶，又延伸到另一面山坡，几百户人家几乎连在一起。在寨子中间，耸立着鼓楼。我们快进村时，走的是石板路，铺的是花岗石。路两边有不少水车在转。尽管下雨，因为空中支着的木板成八字形，并不影响水车磨面、碾谷子。雨中空濛的远山，近旁的清溪绿树，加上不时串串笑语引出的结伴而行的青年男女，给人的第一印象是：世上竟有这么好的雨中空濛似的田园风光。

50年前的今天，毛泽东、周恩来、朱德等中央领导都曾住在龙坪寨。当时后有追兵，前有拦截，敌人还不时在红军宿营地搞破坏。广西军阀为了破坏红军与少数民族的关系，扰乱红军的休息，在龙胜制造了多起纵火烧村事件。红军翻过老山界后，敌人在红军过了塘洞山底的木桥后，把木桥烧了。红军进了尖顶苗寨的夜里，五座木板房火光冲天，红军干部团尽力抢救，还是被烧了三座半。结果向群众赔了100多块大洋，弄得部队休息不了，还背上了“烧民房”的罪名。

中央军委纵队夜宿龙坪，敌人同样使出了这种奸计。伍兴华、杨昌华等7位老人冒雨领我到镇边的一片木屋前告诉我，中央领导就住在这一片。当时虽然不知道是谁，但晓得是大官，手枪队、机枪队的人站着岗，房子里外都是电话线。解放后，老红军来确认，才知道住的是毛主席、朱总司令和周总理。据史料记载，当天半夜后，周恩来住的房子着火，浓烟裹着火直往房内喷，是警卫员用毛毯蒙在周恩来头上，才冲出了火海。红军立即救火，后抓到了两名纵火者。两人在大会上供认：国民党龙胜县政府指派他们冒充红军侦察员，主要任务是烧民房，每天可得银元2元。他们一伙有几十人，已烧了好几个市镇。纵火犯被枪决后，红军拿出几千块银元和一部分粮食来帮助受灾群众重建家园。伍兴华、杨昌华等老人都70多岁了，当时都是得到红军帮助的侗族群众之一。杨昌华说：“历朝历代，数共产党最好。”他告诉我，**镇上这座鼓楼原来叫议事楼，是1779年建造的**

侗族议事的地方。侗族群众为感谢红军，从那后，已把这座鼓楼命名为“红军楼”。

雨下得很大，但老人们仍要同我一起在楼下合影，要我把照片带到北京，让老红军看看，侗族人一直在祝老红军“乌新赖”（侗语：身体好）。

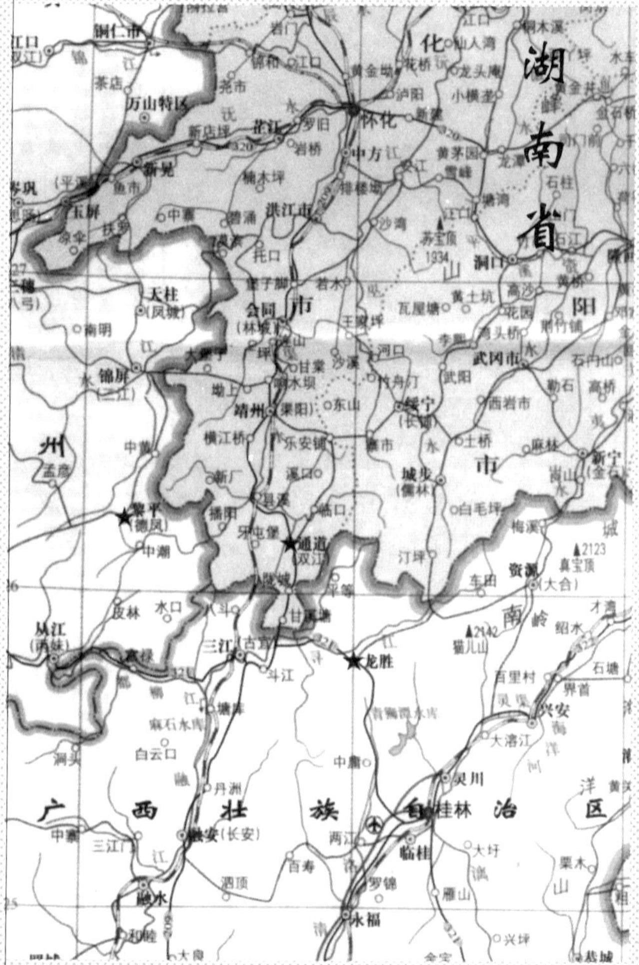

湖南省

1984 年 12 月 11 日~1984 年 12 月 13 日

通道县

1984 年 12 月 11 日　雨夹雪

湖南通道县城

50 年前的今天，中央红军分三路从广西龙胜县进入湖南通道县。全军翻越老山界，到了龙胜的江底乡又分开，三军团经龙胜县中北部的马堤、里木、江口等寨子，从西腰口进入湖南通道。中路是中央军委纵队、红一军团一部、八军团、九军团，经洛岩、布弄、广南等地从盘胖进入通道。北路到布弄后，中央军委纵队大部折向龙胜北部，从连洋冲、太平到龙坪后，红一军团从中路分出向北保卫中央军委纵队，从陇团山口进入通道县。红五军团仍为殿后。

通道县位于湖南西南部湘桂黔三省区交界处。1934 年 12 月 11 日，红一军团二师五团，打下了通道县城。我今日和唐厚军、龙胜县委宣传部副部长伍发积、县党史办秘书梁星从龙坪出发，先是冒雨，后是在翻越桂湘交界名叫广西壕的高山时冒着雪，翻过几座山，进入通道又是冒雨，走了 90 多里，夜晚进入通道县城。

本来今日可以早点到达，因为龙胜的苗族、侗族群众很热情，许多人冒雨一直将我们送到广西壕下的山脚，我们劝都劝不住。特别是老人很多，我们边走边谈，一直走到半山腰才互相道别。

他们把感谢共产党，思念红军的感情都倾注到了我们的身上，送了不少吃的，怕我们翻山时又饿着。平等村的杨宝庆见我昨天老是呕吐，怕我路上再喝生水更伤胃，特意买了一个保温杯装上热水送给我，又买了一条新毛巾让我捂在胸口。平等村的梁金娥、杨桂香两位妇女从见我后，就连夜给我做了一双布鞋，冒雨送行时对我说："昨天进我们寨子时，就看到你一只脚小，一只脚特别大。听说你脚受伤了，包着很多布条，又沾了那么多水那么多泥，会泡烂的。晚上到了一个地方，替换着穿就好得快。"她们还送给我一块侗锦，一节侗布，让我路上用……送行的场面使每个人都很激动。脸上挂着雪花和泪水，我站在半山上再三挥手，祝龙胜的父老乡亲“乌新赖”（身体好）。

上午10点多，我们翻过了山。走了1个多小时，山上的大雪变成了山脚的中雨。虽然穿着雨衣，里面还是湿的，汗水蒸发不出去。雨衣又不能掀开，因为遮着人又遮着背上的行李、资料。唐厚军背着行李，肩上又挂着装资料的袋，他几乎是咬着牙前进。我心里很是过意不去，他却安慰我说：“你还要这样走2万多里，我今天拼了，也只拼个90多里，没事。”

中午我们在大树下吃了干粮，傍晚才进通道县城。县里领导很热情，立即让我们擦洗后，让我们烤火、吃饭，并介绍情况。

晚饭是坐在饭桌上吃的，我似乎有点不习惯了。自进入广西以来的10多天里，都坐在地上围着火塘，上边支口铁锅，把青菜、肉类往锅里扔，自己想吃什么捞什么。连县里领导请吃，也都是这么干的。

晚上10点半，通道县领导把我们送到县招待所，我住301房间。他们走时，专门嘱咐服务员：给我们送炭火，让我们烤衣服。想不到一个小时过去了，火盆还没送来。我请唐厚军下去催，还是没有送来。这时，窗外下起雪粒，打在树上沙沙作响。我的腿早被冻得发木，此刻好像没有长在身上了。笔也握不住了。只好叫了小唐一同下楼，见三个女服务员围着火塘正在说着话，我说：“你们县委书记让送火盆来，半夜了，怎么还不送来呀？”一个很秀气的姑娘没好气地回答着：“晓得了。”过了10多分钟，炭火送来了，却不是火盆，而是个火罐，里面只有四五颗木炭，用来烤手也只能管个把小时。唐厚军问：“这怎么烤衣服？”谁知这位女服务员丢下一句：“你们自己看吧，这房间多干净。”就转身走了。唐厚军还想追上去说什么，我把他拦住了，我说：“看来问题又出在我们的形象上。”我们一身水一身泥，住这样干净的房间已经很优待了，服务员不把我们赶到通铺间去就是好的了。

小唐从隔壁要了一床被子，让我把半干的外衣脱了，挂起来晾着，然后给我肩上披床被子，前边捂床被子，把有靠背的四方椅摆在床上供我写稿用。唐厚军陪着我写完了稿，又记下了这篇日记。

唐厚军在一旁有时沉思，有时在写着什么。当我记完日记，看到他写着：“经济日报记者罗开富同志：明天我们要分别了，我心里有很多发自肺腑的话想要跟您说，但是此刻，我什么话也说不出了……在这10多天里，有些地方我没照顾好您，请您原谅！……”此刻，我也不知说什么才好：又一位真心帮助我的兄弟要离开了。

1984年12月12日　小雨

通道菁芜洲

湘江战役，是红军有史以来的一次大失利，宣告了“左”倾机会主义军事路线的破产。但是，博古（秦邦宪）、李德等领导人仍未醒悟，仍要去湘西与红二、六军团会合。这时蒋介石已判明红军将沿湘桂边界去湘西，所以早就调集重兵，在红军的必经之地城步、新宁、绥宁、靖县、武岗、芷江、黔阳、洪江等地构筑了封锁线，企图把我过湘江的剩余红军一网打尽。红军的处境十分危险。

此时此刻，毛泽东坚决主张放弃去湘西的计划，改向敌人兵力薄弱的贵州前进。他的主张，得到了王稼祥、洛甫（张闻天）等的赞同。在翻过老山界的一个多星期里，一路上，红军内部为此不断展开争论。

这里我想记上一笔的是：**自“左”倾路线领导人统治中央苏区后，毛泽东在党内一直被排斥。长征开始以来，毛泽东已不在其位，但为了党的利益和红军的存亡，他仍在谋其政。**该说的还说，该做的还做。毛泽东的威望崇高，但指挥权已不在他手里。过了湘江后，红军主力损失一半，广大指战员强烈要求调整红军领导。高层领导也从失败中认识到，毛泽东的意见不可忽视。

通道于公元1102年设县，原名罗蒙县，后来由于开通了山间道路，沟通了湘桂黔，故改为通道县。当年的通道县城设在县溪镇。**翻过老山界后，张闻天、王稼祥等领导就经常和毛泽东一块行军，不断讨论当前的军事形势。到了通道后，张闻天、毛泽东、王稼祥也住在一起了。50年前的今天，他们都住在县溪镇南边的一个染坊里，至今染坊的遗址还在。**

在通道，红军开了个会，会上毛泽东力陈中央红军北上与红二、红六军团会师的危险，坚决主张西进贵州，变被动为主动。张闻天、王稼祥坚决支持毛泽东的建议，其他一些领导人也都纷纷赞同。只有博古和李德仍然思想不通，还坚持原来的计划，可是他们也没有突破敌人封锁线的办法。

会议结束，红军终于西入贵州。

通道转兵，意义重大，但至今红军史上讲得很少。这次会议是中央政治局会议，还是中央领导人会议？都还没有查到文件。从我沿途考证看来，这两天，殿后的部队还在广西，进入通道的部队有在行军的，有在补充粮食弹药的……驻防的区域约有100多平方公里。50年前的这些天也是下大雨，而且这一带群山耸立，交通不便，时间不够，正式开政治局会议的可能性不大。再者，如果是正式会议，应有正式文件，至少有资料可查，由此看来，在通道开中央领导人会议的可能性较大。此看法待今后考证。

1984年12月13日　小雨
通道县播阳圩

按红军西进路线，我和通道县委办副主任杨汉玉、宣传部龙鲁岳一起，傍晚走到了播阳圩，这里离贵州黎平只有20多里了。

这些天走得很苦，3天走了285里。**从红军的一些回忆录，从现场的采访，从红军血染湘江给我的心灵震颤中，我觉得红军通道转兵意义十分重大，说它挽救了红军，挽救了党，也不为过。**如果向北，就等于钻入敌人口袋。当时的“左”倾领导不采纳毛泽东建议，钻进了湘江这只口袋，损失惨重。凭湘江血战后的兵力和士气，如再钻进敌人的口袋，后果就真不敢想像了。

说走得很苦，不仅因为长途走路，更要命的是，最近白天老是下雨。而出发那时候，白天很少遇到雨，只是晚上阵雨较多。不过也有让人兴奋的事，这就是：我已走完了五岭。

人们通常所称的“三山五岭”中的五岭，系指大庾岭、骑田岭、萌渚岭、都庞岭和越城岭。因为五岭处在南方，所以人们也称它为“南岭”。五岭东西走向，绵延1000多里，宽在200至300里之间。自中央红军1934年10月16日从江西瑞金的于都河畔出发以来，突破敌人第一道封锁线是在赣粤交界的大庾岭，突破敌人第二道封锁线是在湘粤交界的骑田岭，突破敌人第三道封锁线主要是在萌渚岭。红军主力部队在宁远、蓝山、江华之间的山谷中与敌数次激战，打破了敌人的潇水围堵，占领道县后，越过

都庞岭北段的关隘——永安关，抢渡湘江后，翻过越城岭以老山界为代表的崎岖险道，占领了通道县城，至此，红军主力在五岭中左冲右突，转战迂回 90 天，行程 7000 多里。

五岭山地万山重叠，气势磅礴，是个红土层分布的山区。植被较好，以樟树为主，加椎树、红橡、白橡、栎树等组成的热带常绿阔叶林使五岭变得林木茂密。野生动物资源也很丰富，一路上，柳莺、雉鸡、银鸡、斑鸠、画眉等经常可以看到，野猪、鹿、麝、梅花鹿、猕猴等也已熟识。据说五岭中还有金钱豹、豺、黑熊和华南虎等。我虽未遇见，向导们可小心万分。有的总握猎枪伴我左右。瑶族兄弟罗华水虽未拿猎枪，却拿着一把大砍刀，与我寸步不离。有一天遇到了野猪拱番薯吃，它在我右边的山坡上，距离 10 多公尺。罗华水护着我，手握大刀，几乎是贴着我右侧的身边，走了几百公尺。

五岭的水光山色，不是我这次采访的目的，而且时间太紧，也实在顾不上仔细琢磨。每天总忙于赶路、采访、研究、写稿，但毕竟身临其境，**溪水、飞瀑、危峰、彩谷，无与伦比的侗家风雨桥和木楼、蕴含着古代风韵的苗寨、瑶寨和那清纯的少男少女，还有那些善良、质朴的老人们，给人印象太深了。风景之好，即使你不去看，却也躲不掉。**今天在我们从黄柏经龙寨塘到播阳圩的山间小道上，红叶满山，用云蒸霞蔚描绘也远远不够。离开黄柏寨 20 多里后，雨停了，大家休整了一下。满地都是树叶，我脱下雨衣，躺下就闭目养神。起身时，身上沾了不少树叶。杨汉玉一边为我清理，一边连说好兆头，原来我身上沾的树叶中有大红、火红、浅红、紫红、金黄、鹅黄、深绿七种颜色，他说是“七彩祥云”护身，一定能平安走到陕北。

这些天，我终于弄明白了为什么有“潇湘夜雨”之说。原来五岭的北面主要是湖南，三面是山，南高北低，每到秋冬，北来的寒流被五岭阻滞，在北坡畚箕状的潇水沿江两岸回旋，形成夜间的寒流雨。

如诗如画的五岭，这次顾不上欣赏你了！只要我不倒在路上，有生之年一定会再来。

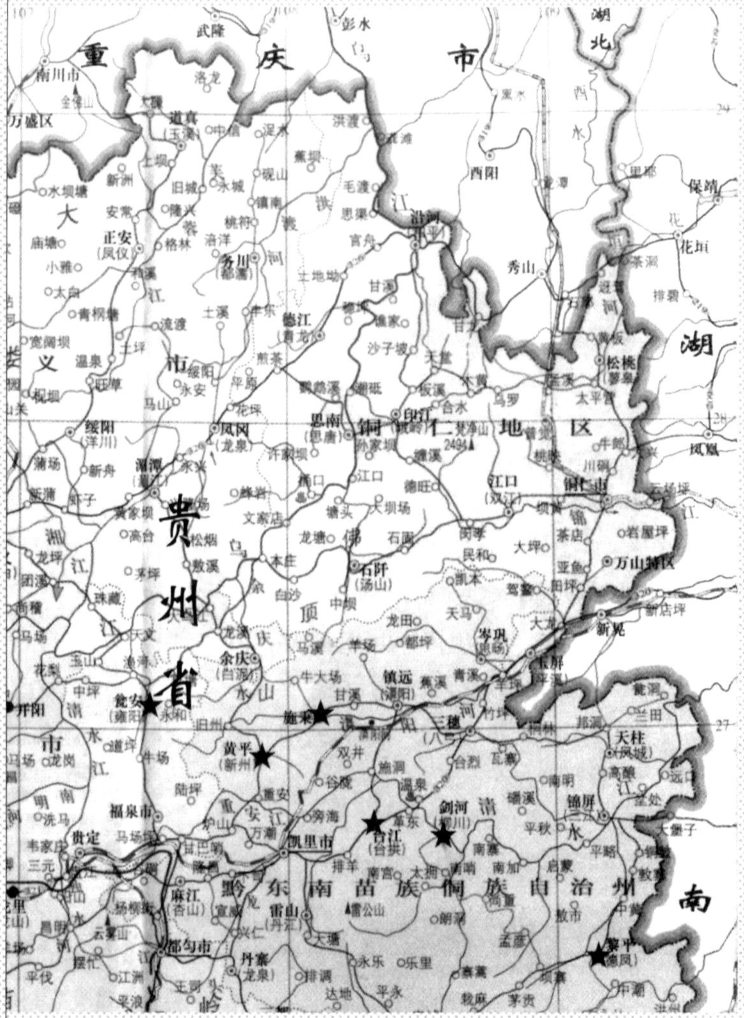

贵州省

1984年12月14日~1985年1月2日

黎平县　剑河县　台江县　施秉县　黄平县　瓮安县

1984 年 12 月 14 日　雨

贵州黎平县地青寨

1934 年 12 月的今天，中央红军主力从通道的播阳圩分左右两路向贵州黎平进发。右路是经野洞、空洞、德顺去黎平，左路是经流团（现为团结）、洪洲、地青、中潮去黎平。我今天走的是左路。

中央红军向贵州前进，使蒋介石大感意外：如此一来，他精心设置妄图阻拦红军的大部兵力，共约 40 万人，一下被抛在了湖南西部地区，“口袋”白扎了。

贵州当时共有三个军阀：王家烈、侯之坦和犹国材。他们是贵州人民的吸血鬼，人称“烟枪兵”，大都吸大烟。红军进入贵州时，这帮兵抵挡了一阵，但根本不是红军的对手。红军犹如猛虎冲进了猪群，打得这些贵州军阀狼狈逃窜。

今天我的困难仍然是路难行，天气特别的冷。羊肠小道自不必说，因为有点喀斯特地形的特点，要命的是在一尺多宽的小道上爬上颠下，不时会踩进约半尺左右直径的小溶洞里去。同行的同志告诉我，即使今天走过的路上没有洞，回来时说不定这里就会有，因为雨水一冲，泥沙淘空，洞就显现。我们几个人都先后踩进了这些空洞。这不是我们不小心，而是因为在两省交界处走了 20 多里，只见到一个四五户人家的寨子，小路上几乎没有行人，枯枝败叶、泥沙易把冲出的小溶洞盖住。我算伤得轻的，踩进去后只把裤腿刮破了，小腿骨伤了点皮，但仍觉得骨痛钻心。

另一个困难就是下冻雨，我曾听说过，但没碰到过，今天见到了。只见雨点顺风飘下来，落到树枝、茅草、石头上，一会儿就和原先的冰挂、冰凌粘上成了冰。行走时倒不太怕，全身是汗，热气腾腾，但就是不敢坐下来。同行人说，要是热气消失，就要冻成冰人。陪同我的通道县委副书记黄德军和杨汉玉、龙鲁岳都说，要是走右路军入贵州的路，更难走，山更高，路更窄，天更冷。

翻过卡子山，我们就进入了贵州黎平境内。经洪州、岩寨、下温、平浦等村庄，走到地青乡政府时，已是傍晚 7 点多，路上走了 12 个多小时，大家都累趴下了。

写到这里，一个小孩的身影进入我的脑海：昨天下午 2 点多，走在靠近贵州的湖南通道县播阳圩的路上，我见到一个小孩正吃力地在冻雨中爬山。我赶上他后得知，他是 7 里外的龙塘村的，今年十岁，名叫胡理充。龙塘村原来有小学，去年教师走了，他只好每天翻山越岭到黄柏寨去读四年级。这条路上峰峦重叠，岩崖路陡，林木森森，人烟稀少，野兽出没。我们四人行，在有些路段还不时惊中有慌。于是我说："路上要小心啊！"小理充点点头。我想摸点干粮给他，小理充却说："叔叔，不用了，我要赶快翻过山去，如果天黑了，我会更怕的。"

山区需要教师，需要人才，小孩需要读书，不到这里走一走，看一看，心灵的震颤也许不会这么大。

记到这里，一看手表，已是凌晨 2 点多了。正想吹灭蜡烛休息，突然门被撞开，夜灯险被寒风刮灭。只见一个人撞进门来就趴在地上了，声音很微弱地问："你是罗开富？"我扶着他点头说："是啊。"这时，他挣扎着仰起头对我说："我对不起你，没有完成任务啊。"是谁？他说了句"韩鸿周"，就一下瘫倒在地，再说不出话了。我把他移到床上后，赶紧去乡政府找医生。

1984 年 12 月 15 日　阴
黎平县城

进入黎平就开始进入苗岭山区。远看，县城是在山顶上，进了县城才发觉是建在两个山头上，山坳里是条宽阔的街。整个县城的四周仍是群山，看不到一块平地。从这半座城到对面半座城，就得先下山，过了马路再上山，我总算了解了什么叫山城。

1934 年 12 月 14 日中午，右路的红一军团二师六团在占领黎平县城的必由之路五里桥与敌人打了一仗。守城的是王家烈的第四旅旅长周芳仁及其所属的第七团长毕骏所指挥的匪军和民团。我军的手榴弹、机枪一阵猛扫，正面强攻的红军的小炮一阵猛轰，激战2个多小时，周芳仁、毕骏就成了败将，弃了黎平城，取道城南向岩洞、铜关一带仓皇逃窜。

12月15日起，中央军委纵队和左路军主力分别经地青、中潮、铺团一带进入黎平县城。

一早从地青寨出发，同韩鸿周和地青乡的向导一起，沿中央军委纵队行军路线走到黎平县城。道路泥泞又窄，十分难走。韩鸿周支着根粗拐棍，走路十分吃力。他是黎平县委宣传部干事，昨受县委指派，到湘黔交界处接我。我进贵州走的是左路军路线，而他到右路军路上去等我，因而白等一场。他在交界处的野洞山上又冷又饿，在山风冻雨中，孤身一人，直等到傍黑，昏迷过去。苏醒后发觉两腿僵硬，已无知觉，站不起来，只好往山下爬行。爬了约三里路，终于看到一点灯光，燃烧起希望。这时寨中狗吠，苗族同志循犬叫方向搜寻，发现了他：趴在小道上，只喘气，站不起来。苗族同志叫来人，把他抬回寨里，生了火塘，终于用米汤把他灌醒了。

韩鸿周醒来后，急着要走。人们了解他的任务后，老者们告诉他，当年红军进贵州还有另一条路线，罗记者早上从播阳圩出发的话，今晚上只能走到地青或是中潮。这时他的两条腿还是不听使唤，村民们就背一程、扶一程把他送到地青。这份舍生忘死的真情，使他和我都刻骨铭心。

小韩经昨夜治疗后，虽有好转，但医生却不让他走路，不然会留下后遗症。我要踩着中央军委纵队进城的路线和时间行进，小韩却非要陪同不可，感动和歉意的泪一齐涌出我的眼睛。

下午3点多，快到羊角岩时，在泥泞小道的前方，走来一行人。原来是省、县新闻单位的同志和本报驻贵州记者站站长李庭坚来接我们进城。

到了城边，有好多人迎上来。走在前边的高个子一边向我伸手一边慰问："开富，辛苦了，欢迎进入贵州！"后来我才知道，他是贵州省委宣传部副部长徐用度，是专程从贵阳赶来的，一是代表省委省政府慰问我，二是带了医生来为我治病，三是传达红军老战士对我采访的一些建议。

在县里采访，同徐部长交谈结束时已到夜10点多，我们出了县政府，正在下坡，然后再爬到对面去招待所时，路边黑黑的树丛中忽然走出两位姑娘，急步走到我们面前，喊着："罗叔叔，罗叔叔！"连我在内的所有人一时都不知道是怎么回事，却都停住了脚步。借着路灯，见两人都十八九岁，眉清目秀。我突然觉得好像在哪儿见过，却又记不清楚。这时其中一位姑娘流起泪来，徐部长赶快安慰着说："姑娘，莫哭，有么子事慢慢说。"她用被冻红的小手抹去泪花后，对徐部长说："我们对不起罗叔叔，不让他烤火，我们是来赔不是的。"说完，竟哭出了声音。我立刻明白了，她们是通道招待所的同志。

县领导和徐部长让我赶快来写稿，通道的两个姑娘一行由他们安排住下。

1984 年 12 月 16 日　小雪

黎平县城

几十年来，许多人怀着对先辈的崇敬到长征路上来探寻，来追踪，来探寻革命遗址，来追踪红军精神。为了真实地反映原貌，展示当年的真迹，沿途的党政军机关和工作人员做了很多扎扎实实的工作，令人尊敬。今天我参观的中央政治局在黎平召开会议的会址和毛泽东在黎平的旧居就是证明。

关于黎平会议的会址问题，我掌握的资料就有两种说法。有的说是在城内平房或学校里，有的说是在城外一个寨子里。我今天参观的会址是在城内一条叫二朗坡的小街上，在当时一个名叫胡序维的商人开的店铺里，如今保存着原貌。一看就知道，当时这是有钱人家，房子外面有两个雨搭子，还有天井，10 多间平房有 3 间进深。

关于毛泽东在黎平的旧居，据我事先掌握的资料和听一些人说，是在城边一个叫毛家桥的地方。今天见到的是城内名叫左平坡的地方，住的是原朱友三家的木房。

新中国建立后，贵州省、州、县为确认红军遗址，花了大量精力，当一件大事来抓。仅拿上述确定黎平会议旧址和毛泽东旧居来说，在省、州、县有关部门做了大量工作基础上，黎平县红军长征在黎平调查组的董正顺、罗竹香、刘昌洪三同志又历时 62 天，不辞辛劳，到四川、云南、江西、湖南、湖北、北京等地，设法找到当年曾经过黎平的老红军核实，其中有的是当年毛泽东、周恩来、朱德等身边工作的同志。与此同时，他们还到遵义会议纪念馆、国家文物局、中国历史博物馆、军事科学院等单位查阅了很多资料。

我看到了几十份查证材料，摘其一、二：

其一，1978 年 10 月 31 日下午，董正顺、罗竹香、刘昌洪在北京走访原中央军委总部的老红军黄鹄显时的记录：

他对我们说：“中央政治局开会是在城内，不在城外，总部住的房不是平房，这一点我记得很清楚。”我们问他，总部住的房子是在街上吗？他说是在街上，是个店铺，不是教堂，好像是个有钱人家的房子，教堂是在总部住房坐向的右边。他还问我们，总部的那个房子外面有没有雨搭子，我们说有。他又问，有没有天井，我们说有天井，但不大。接着他看了我们带去的照片，当他看完我们带去的现县酱菜厂的照片后，他就说：“中央政治局开会就在这里面。”并指着我们画在照片后面的平面图（第二进坐向左边最大两间）说：“会议就在这两间召开的。”我们问：“周总理、朱德委员长住在总部里吗？”他说周副主席、朱总司令就住在这个地方。

其二，1971 年 6 月 19 日，我们在江西省军区走访毛主席当年的警卫员陈昌奉同志时，他说：“我们是由东去的，是走一条石条路，下去走一段，又上一段……，毛主席住的地方，前有菜地，门口有橙子树，后面有一片竹子，房子离城墙不远，看得很清楚。”

1978 年 10 月 27 日，我们调查组在北京走访当年的老红军何长工时，他看了我们带去的黎平城关街道现状图后，指着毛家桥一地说：“毛主席不住在这里。”然后，他又指着左平坡原朱友三家的房子一地对我们说：“毛主席是住在这里。”

每次在查实毛主席黎平旧居这个问题上，上年纪的群众都说是现在气象站后边原朱友三家的房子，其特点完全与陈昌奉同志的回忆情况相同。

从贵州同志的身上，我深深感到共产党倡导的“认真”二字的重要。我想，报道长征路的见闻是一件十分严肃、严谨的工作，由于自己水平不够，尽管每天风雨无阻，带着伤痛不停地走，不停地问，不停地研究，但在一些史料上肯定会有一些差错。我想，下一步一是要多请教、多思考，二是要多收集些资料，待有时日再补正。

1984 年 12 月 17 日 雪

黎平县城

中央红军主力在黎平停留时间为一个星期，中央军委纵队则停留了 4 天多。今天我除了采访、参观，就是趁难得的停留时机，多学点，多看点。

小时候，常听老人们说：国民党反动派欺压人民，手段之残酷无以复加，苛捐杂税多如牛毛，但究竟多到什么程度，可恨到什么程度？具体了解不多。今天我在查找资料中，从 1939 年出版的《贵州经济》上看到：到 1934 年止，反动军阀统治下贵州的苛捐杂税如下：

中央税捐

盐税 统税 印花税 烟酒税

省级税捐

田赋 契税 普通营业税 屠宰营业税

牙当税 烟酒营业税 禁烟取缔税 特货省税 百货省税

县级税捐

临时屠宰附加税 契税附加 烟灯附加税 契税 旅店营业执照费 船牌照费 船户营业上下船只费 售吸管理所附加 斗息捐 公称捐 户捐 牲牙捐 纸槽捐 水碾捐 屠宰附加捐 牲捐 牙捐 油榨捐 庙谷捐 白茸厂捐 煤厂捐 船捐 木植捐 木排捐 造船捐 旅户捐 磨捐 铁炉捐 白耳产场捐 米船捐 铁厂捐 汞厂捐 马驮捐 陶器厂捐 糖榨捐 竹木附加捐 锅厂捐 称息捐 鱼户捐 碗捐 摊货捐 各项行为税费 木炭捐 耳山捐 船户执照捐 货船捐 公益捐 货捐 门牌捐 扣斗行捐 肉案捐 叶烟捐 乌油捐 桐籽捐 纸窑捐 油称捐 木筏捐 茶捐 木捐 草纸捐 乐捐 棉麻捐 靛棉捐 土产捐 区公捐 商会附加货物捐 桐油捐 茶油捐 寿枋捐 菜油捐 木油捐 皮油捐 碱水捐 牛皮捐 杂皮捐 刀雄捐 倍子捐 生猪捐 白纸捐 猪毛捐 土药捐 桐枯捐 砂捐 生漆捐 竹木捐 川盐捐 吴芋捐 耕牛公益捐 灯草捐 香饼捐 粉条捐 橘子捐 布捐 过路牲畜捐 洋纱捐 衡准捐 猪牛场牙口捐 网捐 公安伙饷捐 民团伙饷捐 马捐 油糖捐 公安摊捐 油壶捐 酒捐 特

货称捐　牙行捐　号捐　烟炉捐　自治捐　漆倍出境捐　种烟亩捐　国历表捐　陶器捐　军白纸捐　生铁捐　硝磺捐　清油捐　烟称捐　棉花捐　火纸捐　枋板捐　盐商公准捐　旅店号簿捐　社训经费捐　鸭捐　酒公称捐　杠炭公称捐　府糟捐　地政捐　市称捐　新捐　慈善附加船户捐　木树捐　租石捐　烧纸捐　山货捐　花捐　房铺捐　折烟衡捐　麦行捐　豆行捐

看了当时官方出版物公布的上述繁杂的苛捐杂税，我深深感觉到：红军之所以能得到各族人民群众的拥护，原因就在于解民于倒悬之中。

1984年12月18日　大雪

黎平县城

凌晨，雪花纷扬，黎平县城银装素裹。“庆祝中央政治局黎平会议召开五十周年”的红色标语悬挂在主要街道的上空。长期以来，黎平37万侗、苗、汉、回等各族群众把红军长征经过黎平和中央政治局在黎平召开会议引以为荣。他们热情地迎来了党中央、国务院和贵州省委、省政府有关部门的领导，迎来了老红军的代表……

会场内发言热烈，大家一致充分肯定毛泽东同志关于进军贵州的正确主

◀毛泽东、周恩来、博古在陕北。

张，肯定和赞扬黎平会议是我党历史上的一次重要会议，重要在确定了新的战略行动方针和正确地解决了中央红军的进军方向。它不仅使红军转危为安，而且很快扭转了过去被动挨打的局面，从而使红军比较顺利地通过黔东南，向遵义胜利进军，并为遵义会议的召开作了思想上和组织上的准备。

会场外，各族群众冒着纷飞的雪花，载歌载舞。在红军烈士墓前，群众自发地献上鲜花，还有香烛。有鞠躬的、有长跪的，不少人的眼里闪着泪花，有的泪水和飘来的雪花一块滚落，溶进了红军献出生命的大地上。

我在纪念会上了解到，当年出席会议的有毛泽东、周恩来、朱德、博古（秦邦宪）、王稼祥、洛甫（张闻天）。到昨天为止，我掌握的资料里，陈云也参加了。而今天我才知道陈云同志没有到会，这是怎么回事呢？在黎平县党史办同志帮助下，我见到了陈云于1982年6月12日给中共黔东南州委宣传部的信，我才知道陈云同志没有参加。信抄录如下：

▲陈云

中共黔东南州委宣传部：

你们5月25日给我的信收到，答复如下：我与刘伯承同志在长征初期都被中央派在五军团工作，刘伯承同志是红军总参谋长兼任五军团参谋长，我任五军团中央代表。五军团担任长征红军的后卫，中央决定不在会同县建立革命根据地，并向贵州进军。我和刘伯承同志应博古（秦邦宪）同志的约，在洪州司与他见面，他告诉我们红军改向贵州进军。我与刘伯承同志即经黄平，并在黄平见到彭德怀同志。以后到遵义。在遵义，刘伯承同志任遵义卫戍司令，我任政委。以后参加遵义会议。所以我并未参加黎平会议。我不知道参加黎平会议的有哪些人。邓小平同志、杨尚昆同志、聂荣臻同志、伍修权同志都比我和刘伯承同志先到贵州，也许他们参加过黎平会议。但是关于这一点，仅仅是我的猜测，不能确证。

专复、并致

敬礼！

陈　云

1982年6月12日

李德是长征出发时的“三人团”的主要领导，大一点的事都是李德打着这个“三人团”的名义决定的。我因此分析到他是参加黎平会议的。我想按常理，他也会参加。但我在黎平调查核实的资料中也看到有不同的说法，而提供资料的都是当年会议的经办人。时间已过去几十年，各人的回忆有些不一致在所难免。看来红军史实的研究还有很多工作要做。

贵州黎平会议通过了《中央政治局关于在川黔边建立新根据地的决议》，肯定了毛泽东的主张。决议指出：“鉴于目前所形成的情况，政治局就我过去在湘西创立新的苏维埃根据地的决定，在目前已经是不可能的，并且是不适宜的。”正式决定中央红军改向以遵义为中心的川黔边地区前进，使中央红军避免了陷入绝境。

这次我了解到黎平会议的意义重大。过去在学习和研究中重视不够，应提高认识。

1984年12月19日　阴

黎平县大稼乡

黎平会议决定，部队进行整编。1934年12月18日，红八军团和红五军团合并，取消第八军团番号，红五军团军团长是董振堂，政委是李卓然。

50年前的今天，黎平下着大雪。部队分两路向遵义方向前进。

第一路出西门，经三什江、地西、勇寨、梁岜、大稼、盘现、尚重、什里、高洋、翻越乌孟越老山界入剑河县。

第二路出北门，经龙家庄、上楼梯坡，到岩屋后，临时兵分两路：一路上黄土田，经高屯、古顿、蒙寨、玉田湾到鳌鱼嘴；一路走陈家庄，经易家庄、汉寨、入舟、新寨屯到鳌鱼嘴，会合后向剑河方向前进。

我今天走的是第一路的路线，和我一同上路的是黎平县委常委、办公室主任欧阳昌美，向导是两位精干淳朴的侗族兄弟：胡炳益、吴庭玉。我们来到西门，只见古老的城门依然巍巍耸立，透过城门西望，一条石板路延到古柏深崖的尽头，心底不由感到身处古道西关的肃穆。

县委县政府领导和自发来送行的侗族、苗族、汉族群众怀着对红军的感情，一直把我送到城门口。我们依依不舍告别了大家，正准备上坡时，人群中挤出了通道的那两位姑娘，哭得像两个泪人儿似的，坚持着要跟着一同走。

原来在12月11日，唐厚军和我从广西龙胜进了湖南通道，住进县招待所后，向服务员要了几次火盆都没要到。第二天，雨雪交加，我只好穿着半干半湿的衣服上路。那天不想给我们送炭火的人中，就有这两位姑娘：一位是18岁的张晓玲，一位是县委办当时正在招待所玩的20岁的唐莉芳。原来她们认为，招待所刚翻修好，怎么也不应让全身是泥和水，又蒸腾着汗臭的一行人住进主楼，要是再送火盆，熏黑了房间谁负责？另外，看到我们肩背手提大包小包的，由县里领导直接送到房间，也不登记，她们认准了是做生意的。再看看我这颧骨高耸，又黑又瘦又病态的样子，不像是个正路人。是不是县里领导得了什么好处，竟亲自安排住好房间，还叫送炭火？于是，她们就偏不送。

姑娘们当时对此感到很自豪。有一位回家讲给父亲听，谁知被父亲怒骂了一顿："我总说你们不读书、不看报，这个是走长征路的记者，吃了多少苦，你们竟把他冻了一夜，赶快去认错、赔礼！"

后来县里领导也知道了这件事，专门开了会，决定派县委办王主任陪她们两人坐车绕道来追我，当面道歉。14日晚上在黎平县城追上了。

在黎平的几天里，她俩把我的行李来了一个翻箱倒柜。把我的脏衣服、鞋子、袜子都洗干净，把破的都缝补得平平整整，还把我的手稿、资料作了整理。又用自己的积蓄给我买了5尺青布、5尺灰布、5尺白色的确良布、5双袜子、5块肥皂、5支不同颜色的线和5支大小不同的针，还有5本稿纸、5支圆珠笔、5对1号电池、5包蜡烛、5盒蛤蜊油和5包治感冒、治胃病的药等。她们说是用实际行动纪念红军长征胜利50周年，支持罗叔叔采访。

望着这两个稚气未脱又那么懂事的女青年，我和大家都很感动。黎平县委副书记龙定熙安慰她们说："你们的罗叔叔在路上会有人照顾，王主任和你们回通道还有很急的事要办呀。"

这很急的事，就是这些天黔东南州冰封大地，黎平和附近4个县的电话线都被冻断了，用电话和电报（这里发电报也一直是先用电话发到省里再转）都发不出稿，今天早上我把写好的稿交给了通道县的王主任，请他们赶回湖南去发。

这时，王主任说："罗记者，你沿红军长征路，两进湖南，我们不会忘记你，希望你也不要忘记我们呀。”我们的热泪洒在了紧握的双手上。

出了西城门，就置身在风光秀丽的南泉山中了。下到半山腰，见到清澈似镜的亮江。两岸是参天的原始林木。江两岸的山间有仙山岩、仙人洞、天生桥，半山腰还有通天水。这里别说没有大路、公路，连小路都很少有人走，所以一切美景天然自成。置身其间，如在画中。中午，走到高屯寨，又是另一番风景：山连着山，每座山顶都被大雪覆盖；树连着树，顶着白雪的粗壮树干望不到尽头；树丛中，一个深黑的大口就是一个岩洞。我们为了赶路，只看了一个，但见洞中套洞，上下几层，还听到洞中的奔腾的水声。我们手中的几个手电筒一照，光都被吸收走了，什么也看不到。据胡炳益说，这里探明的岩洞就有 50 多个，其中还有 5000 多米深的。

路上景致美不胜收，但窄小的山路基本都是上坡下坎，几十米的平路都找不到。石路上积着一层冰凌，每个人都滑倒了几次，吴庭玉受了臂伤，但还能摆动。

走了 90 多里，摸黑进了大稼寨子。住下后，欧阳昌美要村里给我们编几双草鞋，还要绳子，还要一捆稻草，他说，明天考验我们的时候到了，路上要用。

1984 年 12 月 20 日　小雪

黎平县高洋寨

现在已是凌晨 2 点多，满屋都是侗族乡亲。看着自己那跌得又肿又红已不能动的左腿，摸着被照相机跌破的碎片镶进锁骨仍在流血的伤口，我流泪了。这是我长征采访以来第一次痛苦地流泪，不仅仅是因为痛得钻心，直冒冷汗，主要是从乡亲们的忙碌和说话中，我已感觉到，明天我不能走路了。

乡亲们在谈着、忙着，几位老者在给我揉擦腿上的伤口，用的是寨里用草药浸泡了 30 多年治疗跌打损伤的药酒。

欧阳昌美一瘸一拐地又一次进来了。今天说是走路，实际上是在滑冰。这些天奇冷，自离开县城以来，沿途见到的不少电话线都被冻断了。今天我们行进在深山，沿途见不到电力线，也看不到电话线，见到的只是被冰凌包裹着的树枝，被西北风吹得东摇西晃的。脚下也很少有路，因为我们是按照红军走的原路前进：当年红军为避开敌人，走的大多是山脊山梁，本来就少有路，如今山下或山腰有小路和大路了，这偏僻又高耸入云的山梁就更没有人走了。欧阳昌美按照红军行军的大方向在前边开路，艰难可想而知。而这些天的小草和黄土都被冻得嘭嘭硬的坚冰包着，一不小心就被滑倒。他在路上摔得不轻，但精神犹在，他对大家说："不能走，明天也得走，记者是按当年红军的时间行进的，大家要想办法。"一个老乡问："你们脚上都穿着草鞋，又在鞋底上绑了稻草，今天怎么都摔成这个样子？"欧阳昌美答，山崖的小路本来都结了冰凌，今天又飘了一天干雪，踩上去就更滑么。

一个老者提议："那明天就抬着走。"另一位说："让他骑马。"另外几个老者说不行，说是明天要过高洋坳，有一人当关，万夫莫开之势。路上、崖上也结了冰凌，有一段路只有半尺多宽，一边是峭壁，一边是深谷，根本没回旋余地。走到那里，谁要在峭壁上一碰或一滑，就会跌下崖。人抬、人背都不行，因为肩膀有二尺来宽；骑马也不行，马的肚子有二尺多宽，过不去。要是硬过，一定会碰擦崖壁、滑下崖去。这条路，雨天、雪天都不会有人走的，何况是下凌的时候，在平路上都会滑倒。

大家一时都沉默了。我问："胡炳益、吴庭玉在哪里？"欧阳昌美说，他们也伤得不轻，用药酒治了一阵，我让他们在隔壁木板房里休息了。

这时一位老者忽然高兴地说："有办法了，打冰刀！过悬崖时，绑着身子和腿，前拉后护就不怕了。"

打冰刀？从他们的议论中我弄明白了，打上几把刀，绑在拐棍着地的棍尖上，戳在冰凌上防滑。

欧阳昌美和大家同意了，于是分头去找铁匠、找绳子、找草药……

烛光在侗家木屋里摇曳，欧阳走到我的身边轻声地问："还很痛？对不起你呀！"我说："是我添了麻烦，不是把你也摔伤了吗？"他用左手擦去我眼角的泪水，右手把圆木向我身边移近了几寸，那上边点着蜡烛。望着他一瘸一拐走出去的背影，我呆呆地望着烛花，不知道再写什么了。

1984年12月21日　雪
剑河县南哨乡

过去，我们总说：苦不苦，想想红军二万五。怎么个苦法？印象中是爬雪山，过草地，煮皮带，吃草根，仅此而已，没有具体的感受。今天我被人架着，边架边休息边涂着治伤接骨药酒，“走”50多里路，到了剑河县的南哨乡，我的感受才有了深化。红军是边行军边打仗，吃的自己找，穿的更谈不上，伤了病了，能跟上的跟，不能走的，组织上就把他们安排在当地。沿途的山里、岩洞里，农民家里，都留下无数红军伤病员的足迹。沿途我听到最多的，就是群众真心实意地讲共产党好，讲红军处处为人民着想，还讲述红军伤病员所受的磨难和许多人被敌人搜查出来后，坚贞不屈壮烈牺牲的故事。

今天我在想，要是在那年月，我的日记早就记不成了，至少只能记到前天。昨天是3个人护送我一个，没有敌人阻拦，也没有冷枪，只是走路，竟摔得浑身是伤，左腿又肿又疼已下不了地。今天是5个人护送我一个。虽然我的双拐棍尖上镶上了冰刀，实际上爬了那么多坡，下了那么多坎，左脚痛得几乎没有着过地，完全是靠他们架着我移动。特别是在翻越高洋坳一段20多公尺的窄路时，我们竟用了1个多小时。因为这一段，路不足一尺宽，上面都是冰凌，比玻璃还滑，左边是峭壁，右边是10多丈深的崖谷。架我？不够宽度，让我一个人走？只一条腿着地，根本掌握不了重心，别说走路，就是站也站不住，退？这里只有这一条沿山蜿蜒小路，而且是当年红军走过的。红三军团过这里时，下洋寨的反动民团指挥吴士良先是裹胁一些群众在这坳头隘口阻拦，被红军的宣传劝走后，吴匪在这段路上用每筒可装一斤火药的土排炮，向红军袭击，我红军一位干部和一位战士牺牲。敌人的挑衅，激起了红军的极大愤怒，指挥员一声令下，机枪向敌人扫去，只几分钟，敌人就溃不成军，吴士良带着匪兵，丢下几具尸体，仓皇逃进密林。

欧阳昌美不顾疼痛，一直走在前头。当他走到我军曾向敌人射击的地方后，想了一下说：“红军面对敌人能过去，我就不相信今天结了点冰凌打点滑就过不了。要是我真的滑了下去，你们就别过了。胡炳益，你给县委报个信，就说我自己说的，我死得值得。”他在身上绑了很多绳子，让后

▼1984年12月19日，作者长征采访途经贵州黎平县高洋寨时不慎摔伤，左腿小腓骨骨折，相机被摔破后碎片插入锁骨。但他凭着红军不怕牺牲、百折不挠的毅力，由向导架着仍坚持徒步采访。

边的胡炳益、吴庭玉等人牵着。自己趴下来，用冰刀在冰凌上戳几个洞，然后将手伸进洞里抓住冰刀往前移……我们都死死盯着他，头上冒着冷汗。突然，他右手在抓洞时抓滑了，身子一摇晃，右腿一下被吊在空中。我"啊"了一声，眼睛一阵发黑。等睁开眼睛时，只见他左手紧握着插在洞中的尖刀，已借力把右腿收了上来。这时，吴庭玉正牵着欧阳腰间的绳子，说："太险了，欧阳，我们把你拉回来算了。"想不到欧阳倒很冷静，侧着头像是玩笑却又很认真地对我们说："莫怕，共产党员哪有怕困难的！"

欧阳昌美坚持着，花了约20多分钟，终于成功了。他叫小吴依样画葫芦爬过去后，让胡炳益和高洋寨的向导石先智、周修琦用几根绳打成结，像一张绳网似的套在我身上。这张"网"的一些绳头，有的已由欧阳昌美预先绑在身上带过去了，余下的绳头由我后边的人捆在身上或牵在手里。大家觉得万无一失后，就前拉后推，慢慢地把我移过了这一险段。此番的感动、感激是无法用言语能表达出来的，红军当年所经历的艰难、困苦和奋斗精神，也实难于写其一二。

大家从冰凌上冒险把我拉过了险段，又把我架到剑河南哨乡时，剑河县的顾先球和王秀海已在等我们了。他们把我扶进一座用圆木作支撑、全是木板搭建的大房里时，里面已生着几塘炭火。此刻的我，又一次感觉到了人间真情的温暖。

1984 年 12 月 22 日　阴

剑河县城

1934 年 12 月 19 日下午 6 点，中央军委副主席、红军总政委周恩来签署并发出了《军委为执行黎平会议决议作出的行动部署》，军委纵队、三军团、五军团为左纵队，从岑松、革东到台拱（现为台江县）及其以西地区。红一、红九军团为右纵队，相机占领剑河后，沿清水江向上游前进。我今天是沿右纵队路线，经白素、乌库等地于傍晚走到剑河县城。

自昨天下午 1 点多进入剑河，走了一天半，见到的除了山还是山。山上成片树木很多，荒坡也不少，就是很少见到平地。到了县里一了解，自称九山半水半分田。

这里木材资源丰富，人均蓄材量达 50 立方米。这些年，“左”的一套逐步纠正后，群众积极性高了，争着承包荒山造林。但这里造林多，砍伐也多。年木材生长量不到 30 万立方米，而砍伐量约有 35 万立方米。砍伐量大于生长量的原因很多，我看主要是两条：一是烧饭、烤火都用木材；二是全县 60%的农户照明也用木材，这 60%的概念是：至少每年砍掉 3 万多棵大松树。

这里山多，河也多，落差大，好发电。据了解，全县有大小河流 70 多条，如能用于发电，装机容量可达 3 万多千瓦。目前开发利用的只有 2000 多千瓦，而在枯水期还没这么多。全县大部分地方没有电。

人们不禁会问，为什么不开发呢？走一走，看一看后，我感觉这里不是不想开发，也不全是不会开发，更不是老百姓习惯了松脂照明。主要是多年来受“左”的东西束缚，再加上“四人帮”十年来的破坏，县里没有财力，县财政发工资都有困难。还由于交通也不便，山珍、林木变不了钱，不少群众手里钱粮都缺。我了解了一个中等收入的地方叫柳川区。全区现有 10 个乡、镇，92 个村，48773 人，正常年景，完成国家征购，种子、饲料提留后，人均年吃粮 378 斤，人均年纯收入 96 元。尽管这些数字可能打折，但找不到钱去办电是肯定的。

我的家乡，解放前也很苦，我用榆树皮、猪酱菜、灰条、马兰头、野芹菜充过饥。解放后，除了三年自然灾害和“四人帮”年月的破坏期间，穷困面貌早改变了。特别是党的十一届三中全会以来，已在奔小康。所以我在书上、报纸上看贫困地区，有点怒其不争。到这里走一走，真正深入一下后，我觉得城里人、富起来地区的人和处在贫困地区人的观念都应当变。

从 14 日进贵州黎平到今天在剑河县，走了那么多天，看到沿途田地大多分布在七沟八岭上，有的甚至挂在崖壁上，而且都是望天水田和冷阴烂锈田，能收多少？如全家 4 口人，有 2 个壮劳力的岭松镇马山村的刘老乔家，承包责任地 1 亩 8 分，今年总产量 700 斤，上交征购 71 斤，下余粮食 609 斤，人均吃粮只剩下 152.5 斤，全年总收入 124 元，再扣除干部补贴和各种费用 5.6 元钱，全家年人均纯收入仅 29.6 元钱。

我在沿途看到，群众饮食很单一，每家几乎都食酸汤，吃一种叫“欧蓄菜”的东西，顶好的也只是韭菜。酸汤当油，买不起盐巴的人家烤辣子当盐。我问一些农民，再过个把月就是春节，家里吃什么？大家倒没有愁眉苦脸，有的高兴地说：“到镇上去买几斤肉。”有的很有信心：“有吃的，去山上捉几只麻雀，煮酸菜汤。”

虽说自然条件如此，造成了贫困，但我想当地人的观念也得变。这里木耳、松茸、蕨菜等野山珍不少，木头更多，木匠也有，可是当地人采山珍是为自己吃，木匠是给自家或邻居盖房，主要原因是羞于卖东西，更不敢到外边去挣钱。我向他们提出搞买卖，都不反对，但是都表示自己不会去做，因为害羞。问他们为什么不到贵阳等大城市里去献手艺挣钱，回答是：害怕。

看来观念的变化是很艰巨的，但是必须变。城里人和富裕地区的人应该多了解和支持贫困地区，增强责任感。贫困地区的人要开阔眼界，解放思想，增强改变现状的紧迫感。

1984 年 12 月 23 日　晴
剑河县温泉乡

政策和策略是党的生命。沿途追踪红军足迹，深深体会到一个道理：一个党，一支军队只有让群众切身体会到他们是为人民着想的，才能受到人民拥护，才是不可战胜的。中央红军在 1934 年 11 月底，在即将进入瑶、苗民族地区时，总政治部就以“红星政治部”的名义发布了《关于瑶苗民族中工作的原则指示及对苗瑶民的口号》，强调了做好少数民族工作的重要

性，使红军得以顺利通过了瑶、侗、苗等民族地区。昨天我在剑河县党史办看到了黔东南州收集到的史料：在1934年12月24日，红军总政治部由李富春代主任签发的关于注意与苗民关系加强纪律检查的指示：

“各军团政治部主任：最近我军经过之地，地瘠民贫，苗民甚多，各部队更应向战士详细解释，严格督促。

一、明确传达与执行本部对苗民指示，不打苗民土豪，不杀苗民有信仰的田长、乡长。

二、山田牛少，民众视牛如命，绝不应杀牛。土豪牛要发给群众，严格处罚乱杀牛者。

三、加强纪律检查队、收容队工作，在宿营地分段检查纪律、开展斗争，立即杜绝一切侵犯群众、脱离群众行为。”

半个世纪过去了，七八十岁的老人向我谈起红军时，还都不时伸出大拇指，夸共产党是为民的党，红军是为民的兵。在剑河的2天多，已有3个老人谈到当年的一件事情：那年冬天冷得很，毛泽东在剑河的山路上，碰到一位衣衫褴褛的苗族老婆婆，抱着一个赤身的小孩，冻得发抖。毛泽东立即脱下身上的毛衣，又叫警卫员拿出他的口粮，一并送给这位老婆婆。

这些老人原来知道这件事，但不知道是谁。后来当年毛泽东的警卫员在回忆文章中谈到这件事，大家才知道是毛主席。

在一个叫朗洞枫门坳的半山腰上有个寨子，寨子里有一位80多岁叫李老根的苗族老爹，大家都知道他保存红军锑水壶的故事：中央红军当年过朗洞时，李老根年过八旬的母亲正生重病，妻子坐月子。为抗饥寒，李老根砍了一挑柴到街上去卖，想买点米熬稀饭。走到干坝溪口转弯处，突然见到前面有好多穿灰布军衣的人正在做饭。李老根马上想到，糟了！不管是“刮民党”的兵，还是军阀王家烈的兵，都是抓伕、搜刮和欺压苗民的。正在进也不是，退也不是的时候，那些军人热情地招呼他过去吃饭。当红军得知他的情况后，还给他4块大洋让他去买米。他觉得这些自称红军的兵真好，要跟红军一起走。一位肩上挎着手枪的红军对他说：“你要是走了，家里人就要饿死啊。”

李老根买了米回到家，第二天又到老地方去找红军，队伍远走了。他在路边草树丛中拾到红军装水的一只小锑水壶，像一只猪腰子，有5寸高，4寸宽。他把水壶抱在胸前，拿回家后挂在里屋竹钉上。

红军离开的第三天晚上，大地主龙三疤回到寨上，得知此事后，带人去李老根家。老根听到风声，早把水壶藏在一棵老枫树根的洞里，龙三疤要不到水壶，就一把火把老根家房子烧了。

老根的母亲经这么一折腾，不几天就去世了。临终前对他说："要把红军的水壶保住，今后给你们的崽们（孩子）看，要他们记住红军的恩情……"李老根带着妻儿到山顶上搭了个"野鸡篷"艰难度日，想红军时，把水壶拿出来看看。李老根 79 岁那年，他用双手捧着这只锑水壶，把它交给了征集红军文物的资料组。

上述的人和事，这几天我在苗族地区见到听到很多，更加理解红军所到之处都受到欢迎和得到帮助的原因了。

正因为如此，我这个走红军路的人，因为沾了红军的光，也得到了人民的喜欢和支持。剑河县给了我很多治伤治病的药，派了苗族青年护送，黎平县委副书记龙定熙专程赶到剑河，给我送来了军大衣，韩鸿周为我打了一根铁拐杖，并亲自送来了。我摸着他还一瘸一拐的腿说："小韩，今后留下残疾怎么办？"他幽默地说："不会吧，要是真那样，留个纪念，留个想念也好呀。"

到达温泉乡已是中午，我要与一路上同生死共患难的黎平同志分别了。大家都很动情，都默默淌着难分难舍的热泪，言语反而没多少了。此刻我还清晰地记得 10 多个小时前，胡炳益用冻肿的手在我笔记本写字的情景，我读着他的留言，"君行长征路，黔山冰雪迎。苦饮清江水，寒宿苗侗村。足伤罗不垮，手冻笔不停……"我边读边想，兄弟民族的这份真情和鼓励太重了，我将永远珍藏在心中，用余生来报答他们。

1984 年 12 月 24 日　雪

台江县老屯口

今天，我从剑河走进了台江县（当年称台拱）。天，时雨时雪，路，崎岖难走。

清水江是黔东南州的一条大江，红军离开黎平进入剑河，在强渡清水江时，曾碰到敌人凭借天险的疯狂拦截。激战半天，红军毙伤敌人 200 多，敌人逃窜，我军强渡成功。

按照进军时间，我今天应走到一个叫施洞口的地方，但由于腿伤仍未好，而且发烧，尽管剑河的顾先球、王秀海，加上台江县委宣传部部长潘心雄、保卫科长翟茂刚等人轮番架着我，走到天黑，离施洞口仍然还有 10 多里。山路上又结上了冰凌，滑得大家都摔了几跤。只好在路边一个叫老屯的地方找宿处。我们找到一个电站，电灯明亮，给人一点暖气，大家都觉得住对了。

这个老屯寨电站附近，有 876 户苗族同胞，紧靠着一条巴拉河，发电就是靠这条河。电厂负责人王兴德要我们饭后到河对面寨上去看电影，说是 3 个农民办的电影院。我要写稿，其他同志都走累了，而且要洗刷和烘烤衣服，电影当然没有时间去看了。但我对这里深山里的少数民族农民自己办电影院很感兴趣，我请人扶着走到河边，看到不少人边唱歌边向电影院走去。我和一些人作了交谈，互相之间听不懂话，潘部长作翻译，交谈还是很顺利。一位曾见过红军的张老伯说："红军让我们看到了世上有好军队，解放军来了，我们彻底翻了身。今天政策好，有了电，我们在电影里看到了北京、上海城，那么大哟，好多房子用大理石铺地、围柱子，都是灰颜色的，咋不用我们台江大理石？五颜六色的好看着哪！"

老人的话引起了我们的兴趣。大家回忆着今天在途中看到的景象：除了还是林木披着银装，溶洞、泉水……的确还有与众不同的景致，这就是大雪盖不到的山梁豁口，紫色的、褚红色的、墨绿色的、灰色的石块不时投进我们的眼中。潘部长说："这都是大理石呀！都可以露天开采，光是一个红阳山区，如果每年开采 5 万立方米，可以开采 2000 年。"现在为什么不见开采？自然是不言自明，交通、信息、技术还都跟不上。我在想，民族地区的资源这么丰富，风景又这么美，用不了多少时间，沿海的、城里的、还有外国的人们都会争着到这里来的。

1984 年 12 月 25 日　雪
施秉县平寨

今天一早离开台江县的老屯，中午走到施洞口。下午摆渡越过清水江，进入施秉县境，又走了 30 多里，夜宿平寨。此处离施秉县城还有一天路程。

红军的回忆录经常提起施洞口这个地方。今天上午我走出榕山，又翻上一座山梁，便看到了施洞口：原来是平川，约有四五平方公里。自进贵州以来，这么大的平川很少见到。蜿蜒秀丽的清水江穿平川而过，远看真有点江南水乡的韵味。

走近施洞口，有四五十家商店和一些蜡染、豆腐等小作坊，在外人眼中，只是一般的小集镇而已。中午，我在一户大妈家吃饭，几位老人听到消息赶来看我，我发现他们脸上都闪动着自豪。一位张姓老人很有点文化底子，出口成章。他说：“施洞口，原名石洞口，传说在很久以前，江对岸有个大石洞，因此得名。此处过去一直是台江、镇远两县来往的必由要津，也是台江北部政治经济的中心和水上交通之咽喉。而现在四周交通发达了，这里还是没有桥，就有点落伍了。红军经过这里时，那可兴旺啦。”张姓老人描绘着，神色由沧桑又变成了自豪。

中央红军是在半个世纪前的昨天在这里过的江。在施洞口至方寨的三四里河段上，分别搭了三座浮桥。可想而知，当时在这里搭浮桥的困难很大。时值隆冬腊月，这里又是苗族地区，尤其忌外人动他们的门板，架桥谈何容易。

得道多助，失道寡助。红军是正义之师，苗族兄弟姐妹听说红军要过江，开到遵义、贵阳去打害苦了百姓的王家烈等坏人，都争先恐后扛来木料、门板、绳子，挑来箩筐，有的连石磨也扛来了……当地的船工张荡东等十多人跳下冰冷刺骨的江水，只半天多工夫，就和红军工兵共同搭起了三座浮桥。当大队红军跨过这200来米长的浮桥时倒花了些时间，不为别的，主要是从四面八方赶来的苗族乡亲汇集桥头，用米酒、歌舞欢送红军。这动人的场面和难舍难离的感情，至今还留在施洞口的老人们的眉宇间、心坎中。

因为我沾了红军的光，我也深有体会。今天早上离开老屯穿过榕山村，本来只需十来分钟，却花了两个来小时。

去施洞口，必过榕山村。我们刚到村边，就有20多位苗家姑娘踏着冰雪，迎着我们走来。紧接着，山对面岩脚村又来了30多位。她们都穿着节日的盛装，头上戴着的、肩上披着的、腰上围着的都是雪亮的银首饰。她们大多只有十七八岁，清纯秀丽，打扮得一个比一个漂亮。原来他们是赶来为我们送行的。寨子里的领导说：“你们进老屯时大家不知道，昨晚一传十、十传百，都晓得记者是走红军长征路的，现在就赶来送行了。”我连忙感谢。在一旁的张岁四老阿妈一边给女儿整理衣着，一边连连说：“休阿离（苗语，莫客气）。”老阿妈还说：“红军红军，苗家救星，我们为你

▲1984 年 12 月 25 日，贵州台江县榕山村的 20 多位苗族姑娘身着节日盛装，唱着苗歌为重走长征路采访的作者送行。这是作者与台江县同志及苗家姑娘合影。

送行，支持你宣传红军。”我们边走，姑娘们边唱边舞，年轻小伙穿着民族服装，吹着芦笙为她们配乐。一些农民还把我们迎进屋里，用牛角杯给我们敬酒，我们也高举酒杯为他们祝福。

大家送了一程又一程，一直送到山崖边。临别时，大家一起合影留念。姜计沙、姜宜友等几位姑娘说：“让我们再一次用苗家歌声支持你走长征路吧！”说完，姑娘们由一人即兴编词领唱，大家边走边舞边唱，唱词是：

“感谢北京派人来，苗汉合影作纪念，苗家姑娘的相片陪着你，风雪兼程，一起到陕北。”……

夜已深，雪也停了，早上那苗家的真情，优美的歌声，此刻还在我心中回荡。

1984 年 12 月 26 日　雨

施秉县城

气候这东西越是注意它，越觉得很有点意思。这十来天，我在关注黎平会议后，红军分两路纵队向遵义方向进军的迂回曲折线路及战事的同时，也在注意着当时关于天气的记载。这些天我碰到的天气同半个世纪前几乎一样。

从施洞口出发去遵义，要经过施秉县。今天我们冒着寒风细雨从平寨出发，经新城，翻越关山坳，走蔡家庄，跨过大石板寨前的小河，夜晚进了县城。

这时，我想起了老红军吴忠将军于1973年在贵阳向我谈到的50年前这一天的情景：他率领红一军团侦察兵从平寨出发去施秉县城的途中，也是顶着寒风细雨在黄泥路上跋涉。

▲ 抗日时期任八路军副参谋长的左权。

吴忠将军说，黎平会议后，部队士气提高了，路也走得顺一些了，所以每天要走八九十里。1934年12月25日傍晚，他们走到一个寨子时已很疲劳，正要休息，红一军团参谋长左权把他叫去，要他连夜去把施秉城里的情况摸清楚。

吴忠二话没说，带上军团便衣队和红五团侦察排，在伸手不见五指的夜里冒雨出发，走了近40里路，于26日凌晨2点多到城郊，向群众了解情况。约五更天，吴忠率领的部队摸到城边缴了敌哨兵的械，想不到惊动了敌人，更想不到的是那些“双枪兵”（一支步枪、一支大烟枪）以为是红军大部队来了，边放枪边向没有枪声的方向跑。

红军占领施秉县城后，一路继续北进，于12月29日击溃敌军一个团，攻占余庆县，然后向乌江挺进。另一路经黄平，也向乌江奔袭。这使我想起了50年前林伟同志在日记中的一段话。他写道：“我们撤到施秉县城宿营。这是个很小的县城。这个县城几乎全部的房屋都是茅草建成的，一片凋零破旧景象，是我们从来没有见过的。拥挤在街道上观看红军的人们，穿得褴褛不堪，有的简直就是半裸着身体。”

人们告诉我，林伟同志记述的景况在解放后早看不见了。但是我却找到了当年的一些见证人，其中之一就是现在的施秉县县长雷国斌。那时他的妈妈背着他挤在欢迎的人群中看红军，因为没有御寒的衣服，身上只披了几片烂布条，背上冻得发了紫。夜里回到窝棚里，妈妈一边给他的背上涂擦草药，一边对他说：“有了红军，我们苗家就有救了。”雷县长说：“我妈妈说对了，我们少数民族翻身过上好日子，就是靠了共产党。”

1984年12月27日　阴

施秉县云崖乡

1934年12月24日，红军右纵队从台江施洞口渡过清水江后，就立即兵分两路：红一军团第二师沿清水江西进占领施秉；红一军团第十五师和第九军团向镇远进军，这一路仗打得很激烈。

镇远是黔东重镇，素称“湘黔门户”、“滇黔通道”、“咽喉孤城”，城东有东关哨所，城西有文德、镇雄两关，南北皆大山，绝壁难逾。美丽的㵲阳河将府城和卫城分开。府城在北，卫城居南。卫城建于明洪武二十二年（1389年），城门5座，城墙坚固，易守难攻。

蒋介石及王家烈自然知道镇远的重要，所以兵力部署相对较强。除黔军第五旅旅长蒋德铭率部据守镇远外，王家烈又命二十五军参谋长兼东路行营主任黄烈侯坐镇督阵指挥。所以红军第九军团军团长罗炳辉和第十五师师长彭绍辉率部攻镇远的这一仗打得异常激烈。12月25日从早上一直打到黄昏才占领镇远府、卫两城。罗炳辉的红九军团部设在卫城刘家大个屋里。

蒋介石深知“黔军力弱、恐难防堵”，于12月18日、24日两次电令中央军薛岳策应黔军。一贯欺压少数民族的中央军，自然得不到群众支持，再加上它的机械化程度高，山间小路成了拦路的障碍。

我红军占领镇远，是为了使右路军主力从这里顺利通过去乌江。12月27日，国民党中央军才逼近镇远，然后用大炮轰城。红军奉命撤离镇远，经文德关、镇雄关、相见坡向施秉前进，与红一军团第二师会合。第二天红军开始离开施秉县城，挥师北上，向乌江前进。

今天我到了㵲阳河畔。我的任务是了解当年黔军在㵲阳河畔大菜园处如何控制水路，妄图堵击红军涉水过河，而我红军如何克服险阻涉水过河，奇袭击溃大菜园民团，为主攻部队解除后顾之忧攻占镇远的情况和目睹战场遗址等。但我不得不承认，今天我却被这似仙似幻的㵲阳河两岸的风景迷住了。

云雾雨濛，碧水清澈，岸竹绿树，浓密错落，点缀其间的是各色花朵。苗家姑娘、小伙来来往往，歌声串串；鸟雀呜呜啾啾，夹在其中；走不多远是河畔青山，挡了一会日光，又见河畔的木楼夹在其中，还有灰墙黛瓦飞檐斗拱的古建筑。到了河畔一个叫云崖的地方，更是云雾、碧水、古松、

翠竹、岩洞、古祠、飞鸟和不时从草丛中窜出半个头望着我们的野兔……这一切使我们都陶醉了。我背靠一颗笔直的大杉树，掏出了笔记本后对县党史办高福祥说：“这里叫仙境，还是幻境，我也搞不清楚了，先把它记下来再说。”他说：“外边进来的人大都有这种感受，等以后开发出风景区后，会更美的。”我听后，不知为什么对他说了一句：“千万别开发，这原汁原味原始的风景不是很好么?”他听了这句话，再没有和我搭腔。是我说错了，还是引起了共鸣?

1984年12月28日　阴

黄平县城

从12月28日起，红军右路纵队即红一、九军团开始离开施秉县城。一军团二师直插黄平，与左路纵队会师；九军团和一军团第十五师直取余庆，进入遵义地区。

我今天走的是第二师的路线，经新桥、东坡，傍晚进入黄平县城。

黄平县城古名叫新州，是湘黔公路要冲重镇，是黔东南西进贵阳的必经之地。红军进入贵州后，王家烈最怕红军捣他的老巢贵阳。12月21日，王家烈亲自到黄平、重安一线布防。半个世纪过去了，今日我在沿途还看到建在半山崖上的3座碉堡的残垣。沿途层峦叠嶂，谷深山高，陪同我的冯朝阳告诉我，当时红军向遵义前进时，不但遇到民团的阻拦，还常遇到土匪的骚扰。

黄平县城是我红军左路纵队于27日凌晨攻占的。

黎平会议后，左路纵队由红三、五军团和军委纵队组成。12月20日进入榕江县，22日拿下台拱（台江），25日，离开台拱经南省、报效等地向黄平挺进。

报效是个地名，在台江县北20多里的地方。我沿右路纵队进军路线前进时，是4天前经过这里的。这里谷深山大，洞多林密，那天陪同我的台江县委宣传部长潘心雄告诉我：左路纵队经过报效时，土匪暗算了我们受伤的一些红军战士。其中有7个年少带病的红军小战士，被土匪包围袭击。他们与土匪周旋战斗达半天之久，击毙了好几名匪徒，后来终因伤痛体弱，敌众已寡，全部壮烈牺牲。当地不少苗族群众得知7位红军小战士遇难都很悲愤。一位苗族老人冒着杀头危险，偷偷为7位烈士收殓安埋。解放后，台江县人民政府将7位烈士遗骸迁葬到县烈士陵园。

看来这7位烈士是红三军团的，因为我红三军团先头部队在彭德怀率领下，于25日在报效前边打过仗，第二天又与敌激战半天才突破黄平城外的两道防线。27日凌晨，红军全面出击，敌军抵挡不住，敌旅长杜肇华带着残兵败将借夜色掩护，由南门溃逃，红军遂于12月27日凌晨占领黄平县城，军委纵队随后相继入城。今晚我看到了当年周恩来住过的财神庙和朱德住过的川主庙遗址。

黄平县城不大，但很热闹。黄昏过后，贵阳、湖南、云南的载货汽车还穿梭不断。这里有一家黄平卷烟厂，县财政收入不错，但老百姓生活看上去还较贫穷，5分钱一斤又甜又脆的黄平梨也很少有人买得起。我在寒风中吃了一大碗又辣又香盖着肉末的米粉，向摊主付了1角钱，他在昏暗的美孚灯光下找零钱，我说不用了，他却很认真地对我说："使不得，3分钱还可以买2支线哩。"我接过钱，谢了他，不仅是为了他的真诚，还为了他的生活观。

1984年12月29日　阴

黄平松洞乡

今天一早离开黄平县城，经罗朗、大翁铺到旧州镇，当地称旧州场。夜宿黄平松洞乡。

旧州是我入黔以来见到最大的一块坝子，约有10多平方公里。从山里转了20多天，见到这么大一块平地，心里那个舒畅真是甭提了。

据记载，红军到这里时，旧州还是黄平的一个分县，人口只有2000多。如今，我见几条街上人来人往，在店铺里挤着买东西的就有千把人，足见变化之大。

旧州离黄平县城50多里，再往北70来里即进入瓮安县。

我从12月14日进入黎平，明天（30日）要去90多里外的瓮安县的猴场，就是进入黔南州了。也就是说，我很快要告别美好而深情的黔东南州了。

说她美好，是由于这里山高林深，外边的人很少进来，沿途的小道、森林、溶洞、温泉，甚至是云彩、瀑布给我的印象都很深，焕发出一种自然美。不像外界很多风景区设计这里，开发那里，最后弄得是假山、假水、假造型，还不如去苏杭看盆景省时省力省钱。**要看什么叫大自然，要看什么是真景，要享受什么是清新与安静，我想，黔东南州应是首选之地。**

说黔东南州深情，是说这里的苗族、侗族、回族、汉族干部群众对共产党、对红军真是一往情深。

我走的是中央主力红军走的路线，其实，除此之外，红军还有三次经过黔东南州：

第一次是1930年，以邓小平（邓斌）为政委、张云逸为军长的红七军曾转战黔东南州的从江、榕江、黎平三县。

第二次是1934年9至10月间，以任弼时任中央代表，肖克任军团长，张子意任政治部主任，李达为军团参谋长的红六军团西征入黔。先后经过黔东南州的黎平、锦屏、天柱、剑河、三穗、台江、施秉、黄平、镇远、岑巩10县。

第三次是贺龙、任弼时、肖克、王震率领的红二、六军团（史称红二方面军）长征于1936年1月6日进入黔东南州岑巩县境，活动4天于11日分两路去江口县和石阡县。

▲红七军一部分干部1937年在延安的合影。立者：左三为莫文骅同志，左四为张云逸同志。

红军7年间先后4次经过黔东南州，广大指战员为夺取革命胜利，不惜洒热血、抛头颅的革命精神，老百姓亲眼看到了；中国共产党主张各民族一律平等，苗、侗、汉等各族人民是一家，享受同样的政治、经济权利，老百姓深深感受到了；红军专打坏人，保护人民利益，处处为人民着想，老百姓至今还赞不绝口。当地的老人争先恐后告诉我，50年前的今天，红军占领旧州古城后，把土豪劣绅宋少坤、刘长泰、张炳生、张玉茂、陈锡州、王玉贵、庆元丰等20多家巧取豪夺的大量粮食、盐巴、衣物、布匹等分给广大群众。旧州当时只有2000多人，分得东西的就有1000多户。谈起这些，他们至今脸上还洋溢着自豪。

红军的革命实践活动，红军留下的政治影响，红军布下的革命火种从此发芽、开花、结果。红军经过后不久，黔东南的地下党革命活动，曾发展到镇远、施秉、黄平、雷山和现在的州府凯里，他们率领苗、侗等民族反对国民党的暴政，对于掀起抗日救亡高潮，以及后来迎接解放军解放黔东南州，起到了积极作用。

说实在的，在黔东南州要记的很多，引起思考的更多，越想越能感受到：中国共产党的成长壮大付出了多么大的代价。真正在群众中去生活，就能体会到人民是真心实意拥护我们的社会制度的。找得到幸福感，就不会这也不满意，那也不满意了。

1984年12月30日　小雨

瓮安县猴场

今天又逢两个县的向导交接，黄平县委宣传部潘向东、冯朝阳和县委的文应国将我又扶又架，经松洞、半边箐行70多里进入瓮安县的老坟嘴。尽管已把我交给了瓮安县委宣传部长龙治水、文化局的陈俊明、袁毓才、县史志办的王翰声4位同志了，但由于还不熟悉，黄平县的同志照顾我又走了10多里，到达猴场。

猴场，现名为草塘，地处乌江南岸，是黔北四大场镇之一。半个世纪前，红军进驻猴场时，这里只有1000多人口，今天已有一万多居民。市面很兴旺，简陋的几条小街道上，人们的穿着较好。我在猴场附近的宋湾村停留时，数了数有30多户，约一半是全新的住房，门口都有水泥地作晒场，场外还有个小花园，村里很干净。

猴场的出名是由于1935年1月1日党中央在这里召开了党中央政治局会议。宋湾村一个四合院里，当年住的是红军司令部和部分中央领导。中央政治局会议就是在这四合院里召开的。毛泽东住在对面下司街村的傅家祠堂，两地之间隔着一条小河。我拄着拐棍走过小木桥，去看毛泽东住宿过的祠堂，还好，祠堂还剩下半堵砖墙。四合院会址，据说解放前就毁了，我见到的会址上只是一大片青绿的麦地，中间立着一块水泥浇成的纪念碑。

离开通道只有短短20天，党中央先后召开了通道、黎平、猴场会议，再过10来天又召开了遵义会议。为什么这期间行军如此艰苦，与敌激战不断，却还要召开这么多重要会议呢？今晚我又一次仔细研究：原来以博古(秦邦宪)、李德为代表的"左"倾领导者，仍然无视已变化了的敌情，坚持错误，想与红二、六军团会合。对于通道、黎平会议决定的行动方针，一直存在争论。到了乌江边的瓮安了，博古 (秦邦宪)、李德仍坚持不过乌江，拟在乌江以南转战游击，待机回到湘西，和红二、六军团会合。针对他们的意见，**中央政治局在渡乌江前的紧急时刻，召开了猴场会议。毛泽东在会上提出：我们应该打过乌江，要是从别的地方走，就要上敌人当。**这次会议据说李德修养有了提高，不像在黎平会议上，听到尖锐对立意见

▼毛泽东在贵州瓮安猴场(今草塘)住过的傅家祠堂，现已半毁。(袁毓才摄)

◀▲红军突破乌江前，中央政治局曾在瓮安县猴场宋湾村乌江边一个四合院里召开了会议，并作出了关于渡江后新的行动方针的决定。50 年后，这里的四合院不见了，只见黄土上竖着一块标明旧址的石碑，作者很是感慨，上图是他和县里同志正在商讨做好现存红军旧址保护工作的问题。（袁毓才摄）

后竟中途退场。这次会上他讲，别人也讲，一直坚持在会上，中途没有退场。经过激烈争论，会议通过了猴场会议决议：即《中央政治局关于渡过乌江后的行动方针的决定》。明确提出："建立川黔边新苏区根据地，首先在以遵义为中心的黔北地区，然后向川南发展是目前最中心的任务。"决定还规定："关于作战方针以及作战时间与地点的选择，军委必须在政治局会议上报告"。这几句话，意义重大，终于改变了军事工作由博古（秦邦宪）、李德包办的状况，使朱德，还有长征以来一直被排挤在一边的毛泽东能起到更重要的作用。

1984年12月31日　阴

瓮安县天文区

1934年的今天，红军先头部队已在100多里外的乌江边上迎新守岁。中央政治局的委员们正陆续从各路随大部队进抵猴场，准备明天参加政治局会议。

今早，我和瓮安的同志离开猴场，向乌江的江界河渡口走去。

这些天我越来越觉得，贵州县与县的直线距离并不远，只是因为山高崖陡，真是“对面能讲话，相逢要半天”，绕来绕去的挺费时间。今天走了11个小时，才走了80多里，离江界河渡口还有70多里路，只好在天文区夜宿。

因为我还是一瘸一拐，要别人不时扶着我走，拖延了时间。进天文区乡场时已是黄昏过后，漆黑一片。区政府早已收了饭，一下也找不到炊事员。幸好区委书记张贞玄从报纸和电视里得知有个记者是踩着50年前的时间采访长征路的，所以前些天他就告诉了乡里医生，准备好为我治伤，还准备了糯米饭、腌辣酸鱼等，尽量让我多吃几口，长点气力。

红军经天文去乌江江界河渡口，先后过了六七天，想不到我今天就走

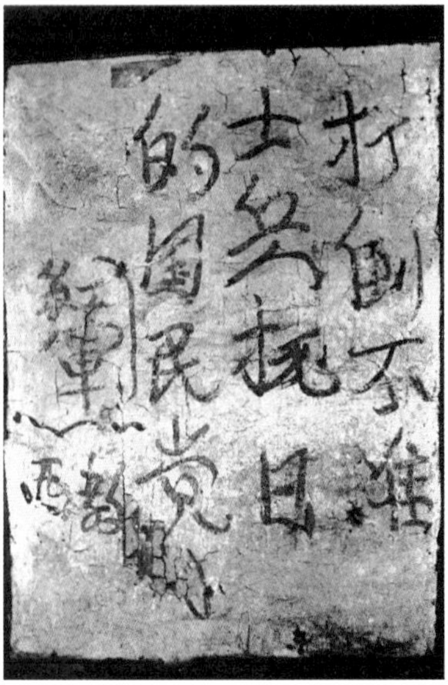

◀▲贵州瓮安县大场红军标语。（袁毓才摄）

▲贵州瓮安县的向导、陪同与作者在途中留影。

到了。张贞玄找到场子上还有灯火的小餐馆，不一会，我们看到鱼、肉、鸡等六菜一汤摆上桌来，本来很饿的我们一行5人，却你看我、我看你，不想动筷。龙治水部长说："老张，太浪费了，能不能把这桌菜退了，吃碗米粉就行了。"张书记问："为什么呀！"王翰声主任回答说："是我们没有交代清楚，这次记者采访，一不喝酒，二不吃请，三不准给记者送东西。这是县与县交接时都明确规定好的，这个规矩可不能在我们县给破坏了。"

张贞玄听到这里，若有所思，然后说：走红军路，应当向红军学习，但现在到哪里去找米粉摊呢？

此刻，我觉得太机械了反而给人家添麻烦，就说："撤几个贵的菜，就在这里吃吧。"我向张书记解释说："你们都是为我好，添了麻烦。我也不是为艰苦奋斗而艰苦奋斗，主要是今天沿途看到几所小学都很穷，既没有课桌，也没有凳子，学生们坐在黄泥地上，面前放块冰冷的岩石当课桌，心里很不是个滋味，这一餐会吃掉好几只桌子和凳子钱啊！"此刻大家的心情都比较沉重，店主也知道怎么回事了，主动地说："说起孩子读书，是苦了点，退几个菜，保证区政府少开支，行不？"我们都点了头。

晚上，乡里的大夫为我腿上肿胀的伤挤了半个小时的脓和血，还上了跌打疗伤药，舒服多了。

写好和誊抄好稿件，已是凌晨近2点了。门突然开了，原来是张贞玄，手里捧着一小碗糯米饭，饭上有一条我喜欢吃的酸辣鱼。他告诉我是从家里拿来的，不是公家的。他说："原以为采访长征路就是走走、看看、记记，想不到你还真不一样，最吃劲的是每天熬夜，伤得这么重也不停。而

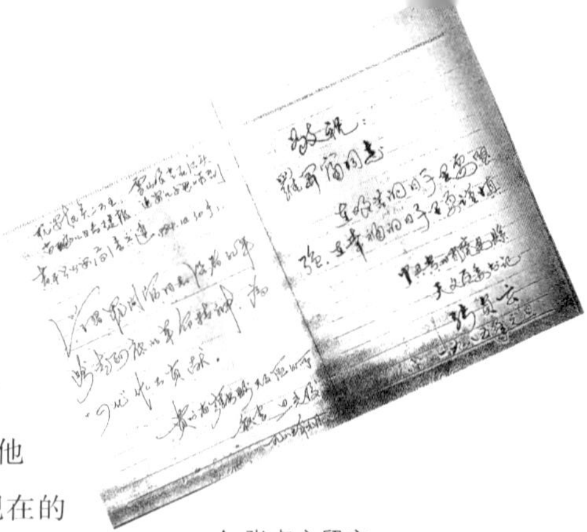

▲ 张贞玄留言

你吃得这么少，会垮掉的。”我停下笔，挑着饭夹着鱼吃了起来。他看着我当夜写的初稿和抄在电报纸上的新闻稿后说：“要找个人帮你誊抄就好了，每天可多睡一个多小时。”我说：“难找，我的字又太潦草，怕认不得。”他在一旁看了看手表，然后去找来毛笔对我说，现在的时刻已是元旦早上了，我在你笔记本上写一句感想。不一会，**我看到了他写下的“在艰苦的日子里要坚强，在幸福的日子里要谨慎”这句话，苍劲有力，我想谁见了，都会称赞这是难得一见的书法。**

1985年1月1日　晴

瓮安县珠藏区

今天是元旦，为了赶到乌江边多看一看，大家起了个早，想不到碰到了尴尬的事。

昨天讲好一切从简，今早还在昨晚吃的那家小食馆吃碗米粉就赶路。我们一行打点好行李，天还只有麻麻亮，赶到小食馆时，却发现灯火辉煌：30来平方米的店堂里放着两张大圆桌子，已挤着20多人，桌上已摆满了杯、碟、碗、筷。我和县里的同志都觉得奇怪，这是怎么回事？

龙治水部长很快搞清楚了，悄悄地对我说：“是来为你送行的。”“送行？”我不解地问。原来这里有个不成文的规矩，上边来了人，为了表示对有关部门、相关部门领导和退下来的老同志的尊重，表示各大班子和各部门的团结，一般都要在饭桌上共同送行的。

▲贵州瓮安县的周世昌(右一)是为红军突破乌江渡江的第一位船工，作者正在向他请教有关问题。(袁毓才摄)

既如此，我一个记者能说什么呢？我

掉转身拄着拐棍就走了。县里的同志和张贞玄也跟着我出了小店，走了50来米，我们找到一家小食摊，每人吃了一碗米粉。上路时，我握着张书记的手说："今天实在对不起你，一点面子也没给你留，一定要原谅啊。"想不到张书记却说："不给我留这个面子是对我工作的最大支持呀！我们这里不少人温饱还没有解决，这种饭桌上送行的规矩一直破不了，今后我好说话了，得感谢你才是。"

七拐八弯走了70多里，才走到乌江江界河渡口。

半个世纪前的这一时刻，乌江两岸雪花纷飞，红军指战员正在做抢渡乌江的准备。而今天却是晴天，夕阳照在江两岸，更显得壮丽肃穆，引人无限遐想。

乌江以当年红军长征在此抢渡成功而闻名于世。聂荣臻说过，红军占领乌江南岸的江界河渡口时，敌人已把南岸一些茅屋烧光，然后撤到北岸。红军的先头部队是1934年12月31日赶到乌江边的。红军抢渡的渡口有好几个，仅红一军团的一、二两个师过江的渡口，就有龙溪、江界、黄平等。当年的江界河渡口很险要，河面有260米左右，战斗最激烈，中央机关就在这个渡口，踏着工兵连用竹子、门板等架起的浮桥冲过了乌江。

在瓮安的王翰声等帮助下，我在江界河渡口的水落坝村找到了当年被烧毁的茅屋的主人周世昌。周老告诉我，红军强渡乌江时，就在这一带架起过一座浮桥。当时他是和一位名叫庹子清（已故）的从江底捞起一只沉船，帮红军抢渡。

◀在红军突破乌江渡口，当年为红军架桥又用小船帮红军抢渡的船工周世昌（左一），正向作者介绍情况。（袁毓才摄）

▲在红军突破乌江的江界河渡口，作者在向74岁的苗族老人周海云(右二)采访。

周世昌今年68岁，一个人过。他给我们倒了杯白开水就去做饭了。我们就去江边转，看当年浮桥遗址。不一会，我们回到一间半由黄泥垒起来的瓦屋里时，桌上已摆上了一碗青菜和一碗咸菜，每人面前放着一碗米饭。采访就在饭桌上进行。

龙治水：“周大爹，罗记者是走长征路的，今天给你带来了老红军聂荣臻元帅、耿飚和杨成武将军向你的问好和感谢。”

周大爹：“那时我不晓得他们是元帅、将军。”

罗开富：“大爹，你讲得对，能不能告诉我当时你是怎么帮助红军的?”

周世昌想了一会说：“哪个晓得他们是红军？背着枪，穿着破衣烂衫。我和庹子清在江边找猪娃，爬上岸，就被几个当兵的抓住了，叫着老乡老乡的不让我们跑。”

“啊，不帮红军，要跑?”瓮安县陪我一同走路的年轻人张法荣急了。

周世昌说：“不跑咋的？那年月谁不怕当兵的？不是拉伕，就是搜钱、剥你的衣裳。”

袁毓才问：“那以后怎么不跑，还帮红军呢?”

周世昌说：“那还不简单？他们对我俩说，是红军，是老百姓的军队，是专打王家烈匪兵的，说着有两人把自己穿着的两件破棉衣披到我们身上，还摸出一大块盐巴给我们。那时盐巴比金子贵，肯拿盐巴给我们的兵肯定是好人，还跑做啥?”

张法荣：“水这么深，船是怎么捞起来的?”

周世昌："不大好捞，真沉到江底的无法捞。王家烈的兵让我们沉船，这些船是我们的吃饭家伙，谁不痛心！大多沉在江边，有的还在水里系了粗绳，自己有数么。"

袁毓才："不是架浮桥了么？"

周世昌："光是门板、竹子怎么架？把它们铺在小船上才稳当哪。"

罗开富："所以红军很感激你，他们都要我转达问候。"

龙治水："大爹，你有什么要向老红军问的吗？"

龙部长的意思很明确，希望他也向红军问个好，让我今晚的文章有个圆满的结局。

大家沉默了十多秒钟后，王翰声说："随便问点啥，说点啥都行啊。"

又停了几秒钟，周世昌大爹扒干净碗里最后一口饭后说："听说你这位罗同志从江西走来的，没有好菜招待你，过意不去。如果让我问，就问问他们能不能给我寄点钱来，让我打点酒喝。"

周大爹的话，谁也想不到。此刻我在想，这淳朴善良的农民，要求并不高，我一定要把这话带给北京的老红军，但那是一年之后的事了。再说元帅、将军们的工资都不高，让谁寄呢？想到这里，我同龙治水等领导商量后，不得不安慰老人了。我给周大爹点上一根烟，从上衣口袋里摸出二十元钱对他说："大爹，都怪我，今天我们从天文区走来，一路上很少看

▼74 岁的周海云(右一)在红军抢渡乌江的江界河渡口,向作者介绍他所见到的红军突破乌江的情况。(袁毓才摄)

▲为了帮助作者真正行进在红军当年走过的原路上，这是当年为红军作过向导的贵州瓮安县的农民为他画红军在当地行军路线图。

到村庄，更没有见到下伸店（供销社开在农村的小卖部），没有买着东西，这钱你拿着，还有个把月要过年了，你自己去打点酒吧。”一路上我发现这里的酒很便宜，即使是好酒鸭溪窖酒等，也只一元多钱一瓶。

老人并不收钱，我又说：“周大爹，你帮助过红军，人民都不会忘记你，刚才同你们县的几个同志商量了，他们会向县委、县政府反映的，每个月给你补十元、十五元的，逢年过节一定会来看你。”

老人此刻还不接钱，只是对我说：“放桌上吧。”

我们付了饭费，告别了周大爹，向西走了三四里地，到了江界河渡口的犹家坝村。74岁的苗族老人周海云早在等着我们了。他一边给我们划船，一边要求我们在报上帮他们说说话。他说：“这个渡口通湖南、广西、四川等地，至今没有建上桥，虽设有轮渡，由于各种原因，有4个不开。”后来我了解到是涨水不开、枯水不开、夜里和船坏了不开。我们坐小船渡过乌江时，看到江边停着正在修理的轮渡。据说已停开40多天了，过往车辆要绕道500多里。

1985年1月2日 阴
瓮安县珠藏区

从江界河渡过了乌江，就得爬坡，这个坡叫桐梓坡，有十多里长。当我们昨晚正艰难地爬了三四里路时，一辆三九吉普突然开到我们的身边，并要我们上车。

在徒步长征路上，往前走不准坐车，也从来没有坐过车，即使在黎平高洋被摔伤锁骨和左腿后，也从没有坐过车。如果走到前边某地，发现了一些价值很大的采访线索，需要回头或横向调查时，可以乘车以赶时间，总之往前和绕来绕去的路是绝不允许坐车的。

今天是怎么回事呢？原来瓮安县给我们安排是1日住珠藏（原来地名是猪场），离江边有30多里。不为别的，那里现在是区政府所在地，有医院。按照红军进遵义的时间，还有5天多，因为中央政治局3日才离开猴场，可以让我在珠藏区进行一段治疗。

车，我自然不会坐的，还是让张法荣架着我只顾往前爬坡。这时珠藏区副区长何崇海追上我讲了原因。因为我访问周世昌花了不少时间，过江时太阳就快下山了。从江边到珠藏没有村庄，更没有电话和一切通讯设施，区里和医院的同志等急了，他们想了个一举两全的办法，即开着车在江边找我们，想在当晚把我们拉到珠藏，第二天再送回上车的地方，继续把这一段路走完。龙治水征求我的意见说："二万五千里不让你少走一步，我看还是可行的，不然伤病加重，反而对采访不利呀。"大家觉得他讲得有道理，劝说我。我想了一下，就这么办了。

所以今早我们一行又回到了江边，用了4个多小时把这30多里路走完了。好在今天走的路不多，我们又一次看看这奔腾蜿蜒的乌江。

据说在红军长征前，贵州人把乌江称为黔江，是贵州第一大河。因水深湍急，站在高山上往河里看，水呈青乌色，所以也称乌江。它发源于乌蒙山东麓的草海，在四川涪陵入长江。乌江由西南向东北斜贯而流，把贵州划成南北两部分。中游在娄山与武陵山之间穿过，谷深水急，险滩相接，激流将两岸崇山峻岭削成陡峭绝壁，是黔北的天然屏障。当时黔军大小头目都认为："乌江素称天险，疲惫之师，必难飞渡。"黔军派在乌江的江防司令林秀生在给他的上级侯之担的电报中写道："江防工事，重叠坚固，扼险固守，可保无虞！"实际上我红军从12月31日到江边侦察到1月2日上午突破乌江，只花了40多个小时。

◀红军长征所走过的道路，大都崎岖、险峻，图为作者行进在贵州省瓮安县珠藏区手爬岩的山间小路上。（袁毓才摄）

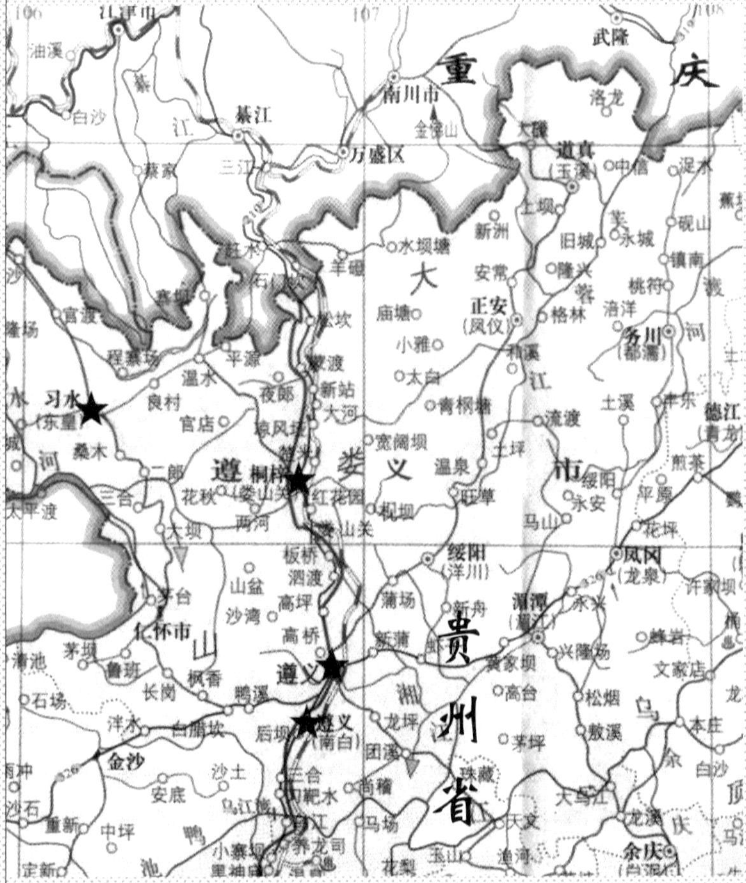

贵州省

1985 年 1 月 3 日~1985 年 2 月 2 日

遵义县　遵义市　遵义县　桐梓县　遵义县

桐梓县　习水县　遵义市　遵义县　习水县

◀贵州遵义县的一位老阿婆在向作者介绍当年红军给老百姓分盐巴、分粮食的情况。(李保国摄)

1985年1月3日　雨

遵义县西花坝村

经过两次正规治疗，身上的两处伤口再也很少流脓，平路上靠着双拐，不是很痛了。

早上，我和瓮安县的同志从珠藏出发，基本上都是走的公路。下午，我们走过鲤鱼桥，就进入遵义县境。到西花坝村，两个县的向导和陪同交接后，该和瓮安的同志告别了。贵州人十分真诚，遵义的同志要留他们住宿，瓮安的同志把我送到一个陌生地方也不放心，所以都留下了。龙治水是位苗族，说话直来直去。他在路上不止一次地说过，不和你走上几天，包括你们报社的人也不知道采访长征路是这么艰苦的，走路只是三分之一的工作啊。

果不其然，晚饭过后，新接手的陪同不了解我还要工作，让我们洗好脸，烫好脚早点休息，说明天还是下雨，绕来绕去的路难走，睡足了才有力气顶过去。

王翰声说："还早着呢。"他们给我找到一只课桌，怕停电，又从我的旅行包里摸出几支蜡烛放在一边。其他的几个同志有的找炭盆，有的找木炭，有的为我找干一点衣服换上，把湿的拿去边烤边搓泥，还有的找出洗伤的消毒药，让我把左腿放在一个瓦罐上边，让我反复用纱布条擦洗……

而在这一切准备停当和做好后，我开始整理一天的见闻，对听到的、见到的、书上看到的进行分析整理，不少时候都和陪同的人员商量定稿，以经得起历史的检验。

王翰声说，史书上、电影上写了不少，新闻稿里不一定写那么多了，对于江界河渡口没有当年那么险峻了，倒可以写上几笔，这也是山河沧桑吧。

我在他们的议论声中整理着史料和撰写新闻稿，大家一直忙到1点多。

中央军委指示红一军团第二师师长陈光和师政委刘亚楼派出部队，于1935年元旦进抵乌江南岸之江界河附近。第二天清晨，红二师四团团长耿飚和政委杨成武化装到渡口侦察，观察到200多米宽的江面，被两岸的峭壁束缚得咆哮翻腾。他两人决定用火力侦察。敌人搞不清是怎么回事，立即开枪还击。火力侦察的结果与向导介绍的情况大致相符，对岸配备有排哨、连哨、工事和营、团预备队。

当天，红四团用一个营的兵力赶制竹筏，1月2日上午强渡开始，在渡口上游500米处的竹林里，18名战士中有8名首批过江。他们的任务是将一条缆绳拉过江去，为后续部队渡江作准备。8名战士游到江心，缆绳被敌人迫击炮打断，一位战士因负伤而被湍急又冰寒的江水冲走，光荣牺牲。毛振华等7位勇士游回南岸。

当天晚上，这位给贺龙当过警卫员的毛振华率4名战士偷渡成功，但后边的第二筏、第三筏却都被湍急的江水冲下2至5里远，摸不到方向，只好往回划。

▼作者在贵州遵义地区采访老红军。(李保国摄)

1月3日上午9点，第二次强渡开始，3只竹筏靠岸，与昨晚偷渡成功躲在石崖底下的毛振华等5名勇士会合。这时江南岸红军的冲锋号一齐鸣响，大炮、机枪一齐怒吼，第二梯队等很快过了江。打到下午，黔军江防司令林秀生连司令部的文件、电稿也顾不得拿，带着3个团的残兵败将向遵义方向拼命逃窜。我红二师主力一直追到猪场（现名珠藏）方宿营。

1月4日，中央军委纵队及中央首长踏着工兵连架好的浮桥胜利渡江。

大家又把带的材料进行了核对，要我一定要记下最先过江的22位英雄。他们说，怎么过的乌江，史料比较一致，也好找。这22位英雄的名字是：红四团一营营长罗有保、三连连长毛振华、机枪连连长林玉成、二连连长杨尚坤、指导员王海云、青年干事钱锦友、侦察连连长王友才，二连二班班长江大标，二师师部王家福，战斗员唐占钦、刘昌华、钟家通、羽辉明、赖采芬、曾传标、朱光宣、温赞元、刘福炳、罗家年、丁胜心、林文来、孙明。其中毛振华获红星奖章，其余21人每人获军委奖励的军衣一套。

等我写完稿再抄好，已是凌晨2点多。遵义县接手的同志也没有睡，其中一位对袁毓才说：“早听说一个记者要来，让我当向导，现在我才搞清，走路不是大事，每天熬夜才是真家伙。我有思想准备了，我会搞好的，你们放心吧。”

1985年1月4日　小雨
遵义县滑石板村

进入遵义县境两天，景象迥然不同，平坝多，耕地也平展了，土地也肥沃，当地人称这里是黔北粮仓，看来并不为过。

我在胡洪均家采访，老胡告诉我，要说共产党好，我们农民都能讲出一串串。几年前，他家失火，烧光了房子和衣物，接着老人病逝，又连续死了七八头猪，加上有4个孩子拖累，成了远近闻名的贫困户。县委书记赵顺才和区、乡干部了解到他的困难，都来和他交朋友，给了他许多帮助。赵书记还向老胡介绍一些富裕户的致富经验，用贷款买了耕牛等，只两年工夫，修了房子，解决了吃粮问题。胡洪均说：“都说我们遵义地理条件好，好又咋样，王家烈那帮吸血鬼统治遵义时，老百姓还不都是‘菜当三分粮，辣椒当衣服’。现在才是一天比一天好。”胡洪均还约了几位老人找到我说，红军过乌江，打得可厉害哩，打乌江有好几路，最好写了江界河渡，还要写其他渡口才是啊。

听了胡洪均等人的一席话，我又一次查阅了红军过乌江的情况，发现**红军突破乌江有三路大军：**

在红一军团二师几次强攻江界河渡口的同时，红三军团由瓮安出发，在米坪的龙安河上，先头部队用手榴弹打垮了敌人一个营，过河占领了下马场，敌右路军指挥刘翰吾临阵逃跑，红三军团未费一枪一弹，便从茶山关渡口渡过乌江，占领遵义县的尚稽。

中央红军突破乌江还有第三个重要渡口是回龙场渡口，它的险峻，过之于江界河渡口：两岸峭壁相对，把乌江挤得只有百多米宽，水的咆哮，壁的陡峭可想而知。红一军团一师师长李聚奎、政委黄甦接到在回龙场渡口抢渡乌江的电令已是1月3日了。据我分析，江界河渡口第一次强渡没有成功。从一些资料里看，1月3日凌晨，军委副总参谋长张云逸专门到江界河渡口的红四团，传达了军委的指示：由于追敌迫近，必须迅速完成渡江任务。为避万一，考虑到中央军委和中央首长还都

▲作者沿红军路的采访是白天走、夜里写，所以除了向导外，当地领导都是每天陪着他边走边介绍情况。遵义县县委书记赵顺才(左一)陪同作者走了好几天。

在南岸，就在这天上午给在不远处的余庆县回龙场的红一师下达了抢渡乌江的电令。我的分析是江界河渡口如果过不去，这里是中央军委和中央领导过乌江的备用渡口。红一师召开了连以上会议后，炮兵连首先向北岸炮轰，夜晚，在红一团团长杨得志、政委黎林的率领下，扎好竹筏，半夜，师部先派出 36 位水手试渡，经过激战，只过去了 13 人，架桥计划不能实现。第二天，军团首长命令炮兵营长赵章成前来协助强渡，全师集中火力，一齐向对岸敌军射去。在强大的火力掩护下，先头部队二连的 3 只竹筏一齐向对岸划去，登岸后和半夜已过江的 10 多名勇士一起，用刺刀、手榴弹杀伤敌人近一个营。他们占领登陆场后，杨得志迅速布置工兵连用竹筏架起浮桥，当天夜里，红一师全部过江。

可能是由于这里的人们见到突破乌江的电影、书本大多写的是江界河渡口，而实际上每一个渡口都是打得惊心动魄，听说当年的一些向导和参战的青年还在世，他们很希望告诉后人当年更全面的渡江激战。

1985 年 1 月 5 日　阴

遵义县团溪镇

今日住团溪，这是遵义县的一个镇，一个很值得看一看的地方。不仅是因为它离遵义市只有 90 多里，有秀山、有碧水、有平川、有独特的饮食和淳朴的民风，还因为攻打遵义的命令和部队都是从团溪发出的。

一走到团溪，一些老人就主动介绍：那年有骑马的红军，有手枪队，是 5 日（1935 年1 月）晚上到的。第二天早上开拔遵义，一位杨姓老人说：“红军真了不起，那个威风我们都看到了，就是水马和盔甲不让看。”

这话引起了我的回忆，觉得有责任解开隐含在这些老人们心中的疑问。

攻打遵义的红军先头部队是红一军团二师第六团，政委是王集成、团长是朱水秋。王集成在 60 年代任中央军委某兵种总部副政委。从 1966 年至 1969 年底近 4 年间，我在他直接分管部门工作，住在北京西郊一个军事大楼里，上下班都能见到。很快熟了，我就抽他的空或挤他的时间，让他讲述夺取遵义的情况。

他向我谈起，由于刘伯承认为王明（陈绍禹）、博古（秦邦宪）、李德这一套打法不行，所以，第五次反“围剿”失败后，这些“左”倾领导就不让他当红军参谋长了。长征开始不久，让刘伯承到红五军团当参谋长。**黎平会议后，毛泽东的意见得到重视，刘伯承也得到启用，还是担当红军参谋长。夺取遵义实际上是刘帅（伯承）指挥的。**

王集成还说：“那时，我们都很年轻，到了团溪，请老百姓帮我们攻打遵义。一些年轻人说，帮红军打黔军，你们不动员我们也干，只是先让我们看样东西。”

王集成每次说到这里总会自己笑起来，他说：“那时我们除了身上一把枪，一个电话，还有什么可看啊。”原来老百姓要看红军的水马和刀枪不入的盔甲。

王集成说：“我告诉他们，那是黔军守不住乌江，编出来骗王家烈的。可是老百姓不相信，总认为红军是神兵，不然枪林弹雨下，红军几万人用几个竹筏、门板就过了江？我看一时讲不清，就顺口说，等打进遵义再告诉你们吧。”

王集成说：“谁知这么一许愿，大家就不再问了，各人马上作各种准备，担架队、送粮队、向导都来了。7日早上我们拿下遵义，立即准备欢

红军经过的偏僻艰险之路，如今大都变做通途。图为红军突破乌江后，又抢渡的珠藏河上新建的鲤鱼塘大桥。（袁毓才摄）

迎中央首长入城，接下来是换防，去对付国民党正规军对遵义的进犯，就没有再去团溪讲清那些事。”

▲杨成武

“文革”的年代，红与黑任意涂抹，黑与白任人颠倒。1968 年 7 月王集成被打成“死不改悔的走资派”和“叛徒”，已靠边站，后来又加了顶反“林副主席”的帽子，不时遭到批斗。有时，他被造反派押着进出大院去遭批斗时，我还能看见。他是福建人，本来个子就不高，1.65 米左右，100 多斤重，这时的王集成已被折磨得不成人样了。当时，我就想，都说人世沧桑，难道当年为建立共和国的开国元勋，今天都成了叛徒？杨成武、王集成、杨得志等一大批将军在长征路上都是林彪的部属，林彪为什么都要将他们往死里整？我在担心，当年这一批血染湘江、突破乌江、智取遵义等的 20 多岁的战将，没有战死疆场，难道要死在这些小人手里不成？要如此，死者死不瞑目，我等后辈怕也瞑不了目！我中华民族尊老爱幼、敬重开国元勋、永不忘恩的举世公认优良品德难道真要绝尘而去？

1969 年 6 月中旬一天的傍晚，我终于做通了看管王集成的“战友”的工作，在昏暗的灯光中，见到了当年站在第一线指挥夺取遵义的王集成。这天很闷热，我们穿着短袖衫，他却盖着一条夹被。我叫了他几声“政委”，他才吃力地睁开眼。

我刚说了几句要他保重的话，就被他打断了：“你赶快走，这个地方来不得，沾不得我的边。”我知道他为我好，我说：“政委，我来看望你，也是来向你告别的，他们要我马上脱去军装转到地方去。”

从他的眼神里看得出很惊奇，一分多钟后才问：“你不是贫农出身吗？”我告诉他，我也弄不懂，过去说贫农是最革命的，可这次运动中，说我表现不好，站错了队，早就把我划到别类去了。

王集成问我到哪里去，我告诉他，只让我去农村，给了几百元钱，以后靠挣工分吃饭。

我看他病得很重，又看了肩膀上被打得青肿的伤痕。我问：“你为什么不找毛主席说一说呢？”他两眼望着天花板没有回答我。我又说：“找一下刘帅也好啊，他是到团溪找你和刘团长商量打遵义的，怎么今天你成了叛徒了呢？”他还是不出声，只是眼角渗出了泪水。我在用手帮他擦泪时，他叹了口气说：“毛主席是了解我们的，刘帅也自身难保，那几个人，那几个人……”我知道他说的那几个人是指当时在政坛上张牙舞爪，恨不能把世上正直的人们赶尽杀绝的江青、张春桥一伙。但在那个年代，再亲密的人都不会点破的。

他像是安慰我，也像是安慰自己地接着说：“去农村好，当年的革命根据地都在农村，长征路上全靠农民的支持，可惜现在他们连农村都不让我去了。”停了一会，他望着我，自言自语地说：“去农村好，我是去不成了，团溪那个农村去不成了……”

我听懂了他想说什么，立即立正，向他敬了最后一个军礼，并向他保证：“我一定会完成首长的任务。”

他点点头，眼角又渗出了泪水，一字一句地说着：“到了团溪，请告诉老百姓，我们确实没有敌人所说的水马，没有刀枪不入的盔甲，只有一颗不怕艰难、不怕磨难的心。”

1985 年 1 月 6 日　雨

遵义县桑木垭

今早从团溪出发。区委组织干部周通宝昨夜见我用竹竿圆珠笔写东西，出水慢，影响速度，给我买了一支双色圆珠笔。我在上海见过，却没用过，不但书写流利，且有两种颜色，改稿也方便，临行前特意向他致谢。

在向导带领下，经龙坪、深溪等地，走到下午 3 点多，才到遵义县与遵义市交界的桑木垭。50 年前的同一天、同一时刻，天也这么冷，也下着雨，红军智取遵义城之前的关键一仗就是在这里打响的。

桑木垭，顾名思义，是个垭口，只有一条石径小道，两边绝壁。当年敌人在山头的一左一右建有两个碉堡，是一个易守难攻，万夫莫开的天险。把守山口的是黔军配备较好的“九响团”，即枪管可发九枪，这在当时够先进了。刘伯承要求在此全歼守敌。王集成、朱水秋两位团首长决定两路包抄敌人。指战员冒着滂沱大雨完成包抄后，6 日下午 3 点多，轻重武器一齐开火，打得敌人晕头转向，九响枪很快顾不上响了。指战员们冲上山去，杀声震天，敌人抵抗了一阵，不到两个小时，被我红军消灭或当了俘虏的有两个营，还有一个营在敌团长带领下逃跑了。

因为刘伯承昨晚到团溪时给王集成等人讲过：现在中央军追兵在后，我们的枪支弹药奇缺，攻遵义最好多用智慧。所以王集成、朱水秋率部一鼓作气向遵义出发，决定利用俘虏智取遵义。

在这之前，刘伯承已批准王集成等人用智取的方案，并为该团攻城的先头营一营营长曾保堂率领的一、三两连配属了军团侦察连及全团 20 名司号员。

部队夜半急行军到遵义南门城下。曾营长把各种战斗准备作好后，就和侦察参谋唐振芳分别押着被俘军官，让被俘士兵和红军战士装扮成败退下来的黔军。几经周折，巧使计谋，驻守城南门的敌军终于相信城下的部队是从外围据点败退下来的自己人，就把城门打开。曾营长率红军一拥而入，司号员一齐吹响了冲锋号。红军后续部队听到号声，立即向城里冲击。敌人听到这么多冲锋号，就四处逃窜。其实，坐镇遵义的王家烈的副座侯之担知大势已去，便留下侯相儒的第七团和城防司令侯汉佑固守遵义，自己早于 1 月 4 日晚悄悄地带一班随从溜了。侯之担逃到重庆，蒋介石不知是为洗刷自己的无能，还是因侯之担“迭失要隘”，命重庆行营参谋团将侯扣留，准备以军法处置，这是后话了。

1 月 7 日凌晨，遵义城宣告解放。

本来，今天我是可以走进遵义的，听说当年红军的战将杨成武、谢振华、

遵义山区的放牛娃。(罗开富摄)

邓飞、伍修权、童小鹏和本报总编辑安岗，还有我妻子鲁萍都已到了遵义，我也很想早一分钟见到他们，但考虑到我的行进时间必须是50年前的同一时刻，就在城外边写稿边等待。这不是机械的形式主义，是为了对革命前辈的纪念，履行记者的庄重诺言。

1985年1月7日　晴

遵义市

过些天，遵义市要隆重举行遵义会议召开50周年的纪念会，这几天，代表们已陆续赶来了。这里接待能力有限，各个招待所、旅店都住满了人。市里在第二招待所二层里边挤了一小间给我。我感到很奇怪：在我门口不远处一直坐着一位穿蓝色制服的小伙子，英气逼人，却很友善。我也不便多问。

同遵义县的向导告别后，我就和妻子鲁萍去找遵义宾馆，在那里见到了杨成武、伍修权、安岗等领导，那种激动自不必说。我特意感谢了杨将军在百忙中给我送来书。那是1984年11月24日本报记者宋红岗去采访他时，他将自己写的《忆长征》一书，亲自签上名，让小宋转到了长征路上。这书凝聚着红军战士血与火铸成的忠诚，是长征先头部队的忠实记录，对正缺少资料的我，真是雪中送炭。

伍修权曾为李德作过翻译。他的一些回忆文章和谈话我看过不少，我就是从他的回忆文章中认识了李德。

我更感谢总编辑安岗。他已68岁高龄了，只要在北京，不论刮风下雨，还是节假日，他都要去夜班，一天不落，一天也不忘记夜半时分问编辑："罗开富的稿到了没有？"当听到"稿到了，安排在老位置（头版右下）"时，他才放心。

安岗看我瘸着腿，拄着拐棍，左半边脸是肿的，头发老长，又黑又瘦又脏，便问秘书徐斯霖："开富住的地方有洗澡间吗？"小徐告诉他，那是个简陋的地方，不会有，安岗立即吩咐，让我在他住的地方洗澡，然后送我去医院。

俗话说：士为知己者死。可是能碰上知己者的有多少？此刻我觉得自己是世上最幸福的人。我向安岗汇报：市委市政府很关心我，已派了医生在招待所等着我。他才不再说什么，从旅行袋里拿出几种必备的药让我带在身边，还拿出两包果脯给我：“听说你喜欢吃北京果脯，却舍不得买？”我一时不知怎么回答，只是说：“有钱，有钱！”“那位徐老太都对我说了，这两包你先拿去吃，今后我再给你买。”听了安总这句话，我才想起来：那是去年9月，我在离开北京准备长征采访前的一个晚上，本报招待所管登记的徐大妈的桌上放着几粒果脯，她劝我吃。我嚼了一颗，连声说好吃，徐大妈就说：“你们南方人喜欢吃甜的，怎不买点带回去？”我说：“没钱，以后再说。”那时也许是随口说的，却是心里话：为了采访长征路，我必须节省每一分钱。

想不到安岗从工作大事到生活小事都这么关心着记者，大家在这样的总编辑手下工作，能不拼命吗？

1985年1月8日　阴

遵义市

遵义名气大，旧时是因为位于贵州北部，北依大娄山，南临乌江，是由黔入川的咽喉。后来遵义的名字叫响中国，全世界知名，我想原因主要是红军在这里召开了改变中国命运的遵义会议。

今早市里安排我先看市容，他们介绍说，遵义是一个很值得一看的古老的地方。这使我想起沿途各地地名的变化，我抽空读史时发现，进入贵州后，地名的演变比其他地方要多。遵义地名的叫法之多，涵盖宽窄之变就很有代表性。

遵义市在春秋时称鳖国邑，秦朝时改为鳖县。唐朝变为郎州所属，后置播州，紧接着就改为恭水县，高山县，贡山县，邪施县，舍月县，湖江县，罗为县，罗蒙县，遵义县。可见在唐朝第一次出现了遵义县称谓。想不到的是到宋朝却改成了遵义寨。元朝又恢复了唐代初期播州的叫法。明朝先是称播州长官司、播州宣慰司，后改称遵义军民府，后降称为遵义县。清朝提称为遵义府，后也改为遵义县。新中国建立后，现在有三个行政机构，即遵义县和遵义市，还有遵义地区。遵义县委、县政府所在地在南白镇（红军长征时该地称为烂板凳），市和地区机关都在遵义市。

都说中国文化博大精深，政治、军事、经济内容丰富，堪称世界第一，看看这古往今来的地名变迁，就足以领略一二。遵义从春秋一个邑，相当于一个国家，在秦治理中定格为县，唐变它为州，宋降它为寨，这天壤之别的称谓演变里面，不是包含了异常丰富的政、经、军等内容么！风云激荡，世间沧桑可见一斑。

遵义我没有来过，仅从道听途说中形成了自己的印象，今天到遵义市一转，发觉比印象中还要好。

遵义市有老城与新城之分。老城为历代官署和居民住宅区，花园式中西合璧的小楼保存不少，有的院墙显然败落，还有的则风韵犹存。居民区的房屋，黛瓦灰墙居多，不少人家进门有个小院落，虽不大，在 4 至 10 平方米之间，却都栽着花草果木。尽管现在还是寒冬腊月，不少院子里除了梅花，还有红花绿叶，原来是高山杜鹃红或映山红。各家门口都打扫得干干净净。错落有致的大街小巷里很难见到垃圾。都说要提高人的素质，我想，光喊口号没用，关键是要造成一种氛围，而这氛围恐怕得很长时间才能形成。我访问了几户居民，他们说："我们是城里人，多少有点文化，搞个干净是应当的。要是让居委会的老太太上门谈话，教你搞卫生，那就脸上无光了。"

新城建于咸丰八年（1858 年），是商业集中区。与老城隔一条界河，名为湘江。新城的马路相对宽阔，沿街都是商店，主要几条街上的各类商店排列总在 400 到 2000 米长，这在贵州高原的黔北称得上欣欣向荣了。也许受少数民族文化的影响，这里的卖与买讲诚，讲信，讲买卖不成交个朋友。我在几个柜台上都问了商品，服务员百问不烦。问了一大堆，却又不想掏钱买，服务员仍不介意，见我转身时瘸着腿，就立即从柜台出来，扶我跨过门槛，嘴里还热情地说，"大哥，走好，过些天再来看你满意的"。使人觉得：社会发展中融入了淳朴、善良之风，这个

▲纪念遵义战役牺牲的红军烈士纪念碑。（罗开富摄）

社会就给人以厚重，给人以亲切。

往街上一看，行道树有好几层，好几种，错落有致，望不到尽头。行人、车子不算多，却给人以活力、多彩之感。拖拖拉拉走路的青年人很少看到，行人穿着随便却因体形瘦小，大多显得精干精神，就连半个多月来因伤很少直腰的我似乎也受到感染，不自觉地挺了一下腰。

街上的奇特、新鲜还表现在，正值寒冬，却可看到春夏秋冬的穿着：有戴着绒帽穿棉衣的，有穿着厚毛衣却穿塑料凉鞋的，也有穿着长袖衬衣，套着笔挺夏裤，外套一件大衣的。但更多的男女老少都穿春秋装，显得精神抖擞。不少人说脂肪厚能御寒，看来这种说法在这里就不灵。

不论怎么穿，遵义人的穿着都让人看着舒服，甚至很美。这也是因体形好，也许还与古夜郎以来文化积淀的深厚有关；还有一个原因是少数民族的影响，特别是女青年的服装很讲究，简洁的装饰，恰如其分的点缀。看着这些根据形体裁剪、穿着贴身却不故意夸大、显出精致精美却不小气、自信却不自傲的服饰，使人不敢小看高原上的城市：这里人们的穿着处处折射出文化品位，折射出民族特点，折射出包容和汲取先进信息的内涵。

晚上，省委第一书记池必卿等领导请安总和我们夫妇吃饭，他介绍了红军在贵州的情况和党的十一届三中全会以来贵州的变化，对我们帮助很大。

安总决定陪我一道在遵义采访，这使我很兴奋。

1985 年 1 月 9 日　大雪

遵义娄山关

昨天还是初春景象，今早却见窗外大雪飞舞。我一开门，不远处的那位小伙子就过来了，把今天一天的安排告诉了我。

这位小伙子是遵义市公安局的，名叫刘中宝，20 多岁，是市里安排到这个招待所为纪念遵义会议服务的人员之一。他告诉我，领导对他说了，他的主要任务是陪我采访，安排治疗，还有就是陪着我熬夜，帮助发稿。说得两人都会心地笑了。

根据安排，我和爱人鲁萍陪着安岗，于中午登上了娄山关口小山尖，参加当地隆重举行的娄山关红军烈士纪念碑揭幕式。

雪花纷飞，红梅怒放。在缓缓飘洒的雪花中，镌刻在 6 米长的大理石上阴文鎏金的碑文，更显得庄严、肃穆。碑文是国防部长张爱萍手书的"遵义战役牺牲的红军烈士永垂不朽"15个大字。

娄山关，我今天才第一次看到它的险峻：它位于遵义县城北大娄山的峻岭峭峰之中，山，望不到顶；关，已劈开一个大口子，为的是通公路。此关自古险要，不仅有一夫当关，万夫莫开之说，还因为从川南到黔北遵义，倘占了娄山关，遵义城就是囊中之物，所以历来是兵家必争之地。

1935年2月下旬红军在娄山关的辉煌胜利，威震四海。遵义会议后，红军挥师北上，二渡赤水。毛泽东声东击西，出敌不意，回师遵义，红三军团受命攻打娄山关。他们于2月24日奔袭桐梓县城大获全胜后，第二天即向娄山关挺进。行至半山腰，与黔军第六团遭遇。敌人且战且退，抢占了关口东侧制高点，凭险顽抗。我红三军团十三团经过反复冲杀，终于占领了关口。而敌人不甘失败，不断进行猛烈反击，两军对峙，各不相让。

当时的态势是：敌人1个师（含4个团）自遵义赶来已先我占领了娄山关，与我十三团对峙的只1个团，关口纵深处有2个团扼守，敌师部率另一个团驻守在关北约60里处的板桥镇。

当时已是遵义会议之后，经过整编后的红三军团，各师部已撤销，全军团3个师已整编为第十、十一、十二和十三共4个团。主要领导人员是：军团长彭德怀、政委杨尚昆、参谋长邓萍、政治部代主任刘少奇、副参谋长伍修权。

◀西安事变前，李克农（右二）同伍修权（左二）等在陕西保安合影。

面对这险恶的形势，彭德怀命令：十二团接替十三团从正面进攻；十三团、十团从左右两侧包围娄山关；十一团从娄山关左翼远出迂回袭击板桥敌人，并切断其退路。

这一夜，天黑雨大，战斗真是打得血雨腥风、鬼泣神嚎。我红军一鼓作气，虽有伤亡，仍击溃敌人4个团，完全占领了娄山关，揭开了遵义大捷的序幕。这是红军长征以来歼敌最多的一仗，大大地鼓舞了红军上下的士气，将士们更加坚定了必胜的信念。毛泽东为此写下了著名的诗篇《忆秦娥·娄山关》。

1985年1月10日　晴

遵义市

今天的安排是参观。

都说人逢喜事精神爽。这些天，遵义人都在兴高采烈地迎接遵义会议召开50周年，主要街道上，人们正悬挂彩旗，装修门楼。

我在妻子鲁萍的搀扶下，来到了遵义老城的子尹路上，这里有座原黔军第二师师长柏辉章的官邸。1935年1月15日至17日召开的党中央政治局扩大会议（即著名的遵义会议），就是在这座官邸的楼上举行的。我们见到的会址已按原貌整修一新，是灰砖勾白灰砌的建筑，院子很大，足有几百平方米，建有各式花台、石凳、石桌，种着各种花草。参观的人很多。

◀经济日报总编辑安岗（右一）亲自批准并十分关心作者的长征采访，曾先后五次到长征路上去看望作者。这是安岗第二次到长征路上的遵义，带领作者在烈士陵园采访。

遵义的凤凰山红军烈士陵园。

我们走进纪念馆，陪着安岗上了楼，很快看到了中西合璧风格的大间，约有 40 多平方米大。这就是当年举行会议的地方。

据说，参加会议的人员直到不久前才正式核实准确。我想这也属正常，在那烽火连天的征途中开会，岂能如今天般的会前、会中、会后资料齐全。

在会议室里，纪念馆负责人给了我们一份资料和一张名单。

当年参加会议的人员是：

政治局委员：（以姓氏笔画为序）

毛泽东、朱德、陈云、周恩来、洛甫（张闻天）、博古（秦邦宪）。

政治局候补委员：（以姓氏笔画为准）

王稼祥、邓发、刘少奇、凯丰（何克全）。

中央秘书长：邓小平。

红军总部和各军团负责人：

刘伯承、李富春、林彪、聂荣臻、彭德怀、杨尚昆、李卓然。

共产国际派来的军事顾问：李德。

翻译：伍修权。

参加会议的正式成员 20 人。

我怀着崇敬的心情走出纪念馆，又去了老城杨柳街，那里有红军总政治部在遵义的旧址。旧址原是一座天主教堂。旧址内开辟了“遵义会议辅助陈列室”。在展出的 200 来件陈列品中，有几十件是在遵义第一次展出。

其中有出席遵义会议的陈云于长征途中向中央纵队传达遵义会议决定和精神的手稿；有周恩来 1935 年 1 月 13 日通知五军团中央代表刘少奇和政委李卓然于 14 日赶来遵义出席会议的电文等。

我们一行离开红军总政旧址，步出杨柳街，向北走 800 多米，便到了凤凰山，红军烈士陵园就建在山腰。解放前，遵义人民怀着对红军的深厚感情，冒着危险保存下来的 18 位红军烈士的遗骨和骨灰就埋在这里。**陵园里苍松翠柏丛中，矗立着一块新建的烈士纪念碑。邓小平题写的“红军烈士永垂不朽”8 个大字镌刻在碑上。**

这座城里关于红军的史料很多，值得很好学习与研究，虽然这些天不用长途跋涉，但考虑到过了这个村，就没有这家店，为抓住机会，仍必须熬夜才是。

1985 年 1 月 11 日　晴

遵义市

要看要研究的资料很多，我今天又去了遵义红军总政治部旧址陈列馆，想再看一看长征路上出版的《红星报》。

我看到的这一张是 1935 年 1 月 15 日出版的，报头标的是第 68 期，头

◀罗开富在遵义会议纪念馆采访馆领导费侃如（左一）。(刘中宝摄)

▲红军总政治部出版的《红星画报》，上载有加强支部工作和军事、政治、训练的漫画。

版的通栏标题是："立刻在川黔边广大地区转入反攻，消灭蒋介石主力，最后粉碎五次围剿。"下面是一篇题为《用我们的铁拳消灭蒋介石的主力》的社论，还有红军占领桐梓城等报道。

这张《红星报》是4开4版，毛边纸油印的。文章精练，内容丰富，语言生动朴实。在这一期的第三版上，除刊登了军委表彰乌江战役中的英雄名单和《战场上的第四连》《一个模范班长》《追悼张绩之同志》等文章外，还有一篇署名廷梁的记述红军突破乌江的通讯。红军突破乌江，震惊中外，而这篇通讯谈到这次战役取得胜利原因时，只用了战斗动员充分、干部能以身作则、火力能和运动配合等200来个字，开门见山，实事求是，读来感人。我想，要用我们今天的文风来写突破乌江天险这么个大事，不干它个上、中、下，再来个一、二、三，写它个万把字，是绝对不会收场的。

《红星报》是中央苏区在瑞金建立不久就创办的。我从时间上推算，小平同志是于1933年初接手办《红星报》的。为什么这么说呢，时至今日，还找不到确切史料，这是我分析出来的：

毛泽东在中央苏区开始受到冷落并遭排斥后，1933年2月20日，党中央的理论刊物《斗争》上有篇文章，题目是《什么是进攻路线》，发出了批邓的信号弹。为什么要批邓呢？因为批邓是为了批"罗明路线"，最终目标是批毛泽东。

王明指派博古来到瑞金后，第一件事是批"罗明路线"。1931年11月1日至5日，在瑞金叶坪召开了"中央苏区第一次代表大会"，史称"赣南会议"，由当时的任弼时、王稼祥、顾作霖组成的中央代表团主持。会议集中火力批判了所谓"狭隘经验论"、"富农路线"和"极严重的一贯右倾机会主义"等。在这次会议上，毛泽东的红一方面军总政委职务被取消了。后来，经周恩来反复力争，1932年7月29日，恢复了毛泽东红一方面军

▲邓小平

总政委之职。可是好景不长，1932年10月上旬，在江西宁都召开的苏区中央局会议上，毛泽东再次受到猛烈批判，他刚恢复不久的红一方面军总政委的职务再次被撤销。此后，毛泽东害怕疟疾复发，去了福建汀州的福音医院治病。

这时候的罗明是福建省委代理书记，毛泽东找他谈了三次反“围剿”取得胜利的经验和今后怎么干的问题。罗明听了后，立即召开省委会议作了传达，大家一致拥护毛泽东的意见，并照着去干了3个月。罗明于1933年1月下旬向省委写的《对工作的几点意见》中，有“我们最好的领袖毛主席”一句，而“左”倾路线领导人最嫉恨这句话，紧接着就开展了反“罗明路线”的斗争，并撤销了罗明的省委代理书记的职务。

第二件事是批邓、毛、谢、古，实际上是从批判“毛派的头子”邓小平开始的。这时的邓，是会昌、寻乌、安远三县联合的中心县委书记。这4人中的毛，指的是毛泽东的弟弟毛泽覃，这时是永丰、吉水、泰和三县联合的中心县委书记；谢，谢维俊，是江西军区司令员兼独立五师师长；古，古柏，先后任红一方面军总前委秘书长、中央临时政府粮食部长。“左”倾路线的领导者讥讽毛泽东，说：“山沟里没有马列主义。”邓、毛、谢、古却说：“城市里产生了立三路线，我们苏区的山上却全是马列主义。”这使“左”倾领导者大为光火，把他们定为“绝对反党反国际”、是“内部已有政纲的反党派别小组织、小集团”，是“江西的罗明路线”。**从1933年2月下旬开始，在江西也开展了反邓、毛、谢、古的“江西罗明路线”的斗争。总之，“左”倾路线领导人的目的是指向毛泽东，排挤毛泽东，想打掉毛泽东的威望，**只是有碍于毛泽东在中央苏区的影响和威信，只好抓替罪羊开刀。

邓小平先后被撤销了会昌中心县委书记和江西省委宣传部长的职务，下放到乐安县南村当巡视员。这时，贺昌正担任红军总政副主任，他和邓小平一起筹划过广西百色起义，友情很深，就把邓小平要了过来，想让他到总政来当秘书长，以解脱其艰难的困境。不知为什么，后来邓小平去了总政，只在宣传部当了干事，让他主编总政机关报《红星报》。

是报纸，就要有人写文章，撰社论，也得有人编辑、排版，更少不了校对和发行。这一切除了邓小平，加上两个助手，只有3个人。工作的辛苦可想而知，报纸却办得很有特色，深受根据地军民的欢迎。

长征开始后，3个人边行军边出报。他们用2条扁担，挑着4个铁皮箱。箱里装着1台钟灵牌油印机、几盒油墨、几筒奥国蜡纸、钢板、刻字的铁笔和江西祁录山生产的一些毛边纸。他们一直在弹火纷飞的间隙坚持出报，及时分发到各连队，成为长征路上广大红军指战员的重要精神食粮。

红军进入遵义，毛泽东被排斥4年的状况终于得到转变，在中央的核心有了发言权。毛泽东在党内有了地位，邓小平也被中共中央任命为中央秘书长。

遵义会议后，改由陆定一同志主编《红星报》。

1985年1月12日　阴

遵义市

到遵义，不能只看遵义会议纪念馆，其实，离纪念馆一里多的毛泽东在遵义的住处也很值得一看。

▼1985年1月12日，《经济日报》总编辑安岗（右三）和作者（右二）及其妻子鲁萍（右四）、遵义会议纪念馆副馆长费侃如（右一）等人在遵义会议会址门前合影。

我是今天去参观的。这个住处位于新城的古式巷（今名幸福巷）内，原是黔军旅长易少权的私宅。这是一幢二层小洋楼，楼上楼下的四周均有走廊，各扇窗子上装有一般在教堂里可以看到的三角形彩色玻璃，走廊顶壁饰有西洋式的花卉。看到这种中西结合又具高原特点的精巧洋楼，我想了很多：一是黔军官多，师长、旅长一大堆。遵义会议会址是一位师长的私宅，眼前这座是旅长的，听说还有好几处黔军旅长团长的私宅，足见黔军的腐败，巧取豪夺，人民哪有不苦之理；二是房子毕竟是知识分子设计、劳动人民一砖一瓦建造的，看来黔北的这些建筑很有自己的特点。我想起前天参观的遵义会议会址，与这座风格相近却不一样，那是座四周有圆柱、抱厦、拱券和长廊的楼房。城区居民建筑也很考究，至今还不落后，这些很值得研究。

这座楼里当时住着毛泽东、博古（秦邦宪）、张闻天（洛甫）和王稼祥。毛泽东住在楼上左前一间。我看到室内有铜床一张，床头设一茶几，上置手摇电话机一部，红漆九屉桌上放着一盏马灯。人们介绍铜床是原物。王稼祥住在楼上右前室，张闻天住楼下左前室，秦邦宪住楼下右前室。在楼下左前室我停留了很久，因为光辉的《遵义会议决议》（全称是《中央

毛泽东同志在遵义会议期间的住室。（罗开富摄）

反对敌人五次“围剿”的总结决议》）就是张闻天在这间屋里起草的。

毛泽东说过，山沟里出马列主义。别的不说，红军自进入贵州以来的三次（黎平、猴场和遵义）中央政治局（扩大）会议和形成的决议，后来都成为我党珍贵的历史文献，这就是很好的说明。看来，民间常说：山不在高，有仙则灵，个中哲理真是深邃无穷。

▲1938年秋，毛泽东、徐特立同志在延安合影。

1985年1月13日 阴

遵义市

今天上下午都忙于参加一些活动。

中午和本报记者李保国到遵义市西郊农村采访，他是陪同安总来遵义的。晚饭后照例由妻子鲁萍，还有刘中宝陪我去医院治疗。

晚上写完新闻稿后，我就整理这些天来看到的红军重视知识、人才，知识分子尊重红军的材料，其中两件资料印象很深。

一件是昨天在遵义会议纪念馆朱德、康克清卧室里见到的一幅红军标语，上写“保卫书籍，不要乱拿”。我想，为什么不用“爱护”而用“保卫”呢？遵义会议会址纪念馆副馆长费侃如为我解开了谜：

红军中德高望重的徐特立，长征时已58岁。长征前，徐特立在中央苏区中央工农民主政府教育人民委员会工作，任副部长。长征中，在红军休养连当政治教员。进遵义后，他十分关心当地的文化教育和知识分子，先后打听和拜访了遵义教育界名人赵乃康、朱穆伯、李筱全、朱季瑜等。

有一天，徐特立从赵乃康家出来，又去拜访书法家王百珊。他一进门，就见堂屋里四壁通红，火光闪亮，几个年轻的红军战士抱着几大捆书，正用来烧火取暖。徐老很生气，赶紧从火中抢出几本书问：“怎么能把书烧了？”战士们指着身旁的旧书说，留这些老古董有啥用！徐老说：

▲刘伯承

"怎么没有用哇！书本很重要啊，很多东西都是书本告诉我们的。比如，我们没到过贵州，但是晓得有条乌江，那就是书上告诉我们的。书上还告诉我们乌江是个什么样子，我们才能早作渡江准备。前些天，我们不就突破乌江到了遵义吗？"战士们心服口服，再不烧书了。事后徐特立来到红军总政治部，建议今后写标语时，加上"保卫书籍"这一条。总政采纳了他的意见。我见到的这条标语就是 1935 年 2 月下旬，红军二渡赤水重占遵义时留下的。

第二件是一个故事：我在昨晚 10 点左右，登门访问了遵义的居民李仲猷。他父亲名叫李焕亭，是位中医，当时在遵义近郊八里乡街上开了个小药铺。红军到遵义后，有 6 位红军住在他家。其中有一位红军医生很喜欢和他交流医疗经验。焕亭老人送给红军 3 本医书：一本是草药书，两本是中医书。红军医生向焕亭老人回赠了一本红军军医学校的内科学教材。

1955 年，焕亭老人在药柜中找到了这本教材，准备把它献给国家。有一天，李仲猷把这本书的来历告诉了一位搞党史的工作人员，但是未引起重视，焕亭老人知道后很伤心。老人对红军感情很深，常和家里人谈红军。为纪念红军长征，他为孙儿取名李念长（意为纪念红军长征）。他再三叮嘱李仲猷有机会出差时，把书带到北京，献给革命博物馆。1970 年

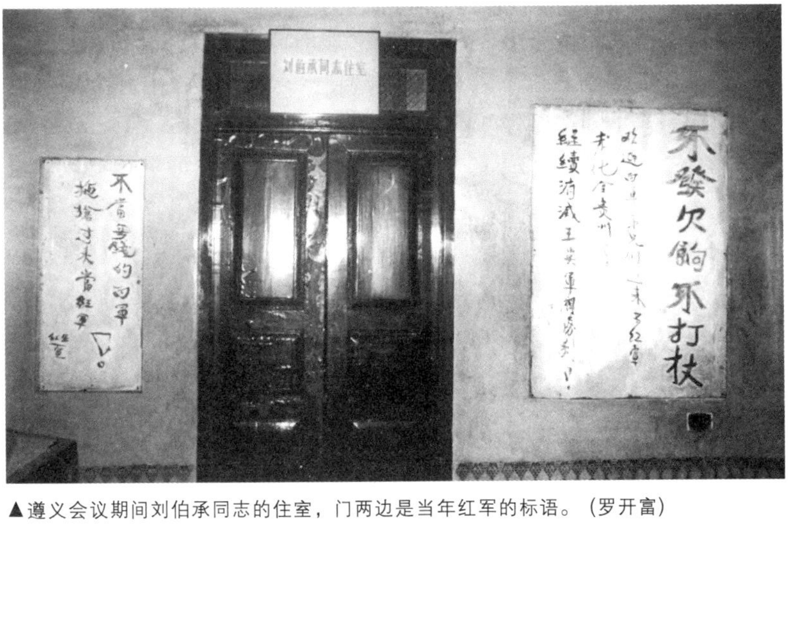

▲遵义会议期间刘伯承同志的住室，门两边是当年红军的标语。（罗开富）

▶井冈山风光
（罗开富摄）

焕亭老人去世前，还向儿子提起这件事。

李仲猷一直没有机会去北京，在纪念遵义会议召开50周年的前些天，把书捐献给了纪念馆。

今日下午我又一次去了纪念馆，特意记下了李仲猷在献出的红军医书扉页上写的话："现在进入了建设四化、振兴中华、万户千家笑语欢的火红年代，为了缅怀革命先辈创业艰辛，齐奔四化，值此遵义会议50周年纪念之际，特将这本红军遗留下来的医书献给纪念馆，以教育后人，并了却我父亲生前的心愿。"

1985年1月14日　阴

遵义市

夜里，天上飘着细雨。一看表，已是15日凌晨1点多了，也就是说，从半个世纪前这个时刻算起，再过七八个小时，遵义会议就要召开了。

遵义会议的伟大意义，各种文件、书刊报纸、电影戏剧等已宣传得不少。这些天我在访问参加纪念会的伍修权、杨成武等老红军中，联想到在

▲李立三

中央苏区的采访及沿途的学习和观察，我觉得有几个问题值得记上一笔，那就是：**为什么直到这个时候才来总结五次反“围剿”的经验教训？为什么到遵义来开会？**

1927年9月，毛泽东领导了湘赣边秋收起义，然后向井冈山进军，建立了第一块农村革命根据地，创建了第一支工农红军。从1927年秋到1929年底，全国武装起义100多次，建立了一批革命根据地，到1930年，红军已发展到10万人。

1930年6月开始，李立三“左”倾冒险主义在党中央占了统治地位，使红军和根据地遭到重大损失。当年9月，党中央纠正了李立三“左”倾冒险主义，这就为各根据地军民取得反“围剿”的胜利创造了决定性的条件。

从1930年底到1931年2月，蒋介石在帝国主义支持下，连续向以瑞金为中心的中央苏区进行了三次反革命“围剿”。苏区军民在毛泽东、朱德领导下，把敌人的三次围剿都粉碎了。

正当中央苏区形势很好的时候，在莫斯科学习过、时值24岁的王明在1931年初上了台。6月22日中央总书记向忠发被捕，王明就进一步控制了中共中央。

当时的中共中央机关在上海，瑞金这地方只是中央苏区，即众多根据地之一。**王明上台后，急欲想控制一切。见到中央苏区三次反“围剿”，三次胜利，名声大振，毛泽东威望空前提高，王明于是开始想拉拢毛泽东，为自己的路线服务。但他很快发觉，毛泽东有一整套自己的思想理论，不是能拉得过来的人。**

拉不过来就打。1931年8月30日，王明在上海以中共中央名义发出1万多字的《给苏区中央局并红军总前委的指示信》，对毛泽东为首的苏区中央局进行了批评，认为“苏区同志对于立三路线的错误，尤其是国际路线的正确，还缺乏全部的深刻的了解”。王明在动身去莫斯科前，又发来了3个电报，总的精神是批评毛泽东在“苏区严重的错误是缺乏鲜明的阶级路线与充分的群众工作”。

1931年11月7日，王明到了莫斯科，出任中国共产党驻共产国际代

表团团长。这位团长通过无线电联系，遥控着上海以博古为总负责的中共中央，这位总负责再以中共中央名义向瑞金发出各种指示。

按照王明指令，“中共中央代表团”召开赣南根据地第一次党代表大会，批判了毛泽东的“错误”。11月25日，中华苏维埃共和国中央革命军事委员会宣告成立。宣布取消原红一方面军总司令、总政委名称及其组织。也就是说，毛泽东一直担任的红一方面军总政委职务被取消了，此后，让毛泽东专做政府工作。

1933年初，中共临时中央从上海迁入瑞金。在上海，另行成立中共中央上海局，由康生负责。

26岁的博古（秦邦宪）到了瑞金，自然成了中央苏区的最高首长。所以从1933年6月起，“中央苏区中央局”字样消失了，周恩来的中央苏区中央局书记的职务消失了，中共中央代表团同样失去了存在的意义，任弼时也就被调离瑞金。

王明一伙在搞自己的一套，蒋介石却没有睡觉，1933年2月发动了第四次“围剿”。幸好这时“左”倾路线在中央苏区尚未得到全面贯彻，苏区军民在周恩来、朱德领导下，灵活运用毛泽东的战略战术指挥作战，激战1个月，歼敌3个师，俘敌万余人，胜利粉碎了“围剿”。

粉碎敌人第四次围剿后不久的1933年10月，共产国际派驻中国的军事顾问李德（又名华夫，真名奥托·布劳恩），从上海进入中央苏区。实际上，在1932年秋天，博古在上海工作时就认识了李德。从此两人一手遮天，独断专行，导致第五次反“围剿”失败，使红军和根据地陷入绝境。接着就是“转移”、“远征”。

“什么转移、远征，说得好听！那是打败了，逃跑！”写到这里，我又想起了当年一直跟随周恩来走完二万五千里长征的顾玉平，去年10月13日在瑞金向我

▲亲临南昌指挥“围剿”的蒋介石。

谈起王明一伙丢了中央根据地时的气愤和不满。

整整4年：从1931年1月，在党的六届四中全会上，王明“左”倾路线取得领导地位，到1935年1月召开遵义会议，根据地已百分之百丢光，党中央也找不到地方落脚了。

现实使绝大多数红军指战员认清了一条路：王明这条“左”倾冒险主义路线该清算了，毛泽东应该回到党和军事的指挥位置上来。

我曾想过，那么多人开始怎么就相信王明呢？通过读史、研究，再在长征路上边走边体会，我明白了一个道理：一个人或一个党要走向成熟，光有顺利的经验还是不够的，还必须有挫折和教训。只有经历了挫折，大家才会最后明辨是非。何况，那时王明、博古都是以中共中央名义下达指示，你下级敢不听？

从惊慌失措离开中央苏区，血染湘江，人员损失折半到突破乌江，以后再往哪里去？迫切需要总结和作决定了。所以说在遵义召开会议，已是水到渠成的事了。

1985年1月15日　阴
遵义市

西部的城市醒得晚，除了时差关系，还有个起居习惯问题。而这些天的早上大有反常，大家都在张罗着庆祝活动。尤其是今早，天刚蒙蒙亮，

▼遵义市的湘江，左面山上就是红三军团参谋长邓萍牺牲之地。(罗开富摄)

就有不少人开始爬凤凰山了。

凤凰山位于遵义市区中部，由小龙山、金狮山等20多个山峰组成，连绵起伏，形如凤翥，气势磅礴。清代诗人徐渊曾用“凤山环郭势奇巍，倚仗谯边对落晖”的诗句来描写，很有点传神。

人们早起，是为了参加今天上午10点遵义市在这里举行的红军烈士纪念碑揭幕仪式。我跟着安岗于9点多爬上了半山腰，老远就看到万绿丛中矗立着一块纪念碑。走近一看，30米高的纪念碑上镌刻着邓小平的题词：“红军烈士永垂不朽”。

我们顺着墓碑往前走，见到一块坐北朝南的墓地，上边绿草茵茵，四周松柏挺拔。墓地上有一块墓碑，刻着“邓萍同志之墓”6个大字，还刻有国防部长张爱萍于1979年10月拟定的墓志铭。上书：“邓萍同志，四川富顺人。第一次大革命时期加入中国共产党。黄埔军官学校毕业生。1927年，同黄公略同志一起，由党派到国民党第三十五军第一师第一团作兵运工作。该军第一团于1928年平江起义改编为工农红军，邓萍同志历任红五军参谋长、红三军团随营学校校长、红五军军长、红三军团参谋长等职，于1935年2月，红军第二次攻占遵义城战斗中光荣牺牲。”

邓萍是红三军团参谋长，张爱萍是红三军团11团政委。1935年2月27日，为了第二次攻占遵义老城，张爱萍和团参谋长兰国清冒着敌人的枪弹，正隐蔽在一个小土墩的草丛中，各自用望远镜观察敌情。不一会儿，军团参谋长邓萍也匍匐着来到他们身边，卧在他俩的中间，一边用望远镜观察老城墙上敌人的情况，一边对他们说：“你们钳制住守城之敌，待军团主力到达后，今夜发起总攻，……明天增援遵义的敌人薛岳部就可能赶到……”突然，他的话停了，一头栽倒在张爱萍的右臂上。他不幸中弹，没有来得及说完要说的话，就牺牲了，时年27岁。

邓萍作战英勇顽强，指挥沉着果断，是彭大将军的得力助手。据张爱萍事后说，他在电话里刚向彭德怀报告几句，彭德怀就在电话中吼了起来：“你们这些不怕死的统统给我死了算了。”张爱萍当然理解首长的悲痛心情，邓萍是首长的战友，是红军的栋梁之材。爱之越切，责之越深啊！自长征以来，彭德怀多次告诫各级指挥员：要深入，要了解情况，但不要总往前跑，要注意安全，减少牺牲。

翠柏苍松，人流如潮。安岗要我注意人们的表情和表现。我很佩服遵义人的文明和对烈士们的敬仰：那么多人，没有人在近2平方公里的陵园里吃零食、大声喧哗和追逐嬉笑的。在陵墓前，一批又一批的少先队员在敬队礼，一批又一批的青年人在读着墓志铭，有的还在摘抄。不少老人噙着泪花在向烈士们鞠躬……大家的心情是沉重的：在那一切为了革命胜利的年代，许多革命者往往来不及说完一句话，来不及看一眼战友，来不及再看一下一草一木，更来不及给自己的亲人留下任何嘱托，就和我们永别了！

我们应当永远记住他们！是他们用热血浇灌了人民共和国的大厦，用忠诚铸造了中华民族的辉煌。

1985年1月16日　阴
遵义市

长途采访，而且是在不通公路的偏僻山区边走路边采访，这与在城市及交通便利的地区采访相比虽然说不上天壤之别，但遇到的困难是难于想象的。特别是看不到报纸，通不了电话，长时间消息闭塞，这是采访中最大的苦恼。

这些天，我一有点空，就翻阅妻子鲁萍带来的一大堆报纸。读着，如饥似渴。读完，真有点洞中方一日，世上已千年的感觉。虽然是几十天前的报纸，对我却很新鲜。我了解到不少国内外的大事，心里觉得明亮多了，说话、做事、写稿就有了底。

我妻子是个细心人，她给我带来了3个多月来的全套《经济日报》，还把报上登载的中央有关部门和老红军支持我采访的通知、谈话等剪辑成册，使我很是感动。今夜我读到的消息如下：

> **中国人民保险公司决定，从今年（1984年）11月26日开始，为正在沿红军长征路线徒步采访的经济日报记者罗开富办理人身意外伤害保险，保额为人民币一万元。**这家公司的负责同志说："罗开富同志迈开双脚，发扬红军革命精神，不畏艰难，长途跋涉、进行采访报道，这将激励我们加快保险事业的发展。"据悉，中国人民保险公司已通知罗开富同志沿途经过的各地保险分支机构，密切与有关部门配合，积极为他的健康和安全在物资上提供

保障，并为他的采访工作和生活提供便利。

载《经济日报》1984年11月27日头版

中国农业银行于28日发出通知，要求罗开富同志将要经过的湖南、广西、四川、贵州、云南、甘肃、宁夏、陕西等省、自治区的有关县份的农业银行支行，为罗开富采访工作和生活需要提供便利。

罗开富在沿途可按特殊规定手续，随时到各县支行预借所需费用。

载《经济日报》1984年11月29日头版

1984年12月18日，邮电部电信总局向有关省、市、自治区及其所在邮电部门发出公电，要求为沿长征路线徒步采访的本报记者罗开富提供电讯特别服务。该记者挂发电话、电报，有关局要及时受理，迅速接续、传递，保证质量；北京局要及时投送。采访报道，可凭本人记者证按新闻电交发；有关费用，可作为特例，将账单寄经济日报社，由该报汇付。

载《经济日报》1984年12月19日头版

从这些剪报中我了解到，自我长征采访以来，红军前辈都在关心我，编辑部的许多同事也在为我操心。肖华将军1984年11月19日在北京向本报记者李洪波、庹震发表谈话：希望罗开富广开视野，发扬红军光荣传统，采写中华腾飞新篇章，遥祝徒步采访长征路成功。这以后，在报上发表谈话，给我提出写作希望，关心安全，叮嘱注意事项，并要求沿途给予大力支持，鼓励我走下去写下去的有很多红军老前辈，现以时间先后摘录如下：

11月20日，全国人大常委会副委员长耿飚向本报记者汪洋、庹震发表谈话："……罗开富沿二万五千里长征路线徒步采访，是一壮举。请代我给罗开富捎个好。""当时红军处于极其艰难的境地，能够取胜，除了党中央毛主席的英明指挥，一个重要原因就是得到了人民群众的大力支持。……我们要永远记着他们，请代我向他们表示感谢和慰问。希望罗开富多多报道他们的成就，多多反映他们的要求。"**在给罗开富的题词里，他热情地写**

道：“祝罗开富同志继续完成你的光辉事业，并希望对红军长征途中的群众表示感谢和慰问。”

载《日经济日报》1984 年 11 月 21

11 月 24 日，中央军委副主席聂荣臻对本报记者发表谈话：“……这确实是一次很有意义的行动，应当得到鼓励和支持。红军的万里长征，虽然是50年前的事，但长征的精神永存，如同一座灯塔，永远照耀着我们前进的道路。**多少年来，我们一直在继承和发扬红军长征的光荣传统，从中吸取智慧和力量。今天，我们进行‘四化’建设，是一次新长征，所以我们要大力宣传红军长征的伟大精神，团结、鼓舞全国人民为‘四化’奋斗。”**报道说：**聂荣臻请本报转达他对罗开富的感谢。**他说，我希望记者多报道长征途中的新人新事，反映老区人民如何继承革命传统，战天斗地，改革创新，开创社会主义建设新局面的精神风貌。

载《经济日报》1984 年 11 月 26 日

11 月 22 日，中国人民解放军副总参谋长何正文向本报记者汪洋、庹震发表谈话说：“50年前，红军坚决服从党中央、毛主席的正确领导，战胜了‘左’‘右’倾机会主义路线的干扰和国民党反动派的围剿，使长征取得了历史性的辉煌胜利；今天，我们进行‘四化’建设的新长征，实行经济体制改革，只要坚决执行党中央的正确方针、政策，伟大的事业一定能成功。**罗开富通过这次徒步采访，写出老区的变化和人物风貌，反映出人民呼声和要求，将增强人们建设四化的勇气和力量，给人们以新的启发，很有现实意义。”**“他听说罗开富快要走完江西、广东、湖南三省的长征路程，非常高兴，欣然命笔，题诗一首赠给罗开富：

发扬长征精神，勇往向前迈进；
完成考察使命，业绩献给人民。”

载《经济日报》1984 年 11 月 27 日

11 月 24 日，全国政协副主席杨成武向本报记者宋红岗发表谈话后“把他写的《忆长征》赠给正在长征路上采访的记者罗开富。

老将军说：'这本《忆长征》是我在1981年写的，罗开富可以看看，对他沿途的采访会有些帮助的'。" "杨成武还告诉记者，1982年一位美国记者曾沿着长征路线采访，他只走了全程的一部分。今年索尔兹伯里夫妇乘车沿长征路线采访了2个月，杨成武曾接待了他们，他们说要写一本世界上最好的书，写中国红军的二万五千里长征。最近，作家魏巍也乘车沿长征路线走过。看来，徒步走全程的记者，罗开富还是第一个，这种精神很可贵。

载《经济日报》1984年11月28日

▲四名红军女战士，右起：陈宗英、蔡畅、夏明、刘英。

1984年11月30日本报记者庹震、汪洋报道："本报记者罗开富11月14日关于徐解秀老婆婆想念三位女红军的报道刊出后，当年参加长征的红军女战士、全国政协委员谢飞追忆往昔，激动不已。她对记者说：'悠悠五十载，沧海变桑田。可对那些在革命最艰难的时候帮助过红军的父老乡亲们，我们永远不会忘记。请罗开富同志捎句话；我们也想念大爷、大娘、大哥、大嫂们！'谢飞告诉记者，当年红一方面军参加长征的女战士共30名，至今还健在的有15名，她们是：邓颖超、蔡畅、康克清、刘英、李坚真、钱希钧、李伯钊、廖似光、钟月林、危秀英、邓六金、李桂英、谢小梅，王泉媛和谢飞。这些经过挑选参加长征的女战士，当时年长的是34岁的蔡大姐，30岁的邓大姐，最小的是钟月林、刘彩香（已故），只有19岁。""没有沿途群众的支持，无法想象红军如何能到达陕北。……他要罗开富转达15位现存的红军女战士对父老兄妹们的怀念之情，感激之情。并表示，她要和战友们联系，想办法找到徐解秀婆婆想要找的那3位女红军。"

载《经济日报》1984年11月30日

12 月 10 日，本报记者郭晓报道：“哦，记者罗开富沿红军长征路线徒步采访。”听了我们的介绍，肖克同志戴上眼镜，翻着我们带去的《经济日报》，一边念，一边情不自禁地点头。罗开富在长征路上发回的报道，把老将军的心又带回了战火纷飞的第二次国内革命战争年代，带到了万水千山的征途。红军长征时，肖克是红军六军团军团长。红六军团于 1934 年 8日从湘赣苏区出发长征。肖克说：“中央红军迟我们 2 个月出发，但到达陕北比我们早。我们是在他们到陕北后才从湘江北上，于次年到达陕北会师的。”肖克接着说，搞革命还有一条最关键，那就是要有正确的路线。遵义会议后，路线正确了，长征就取得了伟大胜利，经济建设也是这样。党的十一届三中全会以来，路线正确了，国民经济很快就恢复发展起来了。肖克现在担任国防部副部长，中国人民解放军军事学院院长。他说，记者罗开富沿长征路线徒步采访，是很有意义的。说着。他欣然命笔，书写了“重步长征路，激励新长征”的题诗，让我们转赠罗开富。

载《经济日报》1984 年 12 月 10 日

12 月 12 日本报记者卞毓方、郝北上报道：老红军、总参测绘局顾问朱镇中看到报上刊有广西老区人民当年舍生忘死救护他的消息，激动地说：“我忘不了救我生命的粟铁匠一家！忘不了生我养我的老区人民！”朱镇中说，报纸上的报道是实情，当年粟铁匠一家是冒着杀头的危险救我的。他们为了让我早日恢复健康，卖了东西买粮，粟铁匠的老母亲自己吃野菜却要我吃大米……在我离开他们的时候，铁匠含着泪说：“伢子，一路上小心，胜利了有机会来看看……”朱镇中说，粟铁匠一家救我图的是什么？图的就是胜利，解放。老区人民用自己的生命和血汗养育了我们，养育了革命，我们应该永远记住他们为中国革命做出的贡献！

载《经济日报》1984 年 12 月 12 日

12 月 24 日，中央军委常务副主席杨尚昆向本报记者郭晓发表谈话说：“1984 年是中国工农红军出发长征 50 周年。为纪念

长征 50 周年，经济日报派记者沿长征路线徒步采访，这件事很有意义。”尚昆同志问：“他现在走到哪里了？”记者回答说：“进入贵州了。”杨尚昆同志听了很高兴。他说，贵州有不少老红军，可以采访他们，收集长征的资料。这是非常宝贵的。现在活着的老红军不多了，贵州可能还多一些。“文化大革命”前，我同邓小平同志去过贵州、也到了遵义，娄山关。打娄山关时的营长、连长，现在可能都不在了，资料没有收集保存下来，很可惜。红军长征的资料，原来收集得不够，保存的不多，在“文化大革命”中又破坏了不少，只好现在重新再收集。你们派记者去采访，这很好。杨尚昆说：“苏联作家绥拉菲莫维奈写了一部《铁流》，在世界上有影响。我对几个搞文学的同志说了，长征是更伟大的‘铁流’，**写长征很有意义。国际上有头脑的人，都认识到了这一点。……罗开富同志一路上边走边采访，叙述当前长征的情况，反映人民的意愿，这很好嘛，将来可以出一本书。”**杨尚昆说，报纸的报道，既要报喜，也要报忧。一定要善于分辨真伪，更要防止失实。

载《经济日报》1985 年 1 月 1 日

……

我读着读着，心潮起伏，这些开国元勋们，有国家主席，有全国政协主席，更多的是正在军队里担任要职，他们心里仍记挂着沿途父老乡亲：半个世纪过去了，人民没有忘记红军，红军也没有忘记人民。

我暗下决心：请首长们放心，我一定向你们学习，排除千难万险，坚决完成任务。

1985 年 1 月 17 日　阴

遵义市

上午 10 点，遵义市党政军领导和各族各界群众隆重集会，纪念遵义会议胜利召开 50 周年。杨成武、伍修权、谢振华、童小鹏等 8 位老红军和贵州省委第一书记池必卿、省委书记朱厚泽、苏钢和徐健生、张玉环、苗春亭以及我报的总编辑安岗都参加了会议并在主席台就座。

▲毛泽东(1936年斯诺摄于陕北)

本来，我作为一名记者，在主席台侧面和杨成武的夫人赵志珍坐在一起就是够受重视的了，想不到会议开始前，杨成武等老红军就在找我，要我坐到他们身边去，我回避了。会议开始后，他们还是把我找到了，拉我坐在他们身边。我虽然感到自豪，但怎么也不自然，主要是觉得不敢当，因为根本够不上资格。就说杨成武，长征路上虽然只有21岁，却一直是红一军团、有不少时间还是整个中央红军先遣团的政委，可谓名震中外。他60年代中担任中国人民解放军代总参谋长，“文革”中因与林彪一伙斗争，被诬陷入狱7年，直到党的十一届三中全会召开才得以平反。“文革”之乱，误党误国误军，待恢复名誉后，老红军们年纪都大了。杨成武现担任全国政协副主席。

我在老红军身边坐了几分钟，便重又回到自己的位置上。

鲁迅说过，时间就像海绵里的水，想挤总是可以挤出来的。在遵义这段日子，我挤时间拜访老红军和遵义党史办、纪念馆的同志，了解我许多不明白的问题。今天会后，在主席台，我又一次找到了伍修权等老首长，进一步核实召开遵义会议究竟是谁先提出来，李德和博古怎么会同意召开等问题。

▲王稼祥

综合各种史料和我的采访，我进一步弄明白一些史实：从赣南会议、宁都会议后，中央的领导权一直掌握在以王明为首的“左”倾领导者手里。他们自以为是，听不进一点不同意见，直到第五次反“围剿”失败、湘江战役损失惨重，仍不醒悟。过了湘江，毛泽东与王稼祥、张闻天经常一道行军，交流意见。他们和广大指战员一样，都认为这样下去不行。大家想起在毛泽东指挥下总是打胜仗的情景，认为应当把错误领导拉下马。这为遵义会议召开奠定了思想基础。但博古、李德当然不这样想，更不想开什么会，去作什么检查和总结，他们一直以为自己代表着百分之百的布尔什维克，只想按原来的计划去湘西和红二、六军团会合。

▲周恩来

从我访问老红军了解的情况和目前我见到的红军一些回忆录来看，**大家都认为是王稼祥最早提出了在遵义召开中央政治局扩大会的建议。伍修权说，是王稼祥向毛泽东提出来的。王稼祥认为，应该撤换博古和李德，改由毛泽东来领导。**他又找了张闻天，其实张闻天也早在考虑这些问题。接着王稼祥又找了周恩来、朱德和其他一些领导。周恩来、朱德两人历来尊重毛泽东，因而都毫不犹豫地支持了王稼祥的意见。在毛泽东、王稼祥做了大量工作，召开遵义会议的条件已经成熟后，王稼祥、张闻天就通知博古，要他准备在会议上作关于第五次反“围剿”的总结报告。

博古、李德不想开这个剥夺自己领导权的会，这是情理之中的事，但他们无可奈何。从现代史料编刊社1980年12月出版的奥托·布劳恩（李德）所著的《中国记事》中可以看出当时的情况。奥托·布劳恩写道：中央红军在遵义休整时，毛泽东“利用这次休整时间，强迫中央委员会政治局召开所谓的扩大会议”，“强迫”召开，这当然是捏造。因为长征开始前，在瑞金沙洲坝的中央大礼堂举行的中共六届五中全会上，选举了中共中央政治局委员13人，毛泽东排在最后一名。当时毛泽东以这样的位置，而且长征路上还没有兵权，怎么可能强迫政治局开会呢！这显然是不符合情理，也不符合历史事实。

▲洛甫（张闻天）

但是从另外一个侧面却证明了毛泽东是位杰出人物，也证明了他的战友们的正直、正派、以党的利益为重的优秀品质，要不是政治局大多数成员坚持，这个会是不可能开起来的。

1985 年 1 月 18 日　阴

遵义市

今天参加了两个座谈会。

安岗抽时间对我的走路、采访、治疗、安全提出了不少好的意见。他在认真听取了我对下一段采访计划的汇报，听取了医生关于我身体已经很弱和伤病治疗的意见后，就和遵义市市长李兴久商量，最后决定由刘中宝陪我走出贵州。他的主要任务是做好县与县之间交接联系和医疗安排等，免得交接一次说一次，等上一个县刚弄明白了又交给了下一个县。这样可以省去我好多时间，也有利于疗伤治病。对于安总的理解、关心，对于李市长的真诚支持、帮助，我和妻子从内心里感激。

夜里写完稿后，我继续学习和研究遵义会议的许多文件，因为明天我要离开遵义市，手头的这些珍贵资料，有不少都要归还有关部门了。

遵义会议的文件很多，见诸公开发行报刊上的也已不少。我今晚重点是结合采访老红军了解到的情况，再读史料，了解研究遵义会议的更多情况。到现在为止，我的研究收获是：

遵义会议没有规定座次，都是随便找个凳子坐下就完了。会议室很狭小，中间一张条桌旁，围着木椅、藤椅，靠墙边则是些长凳子。给人印象

▼这是遵义地委领导(右二)、遵义市长李兴久(右一)陪同作者边走边采访了两天。

最深的是两个人坐的地方：一个是博古，坐在长条桌的中间，会议开始时是他主持的；另一个是李德，他当时的处境很尴尬，就没有往里坐，只是随便坐在会议室的门口。

中央的同志白天要处理战事和日常事务，一般都是晚饭后开会，一直开到深夜。**会议开始时，首先由博古作了总结第五次反“围剿”的主报告，他对军事错误作了一定的检讨，但主要是强调客观困难，归之于帝国主义、国民党反动派力量的强大等。接着，周恩来就军事问题作了副报告。**

第三个发言的是张闻天，按照会前与毛泽东、王稼祥共同商量的意见，做了反对“左”倾军事错误的报告。

紧接着是毛泽东发言，讲了一个多小时，是会上最重要的发言，实际上是确定了会议的主旨和基调。他指出，博古、李德在军事上犯了进攻中的冒险主义，防御中的保守主义和转移中的逃跑主义三大错误，主张首先要解决当前存在的军事领导上的错误。我写到这里，不禁沉思良久：从我了解的史料和许多老红军谈话中，我发现这是4年来，毛泽东在会上发言时，第一次没有被人打断或遭到批评。

毛泽东发言后，王稼祥发言，坚决支持毛泽东的意见，严厉地批评了博古、李德在军事上的错误领导，提出应由毛泽东来领导和指挥红军。

周恩来、朱德、刘少奇、陈云、刘伯承、李富春、彭德怀、聂荣臻、李卓然等都纷纷发言，不同意博古的总结报告，赞同毛泽东、张闻天、王稼祥的意见，主张解除博古和李德的职务。

林彪在发言中也支持毛泽东，主张解除博古、李德的职务。

李德的处境很狼狈，一直坐在门口。别人发言时，伍修权给他翻译，李德闷着头，边听边抽烟。会上，李德也发了言。主要是为自己及王明军事上“左”倾教条主义错误辩护，不承认自己的错误，把责任推给客观原因和临时中央身上。

我看到一些材料和文章上讲，李德在会上发了脾气，把火盆都踢翻了，有的还说，把桌子也推翻了。为此，伍修权说：“我没有见到。”我想，李德从1932年来到上海开始，尽管他在主观上也想帮助中国搞好革命，做了一些有益工作，但他所推行的“左”倾教条主义的军事理论和战略战术，毕竟使第五次反“围剿”失败了，中央苏区丢了。直到遵义，中国共产党中央还没有固定的落脚的地方。他给中国工农红军造成如此大的损失，必

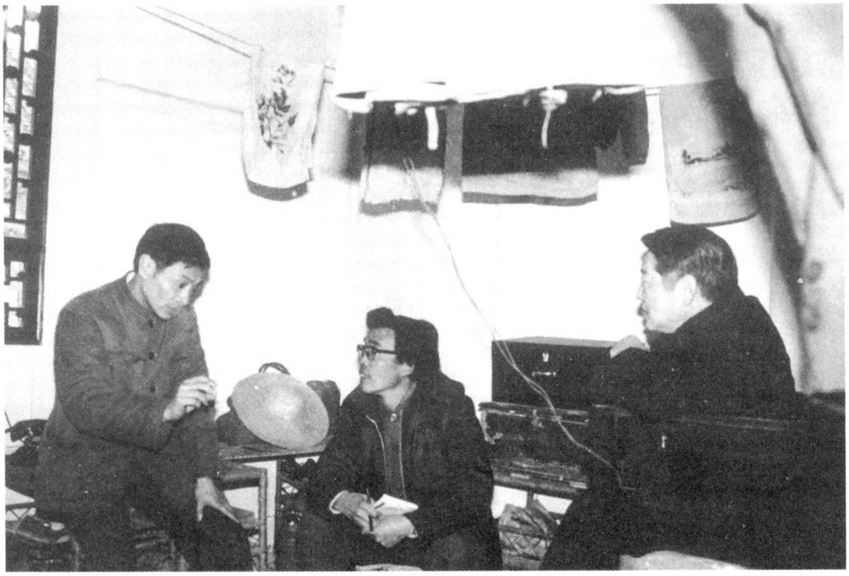

▲经济日报总编辑安岗(右)陪同作者在遵义地区采访。

然在会上处境孤立，发言肯定是气不壮理不直，也不可能再去踢火盆，推桌子了。不过他仍然认识不到错误，十分顽固。1939 年，我党送李德返回苏联，回到共产国际。30 多年后，他还在为自己在遵义会议上失去了“太上皇”的地位讲怪话发牢骚。他在现代史料编刊社于 1980 年出版的《中国记事》一书中，还在说：“在遵义，人们根本就不把我看成是共产国际执行委员会的代表。”

据现在了解到的情况，会议所有的参加者中，只有凯丰（何克全）完全支持博古（秦邦宪）和李德，不同意解除他们的职务，声称这件大事只能由共产国际决定，也就是说要由王明决定，这时王明是中国共产党驻共产国际代表团团长。当时李维汉是地方工作部部长，没有进遵义城，因而没有参加遵义会议。凯丰是副部长，中央政治局候补委员，他武断地问毛泽东：“你懂得什么马列主义？你顶多是看了些《孙子兵法》!”毛泽东就问他：“你读过《孙子兵法》没有？你知道《孙子兵法》有几章？”凯丰的发言在众人的指责声中收场。

会议开到最后，周恩来建议停止目前由博古、李德和他本人组成的“三人团”工作。这个建议得到一致通过，但没有表决。

根据陈云同志的传达提纲，会议作了以下几条组织问题的决定：

（一）毛泽东同志选为常委。

（二）指定洛甫（张闻天）同志起草决议，委托常委审查后，发到支部中去讨论。

（三）常委中再进行适当的分工。

（四）取消“三人团”，仍由最高军事首长朱周（朱德、周恩来）为军事指挥者，而恩来同志是党内委托的对于指挥军事上下最后决定的负责者。

关于毛泽东的安排，提纲是这样写的：“扩大会完毕后常委即分工，以泽东同志为恩来同志的军事指挥上的帮助者。”

关于党中央的总负责人，红军在离开遵义时，还是博古。2 月上旬才由洛甫（张闻天）接任。

1985 年 1 月 19 日　晴

遵义县泗渡

遵义会议结束后的第二天，即 1935 年 1 月 19 日，红军开始离开遵义市区向北行军。军委纵队当天已走到城北 70 里的泗渡镇宿营。

我今天晚上也走到了泗渡镇。这是个小镇，是泗渡乡政府所在地。这里是去娄山关的必经之地。泗渡镇和全国各地的城镇差不多。也是马路经济，一条主要街道穿镇而过。但管理上不错，乱停乱放车辆有人管，所以

作者徒步长征路采访，受到沿途各地 11 个省、区的热烈欢迎。这是他走到贵州遵义县泗渡时，人们载歌载舞欢迎合影。

显得比较整洁。

今天，杨成武、伍修权等领导去贵阳，安岗由遵义坐火车去重庆，妻子鲁萍由贵州记者站站长李庭坚安排从贵阳转车去昆明。昨晚和今晨的众多告别，始终处在激动和依依不舍之中。

▲聂荣臻

遵义地区、遵义市的各级领导及不少帮助过我的群众一大早都赶来为我送行，市委副书记张文礼、公安局长陈文华、市委办公室主任张建忠等人还陪我一边走，一边向我介绍沿途的情况。对此，我心里很是感激，也很过意不去。遵义的人，遵义的景，遵义的情，给我留下太深刻的印象了。当晚，我怀着激动的心情在泗渡的灯下写下了“别遵义不胜依依，愿名城指日腾飞”的电稿，当夜发回了编辑部。

红军打开遵义城门到离开只驻了 12 天，从通道转兵，到黎平、猴场会议，都准备在黔北建立新的革命根据地，为什么占了遵义又要撤离遵义北进呢？

据人们回忆，这个行动方向是刘伯承和聂荣臻在遵义会议上提出的。会议决定，改变黎平会议的决定。这有据可查，那就是不久前找到的陈云当年写的《遵义政治局扩大会议传达提纲》。他写道：“扩大会一致决定改

▶ 1985 年 1 月 19 日凌晨 2 点多，作者和陪同刘中宝在遵义泗渡一起商量稿件。

变黎平会议以黔北为中心来创造苏区根据地的决议，一致决定红军渡过长江在成都之西南或西北建立苏区根据地。这个决定的理由是：由于四川在政治上、军事上(与四方面军的更好的配合，背靠西康一个空无敌人的地区)、经济上都比黔北好。”

据史料记载，红军50年前的今天撤离遵义时，仍是兵分三路，目标是向赤水前进。中路是军委纵队和红五、九军团，红一军团为右路纵队，红三军团为左路纵队。红军早上撤离时，由红三军团第四师留在遵义狙击敌人。黔军6个团于下午占领遵义。我红四师且战且走，保卫三路大军安全离开了遵义。

1985年1月20日　阴
桐梓县城

今天一早，我告别泗渡镇去桐梓。

路上和遵义县党史办主任罗文、县文物管理所所长葛振亚，还有李家尧、梅通才同行。**我从交谈中发现，罗文和葛振亚对红军史很有研究，他们在我面前，简直是个专家。**特别是他们掌握的第一手资料很多，我问什么，他们都能给我回答清楚。我总觉得红军长征，前无古人，中外作战史上无可比拟，后人将会一代一代地研究下去。红军开拓进取，百折不挠，不怕任何困难去争取胜利的精神，将会一代又一代地发扬光大。现在许多老红军还健在，许多目击和帮助过红军的父老乡亲还健在，应当尽快收集、研究、整理，所以，我对罗文、葛振亚怀着深深的敬意。

当我们在交谈中不知不觉在川黔公路上走了1个多小时，快到一个叫大板桥的村庄时，后面开来的一辆小车突然在我们身边停住。车里走出一位头发花白的老同志，直奔我身边而来，关切地问：“开富同志，身体怎么样?”他一边问着，一边摸了摸我的穿着，连声说：“要穿得暖一点，注意身体，才能完成长征采访任务。”我听了十分感动，我告诉他：“我越走越觉得你们当年长征的艰苦。”他点点头说：“遵义会议前，我们大家走得气不顺，仗也打不好，牺牲和受伤的战友很多。走到这一带时，毛主席参与了指挥，形势就不一样了。前边快要四渡赤水，尽管绕来绕去，路更不好走了，但是大家痛快了，仗打得好多了。”

这位老同志是老红军童小鹏。红军长征时，他在红一军团保卫局工作，解放后，他曾任周恩来总理办公室主任，现在是中共中央党史资料征集委员会副主任，全国政协常委。桐梓县是童老长征时两次经过的地方，他和这里的人民结下了深厚的感情。他参加了纪念遵义会议胜利召开50周年大会后，今天去桐梓，看望当年支持和帮助过红军的父老乡亲。

冬天的黔北，干冷异常，大家劝童老快上车，以免冻着。童老却对罗文说："对我不用担心，老骨头了，对开富同志要照顾好啊。"童老说："50年了，走长征路的人很多，但都是只走一段，走的也不一定是原路，还没有一个人从头至尾把红军走过的二万五千里走通过，所以老红军都关心着开富同志。"

童老上车前，又关切地问我："瘦成这个样子，还有几斤？"我说："还有110来斤。"他点头后，又看了看我受伤的部位，摸着我拄着的铁拐棍，感慨地说："看来现在走长征路也不容易啊。"

当天傍晚，我们走进了桐梓县城。听说童老也住在这里，我就去找他，却没找见。事后得知，童老到县城后，没有休息，就去寻找当年战斗和宿营的地方，看望父老乡亲去了。

1985年1月21日　晴

桐梓县天门洞乡

童老昨晚没有回县城，他在郊区访问后，就住在城郊林泉机械厂的家属宿舍里。我们今早听说后，就向那里赶去。一路上，我对红军深入群众、依靠群众、关心群众的精神有了更深刻的认识。我们天天喊要深入，往往是深不下去，客观理由还蛮多，相比之下，红军的作风就不是光说不练，而是言行一致，所以受到人民拥护。至今人们之所以一谈红军还敬佩得眼中放光，这是有道理的。

我们到林泉机械厂找到童老时，他正在开座谈会。只见他一面听，一面认真作记录。当他听到桐梓县1984年各项主要经济指标都创造了历史最高水平时，显得十分高兴。他说，我们当年走过的地方，今天发生了这么大的变化，这是党的十一届三中全会制订的政策好，也是桐梓人民辛勤劳动的结果。童老接着说，长征的目的就是为了民族的解放和人民的幸福，为了实现共产主义。党的十一届三中全会是一个新的里程碑，今后城乡经济将会更迅速地发展。

童老对当地反映的一些问题一一记下，表示回京后一定转告给有关部门。他说，长征时条件十分艰苦，红军指战员不畏艰险，一往无前，夺取了长征胜利。现在搞四化建设，条件虽好，但也会遇到困难。因此，还需要发扬红军长征时不怕困难、英勇奋斗的精神。童老要求我多报道长征途中的新人新事，报道红军指战员的英雄事迹，还要反映沿途群众的要求和建议。

当天下午，童老不顾疲劳，和夫人带着我来到当年罗瑞卿指挥他们攻打的桐梓县仙女洞。童老 70 多岁了，还在现场攀上爬下,向我介绍红军在这里战斗的情景。

仙女洞位于桐梓县城东约 12 里的魁岩山中，洞口离地约百余米。当年，仙女洞是敌军军官和当地土豪逃避罪恶、隐藏财物的巢穴。1935 年 1 月 14 日，红一军团攻占桐梓城后，群众就向红军报告：仙女洞内藏有军阀、官僚的财物。当时，童小鹏在红一军团保卫局工作，局长是罗瑞卿。根据群众的报告，罗瑞卿等立即亲自侦察并部署兵力去攻打仙女洞。这场

▲红军老战士童小鹏于 1985 年 1 月回到当年战斗过的贵州桐梓县。图为童老(中)在天门洞战场旧址旁的林泉机械厂召开座谈会，介绍当年在罗瑞卿领导下攻打桐梓城并打败敌人的情况。

(刘中宝摄)

战斗童小鹏也参加了。他们隐蔽在草丛中，第二天早上发起进攻。躲在洞中的敌人，居高临下，进行顽抗。红军指战员在用火力封锁洞口的同时，通过喊话向敌军发起政治攻势，终于打进仙女洞，缴获不少黄金、白银、衣服、布料、粮食和枪支。红军当即把粮食和部分布料分给了贫苦群众。

童老陪我采访了 2 个多小时。我们把他送走后，访问了天门洞乡。许多农民抚今追昔，感慨不已。一位张大爹对我说："过去是红军到，干人（即穷人）笑，现在是政策好，干人也开始不干了，不过有了钱也有愁事啊。"愁什么呢？傍晚我到了农民贾云波家，总算找到了答案。贾云波全家 7 口人，2 个劳力，1984 年全家收入 14000 多元。他指着家里一台黑白电视机对我说，农民虽说富起来了，但也有苦恼，买了电视机，收看很困难。全村 480 多户，已有 20 多户买了电视机，如果收看不困难，还有 160 多户准备买。县里的电视转播台建在矮山坡上，讯号因受魁岩山的阻挡，不少地方收看困难。如果把转播台移到离县城 4 里远的牛心山上，就都能收看了。

其实，要解决农民这点愁事，说难也不难，关键是有关部门能像红军那样生活在群众中，真正想人民所想，就能解人民之难了。

1985 年 1 月 22 日　阴

遵义县娄山关

娄山关威名远震。中央红军曾两次占领娄山关：第一次是中央红军1月7日进了遵义，军委为了保证主力部队在遵义休整和召开遵义会议的安全，即刻派出红一军团第二师前卫团挺进城北 100 多里的娄山关。1 月 9 日，红军进逼娄山关下。敌守遵义的败兵易少全旅残部在红军的猛攻之下，全部溃退下山。红军指战员一鼓作气，猛追 30 多里，追到了桐梓城。此时我另一支包抄突袭部队已先入城，敌溃兵只好向新站及赤水方向逃窜。

第二次是红军二渡赤水回师遵义，又一次攻占娄山关。

今年 1 月 9 日，我已上过一次娄山关，在关口的小山尖上参加了娄山关红军烈士纪念碑揭幕式。3 天前，从遵义市出发，经泗渡、板桥，过娄山关到桐梓。我到娄山关，第一次是遇雪，第二次是急于赶路，没来得及好好看一下娄山关。半个世纪前的今天，3 路红军正迂回穿插去赤水，然后准备往长江边挺进，我也从桐梓又迂回到了遵义县，又过了一次娄山关。

娄山关属泗渡乡地界，1 月 19 日晚我曾住在乡里。今日乡里领导闻讯赶来看我，像是久别重逢，亲切无比。

乡党委书记邓仁义，乡长张忠银等如数家珍，向我讲红军的英勇，讲娄山关的险奇。

娄山关位于大娄山系的群山之中。大娄山横亘数十里，雾锁雪覆，山连着山，似波浪起伏，根本望不到头。山脊南是遵义县，山脊北是桐梓，桐梓再往北就是四川綦江了。我今天登上了娄山关的制高点——点金山。俯瞰山麓：关口两侧峭崖直立，关口已修了遵义通桐梓的公路，虽有 10 多米宽，但由于自古娄山一条线（指当年的小路），仍让人感觉到“一人当关，万夫莫开”的气势。

娄山最早记载于《汉书》。以后记述娄山的典籍资料就多了。有的称它“犹北之太行，南之庾岭”。在丛山横亘六七十里的峻岭中，只娄山关一条进出之路，自然为历代兵家必争之地。明代万历年间，蜀将刘臣与当地播州土司杨应龙之子杨朝栋战于关北。战得天昏地暗，蜀将最终仍过不了关口，只能仰天长叹娄山之险。

清咸丰四年，桐梓农民起义军率领团练于关南，后攻下此关，大败遵义知府朱佑勇。1862 年，太平天国翼王石达开所属曾广依部与敌大战，所

▲作者在娄山关上和当地干部交谈。（李保国摄）

▲作者在遵义娄山关采访。(刘中宝摄)

向披靡，曾夺下此关。

中央红军两次攻下娄山关。特别是遵义会议后二渡赤水，回师遵义，在娄山关上与敌拼抢险要。战斗从上午 10 点，打到下午 4 点，经过往复冲杀，击毙击伤敌 600 多人，终于占领此关，进而直捣遵义。

战斗结束后，毛泽东写下了激昂悲壮的《忆秦娥·娄山关》词。这首词的手迹，现在镌刻在关口右侧的石壁上。关口的左侧矗立着红军烈士纪念碑，碑座上刻有国防部长张爱萍手书的“遵义战役牺牲的红军烈士永垂不朽”题词。

威名、气势、景观，娄山关风光占尽。可惜的是游人不多。一问才知道，遵义市、遵义县都没有客车直达这里，即使走路或是自己开车上来，也只能打个转就走。因为山腰、山上买不到一杯开水，更没有饮食店、小卖部或旅馆。

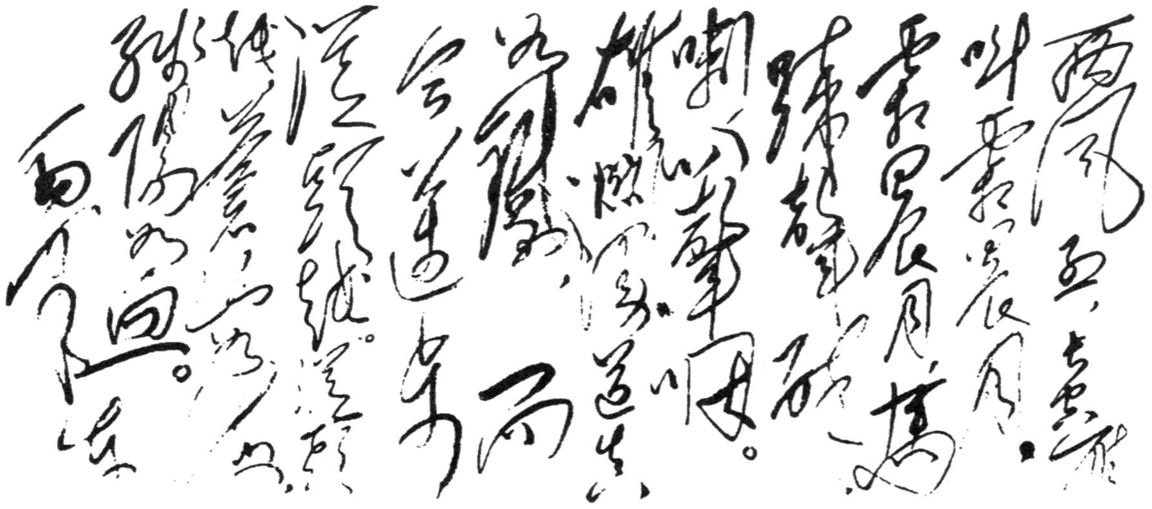

忆秦娥

娄山关

西风烈，长空雁叫霜晨月。霜晨月，马蹄声碎，喇叭声咽。

雄关漫道真如铁，而今迈步从头越。从头越，苍山如海，残阳如血。

毛泽东

▲张学良戎装像

1985 年 1 月 23 日　阴

桐梓县唐家坝村

都说蒋介石外战外行，内战内行。实践证明，他确实是个心胸狭窄、为己私利、为除异己不惜丢失中华大好河山的千古罪人。

半个世纪前的这个时刻，日本帝国主义的铁蹄正在践踏我东北三省。蒋介石不仅不抵抗，还调了嫡系部队追堵红军。对于国民党阵营里的抗日将领，蒋介石也恨之入骨，千方百计清除之。今天我在红一军团战斗过的桐梓唐家坝见到的张学良囚禁地就是明证。

唐家坝村在桐梓城东 12 里处，紧靠小西湖。张学良当年被囚禁在湖西北岸一幢砖木结构的小平房里。附近还有两幢这种小平房，分别住着看管张学良的特务副官和特务巡逻队。周围碉堡有 3 座，分别建在 3 处，成一个三角形，中心就是张的住处。在这三幢平房的周围，都围了竹篱笆，竹篱外又围了铁丝网，给人阴森恐怖之感。

小西湖实际上是一个群山环抱的山间小盆地。天门河从东北方向冲出峡谷，奔到这里后水面豁然开阔，河岸滩涂上水草丛生。据向导介绍：小西湖所在地原来叫黑神乡，很荒凉。1939 年，设在桐梓的四十一兵工厂修

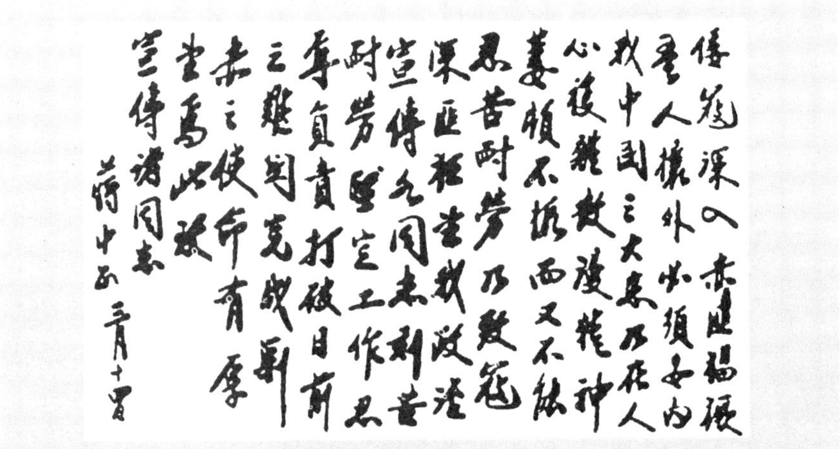

▲1932 年蒋介石坚持“攘外必须安内”政策的手令。

建电站，在湖的南面筑起一条拦河大堤，然后蓄水发电，此处遂有人迹。当年湖中修起“三潭映月”，湖心岛上盖有飞檐彩亭，湖岸遍植桃树杨柳。岁月沧桑，我今天看到的三潭已经接近淤塞，惟木桥翠竹，岸畔桃树垂柳，水中幻景，湖心倒影等天然风光依然引人流连。

张学良将军是 1944 年冬由贵州开阳县刘育乡转移到桐梓幽禁的。抗战胜利后，1947 年春，张学良将军又从这里被送去重庆，后被辗转送去台湾新竹幽禁。

▲张学良(左)与杨虎城。

残留的小平房，人去楼空，不禁为历史感慨之。

尽管是严冬枯水季节，我站在岸边，沐浴在若隐若现的阳光下，望着小西湖百多亩水面，仍是波光粼粼。我顺着水波远看，发现周围山上还有碉堡残迹，那是幽禁张学良将军时留下的。我沿着碉堡往山上爬，又看到了一个山洞，人称天门洞。洞中题有一首五绝：“古都称兵谏，青史耀光

力子主席兄勋鉴 可
[illegible]陕大公报记者发
表以下之消息
蒋鼎文[illegible]
西安[illegible]蒋鼎文为
西北剿匪军前敌总司令
卫立煌为晋陕绥宁[illegible]
边区总指挥陈[illegible]
[illegible]
中央军各部队云
但此消息不必交中央社及
[illegible]
发表为要
中[illegible] 十一日

▶ 1936 年 12 月 11 日，蒋把此“手谕”交邵力子，暗示准备由蒋鼎文、卫立煌、陈诚三人接替张学良、杨虎城指挥部队，进攻红军。

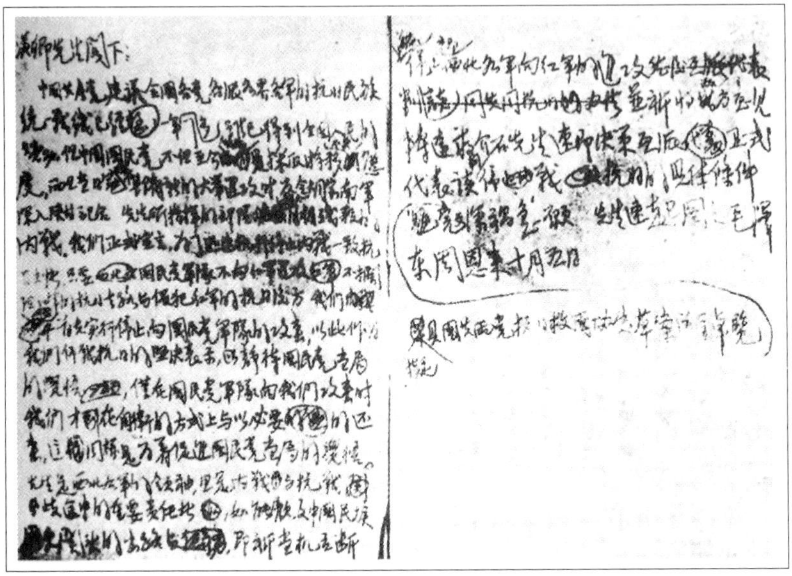

▲1936 年 10 月 5 日毛泽东、周恩来给张学良的电报手稿。

辉，宿河还旧我，将军何日归？”这是 1981 年秋，前东北军段少勋先生到这里参观时发出的感叹，寄托了对少帅张学良的怀念之情。我在洞中还见到了两只破旧的箩筐。桐梓县文物管理所副所长王晓东告诉我：当年贵州军阀将他们搜到的钱财藏在洞中。由于这个洞深达 70 多米，分上下两层，中有阴河，洞口离地 20 多丈，壁陡如削，过去进洞，只能用箩筐把人吊进

◀西安事变前张学良(左)和蒋介石(右)在一起。

▲西安事变和平解决后，周恩来（左六）回到延安时，在机场同（左三起）博古（秦邦宪）、洛甫（张闻天）、毛泽东、彭德怀、林伯渠、肖劲光合影。

去。1935 年 1 月中旬，红一军团攻占此洞时，用箩筐把战士吊进洞内，将浮财取出来，分给了唐家坝一带的穷苦百姓。这两只箩筐虽已破旧，仍保存在洞中以作纪念。

从洞口下山的道路，现已修了台阶。我们走到紧靠小西湖的唐家坝村，见到了 70 多岁的钱文彬、钱文举兄弟和 66 岁的唐克珍。他们和张学良都有过一些交往。张在这里被囚时，周围有好多个碉堡，在严密的监视下，张将军经常与赵四小姐到唐家坝村和钱氏兄弟等人说些家常话。在村里，我还见到今年 45 岁、那时只 5 岁的钱武旭。张学良当年很喜欢他。现在他家有 7 间瓦房，吃穿都不愁。

我告别时，乡亲们都来送行。唐克珍老太太说："我们现在生活好了，一直想念着张将军，他是爱国的，希望他能回来看看。"钱文举指着湖边一间草亭说，那是张将军当年钓鱼的地方。经他指点，记者又参观了张学良和赵四小姐住的小平房旧址。钱武旭感慨地说，**海峡两岸都是炎黄子孙，国家统一、亲人团聚是人心所向。他们希望报纸能向台湾人民转达他们的心愿：盼祖国早日实现统一。**

1985年1月24日　阴
桐梓县城

中央红军离开遵义的第二天，即1月20日，中央军委制定了《渡江作战计划》。作战方针是“我野战军目前的基本方针，在由黔北地域经过川南，渡江后转入新的地域协同四方面军由四川西北方面实行总的反攻，而以二、六军团在川、黔、湘、鄂之间活动来钳制四川东南‘会剿’之敌，配合此反攻以粉碎敌人新的围攻，并争取四川赤化”。作战计划中决定在宜宾、泸州之间的兰田坝、江安、大渡口北渡长江。

根据上述计划，右路纵队红一军团从桐梓出发，向靠近四川的松坎、良村进军。本来我是打算今天去松坎的，因昨晚遵义县党史办主任罗文等赶到了桐梓，要同我商量二渡赤水后重返遵义的路线、介绍红军在遵义县的活动情况，并要送上遵义几位老人的心意，故决定暂不成行。

因昨晚我要写稿、治伤，加上感冒较重，他们没有告诉我日程安排的变化。今天早上得知这个情况后，我们就留了下来，决定等谈完后再走。刘中宝核实了时间，50年前的这些天，红军右路纵队在陆续跟进，不会误了日期和路程。下午，我们去看了红军击溃敌人的两个战场。

罗文60来岁，小时候见过红军，对红军感情很深。他让我先了解红军二渡赤水、回师遵义等具体情况，并对采访路线进行了安排，然后他和葛振亚把带来的一份珍贵无比的礼物交给我：原来这是遵义县三岔河乡几位当年为红军做过军鞋的老人为我缝的两双布鞋。

此刻，夜深人静，我又一次看着这两双鞋，读着她们写给我的信：

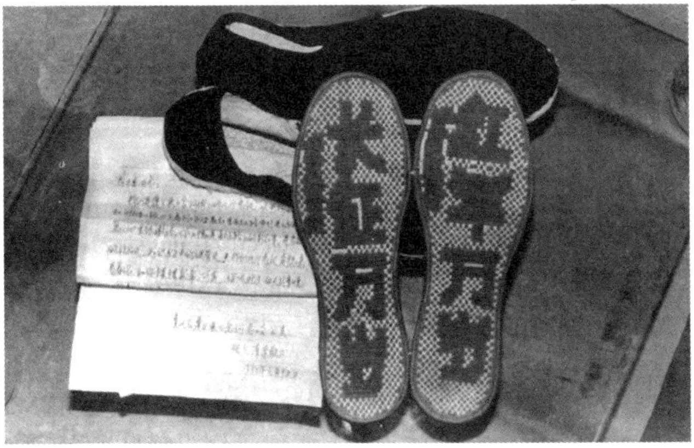

◀遵义县三岔河老工会会员张合清等老人当年都为红军做过军鞋。50年后得知作者重走长征路，又都聚在一起为他做了鞋和缝了鞋垫，并绣上了“红军万岁”“长征万岁”8个字，还写了一封慰问信。(刘中宝摄)

是前几天我们看（纪念）遵义（会议）大会的电视，才得知你走长征路写红军。

红军打遵义救百姓，那时我们都是20来岁的年轻人，大家自编自唱一首歌：“红军红军，黑夜明灯，赶走黑夜，照亮穷人；红军红军，人民救星，打倒土豪，百姓翻身。”红军走了，我们百姓又苦了，我们想红军盼红军，就又心底出了歌：“救星走了夜沉沉，苦思苦想念红军，管他天寒和地冻，想着红军就不冷。”

想啊盼啊，念到遵义解放，红军成了解放军，我们过上了好日子。日子越好，我们越念红军。

当年，我们见到过不少红军，个个对老百姓好，对老百姓亲，为农家送粮、扫院、挑水、看病。我们在桐油灯下一针一线为红军缝过衣、做过鞋，为红军送了一程又一程。今天你走路写红军，我们拥护你。可是在电视上看到你瘦得皮包骨头，病歪歪，跛着腿，拄着棍，我们都很心疼，心怜你，都想为你做点事。大家凑在一起，你一针我一线，花了几个夜晚给你做了两双鞋。

开富同志，你千万别嫌我们眼昏花，手脚笨，针脚粗，要晓得，针针线线缝进了我们对红军的老感情。油灯下做的布鞋，红军都说好，不打滑，帮硬里软。你穿上，我们就放心。爬雪山，过草地，红军去世（牺牲）了那么多人，都是为了我们老百姓。过后你去爬（雪山草地），还是山高（空）气少，冻人地滑，穿上（我们缝的）鞋子，我们就放一点心。

越读信，越激动，我叫醒刘中宝，让他抄下后，把原信寄给编辑部，让大家感受和分享人民对红军的深厚感情。

1985 年 1 月 25 日　晴

桐梓县夜郎坝

从桐梓城向北，有楚米铺、新站、松坎、河坝、温水、良村等地，有的是村，有的是乡场。当地党史关于红军在贵州的革命活动有如下记载：“沿川黔公路向北追击的红一军团第二师，于占领桐梓的当日下午出发，经楚米铺、凉风垭到牛栏关。次日，红军一部由夜郎坝小路迂回敌后，切断新站守敌侯元玺旅与驻酒店垭川军的联系，正面以两个梯队攻击前进，这场战斗异常激烈……”

今日我们要赶到夜郎坝去。先走的是川黔公路，后来走的都是小路，由于我的高烧未退，刘中宝搀扶着我，不让走快，直走到晚上 9 点才走到夜郎坝。这里离桐梓城 90 多里。

上午走在山间公路上，隔几里还可见到一个村庄。下午离开公路折向往夜郎坝走的小路，村庄就很少了。虽然有的地方谷深峰险，真有点“连峰际天兮飞鸟不通”之感，风景却十分吸引人。只要有人家，就都掩没在高大的树丛中，灰墙黛瓦的家家门框装饰得十分讲究，大都古色古香。门口尚存的旧对联，遣字造句很有唐宋古风的韵味。由于人烟稀少，少有外

夜郎坝地处长征路上的贵州桐梓县，自唐代以来一直没有更名。图为夜郎旧址上的夜郎乡党委、乡政府办公地。(罗开富摄)

▲贵州夜郎坝供销社一景。(罗开富摄)

地人进来之故，这一带飞鸟不怕人。它们停在树上，等我们走近，不但不飞走，还叽叽喳喳叫个不停。刘中宝向它们挥手，也很少有飞走的，有的还不断边叫边点头。同行的桐梓县张远福对刘中宝说：“夜郎一带的人很好客，连鸟也在致欢迎词呢。”说得大家都笑了。

在笑声中，我们走近了夜郎坝。县城的一些老人曾告诉我，到了夜郎坝，也许可以看到古夜郎的遗风。我此时体会到：飞鸟不怕人，这同很少有人去射杀飞禽走兽有关系。

提起夜郎，人们自然会问，夜郎故址究竟在哪里？有说是在安顺，有说是在桐梓，还有说整个贵州基本都是。

“夜郎万里道，西上令人老”。今日得进夜郎坝，总是件兴奋的事。我们走进夜郎坝的夜郎乡场里，把行李一放下，就去转悠了。

夜郎乡党委副书记赵立建陪着我们，一边走一边介绍：夜郎坝系山间盆地，有五六平方公里，整个夜郎乡有四五十平方公里。自唐贞观十六年（公元 642 年）置珍州，辖有夜郎县以来，这里一直称为夜郎。现在的夜郎坝包括周围的群山，范围较大，设有夜郎乡。全乡一万多人，乡政府设在夜郎坝的故城遗址夜郎乡场上，遗址已不到一平方公里。

我们一行先是游逛夜郎街。这是一条人字形大道，不通汽车。路面上镶铺着鹅卵石、麻石，街两边大都是古老的屋宇楼阁，骑街廊檐丈余宽，可助行人遮日挡雨。店铺稀少，但很整洁。奇怪的是有的店铺一边开着电灯，一边还点着灯盏。因为整个夜郎坝还不通汽车，街灯下的清静可想而知。

夜郎街主道不足 500 米，走到街的尽头，就是传说中李白“百块诗碑”的所在地。这时我想起了李白为其好友王昌龄被奸臣中伤，由江宁（南京）丞相贬为龙标尉而写的一首诗：

杨花落尽子规啼，闻道龙标过五溪。
我寄愁心与明月，随风直到夜郎西。

可惜这首诗在这诗碑所在地没有找到。有幸的是，我们见到了在不远处凤凰阁东坡的“李白坟”。借着月光和手中的几支手电筒，我们看到：这座坟由白石砌筑，楼壁相连，雕文刻画。坟门分左右两洞，洞口有白石雕刻的龙，昂首翘须，气势不凡。

其实李白并没有到过夜郎。在我读史料的记忆中，李白为王昌龄被贬打抱不平不久，自己也得罪了朝廷被贬，被发配夜郎，后发出了“夜郎万里道，西上令人老”的悲叹。但他在流放途中，行至巫山遇赦得还。这里怎么会有李白坟呢？桐梓文化局的干部张勤学说，这表达了夜郎人对这位伟大诗人的崇敬和哀思。

据赵立建介绍，离这里不远，还有早年发现的宋代石墓葬数10座，多数用白砂石料砌筑。墓室内大多刻有青龙、白虎、人物、花草、星座等图形，采用的是浮雕手法，少数也用线刻。由于宋墓群还未清理，加之夜已深了，我们手中的电筒光亮已在减弱，就决定不去了。

我们从太白坟转身，走了200多米，见到了自西而东的夜郎河，约有80来米宽，绕夜郎城址流过。这个城址就是我们现在走来走去的地方，以夜郎街为中心，方圆一里多，背靠着景色秀丽的华尖山。

夜郎河水里立着一排石柱，长长的一串，都露出水面，连接着两岸，

▲在贵州桐梓县夜郎坝旧址上共进晚餐。(刘中宝摄)

当地人称“蹬儿”。河上没有桥，我们进来时就是摸黑踩着蹬儿跳过来的，然后登岸，又爬上几十个石级，才到夜郎乡场。

河两岸，二三人合抱的古树很多。我问，这是不是叫夜郎树？赵立建说：“一些人也这么叫，具体说，这些是樟树、冬青树等，都有二三百年树龄了。古夜郎那时留下来的树，估计还有不少，近处的，大炼钢铁时砍伐了，深山里少有人去，那里有。”

七转八转，转了一个多小时，然后到了乡政府吃饭，这时已近二更。电灯虽不明亮，却还能照得清饭菜，而桌上每个角上仍点着蜡烛。我们觉得有点奇怪，也觉得浪费。赵立建告诉我们：这里的人祖祖辈辈很少出外，灯盏、蜡烛用惯了。政府关心，给夜郎坝送来了电，当然好啦。不过，遇到年、节、喜事、高兴事、来了客人等，老百姓还是喜欢点灯点烛。烛光下，人亲近，屋安静，心也静，还可生发一点思古之情。我们都认为他讲得很有意思，很有水平。刘中宝接过赵立建的话说：“看来西方的烛光晚会、生日点蜡烛，咖啡厅里点蜡烛是从夜郎传过去的。”大家都笑着点头。

夜郎国本来就很神秘。今夜到了夜郎坝，看到的听到的确实感觉不一般。记完日记后，我准备拜读桐梓县文管所副所长王晓东今天借给我的书，是贵州人民出版社出版，由王燕玉撰写的《贵州史专题考》。

1985年1月26日　阴

习水县城

今天我们从桐梓的夜郎坝走到了习水县城（1935年时称东皇殿，那时的县城在官渡）。

习水县城离赤水已不远，县境内的土城是红军第一次渡赤水的渡口。从1935年1月20日至3月23日，前后2个多月，中央红军往返习水县3次。这个县的土城青杠坡、良材区的梅溪河、回龙区的麻坪，都曾经是红军与敌激战过的战场。

毛泽东、周恩来、朱德等领导离开遵义，随五、九军团、军委纵队，经桐梓九坝，进入习水的官店、双龙、吼滩、梅溪、东皇殿、三元场、凤村坝到达土城。毛泽东是1月26日下午5点多或是27日中午到达土城的（这个日期至今在史料或当地人口中还有两种说法）。

▲红军长征一渡赤水的土城渡口。

今天，我们起了个早，大家都只睡了3个多小时，为的是早早起来，再把这难得一见的古香古色、古风犹存的夜郎城遗址好好看一看。说难得一见，是因为在贵州境内自唐代以来一直被称为夜郎的，据说就这一个地方了。所以这里的人一直以正统的夜郎人自居。正因为此，早上来了几位夜郎老人，手拿古书，其中有一位穿着古竹裙，一起找上门来，要我们为夜郎的“夜郎自大”“平反”。

夜郎坝66岁的赵立海是县人大代表。他对我说，《史记》上的记载是：“滇王与汉使者言曰：‘汉孰与我大？’及夜郎侯亦然。以道不通，故各自以为一州主，不知汉广大。”赵立海认为，《史记》的这段话，说得很明白，当时舟楫不通，关山万里，滇王和夜郎侯都不了解汉朝有多大。自古以来，人们都赞颂不懂就问，虚心求教为高德，怎能说自大？70岁的赵文美说，《史记》写得明明白白，是滇王先向汉使者发问的，不是夜郎侯先问的，怎么就硬栽在夜郎侯身上，就硬说夜郎自大？这实在有欠公允。他说，我们夜郎人一直以谦逊为美德，到目前为止，虽然汽车还进不了夜郎街，可谓闭塞，但我们从未放松过向外地学习。我就晓得，近几年，夜郎人先后几批到四川学习种植柑橘技术，还到海南岛学习如何培育早稻良种，我们什么时候自大过？

当年红军经过夜郎坝时，受到群众热情帮助和支持。红军走后，66岁的赵立铭救助过因重病掉队的黄宜捷、黄维进两位红军战士。赵立铭对记者说，红军千辛万苦为人民，我们夜郎人为红军做点事是应该的。说到这里，他拿起我笔记本写上“祝愿采访胜利”，然后说，希望我采访中多深入基层，多听群众意见。最后，他又一次强调，希望今后人们不要再把“自大”二字硬加在夜郎人身上。

我们一行听了，都认为有道理。拿《史记》记载而言，一是不懂就问，怎能叫骄傲自大？二是先问汉使者的是滇王，不是夜郎王，文字记得明明白白，怎么就把“自大”加到夜郎人身上？

据《贵州史专题考》一书上说：春秋末期以前，夜郎是西南部方外邑名，即古牂牁国（部族联盟）国都夜郎邑（地址在今安顺县境内）旁边的一个小国，实际上是个小部族。

战国初期至西汉中期，古夜郎国控制的疆域已经很大了，其中包括桐梓和夜郎坝在内。

唐初夜郎所置地域小了，但还是设了三个夜郎县，其中一个是今桐梓县。

北宋变夜郎为一个夜郎郡，两个夜郎县。“一是西高州夜郎郡，领夜郎县，即唐故县在今桐梓者。一是溱州的夜郎县，在今温水松坎间。”（离夜郎坝不远，在习水县境内）。“夜郎这个词的实际意义，在历史上变革到宋代告终，元以后不再作具体名称。”

从这本权威考证来看，**夜郎古国始于贵州安顺，叫到最后即宋朝的夜郎一郡二县都基本在今桐梓境内。书上说，元以后不再作具体名称了，也许指县的名称。不管怎么说，夜郎名称保留了1343年的这个夜郎坝实在是太珍贵了。**正因为此，我今夜发了当地人希望为“夜郎自大”平反的消息，题目是“说夜郎自大，有失公允；引进新技术，争学先进”。

我在告别夜郎坝时，不知为什么隐隐有些担心：到如今还基本保留原汁原味、连山加在一起只有四五十平方公里的夜郎，今后如果通了汽车，引进了迪斯科，建一些西式洋楼，再搞一些灯红酒绿的酒店等东西在夜郎城遗址里一闹，我真难想象，那时这里会不会变成不伦不类的“昼郎”了？

1985年1月27日　晴

习水县三元乡

今日走到习水县的三元，这是个乡场，离赤水河还有一天的路程。

遵义会议后，中央红军挥师北进，原计划由桐梓、习水往北进四川，在宜宾、泸州一带北渡长江，与红四方面军会合。蒋介石闻讯惊恐万状，急令川军在长江沿岸层层布防，又从东、南、西、北几面调中央军、桂军、滇军、黔军等妄图合围歼灭红军。毛泽东和他的战友当机立断，改变了原计划，率领红军灵活机动来回四次渡过赤水河，搞得敌人晕头转向。红军

趁机从乱军丛中冲出重围，南渡乌江，佯攻贵阳，飞跨北盘江，进入云南。习水县有 13 个区、镇，其中 12 个区、镇都留下了红军战斗的足迹。**四渡赤水有三渡经过习水。**

三元镇再往前，就是青杠坡，当年这里曾发生过战斗。这一仗打得很激烈，敌人死伤 3000 多，我军虽取得了预期的效果，但也牺牲了 1000 多人，付出了沉重的代价。

三元虽称为镇，其实只有一条公路穿城而过，两边有几条小街道，平房居多，很少见楼房，间或还有茅草屋杂在其中。看上去这里还较穷，但人都很淳朴。只要是上了点年纪的，你如果问他当年红军是怎样打敌人的，大都会说："你是问民国 23 年（公元 1934 年）底，还是问民国 24 年（1935 年）初的事？"眼中、脸上都透出自豪。一位 72 岁的赵贵林大爹对我说，再往前走，就是青杠坡，你要是去了，应当去一下永安寺，对门有几间破屋还在。那时一个川军连长正在屋里抽大烟，一个士兵进来报告："连长，红军来了！"敌连长想不到红军来得这么快，吓得急忙找地方躲藏。还没有躲好，红军上来，一马刀就把敌连长的脑壳给砍了。一位谭姓大爹抢过话头对我说，还得去一下猫猫岩，我记得好多人说是腊月二十三那天，红军在岩上把敌人一个连杀得只剩一个兵，这个兵跑去找他那个川军郭师长报信，哪知道姓郭的大骂："你这个龟儿子，大家都没命了，就剩你一个，一定是临阵逃跑的。"一枪把这个兵给毙了。

我们吃了中饭，正在赶路，乡里的同志追上我们，让我们转回县里。说接到通知，要我们回去。说是经外交部同意，日本《朝日新闻》特派记者加藤千洋要到长征路上采访我。因为赤水一带还没有对外开放，让我回遵义接受采访。

等我写完稿，夜已深了，刘中宝还没有睡。他问我，明天会见外国同行，要作点什么准备？我在遵义已感受到，遵义这个地方，各级领导人，各地旅游者、外国人和华侨等来的多。刘中宝是见过世面的人，因为几年来，他一直参与国内外宾客的接待工作。因此，我说："中宝，你说呢，我们怎么个准备法？"中宝说："依我看，所谓准备，无非是对客人的尊重。等一下你把身上穿的裤子、鞋子换下给我，刷一下泥，再换一件干净的衬衣就是了。"我觉得中宝讲得对。两人又研究了礼品，决定送外国同行一双草鞋。

1985年1月28日　晴

遵义市

离开遵义市9天，绕来绕去走了600多里，还未走出遵义地区，今天又返回了市区。

听老红军说，整个长征路上，红军攻克的大城市就是遵义。其实遵义市并不很大，只有30多万人口，而我今天却也觉得遵义是个大城市，也许是城乡差别较大的缘故。就说这些天，我点过蜡烛，也见过山民用松脂照明，即使有电灯的地方，不知为什么，光亮是黄的。是电力不足，还是瓦数不够？今天进了宾馆房间，由于光线明亮，觉得特刺眼，好一会才适应过来。

吃了晚饭，没有安排活动。我很想去看看遵义市二招的同志。是他们，在我第一次进遵义住在那里时为我精心调理，使我的胃病好多了。离开时，舌苔上的墨黑也退去很多。

我和中宝走到二招时，还不到8点。所领导陈运芬告诉刘中宝，她和几位服务员本来就已打算收拾好晚餐后，赶到宾馆去看我的。

中宝觉得很惊奇，就问她们怎么知道我们回到遵义了。因为刘中宝已了解到：外办的同志为了让我多一点休息，除了必要的部门和人员，谁也没有告诉。

陈运芬说，外办的同志知道我在二招住惯了，先是联系安排住这里的，后来考虑到中外记者的平等和采访的方便，才安排在遵义宾馆了。

▶作者走长征路途中难得的好地方，可以在桌子上写稿子。

我在食堂里见到正忙碌的徐小娅、高志梅、沈建丽等服务员，再一次感谢了她们那些天为我洗衣、送饭、找伤药、做夜点的尽心尽力。

看望她们后，我们准备告辞。因为回去还要写稿和准备明天的采访。还有一个重要原因，就是让刘中宝早点回去。他正在谈恋爱，让他和对象见个面。可是，陈运芬她们却让我们再等几分钟，说还有一点事。

过了不一会儿，她们送来了一个陶瓷盅，掀去盖，冒着热气。我一看，汤里漂着竹荪和天麻片。我连忙说，这怎么行？竹荪这东西太贵重了，吃了要违反纪律的。我想起1980年5月，美国前总统约翰逊夫人帕蒂访问昆明时，招待她的宴会才用这竹荪。那是我第一次见到，也是第一次听说竹荪。

后来我在云南昭通等地的竹林里见过竹荪。专家告诉我，竹荪是真菌分类中的一个属，这个属有10多种，商品学上所说的竹荪只有两个种，即长裙和短裙竹荪。世界上一些地方虽有分布，但是它作为商品，是我国独有的。它含有丰富的蛋白质和16种氨基酸，这也是我国首先发现的。听说那些年国际市场上年销量不过200来市斤。物以稀为贵，1市斤竹荪的售价相当于1两黄金。

几位姑娘见我那么认真，都笑了起来，告诉我那是老皇历了，贵州省科学院生物研究所从1982年起就在进行驯化研究工作，现在已取得成功，价格降下来了，招待一般客人也在用。再说这也不是用公家钱买的，是朋友送的。熬杯汤，让我补一下好走路，本来是打算送到宾馆去给我的。这使我十分感动。可是，它在我的心中，是那么的贵重，我怎么能喝呢，但是我心中记下了遵义人的热情、真诚和期望。

1985年1月29日　晴

遵义县娄山关乡

今日上午8点，在遵义市外办的安排下，我同日本《朝日新闻》特派记者加藤千洋在一间宽敞的会客室里见面了。

他先到会客室。我拄着拐杖刚走进门，他就迎过来和我握手。按照我想到的惯例，站在那里或坐下后寒暄几句或客套一番再进入主题。想不到我们握手后，他就急退几步，抬起照相机对着我就连拍了几个镜头。我以为这个“开场白”到这里就结束了，想不到他一下跑到我的左边，一下到右边，又转到我的背后，又是一阵猛拍。

约两分多钟后，我们坐了下来。他不问长不问短，也没其他客套，拿出笔记本，开场就说：想问我 12 个问题。等他问完，我回答后，我也向他提了 6 个问题。

两人的问答，给我印象最深的是四点：一是日本国土虽小，新闻同行也存在一个深入不下去的问题。不少记者老在城里抢新闻，搞竞争，有的猎奇，有的抓一点新闻就炒作。他对于经济日报总编辑安岗提出“脚底板下出新闻”的观点并派出记者徒步深入山区、农村和边远地区采访很感兴趣。二是他说日本人对中国工农红军长征一直感兴趣，还有一些人在研究。尤其是有的青少年，爱读介绍中国红军的书，一些高中生还成立了中国红军研究小组。三是他说中国红军走的这条路，举世公认是世界战争史上一支庞大军队走得最远、遇到的艰险最多、打的仗最多的一条路，想到现场来看看。四是他了解到这些年美国、英国和其他一些国家的记者都很想采访中国红军长征路。美国几位记者也走路，结果只走了几百里，就没有走下去，原因是路难走，生了病或受了伤。从报纸上看到我的照片，那么瘦，一个人怎么能走到遵义？还要写稿，他想来看看，证实一下后，向《朝日新闻》的读者介绍。

▲罗开富在给前来采访他的日本《朝日新闻》特派记者加藤千洋(右一)观看沿途群众托他带给老红军的物品。

在会客室里交谈一个多小时后，我们就上路去娄山关。

在遵义街头，加藤千洋很是活跃。他 37 岁，1.75 米的个子，清瘦的身材，不光会写中文，中国话讲得也不错。他在街上似乎对什么都感兴趣，不时地拍照，不时地找老百姓交谈，不时地记录，一刻也不停。我很佩服他的敬业精神。为了赶路，我们一行有时走路，有时坐车。他看到这一带平川很多，人们的穿着和路边卖的食品都不错，对我说："我第一次来贵州，可早听说贵州人无三分银，地无三里平，这很不公平么。"我点头赞成。对他说："没有三分银是解放前国民党和贵州军阀统治下的真实写照，后一句是因为过去交通不便，这句话现在已经有些过时了。"他也点头赞成。

走到板桥，离娄山关还有 30 来里，他见到卖藤椅的很多，坚持要买两把。我怕他不好带，劝他不要买。他说，为了他妻子，再难也要搬到飞机上去。我同他开着玩笑说："你也怕老婆呀！"他立即说："不，不！"并认真地告诉我，他妻子也是对中国工农红军很有兴趣的青年，红军攀藤爬崖取得胜利，很了不起，长征路上的藤条做的椅子，一定结实，同时也想沾点红军的光。加藤千洋认真地讲，我们大家认真地听，很有点感动。大家帮他精选了一对藤椅，他显得十分高兴。

等我们爬上娄山关口时，太阳已西沉。他跑上颠下拍了许多照，忽然

日本《朝日新闻》特派记者加藤千洋（右一）和作者在遵义红军烈士陵园瞻仰"红军坟"的碑文。（刘中宝摄）

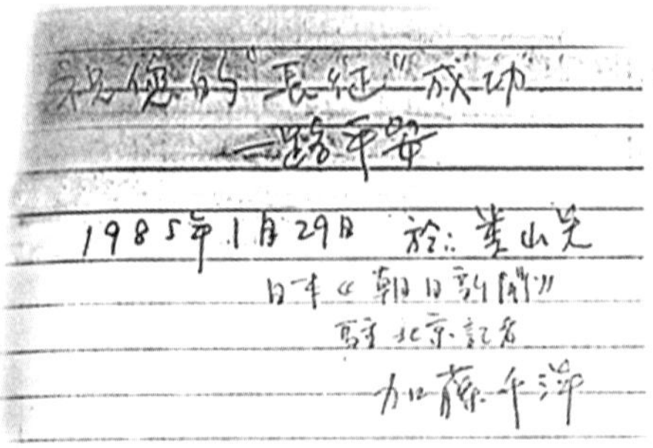

◀加藤千洋留言

▼1985 年 1 月，日本《朝日新闻》特派记者加藤千洋（中）到长征路上采访作者。在娄山关分别时，加藤千洋在作者的笔记本上写下了"祝您的'长征'成功，一路平安"。（刘中宝摄）

停下来，靠在一块青石上轻揉脚板，显得很是痛苦。我赶快瘸过去一看，知道他打起了血泡。我递上几小条纱布，让他包好后，对他说，夜里烫一下脚，涂上药膏，就不会感染了。他受了感动，说："走路真不容易，我第一天就走坏了脚，你走了那么多天，伤那么重还在走，还得不到休息，我一定要向我们的读者好好介绍你。"并要了我的笔记本，写上了"祝你的'长征'成功，一路平安，1985 年 1 月 29 日，于：娄山关，加藤千洋"。在场的中国人都称赞他的中文字写得好。我内心在称赞日本同行的这份真诚和真情，还有他的直率。

在路上，他看农户、逛商店，访问农民、干部；在泗渡、板桥我前些天走过的地方，也向接待过我的人了解我走路、住宿、采访、写稿、治病疗伤的情况。**他对被访问者不止一次地说，我原以为罗君也坐一点车，有人帮他写稿，受了伤得了病会住院，现在我明白了，罗君做的和《经济日报》宣布的是一致的。他还对我说："在日本，最理想的记者是用脚走出**

来的。用脚走着采访的记者，是能干的好记者，所以我要来采访您。您走到陕北吴起镇的时候，我一定会去欢迎您。”

我感谢他深入长征路上采访我，对他走得太急，脚上走出了好几个血泡表示关心，嘱咐他防止感染。分别时，我俩紧紧握手。我用日本话向他告别：“加藤君，阿里阿夺，夺莫（再见，非常感谢!）”他听后，显得异常激动，把包里的一个金属打火机和六盒日本香烟都摸给了我。我坚决不收，他执意要给。最后他留下一盒，拿走我一盒火柴，说回遵义的路上够抽就是了。他说，多留一点给我，为我加油。

1985年1月30日　晴

习水县城

接待加藤千洋采访的计划是3天，由于他说已达到了采访目的，还因为他脚上打起的血泡已影响到走路，我们遂于昨天傍晚告别，他回了遵义，我留在了娄山关。今天上午访问了刻苦钻研、为发展当地广播事业做出贡献的桐梓县广播局副局长杨宇全，然后又奔赴赤水县城，想赶快去土城。赤水的同志告诉我，去土城必经青杠坡，那是决定是否一渡赤水的一场恶战，现在很晚了，夜里看不到青杠坡的战场遗址，还是明早走为好。我觉得他们说得有道理。同时，我也在想，应当找点时间学习研究点资料。比如昨天路上加藤千洋向我提出的几个问题：**为什么中国共产党那时把军队称为红军？是什么时候开始叫这个名称的？**还问我，**为什么你的文章里只报道一、二、四方面的红军，而没有出现红三方面军？从地图上看，由桐梓往北去长江，不一定要渡赤水，如果有必要，为什么要四渡赤水呢？**……对于他提的这些问题，有些我作了回答，有些我一时也说不清。我告诉他，我之所以要徒步，其中的一个目的，正是想在学习史料的同时，到

▲作者在娄山关采访。（李保国摄）

现场来学习和观察，加深点印象，做出分析与研究。我对他说："只要你有耐心读完每天发在《经济日报》头版上的'来自长征路上的报告'专栏，有不少问题今后可以得到回答。"

▲作者(左一)与向导在赶往贵州习水县的路上边走边交谈。

对遵义会议的情况，在过去见到的书刊中，论伟大意义的多，讲具体情况的少，有一些具体的记述还互相矛盾。二十多天前我到遵义，得知不久前，陈云的《遵义政治局扩大会议传达提纲》被发现，好多问题得到了澄清。今晚我再读这份提纲，看到上面写道："扩大会一致决定改变黎平会议以黔北为中心来创造苏区根据地的决议，一致决定红军渡过长江在成都之西南或西北建立苏区根据地。这个决定的理由是：由于四川在政治上、军事上（与四方面军的更好配合，背靠西康一个空无敌人的地区）、经济上都比黔北好。"

正因为当时有这个决定，所以遵义会议结束的第三天，即 1935 年 1 月 19 日，红军除留三军团第四师在遵义阻敌外，其余兵力分三路向赤水前进。1 月 20 日，中央军委制定了《渡江作战计划》。

1 月 22 日，中央政治局和中央军委发出《为红军主力入川给四方面军电》："为选择优良条件，争取更大发展途计，决定我野战军转入川西，拟从泸州上游渡江，若无障碍，约 2 月中旬即可渡江北上，预计沿途将有许多激烈的战斗。这一战略方针的实现，与你们的行动有密切关系。为使四方面军与野战军乘蒋敌尚未完全入川实施'围剿'以前，密切地协同作战，先击破川敌起见，我们建议，你们应以群众武装与独立师团向东线积极活动，牵制刘敌，而集中红军全力，向西线进攻。"

我右路纵队红一、红九军团 1 月 24 日进抵土城，左路纵队红三军团 1 月 27 日进抵土城。这天下午，中央军委到达土城镇，红五军团进入土城东北。根据命令，红一军团占领土城后，沿赤水河继续北上，以夺取赤水县城。从地图上看，赤水县城紧邻四川，离长江边上的四川泸州也只有两三天路程了。

为什么红军到了土城，第二天在青杠坡打了一仗，就立即改变了沿赤水河北上计划，改为渡过赤水向西前进了呢？我想明天应起早，抓紧时间到现场去多看、多问，以求答案。

1985 年 1 月 31 日　晴

习水县土城

从赤水县城东皇殿去土城，需经三元场、风村坝、青杠坡。今天一早我就从县城出发了，到了风村坝，我下了车，又开始了走路：这是 27 日走到的地方，现在继续把路接上。

早上一离开县城，就见到崇山叠嶂，林木密布。行了八九里，向导引我到了羊九乡正坝村，说是去看一棵“杉树王”。我当时兴趣不大，从瑞金出发以来，路上见到树木不少，其中杉树最多。在广西、湖南和走进贵州

▼这是位于长征路上贵州省习水县羊九乡正坝村的“中国杉树王”，作者和向导、村民等 6 人手拉手才将树干抱合。

以来，见到许多成山成片的杉树林，二三人合抱的也见到不少。为了尊重他们，又离路边不远，我就去了。

在正坝村头，我见到这棵杉树，精神陡然一振，不禁惊叹：高似摩天大厦，看不到顶端；枝丫重重叠叠，向上望不到天空，只见到葱翠碧绿；树根盘根错节，宛如龙蛇，旋入沃土。

刘中宝叫上向导和村民，**6个人手拉手，才将树干抱合。当地人说，这棵杉树是在宋代“平蛮”，袁世明入贵州时所栽，距今已有700多年。**传说归传说，我从大家介绍中得知，据有关专家测算，这棵杉树高44米，胸围8米，树枝干围6米，树冠宽幅23米。全树仅主干就达80多立方米，要12辆解放牌汽车才能运走。**据说这是我国现有杉树中最大的巨杉，是“中国杉王”。**

▲位于贵州习水县三元乡的青杠坡战斗旧址。

在我掌握的资料和印象中，它的巨大确是独一无二的。

望着这棵大树，我在想，为什么这杉王会长在这里？除了这里山高水多，人烟稀少外，是否与这里到处都是紫色沙壤、通气透水有关？因为根深才能叶茂。我还在想，千万要保护好这棵杉王，千万别真的用12辆卡车运走。村里老人对我说，红军好几支队伍曾从这棵树下经过，他们先是在树干旁的地上压上一张纸，后来又在树边竖了块小木板，上边写上字，内容大意是：不要在树下烤火、做饭，不要砍枝杈做担架等，村民们都很受感动。50年代末，当地大炼钢铁，砍了不少树，但村民们硬是不让动这棵树。我还在想，这里风景这么美，山、水、云、雾随处可以见到，等到人民生活好了，人们到了遵义、娄山关，看桐梓古城、游夜郎坝，到杉王这里小憩，再去领略赤水河风情和红军四渡赤水的革命遗址，一定会不虚此行，受益匪浅。

中午，我们走到了青杠坡。这里位于土城以东10里。原以为只是一座山，一个险峻的坡，走到这里才发现是一片望不到尽头的群山，漫山遍野都长着青杠树。向导领着我翻了几座山，爬到一座叫官坟咀的山上后对我说：**“这就是红军和敌人打了一天一夜，彭大将军手持大砍刀，指挥红军杀得川军魂飞魄散的地方。”**

据当地史料记载，1935 年 1 月 26 日、27 日，红军三路大军先后到达土城地区。这时，四川军阀刘湘部属号称“模范师”的郭勋祺率敌直追到青杠坡，遭我红三、五军团后卫回击。在这同时，由土城沿赤水河向北前进的红一军团，在离赤水县城 30 里的黄陂洞一带，受到川敌章安平、达凤岗两个旅的狙击。毛泽东和他的战友决定在青杠坡一带痛击川敌，打掉敌人的嚣张气焰。

1 月 27 日下午 3 点左右，红三、五军团在回击尾追之敌郭勋祺师时，抢占了青杠坡群山中的楠木山、桐子窝。1 月 28 日，天刚拂晓，青杠坡战斗打响。仗打得异常激烈，特别是在无数次争夺一座叫营棚顶的山头时，敌我双方进行了白刃战，打得难分难解。

此刻，朱德上了第一线，亲自到红三军团前卫四师指挥，红军总参谋长刘伯承则亲临红五军团指挥。

我从今天所看到的地形和县党史办同志的介绍中发现，当时红军所占的山头虽然很高，但与敌先占的猫猫岩等山头相比就低多了，在地势上吃了亏，敌人可以居高临下抵抗。据史料记载，这场战斗一直打到中午，还不分胜负。

1985 年 2 月 1 日　晴

习水县同民区

今天我从土城走到了习水县的同民区。

昨天晚上和今天早上在土城参观。说是土城，其实只是见不到城墙，却一点也不土。这是一个镇，是黔川两省交界山区一个相对平缓的地方。与赤水河平行的一条大街，足有 5 里路长、3 至 4 米宽，以这条街为主轴，放射出去是小街道，有些直通到山边。据介绍，50 年前，街两旁三分之二是破烂草屋。如今我看到的都已是木结构房屋和楼房了。在遵义市看到的商品，这里大多都可买到，只是商品上的灰尘多一些。男女青年大多穿着入时，只是有一些穿得不伦不类。有的女青年里边穿的褂子比外边的罩衫要长几公分；有的男青年内穿毛衣外罩白衬衫，头戴冬绒帽，也算是一道风景。

土城本不见经传，只因毛泽东、周恩来、朱德等中央领导都在这里住过，并指挥中央红军一渡赤水，故而声名远扬。如今全镇1016户人家中，已有515台电视机，210多台洗衣机，足见生活提高之快。

对于中央领导在长征路上住过的地方，尤其是毛泽东的住地，各地都在认真核实，作为重要革命遗址修复。毛泽东在土城的住地早已确定，只是在1935年1月26日，还是27日进驻的还有待确认。还有一点就是，这房子当时究竟属谁的住宅？讲法不一。

我在当地党史办同志引导下，在土城主要街道的中段瞻仰了毛泽东当年的住房。这是一幢小三合院的房子，有左右厢房。毛泽东住的是正门进去右边厢房。用两条板凳搭着一块门板作铺，稻草作垫，上铺毡子，面上铺着一块土白布床单，叠着很小的一床灰布被子。房内有一只方桌和一盏马灯，显然是毛泽东的办公桌。

毛泽东的住房后边，有一块小坝子（平地），呈长条形。坝子的边上是山。岩壁上有大小两个洞穴。当时，制空权在敌人手中，这两个洞穴作防空洞用。住房的左边有一条山沟，直通山顶。沟的两边长着密密的树丛，显然是便于隐蔽和疏散。

我在沿途已看到过十多处毛泽东的住地，发现选址都是从安全角度考虑的，尤其是在土城这一处。我看后，很佩服红军战士的细致和周全。这使我又一次想起了毛泽东的名言："世界上怕就怕认真二字，我们共产党就最讲认真。"要不是红军战士自始至终的认真，如果毛泽东在长征路上出了意外，那长征的结果就肯定是另外一个样子了。

土城浑溪口是红军一渡赤水的主要渡口。除红一军团部分红军在赤水县的元厚场（当时称猿猴场）渡过赤水外，军委纵队和其他主力红军都是从土城渡过赤水的。浑溪口渡口紧靠土城镇，史书上一般也称土城渡口。我在下午3点多乘渡船过了赤水。

赤水河奔腾湍急，近八百里长，发源于云南的镇雄县与威信县的芒部。经过贵州的仁怀、习水、赤水等地和四川的古蔺、叙永等县，到合江入长江。

都说当今最干净的河流就数赤水河了，到了赤水河，确实觉得此话不虚。身在河中，只见两岸重峦叠翠，从高山奔下来的数条溪流在阳光下泛着金光。船上的人向河里放下木桶，提上水来，用杯子舀起来就喝。人们告诉我，赤水800里，两岸除了酒厂，不准建造产生污染的工厂（说是周恩来再三叮嘱的）。还由于两岸人烟稀少，农民传统上都重视农家肥，很少有废物抛洒河中。他们让我尽管放心喝。为了尊重，为了体验，这时也确实渴了，我喝了一大杯，直觉得甘洌爽口，于是又喝了半杯，刘中宝也喝了一大杯。

现在已是凌晨2点半，喝河水已过去了11个小时。小刘问我：“罗老师，肚子有什么反应没有？”我告诉他没有。他说：“赤水河的水真好喝，还有三渡，到时我们好好喝它一下。”我点着头说：“怪不得我国的美酒大都出自赤水河两岸，光是水，就够好喝的了。”

1985年2月2日　晴

习水县醒觉村

今天我从同民区走到了醒觉村，明天将进入川南古蔺县境。

前天我的日记写到1935年1月28日从拂晓到中午，红三、五军团与敌在青杠坡打得难分难解，朱德也亲临了第一线指挥的情况。这些天，我遍查能找到的资料，又访问了当地党史办的同志，进一步弄清了在这场战斗中，毛泽东、周恩来一直在土城后山大埂上的指挥总部亲自指挥战斗。

1月28日在打到中午还不分胜负的情况下，为了扭转不利的背水战局，毛泽东、周恩来、朱德命令火速调回已向赤水方向北进长江的红一军团二师转头参加战斗。同时，命令立即把军委干部团拉上去支援。在陈赓团长、宋任穷政委指挥下，干部团在青杠坡一个叫漏风垭的山口硬往上冲，每前进一步，都经过短兵相接的搏斗。后来由四营重机枪连掩护，一、二营的指战员头戴钢盔，端着步枪刺刀冲锋，与敌人展开了肉搏战，杀死和杀伤了很多敌人。活着的川军都吓慌了，不断地后退。正在这时，大约有一营前来增援的敌人潜伏在半山小白屋内，被我红军发现。在四营营长韦国清指挥下，我迫击炮连打了几发炮弹，炸死炸伤了一些敌人，其余的溃不成军。我军乘势而上，终于占领了青杠坡战役中最有利的地形——尖山的中段山梁（即灯草池以下）一带，稳住了阵地。

毛泽东在山头上观察战局，称赞道：“陈赓行，可以当军长。”这时原北上进攻赤水县城的红二师跑步赶回增援，到了青杠坡的白马山阵地，立即投入战斗，与干部团协同作战。红军经过连续反击，终于打退了敌人的反扑，把阵地巩固了下来。至此，青杠坡战斗告一段落。说到陈赓，我想应说一下干部团：长征开始前后，不少被“左”倾错误路线打击迫害的人员都调入这个团。由于这些同志作战经验丰富，在战场上受到过多次考验，加上陈赓团长和宋任穷政委的出色指挥，长征路上屡建奇功。毛泽东很多时候随干部团行动。

青杠坡战役，原定是想歼灭尾追的川军郭勋祺的“模范师”，为我军北上入川渡过长江扫清障碍。但这一仗没有打好，主要原因是敌情没有搞准。原先了解敌人是 2 个旅 4 个团，我们集中红三、五两个军团打，完全有把握消灭它。谁知越打越多，才了解到敌人实为 4 个旅 8 个团，结果打成了拉锯战、消耗战。虽然消灭了三千多敌人，我军也牺牲了一千多人。按毛泽东的说法，土城之战（青杠坡战役）实际上是个败仗。临战前，由于红军一路迭遭重创，求胜心切，部队有些轻敌，认为川军和黔军差不了多少，比较好打。实际上四川军阀刘湘的川军的战斗力比贵州军阀王家烈的“双枪兵”要强得多。

当晚，毛泽东提议召集中央政治局几位领导人开会。会上根据当时的实际情况，认为原定由赤水河北上，从泸州至宜宾之间北渡长江的计划已经行不通，决定从土城过赤水河西进，以打乱敌人的尾追计划，这就是一渡赤水的起因。

会后，周恩来当即把工兵连找来，命令该连在赤水河上架设浮桥。周恩来彻夜未眠，亲自去河边督导了三次，还指派当时任红军总部参谋的吕黎平去架桥点检查了 6 次。在土城乡亲的帮助下，工兵连收集到几只木船，又在镇上收集到木材、门板、绳索等，按预定时间搭好了一座供三路纵队渡过的轻便浮桥，保证了军委纵队和红军大部队于 1 月 28 日夜至 29 日黎明在土城一渡赤水成功。红一军团红一师在师长李聚奎、政委黄甦、政治部主任谭政率领下，在九溪口过了赤水。**至此，中央红军全部渡河成功，这就是红军史上著名的一渡赤水。**

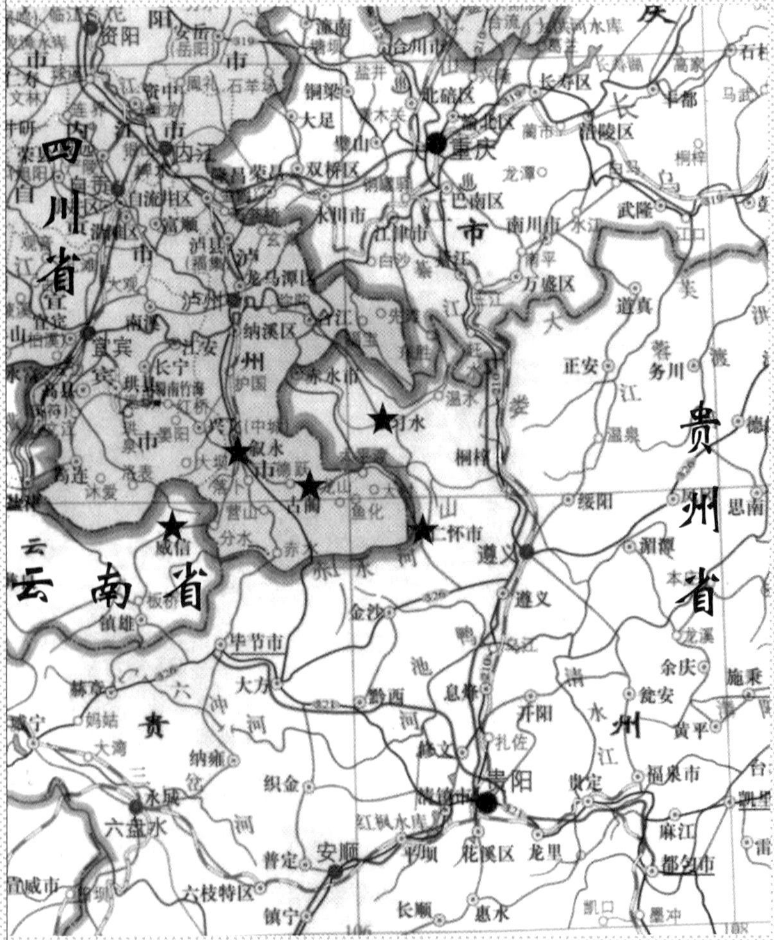

四川省
云南省
贵州省

1985 年 2 月 3 日~1985 年 2 月 26 日

四川省 古蔺县　叙永县

云南省 威信县

四川省 叙永县

云南省 威信县

四川省 叙永县　古蔺县

贵州省 习水县

四川省 古蔺县

贵州省 习水县　仁怀县

四川省 古蔺县

1985 年 2 月 3 日　晴

四川古蔺县太平渡口

今日已走进四川，傍黑走到古蔺县的太平渡，这是红军二渡和四渡赤水的主要渡口之一。

今天一直在赤水河边行进。几天来人们除了热情向我讲述红军渡赤水和与敌作战的生动故事外，谈得最多的话题是这里的交通不便，希望在赤水河上建桥。习水县醒觉村的几位老人拦着路向我反映情况。其中 68 岁的赖名成大爹怕我听不懂他的当地话，就在路边蹲着，在我的记录本上写了如下一段文字："50 年前，毛主席带领红军过赤水有浮桥，50 年过去了，现在什么桥也没有了。老百姓要过河，年年淹死人，盼望早日修一座长红桥。"

赤水河近 800 里，上游是滇、黔、川三省交界，流到中游和下游则是黔、川交界的界河。

红军四渡赤水的渡口是在中下游交界河段。

四渡不是在一个渡口，而是分别在土城、元厚场（当时称猿猴场）、九溪口、太平渡、二郎滩、茅台等 6 个主要渡口。这 6 个主要渡口之间相距有百里多。

▶红军四渡赤水中的一个渡口——太平渡渡口。（罗开富摄）

我从土城走到太平渡的几天里，乡亲们盼望建桥的呼声很高。赤水河同其他江河一样，有它平静的时刻，也有奔腾咆哮的时日。尤其夏秋狂怒无比。河上没有桥，的确是个问题。6个主要渡口大多位于川黔交界地段，只有土城渡口是在贵州习水县境内。但不论那个渡口的两岸，除少数地方外，都通了公路，但通到赤水河附近都断了。土城渡口如此，今晚我走到的太平渡口也是这样。

▲太平渡渡口纪念碑。

为什么不在赤水河上修一座桥呢？有些干部用惯用的辞令回答就是：情况是很复杂的，原因是很多的。

但我这些天经过调查，发现情况并不复杂，原因也不很多。要说原因，主要是两点。一是因为这里没有桥，都是断头公路，领导下来都是坐汽车的，也就看不到，尤其是省、地领导很少到过这里。听不到群众的强烈呼声又不了解真实情况，怎能决断？二是一些职能部门的少数有点权力的人，不是以人民利益为重，而是想怎么干就怎么干，劳民伤财。群众反映到上面，但上边也由于不了解情况，又缺乏真正的监督和检查，最后都不了了之。

土城大桥为什么至今建不起来？分析一下，很容易找到答案。

土城渡口两岸的公路，在1970年已经修通。由于没有桥，从四川去贵州，从贵州去云南的行人和车辆长期靠船渡。洪水期渡船停摆，人和车就只能隔河相望。

◀红军四渡赤水的太平渡口的学生请作者转交给老红军的信。他们都表示要继承红军传统把家乡建设好。

（刘中宝摄）

◀1935 年 2 月，红军二渡赤水打了大胜仗，黄镇当时画了一幅速写，描绘红军战士在向被俘的国民党官兵宣传红军的俘虏政策。

为解决土城渡口建桥问题，1975 年贵州省曾下拨 30 万元，由当地受益地区出劳力，很快将被乌江电站大坝淹没的乌江大桥拆运到土城渡口复架使用。土城等地用了 18 个月，投入上万人次的劳动力，好不容易把乌江大桥拆运到了乌江东边 600 多里处的土城渡口。后来不知道什么原因，上级一个文件，说要把这好不容易拆散、花了 1 年多时间终于运到赤水河畔、就要准备复架的桥，调到土城以西 700 多里外的一个地方去。群众强烈地反映，拼命地呼吁，多方地奔走，最后仍无济于事，桥还是被调走了。

反映没有用，但群众还是要反映。一些老人对我说：凭红军在这里四渡赤水，老百姓曾作过贡献这一点，上级也应该支持和帮助我们建桥。由于群众反映强烈，两年后的 1977 年腊月尾，省有关部门来人到土城商讨建桥问题。那时物资奇缺，几乎什么都需凭票购买。省里一位权不大却管事的人，给他们放下一个水壶和 10 元钱，意思是要当地给买几斤酒和买点东西过年用。哪知这里的干部见到省里的人不容易，何况又是同造桥有关的干部，不禁一阵兴奋，忙着接待，竟把买酒和送礼的事给搞忘了。等想起来时，春节已过。县里知道糟了，赶紧补救，立即专人专款筹集酒、糖等等当时紧缺的商品送上门去，却是“亡酒补牢，为时已晚”。因为这个原因，时至今日，土城渡口的人们还是望水兴叹。

我很感慨，“少了一壶酒，误了八年桥!”这说明了什么呢?

我很愤慨，也很苦恼，实在睡不着。虽然刚才写了一篇“架浮桥，神兵一夜过赤水；盼铁桥，古城群众呼声高”的文章发给了编辑部，但公开见报，好多情况不能写。写了的，估计编辑们还会删去很多。写内参？没时间。

天已快亮了，就此打住。

1985年2月4日　阴

叙永县摩尼寨

四川古蔺县太平渡紧靠赤水河，与对面贵州习水县陶罐区隔水相望。

太平渡口是一个热闹的小镇，我今早离开太平渡前，又一次去赤水河边看了渡口。

渡口矗立着一座纪念红军渡赤水的石碑。紧靠渡口的太平镇，房屋依山势建造，高低相差约200米。店铺里陈列着各种蔬菜、禽蛋、鲜肉、以及日用百货、服装等。入川第一天的所见所闻，就使我深深感到，四川经济搞得活。

太平渡人民对党和红军有着深厚的感情。我从渡口向上刚走了四五十个台阶，就见到一间很小的个体香烟店，门上挂着一块木牌，上写“红军住室遗址”。这使我很受感动，立即拿起照相机拍照。后来才发现，挂“红军住室遗址”木牌的竟有120多家。半山腰的长征街旁，还有当地办的“中国工农红军四渡赤水太平渡陈列馆”。这个陈列馆的展品十分丰富，也很独特。玻璃柜里有许多锯下来的木板，上面写着红军标语。我还见到陈列品中有直径2尺多、约2米长的一截树干。据介绍，红军路过此地时为了不惊扰百姓，曾露宿在这棵树下。树上留有红军煮饭时的烟痕。红军走后，群众悉心保护这棵树。前几年，这棵树枯死了，群众就把它锯下一截，抬到纪念馆保存。

太平镇目前有居民5千，是太平区委所在地。区委书记魏正华说，1984年与1980年相比，全区农业总产值翻了两番，人均收入增加了4倍多。全区8万多群众并不满足现有成绩，许多干部和群众表示，只有把全

◀一定要走红军走过的原路，这是安岗总编辑给作者规定的原则之一，他做到了，但日走夜写，每天走80里左右，身体也累垮了，这是陪同刘中宝在四川古蔺境内搀扶他上山。（新华社记者姜军摄）

▲作者在四川叙永分水山区途中休息。　　（新华社记者姜军摄）

区建设得更好，才能对得起党，对得起红军。

下午我继续沿着军委纵队和红三、五、九军团行军路线，日行95里，从古蔺县走到了叙永摩尼区。

人们都说江南春早，没想到二月的川南也是满眼春色。但在这一片春色中，我见到了一处十分荒凉的地方，这就是古蔺县境内的象顶乡。

象顶乡内有许多小石林似的石灰岩，呈雪白色。据说是被县办硫磺厂冒出的硫磺烟熏白的。我爬上乡政府旁边的牛角尖山，看到山下硫磺厂的烟囱正往外喷放着黄烟，一阵阵呛人的硫磺气扑面而来。据了解，这个乡有900多户农民，原来全乡每年可收桐籽1000担，橘子20多万斤，四季有新鲜蔬菜，还有成片茶树。50年代末，这里建起了硫磺厂，排放的硫磺气将全乡油桐树都熏死了，橘子树也只剩下几十棵，蔬菜种植面积锐减，农民一年四季都要到外乡买菜吃，茶树也都死了，种的水稻和小麦光长秆，不结实。这里的干部和群众告诉我，县里在这里办硫磺厂，不按国家的有关规定处理好污染，造成环境严重污染。群众向上级有关部门反映，可是好多年未得到解决。65岁的农民刘玉伦怕我听不懂他的话，特地在我的笔记本上写道："1978年向上级写过报告，要求解决黄烟影响农作物一事，至今未得到解决。"刘玉伦说，共产党好，红军好，我们希望硫磺厂和上级有关部门学习红军关心人民的光荣传统，管一管这件事。

但愿管事的领导能深入下来看一看，早一点管一管，不然不仅当地老百姓吃苦，时间拖久，类似工厂会越办越多，污染会更大，连赤水河的"清澈美丽"四个字也不能用了。

图为一渡赤水后的川南农村景色。（罗开富摄）

1985年2月5日 雪

云南威信县石坝

今天，是50年前博古（秦邦宪）交权的日子。这在红军史上已有定论。但究竟是在什么地方交的权？今天和当地党史办的同志经过一天的奔波，似觉得没完全搞清，还应进一步调查核实。**目前都说是在“鸡鸣三省”的一个村庄。**根据是1972年6月10日，周恩来在一次会议上谈到，中央红军渡赤水河后，转到川黔滇三省交界的地方，有个村庄名字很特别，叫“鸡鸣三省”。意思是，鸡一叫三省都能听到。周恩来讲得很明确。我到实地一了解，川、滇、黔交界处在周恩来讲话后自称“鸡鸣三省”的村庄不少。那么周恩来讲的是哪个村庄呢？

上午我在川南，当地有关人士告诉我，“鸡鸣三省”村庄在叙永某地。下午我进入云南，当地有关人士又对我说，是在威信的某寨。我问过这两个省的当地有关人士：“对面贵州有没有‘鸡鸣三省’的村庄？”回答也是肯定的。看来我必须和当地党史部门、宣传部门的同志一块深入调查，到现场去看看、听听。记者虽不是权威部门的工作人员，但了解情况和提出问题还是应该的。

今早下雪。早上告别了送我到叙永县的古蔺县委宣传部副部长张继琼后，我提上摩尼区王恩珍、王平、余启莲几位青年昨天用山上采来的药材熬的汤上路了。这些天，我的身体发软，根本吃不下饭，昨晚喝了这种汤，竟吃了半小碗饭。

今天走的基本上是山区。山很高，林木不多，走的都是小道。有时走主路，也走岔开的路，为的是多访问几个村庄。

走到傍晚，刘中宝告诉我已走进了云南，主路走了60多里，岔路走了50多里。我们在云南威信县一个叫西坝的寨子里住了下来。

晚饭后，开完座谈会，刘中宝安

作者在红军经过的扎西（现威信）山路上休息。（新华社记者姜军摄）

排好我写稿的场所后，就到隔壁去了。

我写了个把小时，要查找一个资料，想起在刘中宝那里，就叫了几声“小刘”。见没答应，我就去了隔壁。只见小刘正在艰难地脱鞋。我拿蜡烛移近一看，血淋淋的，鞋子、袜子和肉粘在一起了，他正在一点一点地撕着，想把它们分开。

刘中宝陪我上路以来，用他的话说：“长了25年，还没有吃过这么大苦。”白天和我在一起走路，晚上要安排我写稿的地方，找治病疗伤的医生，还要找乡邮电所发稿，实际上比我还辛苦。我知道他一上路不几天，就满脚血泡，想不到已这么严重。我告诉他一些处治方法后，又帮他用热水敷了一下，分开了肉和袜子的粘连。然后拿来纱布、口罩、消毒棉、药膏等，把他的两脚包好。我嘱咐他，明天只能拖着鞋走，今晚就得去找一双大号草鞋，脚套得上才行。

待我回到木板房，刚写了几行字，小刘提着烧开的大茶壶过来，一边给我续水，一边问我：“罗老师，明天还是主路和岔路都走吗？”我点点头。小刘不解地问我：“红军是分三路向扎西前进的，我们走其中一路就行了。像这两天，我们走了这一路，又岔到那条路上去，这样会多走好多路，会走出二万六千里来的。”

我明白他的意思，但不得不耐心向他解释。我们去遵义会见日本加藤先生，误了时间，必须把少走的路追回来，但最主要的是：这个“鸡鸣三省”的村庄究竟具体是哪个，很值得追寻。自从周总理讲了后，大家都在说，文章里都在写。但我们走到这一带了，都说不清在哪个省、哪个具体的村庄，这就不好交代了。我们认真找了，如果还是确认不了，那也是尽了责任。我说，当时党中央的大印、文件、政治局开会的记录等都装在一担挑箱里。说交权，就是博古把这挑子交给张闻天。没有什么仪式，没有什么繁文缛节，更没有召开什么隆重大会，只有毛泽东、周恩来和几位当事人知道。而他们生前都日理万机，没有再返故地。叫“鸡鸣三省”的村庄有好几个，我们就不得不少点休息，多走些路调查，哪怕调查不清，也尽可能给后人提供一些情况和线索。

刘中宝听着，不时点着头，并表示今夜也要好好看点书，明天帮我忙。

1985年2月6日　小雨

四川叙永县石厢子

1934年2月5日，红军主力从四川叙永的石厢子，经水潦寨进入云南威信水田寨。这一天红军左路军先头部队已从水田寨往前，进入威信大河口宿营。

今天一早，我们在云南水潦寨、水田寨采访。随后就去川、滇、黔三省的岔河口。

山路崎岖，路比想象中的还难走。好在我们走到岔河口时，小雨停了，视线开阔不少，把3个省看得更清楚了。

岔河口的地形如英文字母的大写“T”。如果用它做比喻，上边一横是赤水河，下边一竖叫倒流河，水往西边流。一横的对面是贵州省，以竖为界，右边是云南，与贵州交界，左边是四川，与贵州交界。陪同我们的向导很有文化，他说：上述讲法还不严谨，应当说，竖笔对上去的一横的右边当地叫渭河，左边才是赤水河。

红军长征时，岔河口住有3户人家，分属三个省，隔河相望，相距都在70米左右，几乎成等边三角形。这3户是：云南的罗家、贵州的张家和四川的赵家。云南和贵州的两家早都搬走了，现在赵家仍在原址。赵家的人对我说：“过去这3家都自称‘鸡鸣三省’。外边的人找他们就加个什么省3个字，如果找罗家，就问，云南那个‘鸡鸣三省’庄子在那塔（里）?”

赵家的户主名叫赵再恒，今年66岁。我问他除了岔河口，还有没有叫“鸡鸣三省”的村庄？他说：“我没听说哪里有，不论哪个省的庄子（村庄），离岔河口最近的也有二三十里，山那么高，这个省的鸡叫，另外两个省的人朗咯（哪个）能听到么。”

红军过岔河口的时候，赵再恒16岁。1934年2月3日下午，来了100多红军，都没有马匹。他对我说：“也没有背短枪的，都背着长枪，有一把看上去很重，格是机枪。”他还说，红军是由他父亲帮助摆渡到贵州张家那个村庄去的，以后好多天再没有见到红军，红军也没有在赵家停留。

我们从倒流河摆渡去云南威信，走了10多里，虽然有几户人家，但都是解放后搬来的。我们下午决定到四川石厢子去。据史料记载，2月4日，军委纵队住在那个地方。所以我们又回了倒流河边。

这里只有一只小而旧的渡船，可载四五个人。赵再恒是渡工。倒流河水汹涌翻滚，小船就不能用篙撑，更无法划桨，只能拉住连接两岸的钢索慢慢往前移动。咆哮的河水打得小船直转，惊险异常。更危险的是船不能靠岸，尽管是腊月隆冬，人们也只能脱下鞋袜，跳入水中，走 10 多米，才能上岸。我在云南镇雄采访后，再乘渡船转回来，又需涉水，由于水急浪高，我那疼痛的伤腿站不稳，脚下一滑，倒入倒流河中。若不是我身上羽绒服的浮力和走在我前边的四川叙永县的青年李永祥眼快手疾，一下把我拖住，我很可能被奔腾的河水卷走了。

当地的同志也很想进一步核实“鸡鸣三省”这个村庄，一直陪着我走路和涉水。上岸后，大家连连安慰我，有的把鞋子脱给我，有的脱了毛衣给我，有的把大衣披在我的身上。好在我收集的资料和行李由别人帮我背着，没有受损失。

上岸后走了不久，于下午 2 点多到了岔河村。这是个彝族寨子。当寨子里群众知道我是采访长征路的记者时，纷纷前来看望。许多人希望我把他们感谢共产党、感谢红军的心情写下来，登在报纸上。他们还把珍藏多年的绣花扇袋托我带回北京，并写了一封信。信上说：“谨将彝族 100 多年前家传的绣花扇袋敬献给长征老红军留念，表达我们彝族村寨人民对红军的怀念。”

傍晚，我们走到了四川叙永石厢子，我继续采访，并和大家一块研究讨论“鸡鸣三省”究竟在哪里。

1935 年 2 月 7 日，党中央及军委做出重要决策：暂不渡江北上的地方——大河滩。

1985年2月7日 晴

云南威信县水田寨

今天又起了个大早，我们要赶到云南威信县城去。路上经石里、陇杠、水潦寨进入威信水田寨。

叙永县委副书记袁达明在当地长大，爬山是把好手，已陪我边介绍情况边走了3天。他问我今天为什么走这么快，我告诉他，明天是军委纵队和中央领导进入扎西（今威信）的50周年纪念日。我必须赶上这个时间。

夜里我们在水田寨住下后，又去看了当年红军总部住宿过的花房子、芭焦湾等地的一些革命遗址。向一些老人了解情况后，我回到住屋刚写了几页稿件，袁达明和县委宣传部副部长焦兴久、党史办副主任古高门又一次给我送来了这些天当地找到的一些调查资料，其中还有云南的。古高门已近花甲，他和袁达明都走得一瘸一拐了，我连说对不起。袁达明说："莫看今天绕来绕去走了100多里路，值得！过去我也关心这个事，今天又有了新的体会，把红军史搞准，也得深入再深入。"写完新闻稿，我交给了刘中宝。见时间还早，就翻阅着手头的资料。其中威信县党史办为纪念红军长征集结扎西50周年而编写的材料中有这么两段话，原文抄录以下：

"鸡鸣三省"的确切位置，周恩来同志生前曾查询过，他说："长征中，在一渡赤水后，到了云贵川三省交界的地方，在一个叫'鸡鸣三省'的庄子里，住过一夜，那里，就是博古交出职务的地方。"

据我初步查阅史料和走访调查得知：

1. 军委2月5日21时30分发出电文称："军委纵队第一梯队住水田寨。"

2. 军委机要干部伍云甫日记记载："2月5日晴，由石厢子出发，经水田寨，团匪炮楼二座扰乱，绕道至花屋（房）子宿营，路甚难行（3里路约行3小时），23时半才到，与二科合住房子。"

3. 军委作战参谋吕黎平同志回忆："土城过河以后，我们就没有再沿赤水河边行军，因为沿河走目标太大，容易被敌人的飞机发现和攻击……'鸡鸣三省'那个庄子，在我的记忆中，它的具体地点，不是在贵州、四川地界，而是已进入云南的管辖范围。"

4. 军委总部通讯学校负责人曾三同志回忆："记得我们刚进入云南不

久住了一晚上，中央在那里开了一个会，说是那地方叫‘鸡鸣三省’，说鸡在一个什么地方的山上叫，三个省都能听到。”

5. 水田寨是石厢子到扎西必经之路，据周恩来警卫员魏国禄回忆：“对水田印象很深，当时水田（寨）是深山老林”等。水田寨素有“鸡鸣三省”之称，州志记载“深入川黔之间，状若鸡嘴”。2 月 5 日，中央总部由叙永石厢子出发，第一次进入云南，当晚宿营于水田寨。

汇集各种资料、史料和我的调查来看，真正称得上“鸡鸣三省”的地方只有一个，这就是三省交界的岔河口。但据当年已 16 岁的赵再恒的回忆和肯定的回答来看，那里也不是交权的地方。因为红军总部住宿或休息的地方，至少有手枪警卫队、众多马匹和架设的电台、电线等物件，具备这些条件的地方目前看来只有三处，两个是在四川的叙永，即石厢子、水潦寨，另一处是云南的水田寨。到目前为止，当地研究红军史的同志倾向于在水田寨交权的居多，但有一件事无法说服人。

这件事就是遵义会议后，党中央的总负责人仍旧是博古。由于博古的思想还没有根本转变，已很难适应敌兵重围下的新形势，加之高层干部中，早有改变党中央主要领导的想法。张闻天首先向毛泽东提出了这个问题，并提出由毛泽东担任。毛泽东同周恩来商量，周恩来也力主由毛泽东担任。毛泽东不同意，在和周恩来、张闻天商量时，毛泽东说：“这个时候，还

▼这是罗开富在云南扎西(今威信)向苗族群众采访。

是洛甫合适。”理由是遵义会议前，张闻天就对博古、李德的军事指挥提出过尖锐批评。会上，他又作了反对错误军事路线的报告，部队上下对他反应很好。

我认为毛泽东还有一个更深的原因没有说，这就是有利于团结从莫斯科回来的同志，也好向共产国际交代。

张闻天和王明、博古等人在莫斯科中山大学留学期间是亲密的同学。回国后，张闻天很快就担任了中央宣传部长、政治局常委。张闻天是一个事事以革命利益为重的人，对党和革命事业心无二致。在实践中，张闻天渐渐感觉到党中央的政策有些过“左”，应当纠正。博古却认为是正确的，应坚持和坚决贯彻，这就产生了分歧。1933年秋，李德到了中央根据地，进一步推行“左”倾冒险主义的军事方针，更加深了张闻天与博古等人的分歧。1934年1月，张闻天被排挤出党中央，调任人民委员会主席。尽管如此，由于当时红军高级干部中不少是从莫斯科学习回来的，况且当时王明还在共产国际当代表，共产国际对毛泽东还有误解，**此时由张闻天担任党的总负责有利于大局，有利于团结。**

张闻天任中央总负责人，是经过毛泽东、周恩来、张闻天3人事先研究，然后交中央政治局讨论并获得通过的。这段党史已有定论。**只是博古是2月4日，还是2月5日交的权？还有必要进一步查证。**

我从一些史料上看到，1935年2月4日，留在中央根据地的项英曾致电中央，批评中央“自出动以来无指示，无回电，也不对全国部置（署）总方针”。2月5日，项英又来电提出关于中央根据地的行动方针等问题，要求“立复”。为此，张闻天立即召开了中央政治局扩大会议进行了讨论，并于“当天复电项英”。

从以上情况分析，5日当天张闻天就代表中央复电给项英了，他应该已是党的总负责人了。**而2月4日，中央领导和军委纵队驻在四川石厢子，5日由这里出发经石里等地，傍晚才进入云南扎西水田寨。如此看来，博古交权应在四川石厢子，而不是在水田寨。**

对于我的分析和疑问，古高门等人也有同感。今晚他还对我说：“中央有关部门去年曾派人来调查，没有最后肯定‘鸡鸣三省’是哪个村庄。”所以今晚我写了篇“寻访‘鸡鸣三省’”的稿子，最后写道“记者提出这个调查材料，目的是供研究党史的同志参考”。

1985年2月8日　阴

威信（扎西）县城

今早离开水田寨，按50年前军委纵队进军的同一路线和同一时间，经大河滩于中午走进威信县城（当时称为扎西）。

大河滩不大，三面是山，人家不到百户，离县城威信不到30里。史书上提扎西的多，提大河滩的少。其实，我今天在大河滩走访中了解到，中央**在大河滩召开了中央政治局扩大会，并做了一个很重要的决定：暂不渡江北上。会议认为："我野战军应以川滇黔边境为发展地区，以战斗的胜利来开展局面，并争取由黔西向东的有利发展。"会议指出：野战军目前的中心任务是"用一切力量战胜云贵川的以及蒋介石的部队"，这个决定是以中共中央政治局、中革军委（中央革命军事委员会）名义做出的。**

做出这个决定的背景是：3天前敌人已重兵封锁了泸州至宜宾间的长江，川军出动10多个旅的兵力对红军进行堵截。国民党中央军及滇、黔各军，也纷纷向川南靠拢。而我红四方面军正在陕南作战不能回援，红二、六军团面临优势敌人的进攻，也无力策应中央红军渡江。中央军委于是毅然决定暂缓渡江，命令各部向扎西方向集中，以便在川、滇、黔三省交界一带，利用敌人的矛盾，相机克敌制胜。

▼红军走过的天险——两合岩，20世纪80年代已修了穿山隧道。

威信四面环山，远山层层叠叠，近山树木葱茏。进城前，我站在高崖上看到，威信县城建在平坡上，是典型的山城。走近城后，感觉街道很密，其中五六里长的一条主街伸向远处，似伸进了森林，进入了白云，给人一种气势不凡的古朴和生机。

这些天我什么也不想吃，连盐水也喝不下。当地安排我饭后参观纪念馆，再去参加纪念中央红军进驻威信50周年的大会。刘中宝怕我拖不动了，逼着我

◀扎西红军烈士纪念碑。

▼扎西会议陈列馆。

喝了半碗稀饭，吃了几根咸菜就出发了。

扎西会议纪念馆坐落在一片山坡上，是一个很大的中式庭院，院中还有几个一坡一院。当时这座建筑是江西会馆，大门颇为高大。我见到的这座建筑是1984年修复的。一坡一小院之间有树木，还有田园。毛泽东、周恩来、张闻天都曾在这里住宿。我看到他们的房间里墙上挂有手枪套、草鞋、干粮袋、斗笠，也有油布雨伞。木桌上有马灯等。中央政治局召开会议的房屋内，无漆的长木桌已变成了灰黑色。

在扎西，中央军委召开了扩大会议，讨论了战略方针问题。毛泽东提出了“回师东进，再渡赤水，重占遵义”的战略方针。会议决定再次整编机构，干部层层下放，加强基层连队的思想政治工作等。还有一个议程是通过遵义会议决议并传达。我过去的印象是，遵义会议后决议就传达了。今天在这里，我才了解真实的情况是20多天后，决议在扎西定稿，然后传达的。我明天得进一步向参加会议的老红军了解，认真学习，核对些材料，因为这是历史，必须认真。

下午6点多，我从庆祝会场回到住宿地，看到了日夜想念的12岁女儿菲菲，还有一同来的云南省经委的盛副主任等人。他们是从昆明专程赶来看我的，我十分感谢他们。女儿讲着3天的日夜兼程，翻越乌蒙山区惊险异常的情景，我激动得眼睛湿润了。

今天在威信，还见到了新华社记者姜军，他是特意从北京赶来的，从今天起要和我一同走路，深入采访，了解我的情况。我向他致谢并向他表

▲云南扎西（今威信县）是中央政治局在长征路上举行重要会议的地方。图为扎西会议会址。

示慰问，因为这里的路难行，也难找到我。他是一路独行、一路辗转，坐火车、汽车、拖拉机，一路问来的。见到姜军时，他的身上沾着不少黄泥，嘴唇上起了血泡，一脸疲惫。

1985年2月9日　阴

威信县大山乡

今天一早，我们去了威信县的院子、罗妮、大山三个乡访问。山峦重叠，路很难走。想不到的是逢河都是断桥。好在正值枯水期，水不深，有些河中还垫有大岩石可供人跳蹬。

这些河并不宽，大都20至40来公尺。据了解，河上原来都有木桥，只是今年雨季涨水，桥被冲垮了。夏季，这3个乡同外界联系中断。秋、冬、春的生产资料和生活用品的供应以及农副产品的出售都成问题。群众自筹一点资金并出劳力，每年冬、春砍下很多大树架桥，秋、夏又被冲垮。一些乡干部说，现在大树难找了，农民也懒得架了，大家只好都在河中跳蹬。我问他们，这多影响生活和生产啊，为什么不架水泥桥？乡里的同志说，那也是他们的理想，只是没有钱。据说这里农民人均纯收入仅200多元，1984年全县机动财力只有70多万元，不大可能拨到乡里建桥。新华社记者姜军和我感触都很深：不到大山里走一走，看一看，真体会不到贫困地区为什么贫，大山里虽有山珍，却难变成钱。想致富，快修路，的确是一条真经。

昨天和今早访问了几位老红军，加上红军在扎西活动的史料较多，经学习和研究，我今天才弄清楚：**遵义会议的决议由张闻天起草后，一直是个草稿，直到扎西的大河滩才交由政治局委员分头传阅开会通过的。草稿的题目是“反对敌人五次‘围剿’的总结的决议”，副题是“检讨博古、周恩来、李德同志军事路线的错误”。**

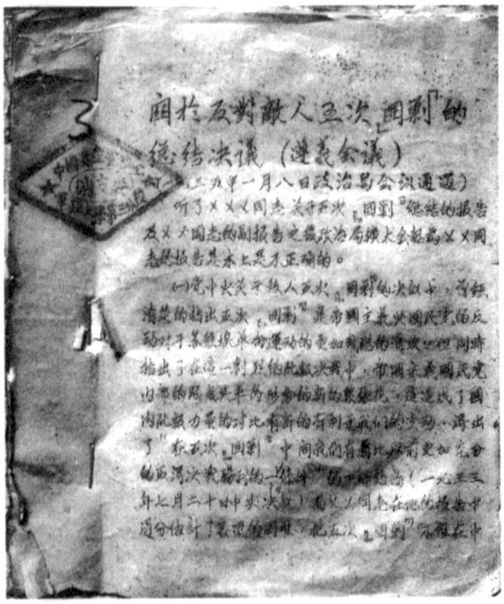
関於反對敵人五次「圍剿」的
總結決議（遵義会議）
（一九三五年一月八日政治局会议通過）
听了×××同志关于五次「圍剿」總結的报告及××同志的副报告之後政治局擴大会認為××同志的报告基本上是不正确的。

▲遵义会议通过的关于反对敌人五次“围剿”的总结决议(抗日战争时期的油印本)。

据说，周恩来看后，没有说什么，交给了毛泽东。毛泽东看了标题后提出：作为文件，可指名道姓，但如果向下传达似应将名字隐去，用×××同志为宜。陈云看后说：这样虽好，但李德的名字隐不隐去，应斟酌。毛泽东听了后表态：李德大名应留着，他是代表人物，不然，没有一个针对性。题目就这么定了下来。会上决定，内容定下后立即向干部传达。

1985 年 2 月 10 日　阴

威信县

50 年前的 2 月 10 日是个重要的日子。这天，毛泽东在中央军委扩大会议讨论战略方针等问题时，提出了“回师东进，再渡赤水，重占遵义”的建议，与会同志一致同意。

这天会议还做出了一项重要决策，决定再次整编机构，干部层层下放，加强基层连队的思想政治工作。下午 2 点，中央军委在扎西发布了《关于各军团缩编的命令》。主要内容用甲、乙、丙、丁分为四项。

甲项规定的主要内容是：一、三军团都取消现有现成师部的组织，按新颁布团的编制编为四个团；五军团编为两个团；九军团将现有人数的五分之三编为一个团进入五军团成为第三团，其余的人数编入三军团。

乙项是要求在实行缩编工作中，各军团应在干部战士中进行必要的解

▶红军一渡赤水走到云南扎西(今威信)整编时，得到苗族同胞的大力支持和帮助，如今生活越来越好，这是她们向记者表演刺绣。(罗开富摄)

释与充分准备。

丙项规定各军团补充的新兵一般都应充实到战斗连去，惟大烟瘾尚未戒掉的新战士，仍留在新兵连培训。

丁项规定是要求各军团利用休息时间进行缩编，其日期由军委个别命令规定之。

为什么要这个时候搞缩编？我以为原因主要是两点。

一是中央红军在扎西的活动时间先后有 11 天，红军全力休整了 4 天，这是难得的机会。

二是形势仍很严峻。蒋介石与川、黔、滇、湘军阀势力虽然各怀鬼胎、矛盾重重，但这时为了各自的利益，相互勾结，加紧了对中央红军的追堵。蒋介石共调集了嫡系吴奇伟、周浑元、滇军孙渡、黔军王家烈、川军郭勋祺、湘军李云杰、李韫衍部为七路纵队从四面八方向川南和滇东北的扎西压来，妄图“聚而歼之”。

在这种形势下，中央红军精简机关，精简了从江西一直抬到扎西的德国造的 X 光机等笨重物资，提高了部队的机动能力，增强了部队的战斗力，为以后的三渡赤水，冲破敌人的围追堵截创造了条件。

中央红军在扎西的休整也给我带来了好处，我也可以休整了。威信人民医院的大夫针对我全身发软、什么东西也不想吃的状况，在 2 月 8 日晚上就派出医生给我做身体检查、会诊。认为是因为长途行军，出汗太多，盐水补不上去，造成了体内电解质失衡所致。

姜军和刘中宝告诉大夫，让我能多喝点盐水就好了。医生对他们说，从理论上讲，出汗多，要多喝盐水，搞体育的就采取这个办法。但对长期出汗、连续出汗的人来说，盐水喝多了，就反胃，就喝不下去，即使硬喝也补充不了长期的损伤。当晚，医院的医生张远铭、胡常青、骆金香三位大夫守着我，让我一面写稿，一面输液。当天亮我醒来时，大夫们还在我身边研究治疗方案。

今晚，大夫们又给我输液，所不同的是又增了人。他们在研究什么呢？原来是红军长征的进军路线和时间。他们觉得再往前走，不少地方别说离县城远，连村庄都难找，雪山草地，人迹罕至，时间达两个多月，到哪里去输盐水？他们对我说：从医十多二十年来，还没有碰到过这种天天只能休息三四个小时，天天流汗，根本没有时间消除疲劳，也喝不下盐水的病例。他们想尽快研究出一种配方，能像感冒冲剂那样让我带在路上，每天早晚各喝一包，以满足对缺盐的需要，使体内电解质平衡。

望着这么好的大夫，我全身充满着温暖。我在想，即使研究不出来，今生我都会感谢威信县人民医院为我日夜操劳的医生和护士。

1985 年 2 月 11 日　阴

威信县

毛泽东长征到达陕北后，曾经向世人宣告：“长征是历史纪录上的第一次，长征是宣言书，长征是宣传队，长征是播种机。”

中国工农红军长征的胜利向世人昭告：中国共产党人是不可战胜的。红军用自己的行动证明，它是人民自己的军队，所以处处受到人民的拥护和支持。在遵义，有五千多青年自动报名加入了红军。在扎西，又有三千多汉、苗、彝等民族的青年加入了红军队伍。

▼红军在战斗间隙帮人民收割庄稼(聂荣臻摄)

从遵义到扎西，从史料、资料，从访问到的当年中国工农红军川滇黔边区游击纵队队员的口中，我进一步了解到，川滇黔边区游击纵队，就是党中央率领红一方面军进入贵州、四川、云南三省时播下的一颗革命火种。

1935年2月10日，中央军委颁布的《关于各军团缩编的命令》中有一条重要内容，这就是“其一部经过宣传与选拔可成立游击队在地方活动”。根据扎西会议的决策，在扎西召开了一次抽调留地方坚持游击武装斗争干部的会议。周恩来亲自到会作了动员。他指出：“我们共产党就是要坚持抗战，不抗战就没有出路，我们的民族也就没有希望。”“但是我们目前有许多困难，蒋介石还在打内战，要消灭我们，我们一定要冲出去。”“因此，中央决定机关要精简，伤病员要安置，部队要充实轻装，并决定抽调你们在这里成立一支游击队。一要打击牵制敌人，配合中央红军北上；二要安置和保护好伤病员；三要建立革命根据地。大家要服从中央的决定，高兴地在这里战斗。”

当年任红三军团司令员的彭德怀在“自述”中也讲了这段历史。提起“自述”，我就会十分激动。我见到尊敬的彭老总是在1966年的成都，那时他任西南三线建设的副主任。十年动乱期间，彭德怀遭到残酷迫害，丧失

▼中央红军总部在云南扎西的宿营地之一——石坎子。

人身自由，被长期“专案审查”，直至含冤逝世。粉碎“四人帮”后，彭德怀的冤案才得到平反。彭德怀为了回答专案组对他提出的许多荒诞无稽的质问，用叙述自己经历的方式，对种种诬蔑之词，作了义正辞严地驳斥，这些材料是他光辉一生的生动写照。在由“彭德怀编辑组”整理出版的《彭德怀自述》一书中，彭德怀说：“当时中央军委命令，从三军团抽调三四百人，派得力干部率领，在川、滇、黔边创新根据地，我们照办了。抽选了四百余人，派师政治委员徐策同志率领，在军委指定地区进行游击战，创新根据地。”

在威信看到的史料上记载：**1937 年 1 月，边区特委和纵队领导人，除被敌军抓俘关押外，其余英勇牺牲。纵队主体斗争虽然遭到了失败，但特委和纵队组织发展的云南、川南、贵州游击支队，仍然在川滇黔边区继续坚持着艰苦的革命游击武装斗争。由于历史的原因和当时特殊的环境，他们在与党组织失去联系之后，在极其艰苦困难的条件下，坚持斗争 12 年。最后虽然在国民党反革命“围剿”下遭到失败，但他们英勇顽强，宁死不屈，为党和人民的革命事业做出了贡献。**

1985年2月12日　阴

四川叙永县分水岭

今天我看到了红军回师遵义的两个电令，一个是1935年2月10日19时30分发出的。电令中说：“军委认为我野战军目前在扎西地域伏击滇敌安旅一部已不适宜，而应迅速脱离川敌与滇敌之侧击，立即于明11日转移到雪山关及其以西地域，争取渡河先机，并准备与薛岳兵团及黔敌为主要作战目标。”

当天22时的电令要求五军团主力、九军团一部于明日伪装我军主力向西南佯攻镇雄，以掩护我野战军主力向东南转移。

第二天，即2月11日20时，军委命令各军团向赤水河东发展。

按照军委的部署，2月11日，红三军团开始由扎西向双河场、分山岭回师；12日，红一军团由扎西到达双河场的大坪；红五、九军团向大河滩、石坎子东进，佯攻滇军，在12日傍晚到达镇雄大湾老场坎子口时与刚到大湾的滇军鲁道源旅接火。激战数小时后，鲁旅败退，红军即返回石坎子；军委总部及殿后部队回师大河滩。在这期间，红军部队喊出了“赤化

▼1936年2月在长征途中王震同志(前排左一，时任一方面军六军团政委)与苗族人民在一起合影。

▲云南省扎西（现威信县）是中央政治局在长征路上举行重要会议的地方。50年后的当天，当地双河区天池苗族乡苗族妇女杨德珍（左一）把全寨十多位妇女花了两年多绣成的绣花衣和一副绣花飘带交给作者，请他带回北京交给老红军以表示感谢和想念之情。这是县长李秉洋（中）在读苗族群众致老红军的信。（刘中宝摄）

云贵川，打回遵义去”的口号。

今天，我按当年红军离开扎西的时间和红三、红一军团的行军路线从威信出发，夜宿四川叙永的分山岭。

昨天晚上下雨，道路泥泞打滑，虽然还是春节前的数九寒天，也只能穿草鞋一脚泥一脚水地行走。走时出汗，稍一停脚，就冻上心来。虽然艰苦，我和姜军、刘中宝想想红军，都觉得这点算不上什么了。再说我们在沿途看到的一些学校，条件很差，就想到，我们这代人应该艰苦奋斗。

中午，我们经过威信双河区，看到一所中学已盖了两层高，还没封顶，里面已有学生在自习。窗门不全，听说这样上课已两年多了。一位手上生满冻疮的女生很知足地对我说：“叔叔，我们的学习条件算不错了，有些小学还在四面透风的篱笆墙里上课呢。”

夜阑人静，心潮难静。红军在扎西的艰苦转战，扎西人的勤劳、善良和处处为他人着想的一件件事涌入脑际。这些天，威信正在纪念党中央和军委率领红一方面军长征集结扎西50周年，从北京到有关省、市、区，来了不少老红军和宾客，县里接待工作十分繁忙。但在我清晨离开时，县长李秉洋还是赶来送行。他手里捧着一面经历过风雨的大红旗交给我，红旗上绣着镰刀斧头，上写“中华苏维埃共和国中央革命军事委员会总司令部”21个大字。另外附有一封县委、县政府的信。我双手接过红旗，展开信纸。信上写道：“这军旗是长征胜利的象征，是全国人民翻身解放的希望。红军战士举着它，反动势力望风披靡；穷苦人民看见它，欢天喜地。愿你带上红旗，沿着红军长征路，走出中华民族新一代的志气。”我一字一句地读罢，心情十分激动。

当我接过红旗正准备上路时，一位苗族女同志来找我。她名叫杨德珍，是双河区天池苗族乡农民。她交给我一件绣花衣和一副绣花飘带。她说，这是苗家儿女十多人，花了两年多时间绣成的。上面绣的石榴花，象征党的十一届三中全会以来，我们苗家火红的生活；环环相扣的图案，表达了苗家紧密团结在党中央周围的心愿。苗家对党、对红军的感情千言万语说不尽，且用千针万线来表达。请你带到北京交给红军老战士，祝他们春节快乐，健康长寿。她指着飘带说，当年苗家父老乡亲曾用这样的飘带揩干了红军伤员的血迹，你带在身边，会感到苗族人民在支持你走完长征路。

面对威信这么好的领导和群众，正在和我告别的女儿菲菲激动得闪着泪花，她说：“爸爸，长征路上的叔叔阿姨真好。”我依依不舍地一面给她擦着泪水，一面说：“谢谢云南省经委盛伯伯等把你送到扎西，回去后，要好好学习。你都看到了，路上的人都很关心我，告诉你妈妈，也让她放心。”

1985年2月13日　阴
叙永县营山乡

兵马未动，粮草先行。长征中的红军，粮草是怎么筹备的？采访长征路开始的几个月，我主要是注意对当年战斗和战场遗址的采访，后来经历了广西老山界上找不到吃的、饿得用备用药充饥后，开始注意采访红军当

◀福建也是红军长征出发地之一，图为古田会议会址。(罗开富摄)

年粮草是如何先行的。

越采访，越激动：**红军指战员为筹备粮草，付出了多么大的牺牲。他们创造了奇迹，而这种奇迹也只有中国共产党领导下的军队才能创造出来。**

▲四川叙永县就是文中提到的红军经过橘子林不吃橘子的地方。

通常的说法是，中央红军（即红一方面军，当时所发的电令中称野战军）长征是从江西瑞金以西160多里的于都河畔出发的，其实，这指的是红军出发的集结地。实际上中央红军的长征途经11个省、区，其中包括瑞金以东的福建。红军三军团等部队大多是从福建的龙岩、上杭、长汀、清流、宁化等地出发去江西于都河畔集结的。从于都河畔登程前，我去了长汀、宁化、清流等地采访。从这些地区出发直到走出江西的大余县，当时都是红色区域，筹集衣被、粮草、药品还较好办一些。从进入湖南西南部开始，困难就越来越大了。不仅因为山高路险，少数民族地区人烟稀少，更主要是国民党反动派和地方军阀对共产党和红军的恶毒攻击和宣传，使老百姓对红军产生了恐慌。红军每到一地，许多人闻风而躲。这给红军筹粮带来了极大的困难。

前些天，我一渡赤水过叙永，今天踏着红军的足迹回师遵义又过叙永，许多人都向我讲述了红军虽然饥饿，仍不随意动老百姓一个橘子的故事。

这件事就发生在我今晚住宿的营山乡。红军当时不仅有3万多人，还有不少马匹驮运物资、作首长的坐骑。西南山区草料相对好找，就是粮食难寻。

叙永县党史办副主任古高门告诉我，红军筹粮一般以师、团为单位，以团为主。中央红军在叙永过往持续15天，村里土豪的粮食被先头部队“打”光了。等红五军团一支部队回师遵义再经营山乡时，已两天没有吃上饭。先遣队找不到老百姓，只好采用最后一法，带上钱进老百姓家去找粮，然后按市价把钱放上。这支筹粮队的姓罗的负责人进了一户人家，就看到米缸旁边放着一张条子，缸里放着钱。条子上写的大意是：主人家，对不起，我们是红军，因为几天没吃上饭，吃了你家一些粮食，现按市价留下钱，请查收，实是对不起。落款是红一军团某部。

他们又走了一家，这回看到的是两张字条了。一张是写给户主的，另一张是写给红军后续部队同志们的。大意是请不要再动米缸里剩下的粮食了，要留给户主自己吃。

这支筹粮队在几个村庄都找不到粮食，部队吃不上饭，只好继续找，刚爬上一座山，就看到一大片橘子林，枝头上挂满了橘子，只有一个老人看守。他见红军在橘林穿行，主动地说："红军先生，想吃橘子就摘吧。"先遣队的人觉得这个老大爷有点与众不同，很厚道，但热情中却带着惊慌。大家觉得奇怪：看老大爷又穷又瘦，怎么会占有这么大片橘林？问他，他躲躲闪闪，只是说，红军先生，饿了想吃就吃，别管是谁的。

后来，红军找了一些老百姓调查证实，这橘林是永宁府（即叙永县）"张老爷"的，看林的老人是他家的长工。先遣队向老大爷说明：红军是老百姓的队伍，打土豪为百姓求解放。先遣队把橘林没收后，划成了几片，插上木板，上面分别标明：留给当地群众采摘的，先头部队采摘的，后续部队采摘的，殿后部队采摘的。我们平时也许会说：水果当不了饭，但在那特殊的艰难饥饿中，橘子为部队充了饥，为二渡赤水加了油。

这件事已过去了50年，当地群众也讲了50年。古高门对我和姜军说，当地谁要是侵害他人利益，犯了群众纪律，老人们马上会站出来指责："看你这个样哪成？民国二十五年春，红军过永宁府，饿死都不侵占老百姓一把米。打了土豪的橘子，先分给老百姓，咋不学着点？"

我们听了很受启发：红军遵纪爱民的丰碑，不是靠口号而是靠行动树立在人们心中的。

1985年2月14日　晴
叙永麻城乡

昨天走了110多里，今天走了90多里，连走3天，姜军的脚走出了好几个血泡。

说实在的，我和刘中宝很佩服姜军。他刚从大学毕业，再过几天就是春节，他放弃了与家人团聚，赶到这里来采访，实在不易。他不叫苦，不喊累，每到一地，不论是住农家，还是住乡政府，他总是等其他人安排好了，自己有时找捆稻草，盖件大衣就将就了。今天的路都在高山峻岭中，上坡下坎，满身是汗，一脚是泥，他一步也没落下，只是一瘸一拐走得稍慢一些，他为此很感内疚。他对一起行进的叙永县委副书记袁达明和宣传部副部长焦兴久说："影响大家走路的速度，拖了后脚。"袁副书记对他的行动很表赞赏，对他说："你朗咯这么讲，你这么年轻，文化又高，能自觉到基层来了解情况，不容易啊。你这么能吃苦，再过几天走顺了，就会变成拉前腿的人了。"袁副书记风趣幽默的鼓励使大家情绪活跃起来。

叙永县和威信、古蔺、习水等地都处在川、滇、黔交界处，虽然道路崎岖，不大好走，但风景的优美和干部群众的好客，绝不是坐在办公室可以想见的。这里的景观有些立体：平地较少，从山沟爬到半山腰，是云雾，穿过后，是雪地。下山，又得穿云雾，翻过几道山梁一下坎，就会看到望不到边的正在萌发嫩叶的树木，还有初开的叫不出名的五颜六色的野花。这时，不由得想起古人"庭树生新绿，山花笼淡烟"的诗句，也许就是在这里吟出来的。

向导们对我们的欣赏不以为然，说："这算啥子么！"他们如数家珍般地向我们讲了川南的无数景区，可惜忙着走路，记不下来。但我们相信，

▲在叙永县麻城乡，县委副书记袁达明向作者赠送年糕片。

正因为这里交通闭塞，原始的风貌、古代的重要文物和景点保存就会完整得多。我相信再过几年，“看风景，川南行”就可能是城里人的旅游项目。

这种旅游不仅仅是看风景，当地还有许多特产。有一个药膳，是很独到的产品。昨天中午我们经过叙永的枧槽乡，看到一种很奇特的鸡：长着凤头羽、玫瑰冠，公鸡颈羽呈红色，还镶有黄边。腹羽为黑色，其余部分为紫蓝色。抓起一只，看到喙、脚、皮都是乌黑的。据说骨也是乌黑的，肉色浅黑。因为这种鸡产自枧槽乡的苗族聚居地丰岩，所以被称为丰岩鸡。

乌骨鸡不少地方都有，但丰岩鸡的奇特之处除具有滋补的共性外，还具有治风湿的特效。民间验证已是不争事实，县有关部门的鉴定也有据可查。我了解到：这种鸡认水土，目前只能在丰岩自繁、自养，换个地方饲养，药效就差了，所以成都、泸州、宜宾等地慕名前来求购的人很多，但都很难买到。

还有一种酒，产于丹山，为橘黄色低度酒。县委办公室副主任何大石对我说：“吃鸡怕犯纪律，再过5天就是春节，尝口酒算是我们叙永人为你们迎春，格好？”

我们几个都尝了一口，不像黄酒，也不是药酒，更不是白酒，只觉得绵甜、醇厚、余香不绝，吞下后有点像《红楼梦》中所述“琥珀杯倾荷露滑”的感觉。据介绍，酿此酒用的水是丹山紫霞峰的泉水，用料以上等糯米为主，加上当地特有红粮和其他秘不示人的10多种原料酿制而成。去年经中国红楼梦学会和曹雪芹研究会专家学者研究和品尝后，大家一致将此酒以《红楼梦》十七回中“杏帘在望”的“稻香村”命名。据四川省有关部门测试，稻香村酒除含有多种维生素外，还饱含人体所必需的多种氨基酸。向导对我说：“不是我说话不礼貌，还有些功效没测试出来，我们干活累了，有时筋骨酸痛，喝上几口睡个觉，第二天起来就没事了。”不过，可惜的是每年只能产250吨左右。虽可扩大生产，但据说那些秘不示人的原料还大多是野生的。当地人说，要是降低质量扩大生产糊弄人，最后必害自己。我们很佩服山区人的质朴和眼光。

▶1936 年 7 月毛泽东与贺子珍在陕北保安。（斯诺摄）

1985 年 2 月 15 日　阴

古蔺县白沙乡

我从贵州太平渡一渡赤水进入四川古蔺县不久，就听说长征途中贺子珍在古蔺分娩的事。今天我们从叙永县麻城乡出发，沿军委纵队回师东进的路线，经小水，走 80 多里到达古蔺白沙乡住宿。

进入古蔺白沙乡后，就听说贺子珍分娩的地方是在上榜村。我们决定去访问。

根据我手头的一些资料，加上记忆，**毛泽东认识贺子珍是在 1927 年 10 月**。那时毛泽东率秋收起义部队上了井冈山的茅坪，地方武装的头领袁文才、王佐和永新县的头面人物为毛泽东在步云山接风洗尘时，毛泽东认识了在座的贺子珍，并对她留下了深刻的印象。

贺子珍出生在桂子飘香的江西永新县禾川镇，原名贺桂圆。长大后，她不喜欢“桂圆”二字，改名为“自珍”，人们称她为“子珍”，她觉得这个“子”字写起来方便，人们又常说她美丽中透出一股巾帼豪气，就认了子珍为名。

毛泽东和贺子珍在井冈山的艰苦岁月中，共赴艰险，建立了感情，1928 年 6 月，他们在茅坪的象山庵结婚。

长征路上，毛泽东在军委纵队，贺子珍和董必武、林伯渠、谢觉哉、徐特立等随总部卫生部休养连一起行动，贺子珍很少见到毛泽东。从毛泽东身边的警卫和参谋的回忆录来看，一渡赤水后，他俩只在“鸡鸣三省”的一个村子里会过面，那时贺子珍快要分娩了。

去上榜村，要离开大路，走的大多是弯弯曲曲的小田埂。我们爬了一个台地又一个台地，快到山边时才找到这个村庄。当我们说明来意后，村里人找了几位老婆婆领我们到一家有两进深的平房里，对我们说：“这里就是那位女红军生娃的地方。”

我们环顾四周，这是川南一般的住房，柱子和瓦楞木已呈灰暗色，表明房子的年龄已很老了。屋里陈设很简单，一张小而单薄的八仙桌，三只长凳和靠墙根的一些用具。其中一位大娘告诉我们：那时对红军一点不了解，红军第一次打这里过，才知道红军是打川军的。川军最坏，欺压百姓，老百姓才打心里喜欢上了红军。红军第二次来时，快过大年了，听说有个女红军肚子痛得不行了，要生娃，我们不少人就到这间屋来帮忙。

当时，她们按当地的风俗，在四面墙上挂上红布，点上清香，为孩子祝福。贺子珍就在这里生下了一个女儿，这是她第四次分娩。在烽火连天的日子里，前三个除一个不足月夭折外，其他两个孩子一个寄养在福建龙岩山区，另一个寄养在瑞金是个男孩，名叫毛毛。毛泽东夫妇长征前，把这个男孩托付给了贺怡（贺怡是贺子珍的妹妹，贺怡的丈夫毛泽覃，是毛泽东的弟弟）夫妇。

贺子珍生在白沙的这个女儿，吸了母亲两天奶，还来不及见父亲一面，也来不及取个名字，母亲就去赶部队二渡赤水了。从此，贺子珍只剩下思念的泪水，留下和女儿分别亲吻时如刀绞似的情感了。

这个孩子后来怎么样了呢？当地许多人告诉我们，孩子就寄养在这一家。这家人对孩子很好，借米熬米汤喂养了几个月，长得很好，后来孩子被人抱走了。抱哪里去了呢？过去没人过问。也有人说夭折了，但村里许多老人不相信。

据当地党史办的同志告诉我们，当时成都一家报纸登过，说毛泽东在古蔺留下一个女儿。我们没有见到当时这份报纸，如果属实，敌人会不会对这无辜的孩子下了毒手？这家农户的老人不在家，说过些天才能回来。我们要赶路，只好留下许多问号和感慨离开了白沙。

1985年2月16日 阴

古蔺鱼丰村

昨天，我们从古蔺县上榜村出来，走到天黑才到达白沙乡政府所在地。今天紧追快赶，傍晚到了鱼丰村。这里已靠近赤水河，50年前的今天夜里，毛泽东就在鱼丰村的一座瓦房里住宿。

我每天写完新闻稿后，总要对照一天来看到的、听到的、想到的东西，学习和研究当地的史料及带在身边的资料。**我发现1935年的2月15日，中央政治局在白沙乡场鱼塘湾崔家祠堂开了会，研究的问题都十分重要。主要有以下几个内容：**

一是研究东渡（即二渡）赤水的部署；二是针对广大红军指战员对当时为什么又要渡赤水等战略方针改变的不理解有怨言的情况，研究如何做好解释工作；三是研究发布《告全体红色战士书》。

当时敌我态势是，蒋介石为把中央红军消灭于扎西地区，亲自布置中央军、滇军、川军分进合击。正当敌人从各方向我扑来还没完成合围前，我军在扎西已得到休整，并扩充了红军3000多人。在敌强我弱的形势下，中央军委和毛泽东决定出敌不意，避强击弱，二渡赤水。既把敌人好不容易纠集起来的重兵甩在川南和扎西地区，也好捏紧一个拳头重打黔军，为红军的前进杀开一条血路。选择重返贵州是明智之举：从中央红军进入贵州到土城渡赤水，红军在黔北活动了45天，进行了广泛的群众工作，受到人民群众拥护；红军对黔北地形很熟悉；当时黔北只有王家烈的一个军，中央军吴奇伟远在乌江一带，远水救不了近渴。

当日晚上约8时，朱德签署发布了红军《二渡赤水河的行动计划》。第二天，即1935年的今天，党中央、中央军委发布了《告全体红色战士书》，这是一个十分重要的文件。在当时是二渡赤水，消灭敌人的总动员，在今日，是了解毛泽东和他的战友们在军事指挥上的高超艺术和胆略的珍贵史料。为此，我请刘中宝全文抄录如下：

党中央、中央革命军事委员会《告全（体）红色战士书》

亲爱的全体红色战士们，指挥员们，及政治工作人员们：

我们现在是在云贵川三省的广大地区中，我们就要在这里创造新的苏区根据地。过去党中央与中革军委为了要赤化全四川，同四方面军取得更密切的联系与配合，曾经决定中央红军渡过长江向川北发展。所以当时决计放弃以遵义为中心的川黔边地区，向长江边继续前进。然而这一决定，由于川滇军阀集中全力利用长江天险在长江布防，拦阻我们，更由于党中央与中革军委不愿因为地区问题牺牲我们红军的有生力量，所以决计停止向川北发展，而最后决定在云贵川三省地区中建立根据地。

党中央与中革军委告诉全体同志们，只有消灭贵州四川云南以及蒋介石的追剿部队，我们才能在云贵川区域内创造新的苏区根据地。“新的苏区根据地就是在革命战争的许多胜利中创造起来发展起来的”。和平的创造苏区，完全是一种幻想。没有流血的战争就没有苏区。

放在我们全体同志们面前的是这样一个问题，或者是我们消灭敌人创造新苏区，求得休息扩大的机会，或者是我们不能消灭敌人，长期地为敌人追击堵击与截击而东奔西走逐渐消耗我们自己的力量，这完全决定于我们的努力与奋斗。

全体同志们打大胜仗，消灭大量的敌人，缴他们的枪与子弹，武装我们自己，并武装云贵川数千万工农劳苦群众，是我们目前最中心的任务。

为了有把握地求得胜利，我们必须寻求有利的时机与地区去消灭敌人。在不利的条件下我们应该拒绝那种冒险的没有胜利把握的战斗。因此红军必须经常地转移作战地区，有时向东，有时向西，有时走大路，有时走小路，有时走老路，有时走新路，而唯一的目的是为了在有利条件下，求得作战的胜利。

为了求得有把握的胜利，我们更必须求得部队的休息与整理，百倍地加强我们的政治工作，提高我们的战斗力，巩固我们建立新苏区的决心与信心，充实连队与加强连队的战斗力，是我们目前的迫切任务。缩编我们的战斗单位，也正是为了达到这一目的。

最后，为了求得有把握的胜利，我们必须取得云贵川广大群众的拥护。千百万云贵川的工农劳苦群众，正在饥寒交迫的中间过着非人的生活。拯救他们，发展与组织他们的斗争，号召他们起来，加入红军，扩大红军，发展游击战争，建立工农兵的苏维埃政权，是我们全体同志的神圣任务。严肃我们部队的纪律，加强我们在地方居民中的工作，是争取广大工农群众的重要条件。

全体同志们！中国苏维埃革命有着他雄厚的历史源泉，他是不能消灭的，他是不能战胜的。中央苏区、湘赣苏区、湘鄂赣苏区、闽浙赣苏区的暂时变为游击区，并不是苏维埃革命的失败。红军主力依然存在着。他正以新的革命战争的胜利创造新苏区，壮大自己的力量，保卫与恢复老苏区。红二六军团与四方面军的胜利，全国革命形势的尖锐化，证明帝国主义国民党就是想暂时阻止苏维埃革命的发展也是不可能的。苏维埃革命正在前进中，中国是在革命与战争时期。

把全国红军的胜利与全国工农群众的斗争转变为胜利的中国大革命。党中央与中革军委号召全体同志，鼓起百倍的勇气，提高我们作战的决心，为消灭万恶的敌人，创造新的云贵川新苏区而斗争。

全体同志们！为着这一光明的前途共同奋斗呀！

党中央委员会

中革军委

二月十六日（一九三五）

1985 年 2 月 17 日　阴

古蔺煌家沟

昨天在鱼丰村，访问了姜少钦家。解放后，经县党史办调查，毛泽东当年身边工作人员的确认证实，1935 年 2 月 16 日，毛泽东就住宿在姜家。

鱼丰村地处古蔺鱼化乡场附近的半腰山上。我们来到姜少钦家后，他的 56 岁的儿子姜永清领我们参观了毛泽东当年住过的房屋。这是一栋四间的屋子，经过修整，如今仍完好。我在住房的板壁上，见到了红军战士当年写的一首歌谣原件：

“大哥当白军，
虱婆爬满身。
二哥当木匠，
住在吊楼上。
三哥当裁缝，
穿得烂东西。
四哥把田种，
谷向人家籴。
荷花出水有高低，
你看世人奇不奇？”

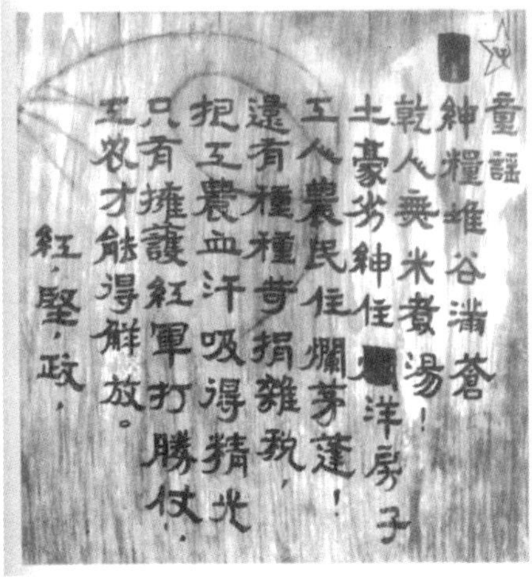

▲红军编写的革命歌谣。

姜永清告诉我，当年红军宣传革命道理，简单明白，老百姓听得懂，听得进去，很受欢迎。红军一渡赤水到云南扎西整编，又回师经过古蔺时，他父亲和叔父姜锡安并不知道住在他家的就是毛主席，只觉得住在他家里的红军中可能有“大官”，因为有电话线，还有带短枪和马匹的。但是所有的人都没有“官”架子，对百姓很谦和。第二天，姜锡安还主动为红军带路，一直送到20多里外的石屏。

看来作风问题不是个小问题。我们在叙永、古蔺穿梭几天，不时可以听到一些老人讲述红军对老百姓如何爱护，骑马的首长不摆官架子，对向导如何好的故事。也听到干部群众谈到党的十一届三中全会以来，省地县各级领导都曾深入山区，关心群众生产和生活的情况。一年前，一位中央领导同志曾到川南进行调查，和当地干部群众打成一片。他们说，山区人是好客的，盼望上级领导机关能经常派人到古蔺来。但他们也不客气地指出，干部到基层来不应摆架子、要威风。1984年9月，省里某公司一位经理到古蔺来之前，打电话要县委、县政府、人大和政协派人接他。第二天，这位经理召开会议，该县各级领导和有关部门共有20多人参加，这位经理嫌人少，说会议气氛不够。县长只好又临时叫来20多人。他们说，像这位经理的作风是个别的，但影响很坏。

这些情况，我在路上听到很多，我也想得很多。这种作风败坏党的形象，是不言而喻的。对个人来说也犯不着：要一时威风，挨多年的骂。

1985 年 2 月 18 日 阴

贵州习水县鸡爬坎

从当地三省三县党史办提供的材料分析，红军二渡赤水从先头部队开始过河到殿后部队结束的时间约一个星期。军委纵队和红军主力是在 2 月 18 日至 21 日渡河的，主要渡口是在太平渡的手扒岩、老鹰岩、二郎滩，另外还有九溪渡口等。二渡赤水靠的还是浮桥，还有缴获的三条船。

明天是大年三十。昨天一早，古蔺县委书记何宗辉、县长司沛文赶到长征路上看望姜军、刘中宝和我，一边陪我们走路，一边向我们介绍情况，晚上和我们一起夜宿农家。今天一早细雨蒙蒙，寒气袭人。何宗辉、司沛文等人找了根拐棍，卷起裤腿，也走进了雨中。除夕和春节正是县领导最忙的时候，要值班，要访贫问苦，要慰问军烈属，要看望孤寡老人，要检查安全，要宣传计划生育……他们能来看我们，很让人感动。

四个多月来，同县领导接触不少，深感在县里当领导实在不易，党的方针政策，群众的喜怒哀乐，不但要装在心中，还得实打实地贯彻，心对心地疏通。不同他们生活在一起，是难于了解他们的责任、辛苦和难言的委屈的。因此我们昨晚讲定，今天一早他们赶回县城，其他人，包括向导统统回家过年，只要有一个人给我们引路就行。

何宗辉、司沛文等领导见我们言辞恳切，加上事情确实也多，只好和我们告别，留下县委宣传部干事孙念海一人为我们引路。

50 年前的 2 月 18 日，左纵队红一军团二师进抵太平渡，并以一个团渡过赤水河，占领东岸贵州一侧渡口，工兵部队随即在太平渡及相距 10 多里的九溪口渡口分别架设浮桥。同时派出部队做好准备，掩护第二天军委纵队及红军主力渡赤水。

右纵队红三军团于 2 月 18 日晚进抵太平渡上游的二郎滩，在这个渡口背水一战，为红军大战娄山关、重占遵义揭开了序幕。今日，我们计划按这条路走向二郎滩。

我们一行 4 人走了两个来小时后，小雨停了，天放晴了，但山越来越高，路越走越险，行人越来越见不到。后来好不容易见到几户人家，一问才知道我们走错了路，快到九溪口渡口了，离二郎滩更远了。怎么办？走回头路，大家都没兴趣，于是决定就在当年红三军团二师一个团占领贵州一侧的渡口渡河去贵州。

靠了一位陈姓老艄公，我们渡过了赤水。爬上岸就是贵州，见不到一户人家、一个行人，只见连绵的群山。此时我照例又拿出身边的指北针。这是去年 9 月我离开北京时，报社记者部负责人之一的胡连璞送给我的，关键时刻挺管用。我们确定了方向，又对照地图，决定溯赤水河而上，还是去二郎滩。

决心下了，问题来了，因为沿路找不到一户人家，直至下午 1 点多还没吃上饭，只好深一脚浅一脚的在茅草丛中找路继续往前。

约莫又走了半个多小时，总算看到赤水河畔半山腰上有一个小村庄，大家都来了劲。走近一看，村子不大，散居着 20 来户人家。有土墙小矮楼，也有草屋，但都是旧的。我们找村边小青年一问，村名叫“鸡爬坎”。因为今天出奇的冷，家家关着门，好在屋子的板壁墙和小窗不严实，准备年夜饭烧、煮的热气不时从缝隙中往外冒。里面有人，我们就能解除饥渴。姜军说：“为了学习红军，尽量不要扰民，找门开着的进去为好。”大家都很同意。

走过几家，终于见到一家大门洞开，一位老年妇女正在扫地。孙念海先踏进门里，我们 3 人跟在后边，刚站稳脚跟，只见老人正在数落小孙：“什么？今天是大年三十，还不回家，到外边找什么饭吃？”老人向我们扫了一眼，一边催我们：“出去，出去！”一边不客气地对着我们扫起地来。小孙还想说点什么，我拉了他一下说：“出去再说。”还不等我们跨出门槛，背后传来老人愤怒的嘀咕声：“大年三十还在外边荡，一看就不是好人。哼！”紧接着“砰”地一声关上了门。小孙觉得很内疚，小姜、小刘感到很窝火，我觉着对不起这 3 位小青年。刘中宝气愤地说：“不给饭吃也罢了，怎能说我们不是好人呢？”

我向他们解释，这是在贵州地界，小孙是四川古蔺县人，管不着这里，不用自责。鸡爬坎的这位老人也没有错，因为刘中宝和我早已蓬头垢面，姜军迎着风霜雨雪也走了近千里路，得不到休息，又没时间洗脸、洗头、搞卫生、换衣服，形象也已不怎么样了。加上小孙也瘦得够可以，我们几个全身都沾着不少泥，拄着棍，其中两个又一拐一瘸的，拍电影演坏人已不用化装。多年的阶级斗争为纲，图解的坏人形象已植根于人们心中，怎能生老人的气？只能怪我们自己。

听了我的分析，大家的气消了一些，饥饿却又折磨着我们。怎么办？这里人生地不熟，假话不能讲，真话又一时说不清，找“组织”给这里打招呼，又不知道找谁，何况这里连电线杆都看不到一根，就更找不到电话。我对小孙说：“再碰到开门的人家，我去试试看。”

俗话说，人不该死总有救。快要走出村子时，见到一家的门半开着。我梳理了一下头发，用手抹了一下脸，拉扯了一下衣服，摸出 3 块钱拿在手中，就走进了屋里。只见一位中年妇女正在洗菜，我就打招呼：“大嫂，准备年夜饭啊。”她抬起头来问：“有啥子事啊？”我告诉她，我们翻了大半天的山，走饿了，给弄点吃的，有点剩饭也行，吃了，我们要去二郎滩过年。说罢，我就把钱放在桌上。

大嫂看到钱，眼睛有点发亮。她望望我们，问道：“你们是做啥子的？”我说：“大嫂，你看呢？”她说：“莫不是修路的？”我说：“你们这里的路真难走，是该修了。”想不到一谈起修路，大嫂来了兴致。她一边接过我的话，一边起身说：“对头么，要是把路修成就好了。”随着话音，她进厨房摸出了几把干面条。我们的神经一下松了下来，望着干面条，我们的眼睛也都发亮了。

趁大嫂煮面和吃饱后的休息时间，记录于此。

1985年2月19日 阴

四川古蔺二郎滩

今天是大年三十。50年前的昨夜和今晨，红三军团正在二郎滩与黔军魏金镛、侯汉佑的两个团激战，最后红军终于占领了渡口。

昨天，我们从贵州习水的鸡爬坎村吃了面出来后，又过赤水，傍晚时分终于找到了二郎滩。

二郎滩紧靠赤水河的西岸，是一个小集镇。青石板或鹅卵石铺成的一条主要街道沿山而上，蜿蜒曲折通向云端。街道三四米宽，却足有三里路长。虽然不是上台阶就是下石坎，但是空气清新，没有嘈杂，远山近水，一览无余。见不到一辆自行车，更听不到汽车声，清静中却又显得繁华。沿街都是店铺，上海服装、北京特产、杭州龙井、新疆葡萄……应有尽有。

为什么在这种几乎看不到一块平地又十分闭塞的山区会冒出这么一个热闹的川南名镇？我得问个究竟。经了解，这同货物流向很有关系。过去从川南运往贵州遵义、茅台等地的食盐主要靠水运，必须经过二郎滩，而赤水河上游30多里，滩浅礁多，水势湍急，盐船无法运输，都要在这里卸货，然后改用人工背到马桑坪，重新用船载运。据说，两百多年前，二郎

▲1985年大年三十与向导小杨从贵州习水鸡爬坎赶到四川古蔺红军二渡赤水的渡口二郎滩。

(新华社记者姜军摄)

滩便成了赤水河岸的一大盐埠。盐库、盐商、卖米粉的、办客栈的……就这样以盐兴起了街区。红军到这里时，二郎滩的盐务业已做得很大，但几乎全部控制在贵州军阀侯之担手中。无数穷人只能靠背盐为生，当时称为“力脚”。他们起早摸黑背着大块盐巴天天在崎岖的山道上爬上颠下，仍难糊口。至今，上年纪的人还向我们诉说着当年的民谣：

“好个二郎滩，
四面都是山，
天天背盐巴，
顿顿不见咸。”

农历很有意思，今天是大年三十，而1935年的今天却是正月十五元宵节。二郎滩的枪炮轰鸣过后，红军在大街上贴出布告：没收军阀、土豪的食盐，把盐分给干人（穷人）。红军又到附近村寨宣传和动员百姓到盐库去领盐。

不少穷苦人分到盐巴后，激动得热泪盈眶。

今天下午4点多，古蔺县委书记何宗辉、县长司沛文等领导来到二郎滩。他们给群众送温暖后，又来慰问我们，并留下县长和我们去找一家当年见过红军并分得盐巴的人家过年。我很高兴，趁在郎酒厂招待所等待的空隙，睡了一小觉，又记上几笔。

1985年2月20日　晴
古蔺二郎滩

在二郎滩的黄金村，我们送走了甲子年，迎来了1985年的乙丑年。天快亮了，我们才赶回二郎滩。一躺下，大家都睡了过去。

上午9点多钟，我被鞭炮声吵醒，就去姜军和刘中宝的房间，只见他们还睡得很香甜，小刘的一只鞋竟还穿在脚上。看得出他们实在是太累、太缺觉了，可能是一倒下就睡着了。反正计划今天下午才渡赤水，我正好抽空记下昨夜丰富多彩的除夕，还有一件大家都很纳闷的事情。

1935年2月19日，红军在二郎滩开仓放盐，黄金村30多户人家有一多半分到盐巴。我们昨天就是在黄金村过的年。

黄金村离二郎滩镇三里多，坐落在赤水河畔的山上，对岸就是贵州习水县。去黄金村的路全都是山间小道，有些地段枯草小树没过膝盖，夜里就更难走。上到山顶，是个缓坡，再爬过几个坡，绕过一个村庄，走不远就是黄金村。

我们在村里采访了6位当年分到盐巴的干人（穷人）：现年68岁的王彬如，71岁的罗维凯，60岁的邓智端……他们说起红军分盐巴给干人的情景，仍激动得闪着泪花。

晚上近8点，我们一行在王润钦家吃年夜饭。桌上摆着川南名菜麻辣鸡、古蔺特产毛条牛肉、青椒腊肉丝等，还有郎酒和古蔺头曲。全家5口人都争着给我们夹菜和斟酒。王润钦说："过去别说过年吃不上好菜，连盐巴都找不够。人缺盐就没劲，还浮肿。那时在穷人眼里，盐巴和金子差不多贵。红军给了我们家几大块盐巴，当时那个高兴，直到今天想起来还在笑哩。"

我们正谈得兴浓，门外气喘吁吁进来一个人，是郎酒厂的，说是刚才报社从北京打来了电话，让我到厂里去接。

我们打着手电筒，深一脚浅一脚地赶到郎酒厂。电话是报社张颂甲副总编辑打来的。原来编辑部从早晨开始就在找我，一直找不着。当听到张

▲作者在红军二渡赤水的四川省二郎滩渡口采访。（刘中宝摄）

▲作者在二郎滩渡口留影。

颂甲在电话里说“开富，终于找到了你，现在是除夕之夜，祝你春节好！”时，心情异常激动。我连说：“感谢报社领导的关心，向领导和全体同志拜年。”

不到基层，真不知道通讯有多难，不仅村里没有电话，即使到乡里或企业里找到了电话，通话也十分困难。在郎酒厂虽然把电话接通了，却听不清，还时断时有。经询问，才知今天从北京打来的电话，要先接到重庆，再接转到宜宾，还要接转到古蔺县邮局，然后接转到厂里。线路长且老化，经过好几个电话局一接转，声音就很微弱了。一句话往往需重述几次。话务员却十分耐心：古蔺电话局的是13号男话务员，宜宾的是1号女话务员，重庆的是6号女话务员。他们在我听不到张副总的声音时，就一个接一个地帮助复述。尽管这样，好多话还是听不清、听不准。由于编辑部和我的对话准备在当天晚上上版面，为了对读者负责，我觉得听到的问话只是个意思，我答复的，对方也不一定听清，尤其是人名地名更易出差错。为此，我匆匆拟就了一篇除夕之夜的问答新闻稿，约两千字，想尽快发出去，可是二郎滩无法发电报。

二郎滩镇不通公路，而郎酒厂出去却有公路连接县城。这时，跟县长司沛文一同来的县委办干事王思铁、司机周怀良自告奋勇，拿了我的稿件就赶向县城。

我们在离开黄金村时，曾答应后半夜和大家一同“守田坎”（即守岁）。为了履行诺言，县长司沛文、县经委办主任李仕朝、郎酒厂党委书记李超鹏、厂长贺光武，还有姜军、刘中宝和我一行7人离开郎酒厂，顺原路走去。让人奇怪不解的是：当大家爬上山梁，突然找不到路了。我们每个人都打开了手电筒也无济于事，见到的只是许多荒坟野冢。

“这是怎么回事呢？”在漆黑的午夜里，每个人心里都在这么问。贺光武说话了：“怪了，这小路我经常走啊，前些天我和老李还去了黄金村。”司沛文说：“这样吧，天太黑，又由于早上到现在近20个小时了，我们这些人大都没有休息过，是否都累得迷糊了？大家别急，冷静一下，路会找到的。”

趁大家冷静时刻，我坐在一个坟堆上，抖掉了鞋子里的沙粒，就向东走了几十米，只见赤水河对岸贵州习水的山村里，正升起五颜六色的魔术弹、彩球筒等烟花。再往前走了几步，只见几个土坟堆在悬崖上。我和刘中宝只得往回走。等几位探路的仍找不到出路，又回到原地集聚在一起时，我向县长建议，分四个组，朝四个方向走，谁走通了喊大家一声，大家都同意。

不到一会儿，大家又回到原地。又一起商量着如何找出路。大家估计，附近有村庄，所以就决定呼喊。两三个人轮流喊了几次，没有反应。这时，刘中宝对我说：“罗老师，要么让我对着空中放几枪，村里人或许能听到。”这时我想起，我离开遵义市向娄山关行进时，遵义市公安局长陈文华伴我走了大半天，他曾对我说过：“我已告诉中宝，必要时可以开枪。”我觉得此刻也许是必要了。征求司沛文等同志的意见后，让刘中宝爬上一个最高的坟堆朝天连放了两枪。

枪声散去，不一会儿，就有人向我们呼喊：“喂，你们在那里搞啥子？”大家朝声音望去，才发现村庄离我们很近，直线距离不到两百公尺。一会儿，只见村头逐渐聚集起一群小孩子，手持许多闪亮的红灯笼。我们朝村庄走去，发现小路就在脚下。大家很纳闷，边走边议论：刚才怎么都犯迷糊了呢？谁也说不清。后来大家都认为可能是由于太疲劳了，不容易找到路。

凌晨2点多，我们和黄金村里的农家“守好田坎”后，村民们按当地风俗争着给我们吃汤圆，祝福大家顺利。临别时，村里的姑娘王以芬给我

▲作者与在长征路上一直支持他走了 14 天 1000 多里路的新华社记者姜军在二郎滩合影。

送了一双自己绣的鞋垫，小学生王以群给我围了一条红领巾。王润钦老人一定要我给他家写副对联，说大门框上还等着贴呢。我自知水平有限，但推辞不掉，只好作了一副。上联是“昔渡赤水千人笑”，下联是“今逢盛世合家欢”，横批是“悠悠五十载”。

1985年2月21日 晴

贵州习水县马临乡

今天已是大年初二。

昨天下午，我们在红三军团和红九军团二渡赤水的渡口乘渡船过了河，夜宿贵州习水酒厂。厂长陈星国和《习酒报》主编谭智勇虽然年轻，但是对红军在二郎滩的活动颇有了解，给我讲了不少，还给了我不少资料。当我夜里写完稿时，发现刘中宝和姜军还在隔壁讲话。我想到天亮后姜军就要在这里和我们分别回北京去，心里很是依依不舍。

一路上，姜军在业务上给了我很多帮助。他给人的印象很深：特别能吃苦。他的脚上，血泡打了一个又一个，有的血泡已变成了冻疮。地方上安排他坐一段车，他坚决不干，一直咬着牙关坚持着走路。我想再去看看他。一推门进去，只见桌上放着这些天沿途群众送的一些物品，他们正在忙着整理和登记。

姜军见我进来，就对我说："老罗，你来得正好，我正想问你，人家把你当成了红军使者，这么多慰问品怎么背得动呀。"我知道他半是开玩笑，半是不了解，为此，我向他们作了解释。

我的长征采访计划，在出发前向七八位老红军汇报过，得到了他们的赞赏和支持，他们嘱托我代向沿途人民问好，感谢当年对红军的支持和帮助。我只是一名记者，不是一位使者，可随着采访的深入、时间的推移，特别是聂荣臻元帅、杨尚昆主席、邓颖超、蔡畅、康克清大姐和肖克、耿飚、杨成武、张爱萍、何正文等将军在报上先后发表谈话，要我在路上代他们向沿途父老乡亲问好并表示感谢后，不少人真把我当成了使者，任我怎么解释也没有用。他们把对红军的感情倾注到关心我的走路、治伤治病和采访上，还把当地的土特产和自己认为最能表达心意的物品拿出来，要我带到北京去交给老红军，以表达想念老红军、祝他们健康之心意。

由于我要走路，几乎每天翻山越岭，不可能背上那么多东西，所以在许多地方都费了很大力气，才退回礼品，仅收下了他们一片比金子还珍贵的心意。不过在一些地方实在推不了，也只好代为收下。

"收下后怎么办呢？"姜军问我。我告诉他，小件的我就带在身边。比如今年2月6日下午2点多，我走到叙永一个叫岔河村的彝族寨子时，彝族同胞把珍藏多年的绣花扇袋托我带到北京，并写了一封信，信上说："谨将彝族一百多年前传下的绣花扇袋敬献给长征老红军留念，表达我们彝族村寨人民对红军的怀念。"因为这件扇袋体积小而轻，我就带在身边，等回去后代彝族人民亲手献给老红军。大件的礼品就邮寄回北京了。

姜军还想听，我又举了个例子，比如，去年 12 月 2 日我已到了广西全州县。我 11 月经过的灌阳县的群众追上了我，把一枚从枫树脚村山上的战壕里挖出的手雷交给了我。这枚手雷是中央苏区自制的，铁质、黑色，呈椭圆形，长约九厘米，圆周为十八厘米，重约三百克，上铸五角星、镰刀、斧头标志，还有"江西瑞金制造"六个字。为了表达对老红军的怀念，他们托我把手雷交给党中央。

姜军和刘中宝问我交了没有？我说，经过安全处理后，从邮局寄回编辑部转交了。

他俩听后来了兴致，刘中宝说："我们也照此办理吧。"根据不损伤父老乡亲一片诚心的原则，我们象征性地把一些礼品和纪念品打了包，准备寄回北京。余下的则打算交给当地组织处理。

忙完后，姜军很感慨，他说："这次我走了三个省，虽然脚走坏了，人走瘦了，手上、耳朵生了冻疮，心却走亮了，很受教育，一个党，一支军队真正受到了人民的拥护，就是不可战胜的。"刘中宝瞪大眼睛望着他说："想不到姜军话不多，说出来就是马列主义。"姜军回答他说："这是我的心里话，在课堂上、办公室里我体会不到，今后我一定要多深入下来，多受教育，写出好文章来。"

1985 年 2 月 22 日　晴
习水县桑木湾

红军二渡赤水，重返贵州，就把蒋介石好不容易凑起来的重兵，甩在了云南扎西和川南一带。红军跳出了包围圈，往哪里去？去桐梓和遵义。我在想，为什么又重返黔北？这正是毛泽东军事思想的英明之处，当年在井冈山上，毛泽东指挥打仗，就主张"拣弱的打"，这是弱军战胜强敌的重要原则。当时红军面对的敌军中，黔军是最弱的。况且，从年初以来，红军一直在黔北活动，群众基础好。所以红军二渡赤水后，直奔桐梓和遵义。

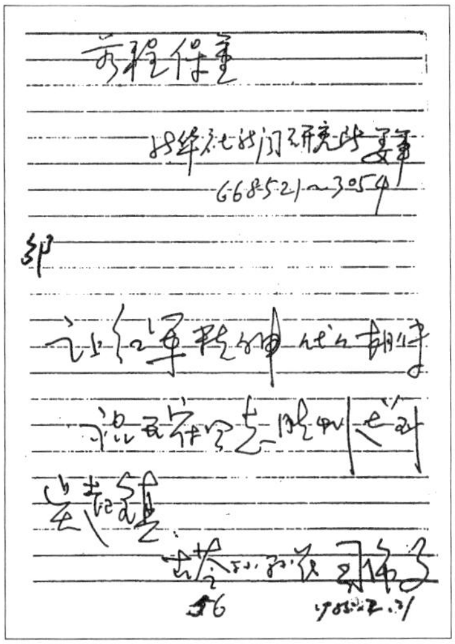

▲新华社记者姜军和古蔺县长司沛文留言。

欲占遵义，夺取娄山关是关键的一仗，是关系到能否再占遵义，能否扭转战局的问题。中央军委把夺取娄山关的重任交给了红三军团。

今天我沿红三军团的行军路线经习水县的马临乡，夜宿桑木。

这一地区山峦重叠，煤矿资源丰富，可见到不少正在采掘的煤窑。它使我想起了江西安源，想起了刘少奇。红军在这个地区战斗时，刘少奇正任红三军团政治部主任。

刘少奇是我们爱戴的领袖。在过去印象中，他是党在白区工作的代表。其中印象最深的，是刘少奇亲自领导了震惊蒋介石、鼓舞工人起来跟着共产党闹革命的安源煤矿大罢工。而对他是否参加长征不大清楚。走上长征路后，我边走边学习边研究，终于了解到：**刘少奇不仅参加了长征，还发挥了很大的作用。**

1932 年冬，刘少奇从上海来到中央苏区瑞金，先后担任中华全国总工会苏区中央执行局委员长和中共福建省委书记。长征出发时，刘少奇担任红八军团中央代表。为了全军突破敌人第四道封锁线，刘少奇一直担任右侧卫的红八军团指挥员。为了红军的生存，为了保卫党中央，许多人血染湘江：全军团从江西出发时，有 10922 人，经过湘江激战，只剩下 1000 多人。1934 年 12 月中旬，中革军委决定撤销红八军团建制，余下人员编入红五军团，刘少奇遂转任红五军团的中央代表。刘少奇是中央政治局候补委员，参加了遵义会议。会上，刘少奇发言支持毛泽东的意见，批评了“左”倾冒险

▲抗战初期，刘少奇和周恩来在延安。

▲1936 年 2 月，长征后到达陕北的彭德怀。

主义的领导者，指出他们不仅导致了第五次反“围剿”的失败，还导致白区工人运动和党的组织受到了极大的破坏和损失。

遵义会议后，刘少奇调任红三军团政治部主任。刘少奇的到任，军团长彭德怀、政委杨尚昆为增加了得力助手而高兴。当时部队里思想问题也不少，这倒不是战士们怕苦、怕累、怕牺牲，主要是怕负伤、怕生病被安置在当地，容易被敌人杀害。

此前刘少奇在红八、红五军团任中央代表时，就深刻认识到部队丧失了根据地，进入白区后的思想情结。所以当彭德怀向他介绍战士的思想问题后，刘少奇极为重视，深感责任重大。他积极了解情况，根据实际，有针对性地在红三军团里开展思想政治工作。同时，他把了解到的具体情况用书面向中央军委做了报告。

此事本来没有什么特别之处，但我在翻阅彭德怀的“自述”和一些史料及访问红军中，却发现多年后变成了一件较大的事：刘少奇在起草完给军委的报告后，让彭德怀签字。彭德怀认为这些思想问题只要做好工作，随着军事形势的好转，是能够解决的，同时由于军情紧急，他对电报中的一些内容、观点也有不同看法，但来不及改，就没有签字。所以电报是以杨尚昆、刘少奇的名义发出的。

俗话说，无巧不成书。**在这期间，由于部队在赤水渡来渡去，尽是走路和打仗，很少得到休整，红一军团军团长林彪就开始埋怨毛泽东的指挥也不行，尽走“弓背路”，会把部队拖垮。他不顾军团政委聂荣臻的反对和拒绝签字，给中央三人小组写了封信，要求毛泽东下台，由彭德怀任前敌总指挥。**据说，**他还打电话给彭德怀，要彭德怀出来指挥全军。彭德怀说：“我怎么能指挥北进？这是中央的事。”林彪的这种行为，理所当然地受到彭德怀等人的批评。**

这两件事其实同彭德怀都没有关系：一件是刘少奇的汇报，一件是林彪个人的想法。但毛泽东认为有关系，是彭德怀鼓动起来的。所以在以后多次提及此事，直到 1959 年的庐山会议上，还就此批评彭德怀。

后来长征过了金沙江，林彪又写了一封信给中央三人小组，攻击四渡

赤水战役，并给彭德怀打电话，要彭出来指挥。**5** 月 **12** 日，党中央在金沙江畔会理召开了政治局扩大会议，毛泽东严肃批评了林彪。毛泽东说：“你是个娃娃，你懂得什么？在这个时期直接跟敌人顶不行，绕点圈子多走点路还是有好处的。”由于林彪老是叫彭德怀出来领导，难免使毛泽东生出误会，彭德怀心里很难过。但由于大敌当前，军情紧迫，又自信光明磊落，身正不怕影子斜，加上不爱多说话的性格，彭德怀一直没有主动向毛泽东说清楚。就这样，毛泽东一直不知实情，而彭德怀则一直坚信时间会证明事实，双方也就一直误会了几十年。

看来沟通、交流和及时交换意见很重要，即使是伟人，也同样如此。

***1985* 年 *2* 月 *23* 日　晴**

仁怀县三合区

今天我已从贵州的习水县走进了仁怀县的三合区。

从年初一走到年初四，沿途都是山区，村庄不多。初春已到，我已觉着有一点“远望村寨一片花，近闻行人一路笑”的春意了。

几个月来，我见到沿途青年男女穿着都很简朴，其中打补丁和在寒风中穿得单薄的也不时可以看到。这些天不同了：青年男女和小孩都换了新装，脸上都挂着笑容。女青年偏重大红大绿，男青年几乎都穿蓝的。只有中年人、老年人依然穿得一般，多是洗干净的旧的或打上了补丁的衣服，使人产生可怜天下老人心的感觉。但总的印象是：新春佳节，人们是欢乐的。

过年也有很累的事情，这就是送礼。

虽然城里人也送礼，但这里的送礼却大不一样：这一带山高路险，行路艰难。有时爬一座山，下一个坡，得花两三个小时，这是第一累。

向导对我说，因为山高路远，平时走一次亲戚不容易，即使走，也可以随便。但春节是大节，马虎不得：走亲戚拜年，就得拜个“福满门”，一个没拜到，尤其是长辈，第二次还得上门拜过。这在年前就得约好互访的日期。在这没有电话又没有汽车的地方，光这一“约”就得来回走上几十里或上百里。马临乡陈大爹对我说，约日期可操心哩，有个突然变动，还得再来回地跑，图的是个拜年人齐福满门。这是第二累。

第三累是过年送礼，几乎倾其所有，尤其是给岳父母大人家拜年，可不是闹着玩的。我们在一个叫桃子坪前的一座山上，遇见几位背着沉甸甸东西的小伙子，一个个爬得气喘吁吁，比我们走长途的还累。我们一路同行，才知道都是去给岳父母拜年的。在一个平坡上休息时，刘中宝数了数一位叫陈小华的背篓里装的东西：16 瓶酒、16 把挂面、半斤装白糖 22 包，还有两只自腌的火腿。看看其他人的背篓，有的还要重。我问他们除了岳父母家，还要给哪家送？回答大同小异：还有外婆、姑妈、姨妈、舅舅，有的说还有干妈家、表亲家等。他们告诉我：虽然这些亲戚家也得去拜年，礼品却用不了这么多，过得去就要得了，但想要留住老婆，岳父母家千万马虎不得。

与送礼的青年人交谈，他们都觉得心烦，压力大，一年的积蓄几乎用光，有时还得借债。但都说没办法，谁也无法改变这种状况。

1985 年 2 月 24 日　晴

仁怀水塘村

筹划长征路采访的时候，考虑的困难很多，其中之一是向导。一是向导怎么找；二是向导是否可靠；三是向导是否既认路又了解情况。到了路上，这些困难很快就解决了：沿途都有党史办同志引导，实在犯难的时候，找个向导也不难，尤其是在黔北地区，每平方公里的土地上都留下了红军战斗的足迹，任你走到哪里，60 岁以上的老人大多见过红军，而且都会非常热情地向你介绍情况并主动带路。

春节以来，习水县委宣传部刘良才、王建忠，县政府黄觉辉和县广播站袁明一直在和我同走、同吃、同住、同采访，使我很受感动。本来用不着这么多人陪同，但他们说过春节，向导不好找，怕我和刘中宝孤单。同时也想到长征路上走一走，体验一下艰苦。哪想到这些天路上向导一个也不缺，而且都是主动带路，分文不收。

记得年初三（2 月 22 日），爬了 40 多里山，走到一个叫桃子坪村的地方，已近下午 1 点。我见一男子站在屋门口，就请他给我们弄点饭吃。他名叫刘金福，40 多岁，很快给我煮了一碗挂面。我边吃边四下观望，见火塘上面熏烤着 100 多斤腊肉。他说，现在生活好了，家家熏腊肉。他家腊肉不算多，有的农家有六七百斤。当他得知我是采访红军长征路的记者时，立即提出要为我带路。一路上我们边走边谈，终于弄清了他主动带路的原因。原来，50年前的这一天，有几位红军战士也在他们村里吃饭，后来是他父亲刘少清当向导，把红军领到桑木垭的。他说，那时候农民连包谷粒也吃不上，是党领导红军打天下，穷人才翻了身。现在政策好，穷山区变了样。

第二天，我们从习水县进入仁怀县，去三合区。这里山高路陡，岔路又多，陪同我的习水县同志正在为难时，一位名叫张大永的青年农民主动为我们带路。他是浸水村人，是去走亲戚的，很熟悉红军走过的路。我问他，你们这里规矩多，误了亲朋好友大团圆怎么办？他说："不妨事，顶多罚杯酒，要是晓得我给走长征路的记者带路，嗨，都会敬我一杯哩。"

同向导边走边聊很有意思，可了解许多真实的情况。我从刘金福那里了解到，农民对党的现行政策打心眼里高兴。同张大永谈，我了解到再好的政策也须抓落实，而在有些方面抓落实还很不够，比如植树造林。我们走了大半天路，感到奇怪的是，这里的喜鹊在麦地里跳来飞去，叫个不停。原来这一带几乎都是光山秃岭，有的地方连一棵小树也没有，一眼望去，便可见到十几里外的村寨。喜鹊找不到做窝的树木，只好在麦田里乱飞。大永说，过去这里树木繁盛，浓荫蔽日，胆小的孩子一个人还不敢走哩！后来由于"左"的影响，树木都被砍光了，水土流失严重。这几年，干旱、洪涝灾害频繁，不然农民会富得更快些。

当地的荒山早就承包到户，为什么种的树很少呢？据说原因之一是森林法的宣传没有做到家喻户晓，群众对谁栽谁有尚存疑虑。二是植树收效慢，不如抓工副业收入快。三是没有好的林业专业户带头，而且有的专业户利益曾受到侵犯。四是当地有放山羊的习惯，许多幼树被毁坏。

植树造林年年发文件，年年讲，年年向上级报数字。我想，这一带喜鹊已找不到做窝的树，这件事肯定不会上报。而上级有关领导不深入下去，只在公路上跑，也不可能见到喜鹊在麦地里乱飞乱叫的情景。

1985年2月25日 晴

仁怀县中枢区

今天我已到了仁怀县中枢区。

仁怀不太有名，但茅台有名。其实，紧靠赤水河边的茅台镇和茅台酒厂离仁怀县城只有20多里。仁怀还有个叫鲁班场的地方，也很有名，不仅因为红军曾在此与敌激战，还因为打了这一仗，红军立即三渡赤水，一下把敌人甩在了黔北。

鲁班场位于仁怀县城西南50多里。县里安排我们过些天去。今天晚上由县委宣传部长梁春新、县志办副主任徐义仲等人向我介绍红军三渡赤水的背景和地点，摘其要记述如下。

红军挥师东进，二渡赤水，克娄山关，重占遵义后，于3月13日，中央军委发布了《关于我野战军战略方针的指示》，指出："依据目前情况，党中央政治局决定，我野战军战略方针仍应以黔北为主要活动地区，并应控制赤水河上游以作转移枢纽，以消灭薛岳兵团及王家烈部队为主要作战目标，对川滇敌人须在有利而又急需的条件下才应与之作战，求得消灭其一部……"。

根据军委的这一方针，红军这时决定在转移中、在消灭王家烈部队的战斗中调动国民党的中央军，实行机动并主动控制赤水上游的渡河点，以利作战。

我由习水进入仁怀以来，一直在靠近赤水河的上游行进。鲁班场还在上游，离茅台渡口有40多里。

当年这时候的形势是，蒋介石致电何健，判断红军"向东转进（即二渡赤水），其目的仍在乌江东岸，图与肖、贺合股"。为此，他命令中央军、湘军、黔军向乌江以西、川黔大道一带合围，妄图压迫我军于遵义、鸭溪、仁怀的狭小地区内歼灭之。

中央军委和毛泽东对蒋介石的这点奸计早已洞察，也就将计就计，有意在这一地区徘徊，寻找战机，再歼灭中央军的部分主力，以粉碎和摆脱敌人的围追堵截。这时中央军里周浑元纵队的九十六、十三两个师已开到鲁班场，正是一个战机，因此，我红军前敌司令部于3月14日21时向各军团发出绝密通知："……我野战军决心以全部力量于明十五号绝不动摇地坚决消灭鲁班场之敌，以粉碎敌人新的围攻，转移整个局势。各军团应立即完成一切作战准备。”

鲁班场战斗，是整个四渡赤水之役中打得最激烈的战斗之一。从下午3点总攻开始，一直激战到傍晚8点。虽然天上有敌人的飞机狂轰滥炸，地上的敌阵地有碉堡、壕沟等工事，枪炮也比红军好，但我红军将士非常勇猛，开始只是红九军团对周浑元纵队发动攻击，后又有红五军团投入战斗。在数量上，敌人虽占着优势，我军仍打死打伤敌人一千多人。我军虽也伤亡数百，但战场上的主动权却一直掌握在我军手中。由于周浑元吃过红军的亏，又摸不清红军的意图，敌人就一直缩在许多“乌龟壳”里打枪。在一时不能迅速消灭周敌，而敌中央军吴奇伟又率第九十师向鲁班场增援之际，我军当晚乘着夜幕立即主动撤出鲁班场战斗，挥师北上，第二天从茅台三渡赤水，弄得蒋介石又找不着东南西北。他费尽心机和力气好不容易把兵力调到黔北，红军却来了个三渡赤水去了川南。敌人又以为红军必去渡长江与红四方面军汇合，只好又重新调兵遣将，把已疲于奔命的中央军、川军调去长江边上堵截，让黔军、滇军在后边追堵。

红军三渡赤水又出奇兵，将士们不得不佩服毛泽东用兵之神。

1985 年 2 月 26 日　晴

四川古蔺县屇山乡

红军三渡赤水，是在茅台镇的赤水河上，当时红军在茅台渡口击溃敌军一个连后，迅速架起三座浮桥，渡过赤水河后，向川挺进。

我今日中午穿过茅台镇，乘小船渡过赤水，爬上 30 多级石阶，来到了纪念碑前。碑身高 10 多米，上面镌刻红色楷字，上款为“中国工农红军四渡赤水”，正中为“茅台渡口”，下款为“贵州省仁怀县人民政府 1980 年 3 月”。纪念碑右侧有一棵枝干盘曲伸向赤水河的榕树。当年红军渡河时曾在此树上拴系缆索，用来架设浮桥。目前这棵树已列为县级文

▼中国工农红军第一方面军四渡赤水示意图。毛泽东同志指挥的四渡赤水之战，使红军摆脱了几十万敌军的围追堵截，是红军作战史上的光辉范例。

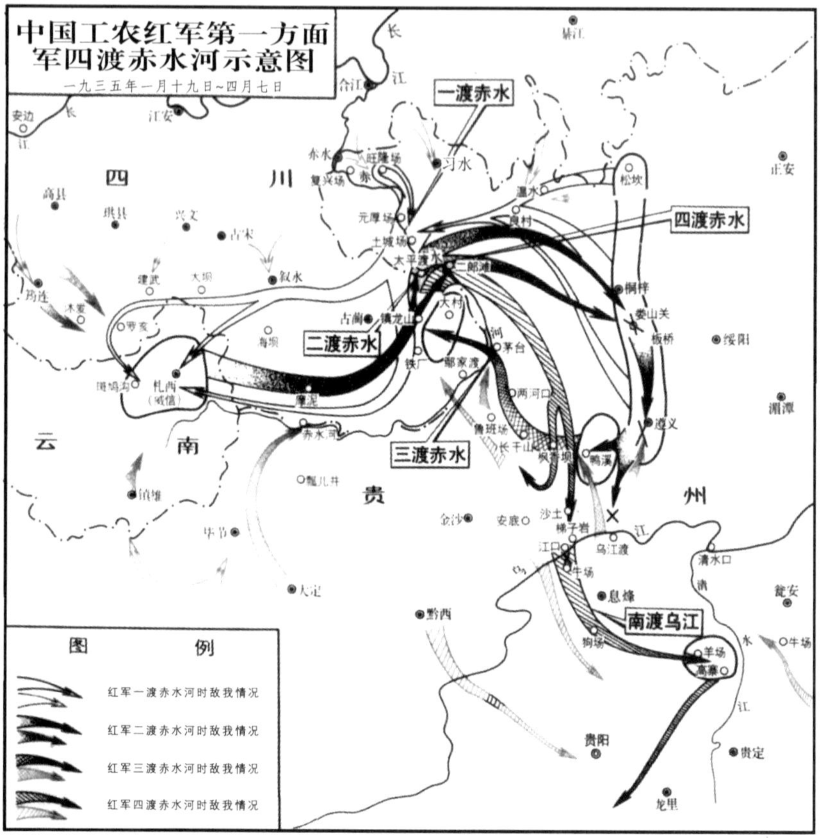

物，加以保护。

在渡赤水前，我参观了茅台酒厂。厂区紧靠赤水河畔，我一进厂房，就被阵阵酒香陶醉了。茅台酒名扬四海，1915年在巴拿马万国博览会上荣获金质奖，与法国的科涅克白兰地、英国苏格兰的威士忌共享世界三大蒸馏名酒的盛誉。

1935年3月中旬和下旬，中央红军曾在茅台三渡赤水。当地至今仍流传着红军指战员用茅台酒治疗伤痛的动人传说。当年的工兵连长王跃南在回忆录中写到，三渡赤水时，他同毛主席的警卫员陈昌奉，周恩来同志的警卫员魏国禄3人，用4块银元向酒厂老板买酒擦腿。这事被毛主席知道了，笑着对他们说："茅台是出名酒的地方。不过，用酒擦脚太可惜了。"

茅台酒创始于何时？据我查到的资料，最早见于清道光年间（公元1840年）成书的《遵义府志》，上面记载："仁怀城西茅台村制酒，黔省称第一。"茅台酒虽然历史悠久，但在旧中国生产规模很小。解放前，当地成义、荣和、恒兴三家私营酒坊年产茅台酒总计只有60吨。解放后，党和政府十分重视茅台酒的生产，先后拨款给酒厂扩建厂房，增加设备。目前的生产规模与解放初相比，厂房扩大30多倍，产量增长20多倍。去年的质量指标也创造了最好水平。为了满足国内外市场日益增长的需要，贵州省政府已把茅台酒列为发展重点。

但列为重点，并不是问题就解决了。我在厂里了解到：最突出的问题是电力供应不足，烤酒时一停电，就要损失一吨至二吨酒。目前酒厂用的是县办小水电，每到枯水季节，电力就不能正常供应。为了保证酒厂生产用电，有时连县里机关也停止照明。尽管如此，仍难保证酒厂用电。这个问题从1978年开始就向上级反映了，厂里希望尽快解决。该厂现有职工1000多人，至今没有托儿所和幼儿园，职工住房也较紧张。厂领导说，只要上级有关部门认真落实国务院关于企业放权的十条规定，厂里有了自主权，这些问题是不难解决的。

国务院给企业放权的规定已下达，但老是放不下来。不只是茅台酒厂有反映，沿途企业意见都不少。为什么放权有了规定却老放不下来呢？说到底，是上级有关领导部门怕失去了权力，总想拿在手里，让企业求它，以此谋部门和个人的利益。

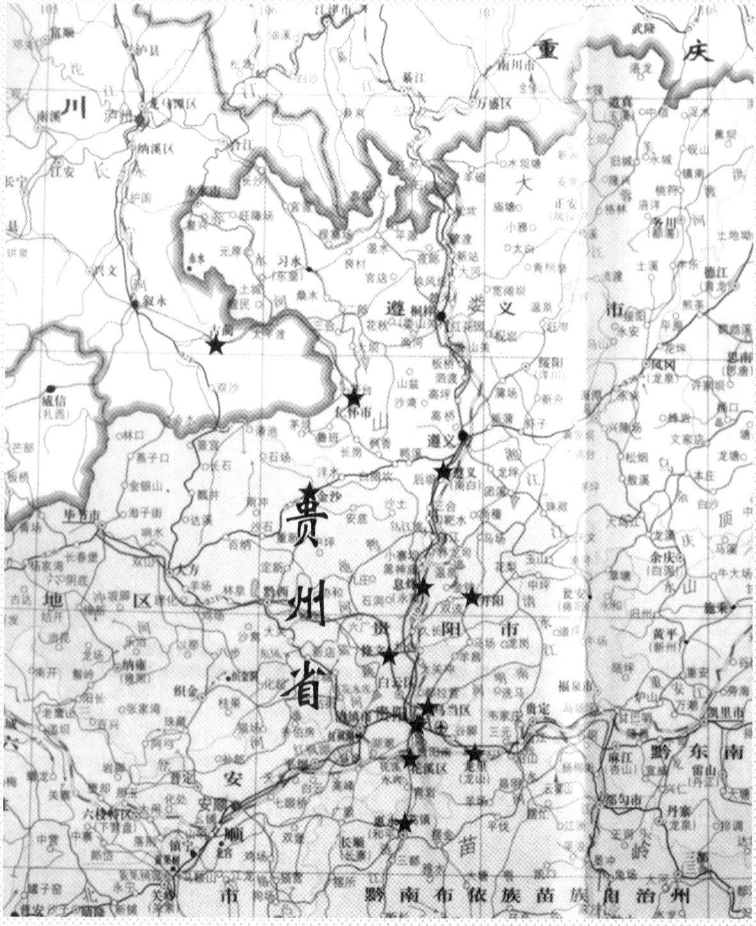

贵州省

1985 年 2 月 27 日~1985 年 3 月 19 日

仁怀县　遵义县　金沙县　息烽县　修文县
开阳县　乌当区　龙里县

1985年2月27日　晴

仁怀县茅台镇

中央红军由茅台渡赤水后，从古蔺的庙山向水口寺急行军，随即兵分两路：一路走彭河到达大村，向夹石口、核桃坝方向前进；另一路经石宝寨至铁厂。

红军三次由贵州渡赤水，三次进入川南古蔺。为什么老在赤水上渡来渡去呢？第一次渡赤水是遵义会议后，红军决定过长江与红四方面军会师受阻，渡了赤水。第二次是扎西整编后，敌人合围过来，要冲破敌人包围圈，选择了敌人最弱的黔北突围，二渡赤水。

这一次三渡赤水主要是为什么呢？我踏着红军的足迹第三次进入川南，反复研究行军路线，体会就更深了一步：这决不仅是打得赢就打，打不赢就走，还有一个大战略，说简单点是调动敌人，说具体点是把滇军调出来，然后入滇到长江的上游去渡金沙江。

红军二渡赤水，重占遵义，不仅一下把敌人的重兵甩在了赤水河西岸的古蔺、叙永等地，还歼敌两个师又八个团，缴获大批武器弹药及其他军用物资。对遵义战役中，我军俘获的近3000俘虏，每人发给3元钱的缴枪费。蒋介石苦心经营，得到的是损兵折将（红军回师遵义中，活捉敌团长一人，击伤敌旅长、团长三人），红军还给他的部队发缴枪费，真是气不知从何发泄。蒋介石在给“追剿”军薛岳的电文中极尽指责的同时，无可奈何地承认这是“国军追击以来的奇耻大辱”。为了“雪耻”，虽然陈诚力保了薛岳的乌纱帽，蒋介石还是把王家烈的贵州省主席给削了，军长之职给夺了，让他变成了“下野客”。

（因时间太晚，刘中宝“逼”我休息，明天继续记）

1985年2月28日　晴

仁怀县长岗坝

从茅台渡口渡河，今天走了70多里，经坛厂乡、井坝乡，到了仁怀县的长岗区。长岗区在50年前称为长干山。中央红军三渡赤水经过仁怀时，先后在这里住了4天。

这些天，我从黔北渡赤水到川南，又从川南渡赤水回黔北，边走边看，一是了解到红军走的路线与一渡赤水不同，不是往西走，而是紧靠赤水河往北面的长江方向走，这就又一次迷惑了敌人，以为我军又要北渡长江。蒋介石在我红军三渡赤水后，果然判断我红军这次必渡长江，于第四天晚上发出了“筑碉阻剿红军”的电令，命令川军、黔军、滇军和中央军赶往川南，集结于古蔺。

昨天我在日记里写到：三渡赤水是为了调动敌人。我曾经想过，**二渡赤水后，在遵义打了大胜仗，为什么不在黔北调动敌人呢？到了红军三渡赤水的路上一走，对毛泽东的军事思想又有了进一步的了解：毛泽东当时的战略固然是在运动中消灭敌人有生力量，但最大的战略是渡过长江去，不然红军就会被困在这狭长的山沟中动弹不得。**因为蒋介石在遵义战役失败后，下了“中正手令”：“凡我驻川黔各军，概由本委员长统一指挥，如无本委员长命令，不得擅自进退。务期共同一致完成使命。”这表明要与我红军决一雌雄。

蒋介石的如意算盘是这么打的，为防我军南出，中央军吴奇伟纵队集结于镇西卫、修文、息烽、刀靶水、大渡口一线；为堵我军北上，令川军郭勋祺部主力离开川南向桐梓、遵义推进；为防我东进，有湘军、黔军和吴奇伟一部在黔西、大定、毕节地区布防；为防我西走，有中央军周浑元、王家烈残部在长干山、打鼓新场（金沙县）布防。

以我过去的想法，东南西北都是敌军，干嘛不拣弱的一面冲出去？到现场一看，就不得不责备自己离开实际，想得肤浅：敌强我弱，以3万红军对付敌人30多万军队，贸然突围，风险极大。何况在这期间，蒋介石又搬出了第五次“围剿”我中央苏区时的碉堡政策，在我中央红军集结的四周构筑了四道碉堡线。我在古蔺的镇龙山、叙永的摩尼一带山上，还看到了一些敌碉的残体或残迹。说明当时在红军集结的周围，敌碉林立，看来，不把敌人从“乌龟壳”里调出来，是难于冲出大包围圈的。为此，红军三渡赤水河后，紧靠着赤水的崇山峻岭行进，全力隐蔽红军主力行动方向。同时派出红九军团佯攻古蔺县城，进一步使敌人造成我军将北渡长江的错觉。这一着果然奏效，蒋介石被毛泽东调动了，黔北的敌人被我红军纷纷从“乌龟壳”里调了出来。**正当被我红军调动的敌人开往川南之际，我军留下红九军团在川南攻西打东，大造声势，主力部队却在绝密情况下经二郎滩、九溪口、太平渡、林滩等渡口四渡赤水。**

第二天晚上，红九军团完成了迷惑敌人的任务后，也渡过了太平渡。

据受伤留在当地的老红军告诉我，红军第四次渡过赤水，正向北边的遵义县、仁怀县的山间疾进时，敌人的辎重物资和军队却正从“乌龟壳”里拉出来，往南运去。

红军三渡赤水，只在川南活动了5天，就又四渡赤水，神不知鬼不觉地打破了敌人原来设置的包围圈，一下子甩掉了疲于奔命又摸不着头脑的几十万敌军。

今天我走得很累，但为红军在川黔滇交界处战斗了近3个月，终于跳出重围而高兴。在井坝乡，我采访了敬老院。邓银安、舒泽珍、胡占云等老人有的帮助过红军，有的得到红军分过的粮食、食盐等。他们一谈起当年，就激动万分：红军到井坝时，舒泽珍还只有20岁，穷得正在街上用萝卜换衣服。一位红军给了她帮助，并对她说，我们是共产党领导的红军，不是“共产”的，是打土豪、打王家烈匪军的，为的让老百姓有衣穿、有饭吃。她说着说着就把我拉到厨房里，指着一堆腊肉、红糖、瓶酒、粉丝说：“红军说话算数，要不是红军打掉了那些坏蛋，我们哪有今天！”

淳朴之情，爱党之心溢于言表，感染着我们每一个人。

1985年3月1日　晴

遵义花苗田村

今天我从仁怀县的长岗区经青坑村走到遵义县枫香坝。

在进入枫香坝前，我们经过一个叫长五间的村子。我听到这个村名，觉得很有意思。想不到陪我艰苦跋涉又三渡、四渡赤水的仁怀王建忠、刘良才、袁明对我说：这个村，我们也是第一次来，不光是村名有意思，刚才向遵义县的同志交接时，我们了解到，这个村对你的采访也特有意思。我想，在川南和黔北，只要我每天走，走哪条路，进哪个村，都有红军的足迹和故事，都有意思，为什么这个村特有意思呢？刘中宝说：“罗老师，还是我讲给你听吧，如今妇女半边天，而这长五间村正是中央红军的女战士过三八节的村子，今天正是3月，不是赶巧特有意思么！”

果真这样？我决定停下来采访。长五间村地处花茂乡，**它三面环山，一条清澈的溪水四季长流。50年前，就在这个山清水秀的村庄里，住着几名女红军战士。她们在这里度过了长征路上的“三八”妇女节。**

1950年3月7日，邓颖超同志在北京曲艺界讲习班上说，中央红军长征时有30名女同志，她们同男同志一样地坚定勇敢。据有关资料记载，这30名女同志是：蔡畅、邓颖超、康克清、李坚真、刘英、贺子珍、刘群先、金维映、钱希均、李伯钊、周越华、丘一涵、吴仲廉、阚士英(甘棠)、危拱之、危秀英、陈慧清、刘彩香、谢飞、曾玉、廖似光、李建华、肖月华、邓六金、钟月林、王泉媛、吴富莲、李桂英、谢小梅、杨厚珍。另据了解，这30名女同志至今还健在的有十五名。她们是：邓颖超、蔡畅、康克清、

▼贵州遵义县苟坝长五间村是中央红军长征时，邓颖超、蔡畅、康克清、贺子珍、邓六金、谢飞、王泉媛等过“三八”妇女节的地方。她们当年住的房子还保留着原貌。（罗开富摄）

▲▼2004 年 8 月 15 日，罗开富在江西泰和县采访原红四方面军女子独立团团长王泉媛，并合影留念。（廖国良摄）

刘英、李坚真、钱希均、李伯钊、廖似光、钟月林、危有英、邓六金、李桂英、谢小梅、王泉媛、谢飞。**这些女战士中，当时年长的是 34 岁的蔡大姐和 30 岁的邓大姐，最小的是钟月林和已故的刘彩香，只有 19 岁**。她们大多担任宣传和救护工作，有的是小脚，有的正怀孕，还有的有病（邓大姐当时就正患着肺病），但她们仍和男同志一样，夜行昼寝，历尽千辛万苦，最后到达了陕北。这 30 名红军女战士的勇敢献身精神，是中国妇女的光荣和骄傲。今天，长五间村群众为接待过这些英勇的红军女战士而感到莫大的光荣。

长五间村因早期有一家姓黄的在这里修了五间相连的房屋而得名。村里的同志把我领进黄家五间屋。当年有 8 位女红军战士住在左耳房的后半间，约 12 平方米。黄家的媳妇，今年 75 岁的傅再英当时曾为女战士搭床铺、送开水、筛米。她把我领进这间屋，怀着思念之情，感慨地说，50 年了，她们走远了，现在不知道在哪里。她告诉我，这些女战士都戴着红星八角帽，剪短发，打着绑腿，腰里都别着短枪。她们除了工作，还在房里看书、写字，对老百姓很好。傅再英说，这些女战士向她要个大蒜或一根葱，都要付钱，不要钱，她们就不吃，她只好把钱收下。离村时，这 8 位红军女战士送给傅再英一条半新的花被面、一条夹裤和一个茶缸。村里 71 岁的蔡清云对我说，这 8 位女战士中，有一位个子稍高，江西口音，曾在长五间房的堂屋里教他如何组织游击队打白军。

我离开长五间村，顺着溪水走了 6 里，到达花苗田。在这里遇到了曾和红军女战士有过交往的张芝碧。她以红军为榜样，积极参加革命工作，1957 年入了党，后来担任了大队妇女主任。这个乡的现任妇女主任张启芬对我说，红军女战士的献身精神，今天对我们妇女仍有很大的鼓励和教育作用。“三八”妇女节快要到来，我们更想念她们。张启芬和张芝碧还希望我捎句话，请邓妈妈、蔡妈妈、康妈妈和所有健在的女红军长辈放心，全乡妇女都要以她们为榜样，发扬长征精神，建设好新农村。

由于路上采访的点多，还由于一个多月来我都在高山峻岭上爬上颠下，今天乍进丘陵中的平坝，真有点不大习惯了，走路像是不用气力似的。我们简单划拉几口饭就上了路。走得特快，但当在农家一停下来，才觉着累了。人一乏，就不觉得饿了。天已黑透，我们立即召开了座谈会，又去坝子上看夜景。心情一好，稿写得很顺。记了日记，我还准备再翻阅些资料，进一步了解些长征中女战士的情况，因为她们是巾帼英雄，实在不容易啊。

1985 年 3 月 2 日　阴

遵义县枫香坝

枫香坝离鸭溪及南白镇不远了。红军曾在这一带战斗和休整先后达十多天。这些天我也在这一带迂回。

由于是个大坝子，村庄多，老人多，因受伤留在当地的红军多，了解到的当年情况就多。红军四渡赤水突破敌人的封锁南下再渡乌江，就是在长干山、枫香坝、南白镇一线突破的。至此，四渡赤水划上了句号。四渡赤水要记、要研究的实在太多。因为四渡赤水之战是毛泽东军事指挥史上的“得意之笔”，这是举世公认的，所以赤水就成了研究毛泽东革命实践和中国现代战争史时经常涉及的一个重要地方了。我在赤水两岸已踏访近 40 天，行程 3000 多里，越走，越多了解，越觉得毛泽东军事思想的博大精深。凭我的水平和有限时间，谈不上研究，但认真思考还是做得到的。

我看到很多资料对四渡赤水的研究很深，但对其中一个问题几乎都没有涉及，这就是红军的保密工作是怎么做的，为什么做得这么好。因为保密工作对红军四渡赤水是一个生死攸关的事情。

1935 年 1 月下旬，中央红军本来是要经桐梓，沿赤水河北上渡长江的，由于土城战役打得难分难解，敌人重兵拦堵了长江沿岸，于是红军突然渡过赤水，经川南去了云南扎西。直到我军渡过赤水后的第十二天，敌人还不知我军去向。蒋介石口吐“娘西屁”，哀叹“失去目标”还情有可原，因为他离得远。而驻守川南一线的川敌潘文华也一点不知：我军主力是 1 月 29 日渡赤水进入川南的，直到 2 月 9 日，潘文华还在电令所属各部：“刻下匪踪不甚明了，……多派侦探侦察匪踪，……并严工严阵，勿稍勿延。”

红军二渡赤水于 2 月底攻克娄山关，占领遵义城后，蒋介石还搞不清红军到底要往哪里去，于 3 月 2 日赶快飞到重庆，想就近了解情况和指挥，并在重庆写了一封长信，急得用飞机空投给他的嫡系吴奇伟，密令他今后对“飘忽无定之共军作战要极慎重”。

▼红军三渡赤水又进川南，在古蔺县镇龙山上全歼川军一个团。这是作者和陪同人员在镇龙山战场遗址留影。

我军三渡赤水又进入川南，敌人毫无觉察。我在古蔺县镇龙山战场上了解的一件事很能说明问题：红军一渡二渡赤水都经过了镇龙山。红军三渡赤水后的第二天，又去攻镇龙山。驻守在这里的川军一个团和一个民团竟毫不知晓。当红军突然出现在镇龙山时，川军的骆

▲红军长征经过50年后的贵州遵义地区小集镇的风貌。(罗开富摄)

团长惊慌得不知怎么指挥了，只是一边大叫“红军来了，给我顶住”，一边就跑。而此刻川兵正在山坡上晒太阳捉虱子，只好提着裤子乱窜，拥来挤去，飞奔逃命，敌骆团长鸣枪示警也毫无作用。红军一个围歼，川军的建制上就再没有这个团了，足见驻守在赤水河畔的敌人事先也毫无觉察。

红军四渡赤水进入黔北后，敌人还在起劲地把原来准备聚歼红军屯在黔北的各路兵马往川南调动。

我总觉得四渡赤水的胜利真应该很好研究，其中如何做好保密工作应是一个重要课题。现在，我们有些单位对某一个文件还没传达时，对某一件重要工作正在讨论还未决定之时，往往路人皆知了。问为什么泄密？总会强调情况复杂，理由很多。想想红军四渡赤水，我军有3万之众，又是在运动战中，敌人密探又多如牛毛的情况下，我军尚能保得住密，而今天在和平环境下，某些干部还在为保不住密找复杂的理由，其实应当要为自己不负责任而汗颜了。

1985 年 3 月 3 日　晴

遵义鸭溪

鸭溪是黔北四大重镇之一。贵州人、川南人都知道鸭溪镇。其他地方的人就很少知道。前些年我见到了鸭溪窖酒，才第一次听说。今天我从枫香坝走到了鸭溪，看到这里镇大，坝子大，鸭溪河倒不如想像中的大，但两岸风光却比想像中美。

此刻正值黔北坝子冰消雪化，鸭溪河两岸杨柳绽绿，柔条嫩黄，在和煦的春风中摆动，像是在欢迎我们。长在山坡上或田野里的蚕豆苗、豌豆苗和小麦苗碧绿一片，望不到边。夹杂在其中望不到尽头的还有桃花、李花、油菜花和其他不知名的野花。穿梭在坝子上空的是燕子、麻雀、喜鹊，围着花草转的是蜜蜂、蝴蝶等，真使我感到，山崖水畔，姹紫嫣红、燕语呢喃的美景就数鸭溪河两岸了。

1985 年 3 月 3 日，作者在贵州鸭溪拍摄街景。

其实鸭溪镇的有名，除了风景美，我觉得还有一个更重要的原因，这就是**中央红军长征中在这里作过一个重要决定：1935 年 3 月 4 日 18 时，朱德、周恩来、王稼祥在鸭溪联名电告一、三、五、九军团，为加强和统一作战，特设前敌司令部：朱德同志为前敌司令员，毛泽东同志为前敌政治委员。这样，毛泽东自 1932 年宁都会议上被“左”倾领导者排挤出红军领**

▲贵州遵义县苟坝。1935 年 3 月 11 日，中央政治局在这里召开会议，成立了新的“三人团”(军事指挥小组)，这些房屋一如旧貌。（罗开富摄）

导岗位后，现在又名正言顺地得到了红军中具体的领导职务。

为什么到这里后，要成立新的前敌司令部呢？正如 3 月 4 日中央军委发布的命令中所指出的：“为加强和统一作战起见，兹于此次战役将设前敌司令部，委托朱德同志为前敌司令员，毛泽东同志为前敌政治委员，特令遵照。”这是因为遵义会议后，改组了军事领导，发扬了民主作风，凡属重大作战行动，就得开 20 多人的中央会议讨论决定。这种状况，民主倒是民主了，但与战事紧张、战机瞬息万变的情况很不适应。于是党中央于 3 月 11 日，由毛泽东、周恩来、王稼祥组成“三人团”，即三人军事小组，全权指挥军事，以保证毛泽东及时实施正确的军事指挥。

红军前敌司令部当时设在鸭溪镇的何处呢？至今还没查清。但开会的地方已经找到并已确认。我们走到鸭溪已是傍黑，找到住处后，就请遵义党史办主任罗文和遵义县文物管理所所长葛振亚领我们去看旧址。我们踏着月光，离开鸭溪镇走了一里多路，到了一家姓汪的房屋基地附近，见到茂密的竹林掩映下有一块平地，上有石桌一张。据他们介绍，当年汪家房屋较多，有三个进深，院中央摆石桌的地方，即是当年中央领导在这里开会的旧址，那时有石桌两张，还有八个石凳，门口也有拴马的树。现在我没见到树，也没有看见石凳，只见到剩下的一张石桌，还有立在平地上的一座纪念碑。

岁月沧桑，月色溶溶，不禁浮想联翩。我想随着岁月的流逝，历史将更为清晰，人们将更准确地了解革命先辈的光辉业绩。但愿这一张石桌再不要失去了，它是烽火岁月的革命历史见证啊。

1985年3月4日　雨

遵义县南白镇

细雨霏霏，我们一早离开鸭溪去南白镇。

走了30多里，快到一个村口时，只见一位花白头发的老者正手提一只畚箕形竹筐在路旁拾粪。老者连草帽都没有戴，头发上是水珠，脸上是雨水，打补丁的衣服上也有不少湿印。看他的年龄，可能见过红军，我就琢磨着找个躲雨的地方采访他。正要上前搭话，与我同行的遵义县委书记赵顺才忽然向老者打招呼了：“谭老，是你啊。”说着，就把手中的伞遮到老者身上。

谭老是谁？被县委书记尊称为“老”字的人，怎么会比我在当地见到

▲作者在遵义县鸭溪采访老红军谭贵荣（左三），谭老是红军四渡赤水时受伤留在当地的幸存者。

的一般老百姓要穷，这么大年纪还冒雨积肥呢？

遵义县党史办主任罗文把嘴凑到谭老的耳朵根，一边指着我，一边大声地告诉他，想找个地方坐下来，请他介绍红军过遵义的情况。想不到的是他不想谈，他说："红军？莫找我说，我是什么红军！"我一听，愣了一下，这是怎么回事呢？不知道赵书记和罗文又和老者说了什么，他才有些勉强地领着我们向村里走去。

▲抗日时期八路军一二〇师副师长肖克。

老者名叫谭光荣，是老革命，今年74岁，湖南湘潭人，1930年8月在江西加入红军，曾参加一至五次反"围剿"。他告诉我，他当时所在的部队是红三军团第五军（后改编为军团直辖师）第四师十团三营。军团长是彭德怀，政委先是滕代远，后来是杨尚昆。1931年春，他到前敌委员会学习，同年冬由滕代远和红五军政委张纯清介绍入党。学习结束后，在第四师特务连任副指导员。红军长征到达扎西整编后，任师无线电二分队二班班长。

谭光荣说，当年他随部队从太平渡四渡赤水，在夜行军途中摔伤了腿，指导员方刚同志把他安排在鱼塘半坡村张家。张家有位老婆婆，每天用草药给他治伤。敌乡长带人来搜查，张老婆婆把他藏在屋后草堆里。伤还没好，他就急于追赶部队，张婆婆就给他换了装，并送他上路。他从仁怀追到遵义，在山间转来转去，但部队早已远去，没法追上了。**第二年听说贺龙、肖克率领红军（即红二、红六军团）经过贵州，他又去追，仍没追上。**谭光荣说："想战友，想红军，不知想了多少年。记者同志，你从江西走到这里，一定知道沿途的父老乡亲对党、对红军多么好！像我这样留在当地的战士，不少人都是老百姓拼死保护下来的啊！"据有关部门介绍，谭光荣和其他留在地方的红军战士一样，都保持和发扬着红军革命传统，积极工作，受到了群众的爱戴。

谭老告诉我们，他的原名叫谭贵荣。受伤后，虽有群众的保护，但毕竟身处白色恐怖的区域，敌人到处搜查红军伤员。搜着了，有的被敌人刀劈了，有的被活埋了。谭老说："我们只好东躲西藏，村上一些无赖把我叫成谭龟儿，说我是缩头乌龟，我那时有啥法？我坚信自己曾是一名光荣的红军战士，是红军的一名连级干部，解放后我改名谭光荣。可是……"

说到这里，谭老本来就由于激动而湿润的眼里，热泪忽然夺眶而出。从他断断续续的话语中，我了解到，红军四渡赤水，因重伤和得病经组织安排留在遵义县的有200多人，经群众冒险保护活到解放后的有107人，到目前健在的还有23人。谭老说："解放前，敌人搜捕我们。解放后，我们可以在太阳底下做人了。可是到'文革'时，红卫兵又斗我们，说我们贪生怕死，受了伤为什么不爬到延安去？那时，我们怎么说得清，其实也难说清，因为我们的名分至今还是流落红军。"谭老擦了一下泪水，问我："我们怎么是流落呢？当时我们都宁可战死在战场，谁也不愿留在白区啊！可是经组织上再三做工作，就得服从。50年过去了，可党组织也不让我们进了，连入党资格都被剥夺了。为什么我们还是流落呢？当年和我们打仗的国民党兵，如今都落实了政策，我们何时能落实政策呢？我们的战友大多在北京城里啊！"

说着说着，谭老平静了许多。我表示，只要我能翻越雪山草地，不倒在路上，一定把他的意见带给他在北京的老战友。他很高兴，说道："我老了，现在仍像孩子依恋母亲一样依恋党，想念我的领导和战友。"说到这里，他在我的笔记本上写道："请代向黄克诚、杨尚昆、方刚等老首长问好。"

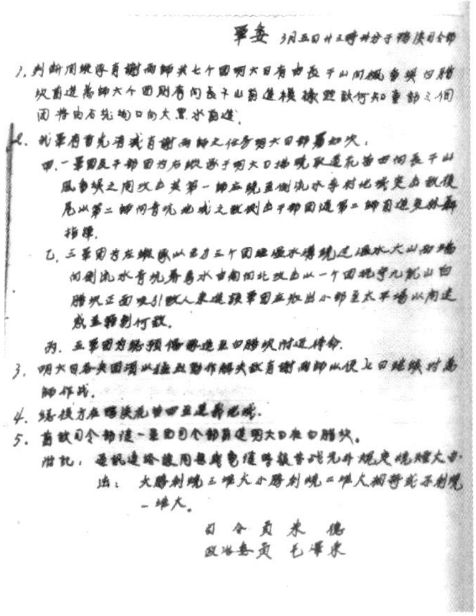

军委 [illegible]

[illegible]

司令员 朱德
政治委员 毛泽东

▲1935年3月5日，毛泽东同志在遵义西南的鸭溪下达的的作战命令电文。

1985年3月5日　雨

遵义县南白镇

南白镇是遵义县的县城，50年前，这个地方名叫懒板凳。因为实在不雅，解放后改为今名。黔北的行政区划中设有遵义地区、遵义市和遵义县，这里是遵义县委、县政府的所在地。

遵义战役，红军痛打了敌人，迫使敌人小心谨慎，躲在"乌龟壳"里不敢轻易出来，我军赢得了几天的休整时间。3月1日，军委作出了休整部队的具体部署，命令红一、三军团分别在八里水、懒板凳、鸭溪休整。在休整中规定要注意警戒、搜索溃敌、侦察，要进行政治学习，还规定要进行“擦枪、沐浴、洗衣等内务”。

我和刘中宝从二渡赤水以来也没有停留过，今天也决定休整。

南白镇离遵义市区只50多里，我让中宝回去看看父母，也会一下他的小对象。我在遵义市采访时，听说他在谈恋爱。中宝说，他不回去了，原因是安岗总编辑在遵义市曾对他说过，红二方面军曾在贵州战斗过，在红一方面军休整时，要设法去走一走红二方面军的路线，报道红二方面军的战斗历程。这件事，安总对我也说过。我和中宝在二郎滩二渡赤水后就筹划过。于是，这期间趁红军休整，我们尽量往前赶。前边的金沙、息烽、开阳、贵阳等地和云贵交界的千里乌蒙山区，都留下过红二方面军的战斗足迹。

就这样，今天刘中宝不回遵义市了，而是去遵义县图书馆和党史办找红二方面军在贵州的有关资料。我的安排则是上午去采访，下午洗衣和治病，晚上写稿，明天上路。

下午3点，我采访归来时，中宝还没有回来。我发现换下来的内衣鞋袜等，还有几件路上被树枝划破的外衣都不见了，我猜想又是谁拿去洗补了，这使我很感动。同时也使我想起了一件内疚的事。

那是2月18日，我到了郎酒厂，住进招待所的第二天。觉得体力有所恢复后，我就把又脏又有点破的衣服、鞋袜一换，准备抽时间洗一下。想不到这天是大年三十，忙得直到年初一早上才从黄金村回到郎酒厂。一进

▼遵义县南白镇。（罗开富摄）

房间，发现我的一堆脏衣物都不见了。刘中宝找了一圈回来告诉我，是招待所聘用的一位名叫冯碧贵的青年拿去洗了，怕我们一早就走，她没有回家过年，现在还在大食堂里用炭火烘干呢。

我决定去看看，去谢谢她。路上碰到了厂里的同志，了解到冯碧贵家住 5 里路外，本来要回家吃团圆饭，而且妈妈还病着，需要她回去护理。她听说我是走长征路的，看到那一堆脏衣物，就主动留下来帮忙。

姜军、刘中宝和我都很感动，我问清了她妈妈的病情后，告诉刘中宝，待天亮后，去二郎滩买几斤白糖、水果让小冯带回家，以表谢意和慰问。

我们睡了不一会儿，就被年初一的鞭炮声和舞龙讨喜的嘈杂声吵醒了，后来又忙于应付人来人往的互相拜年，下午二渡赤水到了贵州才突然想起：买慰问品的事还没办。一路上，我为自己失信于人很内疚。我想，今后不知哪一天才能补救。

1985 年 3 月 6 日　阴

金沙县老木孔

今天一早从遵义县启程，沿着红军南下的路线，走过遵义县与金沙县的偏岩河大桥，来到了老木孔。至此，我已离开了赤水地域。

回想几十天来，时而雪，时而雨，时而顶着阳光，时而踏着月色，围着赤水转了又转，对红军征战中的艰辛和英勇体会愈来愈深，同时也觉得红军四渡赤水不仅是斗勇，更是斗智。

从现场看，鸭溪、懒板凳一线只是崇山峻岭中一条 5 至 10 里左右宽的山沟。1935 年 3 月初，三万红军就屯兵在这条山沟里。而山沟的四周有

▶遵义县党史办主任罗文（右二，手指者）和当地驻军在向作者介绍当年红九军团攻打老木孔的行军路线。

▶1985 年 3 月 6 日，遵义县的同志陪同作者走到金沙县，拍完这张照片，就要分别了。短短几天的相处，大家已结下兄弟般的感情。

30 多万敌人，设置了四道封锁线，各线碉堡林立。处在这样的形势下，在中外古今作战史上，能突出重围的很少。而红军却在基本没有损兵折将的情况下，既突出了重围，又甩掉了敌人，还让敌人搞不清去向，这是没有哪支军队可以做到的。

越深入采访，越认识到四渡赤水实际上是一场惊心动魄的斗智。红军的每一渡都不相同，但都是为了调动敌人，实现自己的战略目标，所以每一渡都能宛似游龙，左右战局。当红军第四次渡过赤水南下之际，敌人设置在四道封锁线上的主力部队，正从“乌龟壳”里爬出来，日夜兼程北进去川南围攻红军，其实此时红军已由北而南，穿插于鸭溪、懒板凳敌军防御体系之中。毛泽东和他的战友们趁敌重兵被甩在川南、贵阳兵力空虚之际，率主力去抢渡乌江了。

红军四渡赤水后抢渡乌江，是在贵州金沙县境内。金沙原属黔西县，名为打鼓新场，1941 年建县，取金沙为县名。

今天上午我们是在丘陵中行进，路开始还算好走，但进入两县交界和进入金沙后，山峦又开始重叠了。路虽然不好走，初春的山区风景却十分美，映山红和迎春等各种花朵遍地光鲜。空气异常清新，使我这个一支连一支抽烟的人，也有点不好意思了，觉得有煞风景，不禁减少了频率。

虽在山区，路人比平坝上少，但并不寂寞，上学的孩子不时可以看到，还不时传来优美动听的歌声。原来我又进入少数民族聚居区了。金沙县近 48 万人，其中苗族、彝族、布依族等占四分之一，尤其是在山区的居住人口中，约占一半多。

金沙是红一方面军（也称中央红军）和红二方面军（贺龙、任弼时、肖克、王震等领导）都战斗过的地方。刘中宝刚才给我送来5块饼干，让我吃了早点睡，说从明天开始，每天安排走100多里，为的是同时采访两个方面军的情况。我很感谢中宝。

1985年3月7日　中雨
金沙县狗场

今天我们从老木孔经岚头走到了狗场。

红一和红二两个方面军先后都在老木孔至狗场一线与敌激战，需要采访的地方较多。我们常离开大路去战场凭吊红军先烈，采访当年的情景，七转八转地走了10多个小时。向导黄用明说，今天实际走了120多里。我们走进狗场，已是后半夜了。

狗场是个很大的村子。这一带过去自然形成了不少集市，当地称为乡场。以牛为主交易的场所称为牛场、牛街或牛坝，这里是交易狗的场所，所以称为狗场。它坐落在一个坝子里，现在是金沙县中心乡所在地。

今天走的地方多，记的也多，因时间不早了，我想只把白天的有关记

▲红军通讯部队人员之一部

录整理一下，另外把红一方面军九军团林伟的日记记下再说。

在昨日日记里我已写到，中央红军趁敌重兵被甩在川南，贵阳兵力空虚之际，决定飞兵抢渡乌江，冲出重围。因此中央军委前委当机立断，于3月25日正式决定：脱离黔北，向南进军。

当时在红九军团担任通讯工作，后于1960年6月担任通讯兵部副主任的林伟将军在1935年3月16日的长征日记中作了如下记述：

> 我们目前决定脱离黔北向南进军。部署是：一军团为前卫，三、五军团的工兵连暂归一师建制，在刀靶水以西附近过乌江，负责架通乌江的浮桥，向贵阳方向前进。三军团为本队，五军团随军委纵队后跟进。为了保障主力南渡，中央决定红九军团暂留于黔北地区活动。当前的主要任务，是积极抑制尾我主力的敌人，以积极行动来迷惑敌人，牵制敌人，引诱敌人。待敌中央军离开贵州以后，即在此地区活动，发展游击战争，广泛开辟游击根据地，继续消灭黔军残部的工作。
>
> 这是一个新的艰巨任务，处此严重情况下，任务极为重大。数年以来，一方面军一、三、五、七、九军团的名字经常连在一起，在军委统一指挥领导下战斗。今天，为了党的伟大事业，战略上的需要，暂留我军团于黔西北地区。全军团的干部认真讨论中央这一重大措施的意义，为坚决执行中央给我军团光荣的艰巨任务而奋斗。
>
> 中央为加强对九军团的领导，命何长工同志来担任军团政治委员。
>
> 今晚，全军进行紧张的战斗动员工作，预料在这数天内，必有重大的战事发生。我们要发扬红军英勇顽强的战斗精神，来执行这一光荣任务。红五军团部队不断地在我们驻地门前通过。
>
> 3月27日上午11时，我全军团进到了大坝。这里是一个大市镇，有五六百户，距乌江只有50里。周围都是森林和稻田，一条通乌江的大道从镇上经过。部队到达后，在这一线分散休息。一部分占领四周的各要地，军团部驻在街上一家洋式的房子里。军委纵队、五军团整天在我们驻地门前不停地过去。他们好像都已经知道我们要留在黔北似的，看见我们都显出微笑，有的举手

向我们招呼。军委一局的人来到了我们司令部谈了片刻。他们离开时对我们说，祝你们成功，到全国胜利时再见，在南京见面。我们眼前暂时分离的情景，真是令人流连难舍。在这个难忘的时刻，我们痴情地目送着数年来同我们一起战斗的战友们，在我们面前英武地过去。国民党蒋介石的卖国内战罪恶，激起了我们每个人的心头怒火，我们决心誓死消灭蒋匪军。

八（原文如此，似应为三）万红军整整在此不停地过去达三天三夜，到今晚11时许才全部过完。我军也在12点钟离开了大坝向西转移。

1985年3月8日　大雨

金沙县后山乡

进入金沙县三天，都逢阴或雨。今天是倾盆大雨，又转了两个方面军的好几个战场，到达后山乡已是夜11点多了。

陪同我的金沙县中心乡党委书记杨家壁、乡长周中华和副书记明树坤全身都湿透了，他们到了村里还顾不上落脚，就不知从哪里找来了几件衣服，火盆也搞来了。我要写稿，换上干衣服后把蜡烛一点，就铺开了稿纸。过了一会，中宝进来叫我吃晚饭，突然“嗯？”了一声，我抬头问他：“嗯什么？”他不好意思地笑着说：“啊，罗老师，是你啊，我以为哪个农民同志坐在这里呢。”我说：“怎么样，人要衣装，佛要金装，一换衣服，就显出农民本色了吧！”刘中宝嘿嘿笑着说：“有点像农民了，是不是哪个本色还不敢说。”“嗯？”我说，“你敢不服！”正要追出门外，想不到中宝紧走几步突然蹲了下来，原来他在这几天把脚走瘸了，脚踝骨肿得很大。我赶快把他扶起来去厨房吃晚饭，实际上是在吃9日的早饭了。

回到房间，写好稿后，我继续记着昨天没有写完的日记。

红九军团是一支久历沙场、身经百战的队伍，向以善守能攻著称，长途奔袭更是红九军团的特长。周恩来曾赞誉红九军团为“战略轻骑”。

红九军团到达老木孔时，军团长为罗炳辉、政委何长工（二渡赤水前政委为蔡树藩）、参谋长郭天明、政治部主任黄火青。为确保突围胜利，他们已作了伏击敌人的准备。为确保万无一失，3月27日深夜，前委以朱德总司令名义，给红九军团发去急电，电文如下：

罗、何（万万火急）

A. 我野战军主力决定南移寻求战机，而以九军团暂留现在活动地域钳制周、吴纵队，以配合我主力作战。

B. 九军团今二十七号到于溪后应即移狗坝西之马鬃岭为九军团暂时活动枢纽，并于明二十八晨起分两部：一向长干山，一向枫香坝，伪装主力活动，特别要注意自己侧卫警戒，封锁消息。

C. 为确保九军团与军委通讯联络，军委特加派分队无线电台，望派得力武装于今晚至九坝接收……

朱德廿七号二十四时

我翻了不少资料，在我的印象中，电文用“万万火急”的等级，在湘江战役用过一次，这是第二次，可见当时军情之急，也可体味到指战员在瞬息万变的战场中的当机立断。

红九军团在军团长罗炳辉、政委何长工率领下留守在马鬃岭一带伪装主力，虚张声势，迷惑和迟滞了敌人六个师的兵力（包括黔军犹国材的五个团），第一场大战在老木孔西20多里之菜子坳打响。

我在菜子坳看到，这里油菜地、麦地只是夹在一条小山沟里，四周是层层叠叠的山，树木至今还很多，地形十分复杂，便于隐蔽部队。

当时红九军团迎战的是犹国材的部队。犹国材原是王家烈的副手，王家烈失守遵义，被蒋介石惩治后，犹国材邀功心切，从鸭溪率五个团直奔金沙而来。当敌首脑机关进入红军的伏击圈后，罗炳辉一声令下，红军指战员如猛虎下山，打得敌人尸横遍野。

犹国材实在是抢功心急了点。他被红军痛歼之际，自称是蒋介石嫡系王牌的周浑元率四个加强师也已到了老木孔一带。对此，罗炳辉、何长工早得到情报，也早有准备，为避免背腹受敌，就先集中兵力痛歼黔军，然后对付中央军。

中央军虽然一贯用吹嘘来壮胆，但实力仍不可小看。何况此刻的红九军团减员极大，扎西整编后已由原来的两个师缩编为三个团，战斗部队不过三个营，要对付在川南围攻红军扑空而恼羞成怒、气势汹汹追上来的中央军，实非易事。

人们说中国共产党内集中了一批最优秀的人才，此话一点不假。我在离老木孔不远的后土镇采访时，65 岁以上的老人谈起老木孔之战，至今还津津乐道。78 岁的杨大爹伸着大拇指夸道：“红军里头真有能人，民国二十四年（1935 年）的那些天，后土场上卖红布的店家都发了财，一夜之间，红布都被罗炳辉买走了，你知道买去干啥子？”老人故意卖了个关子后接着说：“罗炳辉硬是厉害，竟用这搭子（些）红布把‘遭殃军’（中央军）的周混蛋（浑元）给挡住了。”

此话怎讲？原来红军将买来的红布做成许多红旗，插在老木孔一线山上，并集中了一些司号员，留下一个连队在树林中，让司号员频频吹响调兵遣将的号令。同时又在数处点起炊烟，红军用疑兵之计，将周浑元弄得踌躇不前。

红九军团就这样一路上多打旗帜、多点炊烟，或者拉长行军距离，伪装成大部队，吸引住了敌人。敌军约六个师被红九军团牵着鼻子，在黔北兜圈子。红军主力南渡乌江后，令红九军团尾随抢渡过江。但当时部队距离江边尚远，等赶到江边时，已超过中央军委规定的时限，浮桥已拆除。此时，渡江不成，追敌迫近，处境极端危险。军团首长决定立即向北转移，3 月 31 日拂晓进入老木孔，在菜籽坳布下埋伏，围歼尾追之敌。战斗从 4 月 4 日凌晨 1 点打响，黄昏时战斗胜利结束，除歼灭大量敌人外，还俘敌 1800 多人，缴获枪支 1000 多。这一仗，使红九军团处境转危为安，争取了主动。随后，红九军团按中央军委的指示，4 月底进入云南，单独转战 4000 里，胜利完成掩护红军大部队的任务，于 5 月 16 日在四川西昌城西郊，赶上中央军委领导机关，又和红一、红三、红五军团一起并肩痛打蒋介石匪帮了。

1985 年 3 月 9 日　大雨

息烽县流长乡

昨夜大雨一直没有停，刘中宝和区乡里的有关人员一夜没有睡。他们除了设法找乡邮电所为我发电稿外，还四处找大的塑料布和绳子。因为我们要南渡乌江，带的许多资料、行李、药物等用品必须包扎以防雨水浸入。在城里买什么都好办，在农村才知找一块塑料布也很艰难。一路上这种情况遇到不少，都怪我嫌沉，没有在南白镇多买几块防雨塑料布。等到大家七拼八凑准备好后，已凌晨4点多，我们急忙出发了。

原以为艰险的路我都走过了，见过风浪，所以在后土乡出发时，金沙县委书记黄玉贵、县长许正维动员了一些区乡干部陪我去乌江大塘渡口，我坚决不让。我说："领导干部下来都是轻车简从，我一个记者搞那么多人陪怎么行？让报社知道了，要挨批的。"黄书记一边穿雨衣一边对我说："开富同志，这是两码事，我们又不是陪你去吃宴会，怕什么。到了路上你就会知道了，走吧。"看来没有商量的余地，为了尊重当地的安排，我们一起冲进了雨帘中。

到了路上我才知道了厉害：整个是爬山，山陡，还难找到路。虽然我已爬过老山界，翻过苗岭，但今天至少有三点不同，一是顶着狂风暴雨，二是天黑得伸手不见五指，三是山上本来少有人走，被大雨一冲，路找不到了，全凭摸着攀登。后山乡党委书记刘朝富和秘书周泽汉走在前边，搜索着探出可站脚的地方。他们探出几步，我们就跟上几步，我们称他俩是披荆斩棘的开路先锋。

尽管艰难，开头还觉着可以，因为有树枝可以抓住，当爬到一段只有黄土的地段时就更惨了，只能在大雨冲出的水沟中前进，稍不小心就滑倒，被糊成满身黄泥的泥人。在一些路段，怕我滑倒老是啃泥，我几乎是被县政府的杨华和宣传部的小程提着走的。

当我们一行终于爬到海拔1500多米，到达一个叫大背山梁的地方时，天已放亮，雨也停了，但每个人都成了花泥人。尤其是沙土区委书记游国家、委员龙又超，还有县委办主任赵正乾，背着我那些资料和行李，都累得直喘气。还有县政府的何勤丰，背着干粮和农民送给老红军的富生同酱油及安底醋，更累。有的牙床上都沾着黄泥。刘中宝的右手背上划了一道很深的口子，满手都是血，这是在一个险要地段为了在黑夜中给我摸出下脚的地方，被尖利的岩石划破的。我们为他包扎后，望着山顶到山下乌江边被雨水冲刷出的水沟，如同一条细细的锁链垂挂而下，不禁倒吸了一口冷气，真佩服红军打江山的不易。当年前有敌人的机枪扫射，下面几乎没有路，红军攀上悬岩，该需要有多大的勇气，做出多大的牺牲！

满地都是水和泥，大家不能坐下来，只能靠在树干上或靠在拐棍上，休息了好一会儿。黄书记、许县长和大家都说，当年红军南渡乌江也是在黑夜中，迎着狂风暴雨，为了体验革命胜利的来之不易，并留个纪念，虽然我们浑身是泥，也都湿透了，却是很值得的。

我们停留的地方在乌江北岸。放眼望去，沿江皆是悬崖绝壁，在云雾中若隐若现。当年南渡乌江的先遣部队是红一军团一师三团。渡口位于乌江上游。现在由于下游乌江渡已建电站，拦河筑坝，这里成了水库。但是，当年这里却是旋涡滚滚、暗礁密布的激流。据介绍，当时南岸驻敌一个营，构筑了坚固的碉堡。红三团由一连战士组成先遣突击队，攻打南岸梯子崖的守敌。在连长朱日亮、指导员杨启带领下，战士们利用夜晚暴风雨作掩护，在上游乘竹排斜着顺流而下，冲出旋涡，登上河滩，然后找到一条通往山脊的石缝，依崖壁，架人梯、攀树枝和野藤，用米袋、绑脚带结成绳，一个接一个爬上南岸，向敌阵地纵深前进。消灭了渡口守敌一个连，占领了前沿阵地，大部队随之跟进。在这场战斗中，红一连指导员杨启和不少战士光荣牺牲。

在红三团与敌人激战的同时，军团工兵连扎竹排架好浮桥。3 月 31 日，除九军团留在北岸牵制敌人外，中央军委和其他部队分别在梯子崖、大塘、江口等处，从浮桥上全部渡过乌江，登上悬崖，经流长乡，向贵阳方向前进。

下到江边，金沙县用等了我一夜的渡船把我送过了乌江。虽然我现在已走到息烽县的流长乡，脑海里还浮现着和金沙县同志告别时依依不舍的情景。虽已夜深人静，仍难于入睡。

1985 年 3 月 10 日　阴
息烽县

今天我经养尤司、小寨坝、黑神庙，傍晚到了息烽县城。

息烽城坐落在贵阳至遵义的公路边上，所以比较繁华。它距贵阳已不远，我们穿越城中，感觉到店铺的摆设和人们的穿着已有点城市气息，这使这些天受够劳累缺觉的中宝和我精神一振。

我很感激息烽县委书记蔡正昌，他引领我们走进县城安排住下后，让我们先洗漱，缓缓劲再吃晚饭。此刻，这对我是太重要了。不仅是几天来的雨和汗水及黄泥折腾得我们够呛，还因为不知什么原因，身上奇痒，不用热水烫一下，简直难于坐下来。

半个多小时后，等我和中宝赶到食堂时，蔡书记正和县党史办主任盛永昌、县委办副主任罗新安正在研究红军过息烽的史料。他一一过目后，给了我五大本，有铅印的、有打印的，也有油印的。蔡书记很看重这些资料，他在交给我材料时说："请你比较鉴别。我常想，红军流血牺牲，艰苦奋战，创建的是新中国，留给后人的是一笔宝贵的精神财富，我们有责任提供真实的史料，尽可能多地领你多看些战斗遗址，为你完成徒步采访尽一份力。"他的这番话给我很大的鼓励。

在县城发稿容易，不到凌晨一点就送到县邮局发走了。我翻着资料，看到了红一方面军和红二方面军过金沙、息烽、修文等地的情况。我决定趁今夜时间充裕，把三个方面军的史料理一理，记下来，搞清来龙去脉，沿途再去听和写某一个局部的情况时，思路就比较清晰了。

今晚我读到毛泽东于1935年10月19日到达陕北吴起镇后，曾在延安发表的一个讲话，这就是著名的《论反对日本帝国主义的策略》一文，讲话中谈到了红军的三大主力和转移的时间，这是最权威的史料。毛泽东说："同志们，你们看，差不多一年半以来，中国的三支主力红军都在作阵地的大转移。从去年8月任弼时同志等率领第六军团向贺龙同志的地方开始转移起，接着就是10月开始的我们的转移。今年3月，川陕边区的红军也开始转移。这三支红军，都放弃了原有阵地，转移到新区去。"

毛泽东说的三支红军，就是后人熟悉的三个"方面军"，即一方面军

▶贺龙（前排右一）等红二、六军团领导同志到达陕北后合影。

（亦称中央红军）、二方面军和四方面军。

▲周逸群

第一方面军是1930年8月在湖南浏阳建立的，是一支由毛泽东、朱德等亲手创建和领导的军队。这支队伍后来在毛泽东、周恩来、朱德领导下，与赣南、闽西中央革命根据地的人民一起，从1930年至1931年，连续粉碎了国民党蒋介石的第一、二、三次反革命“围剿”。后由于“左”倾路线的领导极力排斥毛泽东等坚持正确路线的领导，导致中央苏区的第五次反“围剿”失败，被迫转移。

第二方面军的前身，是贺龙、周逸群、关向应、夏曦等领导的红二军团和任弼时、肖克、王震等率领的红六军团。这两个军团在1936年6月在四川甘孜地区与红四方面军会师后，才由中央正式宣布为第二方面军。红二军团原活动于湘鄂西革命根据地，红六军团原活动于湘赣革命根据地，两军团1934年10月在贵州黔东南会师，1935年11月，二、六军团从湘鄂川黔革命根据地出发开始长征。

第四方面军的诞生地是在鄂豫皖边界地区。1931年11月7日，红四方面军在黄安七里坪正式建立，下辖红四军和红二十五军，当时共三万多人，总指挥徐向前，政委陈昌浩，政治部主任刘少奇。张国焘任中共鄂豫皖中央分局书记兼军委主席。1932年6月，蒋介石以30余万人的兵力，对鄂豫皖苏区发动第四次“围剿”。由于张国焘的错误领导，红四方面军未能粉碎这次“围剿”。同年10月，张国焘擅自决定红四方面军撤出鄂豫皖，进入陕南川北地区。

▲夏曦

张国焘是王明（陈绍禹）派到鄂豫皖红四方面军中的中央代表，他的思想体系和王明一脉相承，历来不重视根据地的作用，都认为“只要有了红军，苏区要不要都可以”。从鄂豫皖到川陕建立根据地不久，在徐向前等领导的指挥下，四方面军取得了反六路围攻的胜利，接着又实施嘉陵江战役。正在广大指战员与敌浴血奋战时，张国焘却擅自决定放弃川陕苏区，再次陷入了无根据地作依托的流动作战局面，被迫开始了艰苦曲折的长征。

1985年3月11日 阴

息烽县铜枝驿

今天，我从息烽县城向西，沿红二、六军团去黔西县的路线走到了九庄镇。一路上见到两旁依然是山，所不同的是山上树木较少，这是喀斯特地形特有的景况。

在九庄镇所辖地区的土地上，红二、六军团的指战员洒下过热血；红三、五军团南渡乌江后也曾在此和敌人作过战，并曾在这里遇敌机轰炸，为抢救人民生命财产，有100多名红军战士牺牲在九庄。人民忘不了他们，在镇上建了红军烈士墓。我去瞻仰时，见到十多位少先队员正向红军烈士墓敬献花朵。

饭后，继续往西南走，快到当年红六、二军团与敌激战的鸭池河畔时，向导王哲元建议我去看一看地下溶洞多缤洞。他是当地的农民，对情况很熟，他说："这里的每条路，红军都走过，我们拐一下，就是多缤洞，当年红军在洞里躲过敌人的飞机，在洞口也向敌机开过火。"既然如此，我们就拐向多缤洞。

溶洞我见过很多，但王哲元说："这个溶洞不一样，可又大又长着呢。你看了后，我再给你介绍，看在红军的份上，为我们开发说几句话，行不？"刘中宝悄声对我说："这位老王够精明的。"我点点头说："反正我们是走长征路的，同红军沾边的，有新闻性对老百姓有好处的就写。"走进4米高的洞口，跨过可容纳千人的溶洞大厅，眼前出现了两个洞口。左边是石琴洞，右边是莲花洞。洞中只有一小段装了电灯，其他地段都得用手电照明。我跟着王元哲在两个洞里走过17个大厅，真是一步一景、移步换景。走了5里多路，王元哲说还只看了不到五分之一。一般溶洞都有石幕、石幔、石花、石柱等，组成千姿百态的景观。这里当然都有，只是发育得更丰富多姿。别处没有的，这里也有。在石琴洞，见到好似神话中描绘的龙宫，雕梁画柱，堂皇富丽。大厅内十多个石柱，基脚都是由圆形的石盘托住，盘里积水清澈晶亮。有的石盘里似有几只海豹在争相夺食，两只河马在一旁窥视，还有一颗"定海神针"，矗立在波涛滚滚的大海之中。岸边似有一只巨大的海龟，龟纹清晰，另一只小海龟依偎在它的身旁。在"海浪"后面一公尺处，好似龙宫深处，四周由鱼兵虾将守卫，一切都是那样地逼真。

再往里走，有个莲花洞，有五六个篮球场大，里面有个大厅，我们给它取了个名字，叫八龙戏珠。这里不仅有八条活灵活现似正在游动的龙，还有无数滚圆的宝珠。两条龙的身上，鳞片隐约可见。它们顺石就势，头靠着头，盘绕姿态各不相同，一颗金珠夹在中间。离这里七八米远的地方还卧着 6 条小龙，也在争夺周围的宝珠。洞中还有一座鹊桥，离地 3 米，长六七米，宽约 1 米。奇特的是桥身很薄，边缘部分不到一厘米厚，中间也不过三四厘米，在手电照射下，桥身几乎是透明的。这类桥在洞中还有好几座。除桥外，还有暗河。有的竟达 20 多米宽。更奇特的是河床中有石幔、石塔等，据说水大时还能移动。站在河岸，顶部有无数倒挂的空心钟乳石。它们组成了石琴，依次敲打几下，就发出高低不同的音响。

据了解，这个洞早已被发现，但从来没有人走完全程。**去年 3 月，贵州省科学院有关部门派人勘察，发现这个洞全长 28 里，是目前我国最长的多层巨型溶洞**。这么说来，我在贵州看见了国内最长的溶洞了！据说溶洞不仅有游览价值，而且洞内还有大熊猫、剑齿象等化石，极具有科学研究价值。目前省、县已投资 19 万元，修通了洞口至外界的公路，洞中小部分道路安上了电灯。今年春节时，开放了 6 天，游人如织，但因设施严重不足，只好提前关闭。多缤洞离川黔铁路 30 多公里，离贵阳 110 公里，如能早日开发，对当地经济发展必将起到很大作用。县委书记蔡正昌、县长罗炳秋对我说，我们也想叫沉睡多年的多缤洞早日为四化建设服务，但缺少资金，希望报纸代为呼吁，欢迎省内外有关部门投资开发，对投资者和合资经营者给予优惠待遇。

1985 年 3 月 12 日　阴

息烽县石洞

今天我还是在红二、红六军团战斗和行军的路线上迂回。上午在息烽县的西南方向的鸭池河边，下午折返东北方向，傍晚到了石洞。

这些天在农村采访多，原以为写稿困难，因为每天要写一篇文章，而从农民了解到的毕竟都是某一件事、某一个人，我担心微观上的写多了，读者觉得乏味。其实不然，要紧的是留心，把自己放在读者的地位去采访，收获还是很大的，比如一路上我老听说，**红军买卖公平，拿了老百姓的粮食有的付现钱，实在没钱也打了欠条等。我一直在想，当年买卖用什么货币？打了欠条，红军走了谁来还？**

对于以上问题，我想读者也会感兴趣的。在黔东南，我已了解一些，这些天到金沙、息烽农村转了几天，对这些问题基本弄清了。

据红军史料记载：中央红军从江西瑞金出发，抬着印钞机，搬到广西境内，进行湘江大战时才扔掉，这段史实已有较一致看法，但究竟是扔在湘江东岸，或是扔在西岸，还是扔在湘江水中？我所见到的史料都没有谈到，我所访问过的老红军也都未能给我一个肯定的答复。

我想，长征中的林伯渠一定会说得清，因为长征前，林伯渠担任中华苏维埃共和国国民经济部部长。红军长征途中，林伯渠担任总供给部部长和没收征发委员会主任，负责筹粮筹款，保障部队的钱、粮等后勤供应。可是他已逝世多年。看来要彻底搞清楚，只能继续留心，找当年随他长征的身边的人。

尽管如此，有一点是肯定的：中央红军出发时，带了不少苏区货币，沿途年纪大的老百姓都见过，称它为“红军票”。在各地的革命纪念馆里，我见过这种红军票，它是纸币，票的正中印有列宁头像，上面有一行繁体字：“中华苏维埃共和国国家银行”，列宁头像的右边印有“壹”等数字，左边印有“圆”。

▲红军票

把人民放在心中的军队，总是处处为人民着想的。今天，我从息烽农村听到一些老人谈起红二、红六军团为一年前经过此地的中央红军还款的事，心中很是佩服。我从沿途听到的情况中发现，**红军为了不损害老百姓的利益，至少采取了三条措施。**

第一条是后卫部队有财务清算或检查损害群众纪律的机构。从大的方面讲，整个红军有后卫部队，在每个军团、师、直至团都有检查群众纪律的人员。红军在沿途打土豪，把没收的银元、粮食和盐巴等分给穷苦百姓后，剩余部分就作为部队的粮饷。在部队没有银元的情况下，只好支付苏维埃票子。既无银元也没有票子，又没有粮食时，只好向老百姓打借条。

第二条是后续部队为前边的部队结算。战场上瞬息万变，本部队后卫有不少时候也只得去追部队，来不及结清，那么后续部队见到前边部队留下的借条就一一结算。如在黎平、瓮安及这些天我采访的金沙、息烽等地，中央红军留了一些借条和苏维埃票子，一年后，红二、红六军团经过这些地区时，凡有红军票的都换成当时能流通的银元和票子，有多少换多少。对有的红军部队来不及付钱留下借条的，也折算成价格付现钱。桐枝驿村76岁的王大爹对我说："那时，老百姓真服了共产党，服了红军，真说话算话。前面走的红军苦，后边过的红军也是苦，他们有些穿的比农民还烂，吃的是野菜熬汤，上边飘着点油星子，硬是抠出来还老百姓的钱。"

第三条是红军经过后打下了欠条，后来再没有后续部队经过的情况。十多年后，解放军来了，解放军基本上都为红军还清了。这里我想特别要记的是，红军有条纪律，损坏东西赔。当时打破一只碗，弄丢了几双筷子，损坏一把锅铲等，红军都把它们一一写在条子上，解放军见了，也都认真折价付了款。

一路上，我常想，军队这么团结，又这样处处为人民着想，哪能不受到人民拥护，有了群众的支持和帮助，哪有战胜不了的困难，哪有不打胜仗的。

▼中国工农红军总政治部布告。

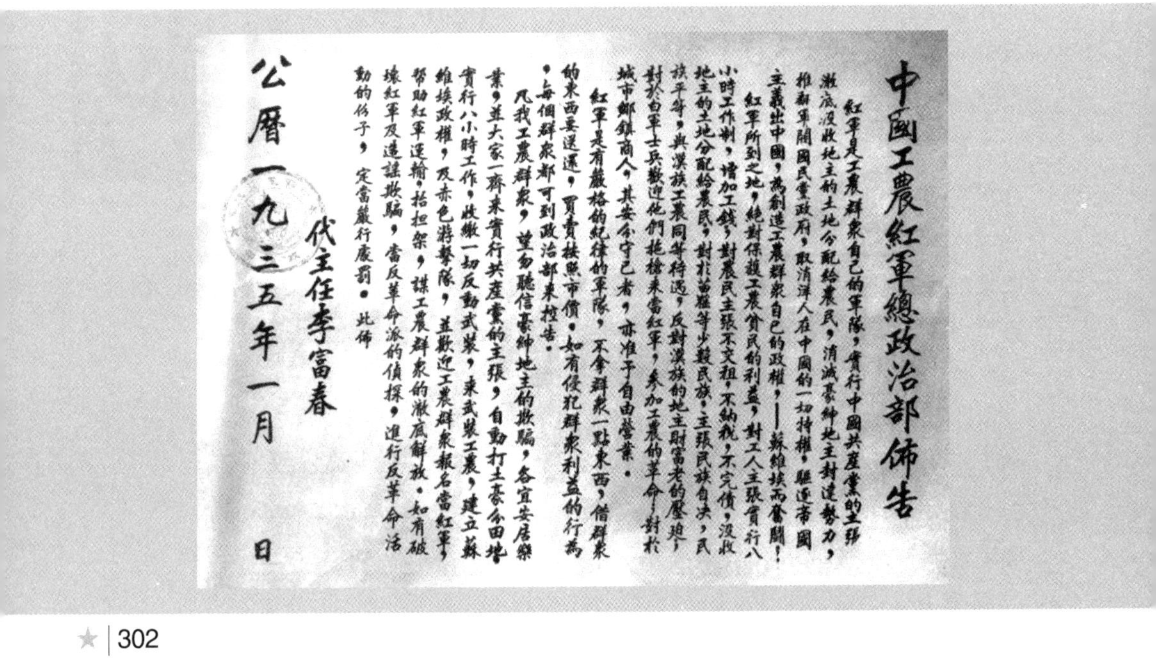

中國工農紅軍總政治部佈告

紅軍是工農群衆自己的軍隊，實行中國共產黨的主張，澈底沒收地主的土地分配給農民，消滅豪紳地主封建勢力，推翻軍閥國民黨政府，取消洋人在中國的一切特權，驅逐帝國主義出中國，為創造工農群衆自己的政權——蘇維埃而奮鬥！

紅軍所到之地，絕對保護工農貧民的利益，對工人主張實行八小時工作制，增加工錢，對農民主張不交租，不納稅，不完債，沒收地主的土地分配給農民，對於苗猺等少數民族，主張民族自決，民族平等，與漢族工農同等待遇，反對漢族的地主財富老的壓迫，對於白軍士兵歡迎他們拖槍來當紅軍，參加工農的革命，對於城市鄉鎮商人，其安分守己者，亦准予自由營業。

紅軍是有嚴格的紀律的軍隊，不拿群衆一點東西，借群衆的東西要送還，買賣按照市價。如有侵犯群衆利益的行為，每個群衆都可到政治部來控告。

凡我工農群衆，望勿聽信豪紳地主的欺騙，各宜安居樂業，並大家一齊來實行共產黨的主張，自動打土豪分田地，實行八小時工作，收繳一切反動武裝，來武裝工農，建立蘇維埃政權，及赤色游擊隊，並歡迎工農群衆報名當紅軍，幫助紅軍運輸，抬担架，謀工農群衆的澈底解放。如有破壞紅軍及造謠欺騙，當反革命派的偵探，進行反革命活動的份子，定當嚴行處罰。此佈

代主任李富春

公曆一九三五年一月　日

▲余秋里

1985年3月13日 阴

修文县格兜铺

1935年4月初，中央红军分成数路，南渡乌江，迅速南下，乌江北留下红九军团佯装主力，牵制追敌。渡江后又派出一个团东进，佯去湘西与红二、红六军团汇合，红军主力则经息烽，直趋开阳、修文，威逼贵阳。今天，我从息烽走进修文县的格兜铺。

这条路上曾经留下两个方面军的足迹。1935年4月初，红三军团第十一团团长邓国清、政委张爱萍率领的先头部队曾走过。第二年的1月31日，贺龙、任弼时、关向应等率红二、红六军团通过距贵阳120多里扎佐的碉堡线，急转西进，去攻打修文县城，也走过这条路。红军在这里留下的英雄事迹、战场遗迹很多，看不过来，也记不完，**今晚我只能记下红二方面军在转移贵州中与敌作战负重伤的两位独臂英雄。一位是红二军团第六师十八团的首任政委余秋里，一位是红二军团五师师长贺炳炎。**

一说起余秋里，只要是经过“文革”的人，大多熟悉这个名字。因为不论是电台还是报纸，当时在播报毛泽东接见活动的消息中，领导人的名字快念完时，最后一句几乎都是“还有余秋里”。到长征路上一采访，才知道余秋里是一位身先士卒，不怕流血牺牲的党的模范政治工作者，是一位英雄。

在我今天徒步采访的西面，有一个名叫得章坝的地方。修文、息烽县的向导向我介绍，余秋里就是在那里受的伤。据史料记载，1936年3月，红二、红六军团曾在鸭池河两岸展开了一场长达一个多月的回旋战。在这期间，成本新（成钧）团长、余秋里政委率领指战员在赫章县的得章坝伏击敌人，打得中央军万耀煌的第十三师丢盔卸甲。在与敌人激战中，余秋里看见敌人的机枪手瞄准了成本新，就迅即伸出胳膊，将成团长拽倒，就在这一刹那，敌人的机枪子弹击中了余秋里的左臂，血流不止。**余秋里让卫生员把露出骨头的伤臂简单包扎后，继续指挥战斗。在那艰苦的岁月，天天行军，不时作战，又缺医少药，余秋里忍着伤痛，继续行军和指挥作**

战，直到5个月后走出草地时，才做了截肢手术。

贺炳炎是红二军团第五师师长。他9岁丧母，为了生活，做了铁匠。1929年春，刚满16岁的他放下铁锤，加入了贺龙领导的红军队伍。因他作战勇敢，又聪明，善打硬仗、恶仗，1935年初就当上师长了。12月下旬，红二、红六军团按计划向贵州石阡、镇远、黄平地区转移，为了迷惑和调动敌人，贺炳炎师长和谭龙林政委率部牵着敌人东奔西走，尽可能使敌人远离红二、红六军团主力。当他们在翻越武冈和洞口间的瓦屋塘东山时，遭到敌人的疯狂狙击，不少红军战士倒下了。为了带领部队迅速冲出狙击圈，避免同占优势的敌人硬拼，贺炳炎在10多名机枪射手掩护下，带领第十五团向山上冲去。不料敌人一颗子弹击中了贺炳炎右臂。等击溃敌人后，战士们看到，贺炳炎的整个右臂被鲜血染红了。为了保住他的右臂，贺龙总指挥亲自找到医生做工作。由于骨头被击碎了，在当时行军中的医疗条件下，无法接上。为防感染，保住性命，贺龙总指挥和关向应政委只好同意医生把贺炳炎的右胳膊锯掉，决定让军医贺彪马上给贺炳炎动手术。但那时到哪里去找手术锯？大家商量了一会，也只有一个办法，就是用木锯代替。另一个要命的问题是没有麻醉药，贺炳炎对贺龙、关向应说："不妨，关云长还能刮骨疗毒，我就不信一名共产党员还怕痛！"

贺彪找来一把木锯，用土办法，放在开水里煮了又煮进行消毒，又找来几个战士按住贺炳炎。贺炳炎自己要来毛巾死死咬住，不让自己在被锯得吱吱作响时，发出撕心裂肺的痛叫。贺炳炎的伤臂被锯下来后，医生又找来钢锉把截面锉平。这要多大的勇气和毅力！但贺炳炎这位共产党人做到了。

据说，贺龙从贺炳炎断臂上取下碎骨，一直带在身边，经常拿给指战员们看。他总是充满深情地说："关云长刮骨疗毒了不起，我们共产党人更坚强啊！"

是啊，共产党人为了民族解放，为了人民过上好生活，克服了常人难于想象的艰难险阻，忍受了常人难于相信的痛苦。我们这一代人有责任深入采访，把共产党人在创业时期的伟大精神和英雄事迹昭告后人。同时，今夜我还在想，关公的刮骨疗毒、铮铮男儿的形象，一直在书中、舞台上、银幕上出现，而我们的余秋里、贺炳炎等共产党人的光辉形象，不知什么时候能家喻户晓？

1985年3月14日　雪

开阳县底窝坝

今天离开修文县继续向西北方向走，傍黑到达开阳县的底窝坝。

昨天还沐浴在春风中，今日却顶着纷纷扬扬的雪花。望着一片银白的大地，才体会到高原气候说变就变，可不是一句玩话。

从地图上看，修文、开阳地处贵州高原的中部，海拔在1000至1400米之间，气候的特点是春迟、夏短、秋早、冬长。夜晚只得打开行李包，掏出散发着霉味的军大衣穿上，生上火炉，才不至冻着。把稿写完后，我和中宝谈到这些天看到的景象，感触很多。一是这里民风淳厚，特别喜欢帮助别人。一路上，我们不认识任何人，背着不少东西，要是我们不开口，谁也不会把我和中宝这疲惫不堪，又一拐一瘸满身沾泥的行人同记者联在一起。但只要是同方向行走的人，总会主动上来帮我们背一程，送一段。要是相向的路人，看到我们很吃力，有时也会有人问上一句：“大哥，格是要帮嘎？”今天下午，我们从修文进入开阳，爬交界山陡坡，中宝和修文县的向导被书籍、资料、行李、干粮等压得满头汗水，还要扶着我。正分不开身时，幸亏遇上了一位路人，减轻了我们的负担。在他送我们爬上山顶折回时，我想摸包香烟谢谢他，他却对我说：“大哥，莫客气，看你病怏怏的，帮一把，算啥么？”说完，就转身下山了。

这里的老百姓淳朴，干部们也实实在在。这几天我见到的息烽县委书记蔡正昌、修文县副县长袁填伦、今夜见到的开阳县委副书记汪裕祥、副县长贺承福等都是实在人，在介绍情况中讲到成绩时，使人觉得实在，不拔高。谈到存在的问题时，不是总埋怨上级拨的资金不够，而是分析原因，承担责任并提出下一步解决的办法。使我很是敬佩，这样的干部，让人信任。

我和中宝谈到的第二点是，红军洒下热血的这片土地风景很有特色，随着人民生活水平的提高，旅游业发展起来后，这一带肯定是个好去处。我们谈到风和景：要说风，民风淳朴，到这里走一走，看一看，也许可以净化心灵。再说景，风、花、雪、月，我们今天都碰到了。虽然穿行在雪花中，但山路两旁已冒出许多野花，小溪畔树枝上不时摆动着嫩芽，3月和煦的春风送我们走了70多里，使人不觉得特别累。半夜过一点，刘中宝帮我送走了稿件，还硬拉我出去看月亮。今天是阴历下弦月吧，刚升起不久。我们站在一尘不染的山坡上，看到地上雪白，天空深蓝，一轮明月，直照得远山近林，在蒙蒙中似静似动，都找不出词来形容这美景了。这时，下午为我们引路又陪行的开阳县赵广林、王胜德、邓一平和王能都来了，还是他们说得好："反正这自然界的胜景，在城里难于想象，更是看不到的。"

谈到景，大家都觉得，这里景色不仅美，还很有特色。我们走过的地方有成片森林，有记不住数不清的众多小溪，更多的是穿行于石林之中。虽然这里的石林不及云南石林那么集中和壮美，但面广点多、很有特色。多缤洞旁的回水石林面积很大，水长流，声如钟，山、水、蓝天和树木集一身。这一带的石林分布极广，遍地都是，东一簇，西一丛的石峰直指蓝天，给人以飘逸、潇洒又舒展的意境。可喜的是，石林的地下更是意境无穷，缤纷多姿。上下叠洞、高低环水，一洞温差有四季，泛舟三里还在洞中游。无数地下岩洞正在开发，几个县的向导都说到时请我们来看看，顺带休息几天。今夜，中宝对我说："其实，不请，今后我也会来好好看一看的。"

1985年3月15日　阴

开阳县哨上乡

不知在什么地方听过一个笑话，说某个地方停电了，妈妈怕影响孩子做作业，就给孩子点了蜡烛。孩子说："等有了电我再做，我现在去看电视。"这则笑话是讲孩子的单纯，没有了电，电视怎么有画面？可是，我今天真是开了眼界，在没有电的地方，看到农民照样能看电视。而且不止是一家，竟有几十家。

这个地方就是靠近贵阳的开阳县哨上乡。

今天一早，我从底窝坝出发，翻越马龙坡，走到开阳县哨上乡，明天就要进入贵阳地界了。

哨上乡这个地方很美，映入眼帘的是望不到边的山上绿树和田间的油菜花，遇到的是精神饱满、喜气洋洋的布依族和苗族农民。他们有的抬着红漆家具去赶集，有的肩挑货物去做买卖，还有的手提礼品去串亲访戚，到处充满着生机和活力。

向导告诉我：这些年党的政策好，生活好了，要求高了，全乡到现在还没有电，农民意见比较大。我们边走边聊，走进了双塘村，我却发现许多农家房顶架有电视天线。走进一农家要水喝，见厅堂里吊着一只长型的八瓦灯，墙边放着一台九英寸黑白电视机，一个五六岁的小女孩正顺着电视机在摆放小凳子。我不禁问了一下户主，才知道晚上左邻右舍要来看电视。我问没有电怎么看，户主说："过去有电，现在停了，可电视太好看啦，我们想了个办法，用拖拉机发电照样看。"

当时我想，这也算是农民的一个创造吧。那怎么会过去有电，现在没有了呢？我从采访中才得知，这种状况是部门之间扯皮造成的。

据我今天向县、乡、村的同志了解，1978 年，这个乡建有 3 个小水电站，最大的是南江河电站，装机容量为 25 千瓦。1974 年，南江大队想扩建这个电站，每户收 400 元，筹集了 12 万元，于 1978 年扩建成功，装机容量为 50 千瓦。电站发电两个月以后，当时的哨上公社为解决全公社的用电问题，经上级和水电部门同意，于 1978 年 11 月拆掉了南江大队的 50 千瓦电站和其他小水电站，准备在南江河电站旧址修建一座 500 千瓦的电站。从 1979 年春到 1982 年夏，地、县有关部门同志经常在电站工地指导施工。当地群众热情很高，共投入劳力 12.5 万多个，筹资 10.5 万余元，并向国家贷款 4.6 万元，购买了水轮发电机、一米直径的钢管 49 公尺，还有其他配套的设施。后来上级关部门决定把电站地址向南江河下游延伸 100 公尺，但上级另一个部门不同意改地址，双方意见不统一，工程拖了近三年。虽多次向上级反映，但上级部门一直没有提出具体的解决方案。原来由国家帮助和农民投资购买的发电设备已开始生锈。

我们经常说，要继承和发扬革命传统，学习这学习那地讲一大套，可是在有些人、有些部门做起来就不是那么回事了。红军的汗水和热血就洒在这块土地上，如果这些部门管这事的人，不是以个人尊严为重，不是以部门利益为重，想一想红军是怎么时刻想着老百姓，怎么为人民服务的，修建这么一个南江河小电站，怎么一拖就是三年呢？

今夜我还在想，管得着这些人的领导，为什么就不能像红军的各级领导那样多深入，当机立断？为什么不对手中掌握权力，却损害人民利益的某些人，早点采取果断措施呢？

1985年3月16日　晴

乌当区百宜乡

中央红军当年从开阳、修文等地进入贵阳市乌当区时共有三条行军路线。我走的是经扎佐，翻大关冲直逼贵阳的第一路行军路线，于今日下午走进乌当区，夜宿百宜乡。

人们说，四渡赤水是毛泽东军事指挥上的得意之笔。今日我进入乌当区，住宿在当年毛泽东指挥3万多红军佯攻贵阳的地方，不禁增添了豪情。我心中在想，**毛泽东高超的军事战略指挥艺术，当年可以说到了贵阳，就已到炉火纯青的地步了。**

为什么这么说呢？今日到了贵阳城下，我仔细地翻阅了当时的地图，研究了有关史料，又回顾这些天走的路线，觉得**毛泽东和他的战友们当年在贵阳确实创造了军事史上的奇迹。奇就奇在毛泽东能把敌我双方的兵力都统一调动起来，为实现我军的战略目标服务。**

遵义会议上决定中央红军渡过长江去与红四方面军汇合。蒋介石仗着天险和兵多枪多，左挡右拦。我军在川黔滇边迂回，四渡赤水终于突出重围，甩掉了敌人。但中央红军的战略目标仍是渡江入川。既然敌人不让红军在宜宾和泸州一线北渡长江，红军就决定多走点路，进入云南，从长江上游金沙江北渡过江。为了这个目标，红军四渡赤水后继续采取声东击西、迷惑敌人的战术。

要进云南，就必须把滇军调出来。滇军主力装备的武器大多是向英国、法国、比利时三国购置的，不但黔军、川军不能与之相比，就是蒋介石的一些嫡系部队的武器也赶不上。在红军二渡赤水大败遵义之敌，集结于鸭溪、懒板凳地区时，蒋介石妄图集而歼之。在蒋介石调动各路人马奔集鸭溪地区之时，唯有滇军三个旅，约1.2万人，在孙渡指挥下，却只是停在滇黔边界活动。既不直接参与围攻红军，又阻挡红军于龙云地盘之外。说白了，滇军可不是好调动的。龙云既不想同老蒋闹僵，给点面子，又不想为老蒋卖命；既看不起川军、黔军，表面上称兄道弟，暗地里却又想借红军之手消灭他们的军力。既如此，**如何才能调出滇军？当然还是应由国民党的三军统帅蒋介石来下令。因此，毛泽东就决定抓住战机亲自调动蒋介石，让蒋介石再把滇军主力调出云南，借云南之道去渡金沙江。**

红军回师遵义，把中央军和黔军打得个稀里哗啦，使蒋介石坐立不安，气势汹汹地于 1935 年 3 月 24 日携宋美龄由重庆飞到贵阳。随行的有蒋的顾问端纳、陈诚，还有吴稚晖、陈布雷、何成浚等，决心要同正在黔北的红军决一雌雄。

这时候，中央红军确实是在黔北和川南狭小的天地里，蒋介石自然把各路兵马往那个地方调。可是他想不到红军的统帅毛泽东比他棋高几着，抓住这个机会，虚晃一枪，留下红九军团在乌江北岸拖住敌人，率主力红军南渡乌江，直逼贵阳而来。还有使老蒋想不到的是毛泽东隐蔽的意图。在我红军主力南渡乌江，红九军团继续在江北插红旗、吹军号、放炊烟，大造声势佯装主力的同时，中央军委又派出红一军团二师六团伪装红军主力东进清水江，不仅有红旗、军号、炊烟，还架了几座浮桥，桥上日夜战马嘶叫。从地图上看，中央红军过了清水江，目的很明显，去湘西和红二、红六军团汇合，这是蒋介石最怕的。怕两路红军一汇合，又打回江西革命根据地去。所以，蒋介石急得又调所剩无几的兵力去追堵。

正当蒋介石得意地向身边花里胡哨的女子，还有一些摇头晃脑的谋士夸耀"'剿匪'成功，在此一举，勉之勉之"之际，忽然得到"开阳、息烽发现多股共军南窜"的急报。红军再往南就是贵阳，而此刻贵阳城外只有郭思演的九十九师所辖四个团守着，而城内空虚，只有一个宪兵营、两个消防连、三百多个别动队员，四百多名警察和一个几天前刚破格由市警察局长提拔为贵阳警备司令的王天锡。当时，滇军正在滇黔边徘徊，其他的嫡系、杂牌军又远在他处，被我红九军团和红六团紧紧地拖住了。蒋介石只好下了几个"万万火急"手令，急电孙渡"限即刻到"。孙渡本来就同龙云勾心斗角，也与黔军尔虞我诈，此时正想邀功。当他率部赶了 4 天，走了 400 多里，于 4 月 6 日到了贵阳时，蒋介石竟高兴得以拳击桌，亲自宣布"每团犒赏猪肉 200 斤，现洋 60 元，票洋 100 元"。

"只要能将滇军调出来，就是胜利。"老红军吴吉清写的《在毛主席身边的日子里》叙述了毛泽东部署威逼贵阳作战中说的这句话实现了，这时应当高兴的是毛泽东，是中央红军三万余将士，绝不是蒋介石。

1985年3月17日　晴
乌当区下坝

当年毛泽东调动蒋介石，蒋介石“听命”把滇军从滇黔边界和黔西、毕节一带迅速调进贵阳之时，中央红军主力也正迅速从贵阳市区的东北郊南下。一路上，先头部队也不时与敌激战。**昨天我在离市区100多里的白果山和挖矿坡山一带看到了红军与敌激战的战场。在战场遗址的山上，建有两座红军烈士墓。**我从半山采来了七色的野花，敬献给了红军烈士。今天，我沿红军其中一路行军路线，跨南明河，翻了三座山，傍晚走到下坝，这里已地处贵阳市区东面，离市区约有80里。

这些天，身上老是痒得无法入睡，只好多翻资料，多记东西，分散注意力，白天就更昏昏沉沉，有时走着路稍一停留，拄着拐棍就会睡去。乌当区政府办何世仙给我找来三支肤轻松药膏，擦时减轻了瘙痒，过一阵又奇痒难忍。乌当区委宣传部长李明金、副区长冉臣荣也许看我太难受了，中午到了农家，也设法找热水让我烫了一下，舒服得多了。

其实这些天走路是比较舒服的。路相对平坦，上山下山的路旁，树林多，鸟儿也多，特别是行至百宜乡一带，我看到的景象印象特别深。不论是在山区，还是平坝，不时可以看到不少拖着美丽长尾的锦鸡，还有灰色凤头的花点斑鸠、山鸠和画眉，以及许多叫不出名的小鸟，啼声悦耳。这些鸟都不怕人，特别是锦鸡，常飞到我的身旁脚下。丢几块饼干给它，还会向我叫上几声。听向导说，这里的人很爱护鸟，从不打鸟。

过了百宜，在杏花盛开的山王沟村附近，还看到了6只珍贵的红顶白鹤。这里的鸟之所以这么多，一个重要原因是山林保护得好。原来种粮的陡坡已退耕还林、种草，栽上了成片的杉树、松树、泡桐、桔桐、漆树、枣、桔、刺梨，核桃树等。山王沟村农民周定洪说，退耕还林工作做得好，首先归功于党的政策好，各级领导深入山寨抓落实。他说，过去这里荒山多、鸟难见，水土流失严重，人们不顾实际，单抓粮食，抓得越凶，返销粮就越吃得多。党的十一届三中全会以来，省、市、区领导经常下来宣传政策，大讲保护树木、退耕还林的好处。1984年，省委书记苏钢等领导同志多次到山上搞调查，帮助农民解疑难、出点子。政府早在几年前就给农民发了山权长期使用证。农民龙孟芬在退耕还林后，仅1982年就种树20

多亩，种草 8 亩多。拐比村农民唐占全是植树造林专业户，他在近几年共植树4300 多亩，经林业部门验收，成活率达 92%，还育苗 100 万株。省、市领导对保护鸟类的工作也十分重视，采取了许多有力的措施。当地农民说：我们这里不准打鸟的规定执行得很严格。

绿化和保护野生动物在这一带深入人心，可喜可贺！但我又想到，要是城里和外地人来打鸟挖药（破坏草皮和小树）怎么办？乌当区办公室主任陈兆祥、百宜乡党委书记李定洪对我说：“我们也要管，就是头痛一些，不大好管。”这个问题我在沿途经常碰到。不少地方向我介绍过去林怎么密，鸟怎么多，可我看到的山上村旁，已只剩下一小片“风水林”，除了喜鹊和乌鸦，很少见到其他飞禽走兽了。看来光是一个地方重视还不够，须全民教育，立规严法，我真担心，百宜一带山清水秀、鸟语花香的小环境能保留多久。

1985 年 3 月 18 日　阴

龙里县猫场

今天一早，我告别乌当区，跨过洗马河，翻过四座海拔1000 至 1200 米高的山，夜宿龙里县猫场。

龙里县地处贵阳市东北方向。一条公路穿境而过，西距贵阳 80 多里，东是清水江，过了江，就是贵定县，再往东，就通向湖南。当年蒋介石得知红军威逼贵阳，部队由乌当区转向龙里、贵定方向前进时，大大地松了口气。对他来说，这松口气不是没有道理的。七八天前，蒋介石就得报有支红军搭浮桥过了清水江，折向福泉县与麻江县之间的马场坪活动。这马场坪就位于贵阳经龙里、贵定过清水江至湖南的交通要道上，这时蒋介石终于“醒悟”：乌江北岸的红军是为了牵制对手的，东去马场坪的红军才是主力部队，很可能去湘西与红二、红六军团汇合，再回江西根据地。这是蒋介石最怕发生的事情。

蒋介石为自己的“正确”判断而高兴，立即令孙渡率部向龙里方向跟踪追击。孙渡率第二旅出城不到 40 里，在龙里谷脚不远的观音山就遭到红军伏击，十分狼狈。今夜我找到了孙渡当年的自述：“不料车开离贵阳才 30 多里的谷脚附近，忽觉汽车有被沙石打击的响声，我回头一看，发现路的左侧山上有百数十人的队伍一齐开枪，向我的汽车射击。”接着他写道，车上卫士伤三死一，轮胎也被打坏，靠了众卫士才逃脱命。

从当年孙渡的记述可以看出，毛泽东打仗真是奇谋迭出，声东击西，忽南忽北。要是不造成红军大部队东去湘西的声势，要是不让蒋介石真的相信，要是不把各路敌人调到远离贵阳的黔北、黔西北和黔东、黔东南去，各路敌人就会集中起来围追。要是不把孙渡调到贵阳，滇军在云南就会堵截我们。那么红军南下，折向云南，去渡金沙江，将处在何等危险的境地……。

毛泽东的雄才大略在威逼贵阳之战中再一次展现得精彩纷呈，终于使中央红军在长征中变被动为主动，也给古今中外战争史增添了一个精彩的战例。

1985 年 3 月 19 日　雨

龙里县谷脚镇

我红一军团二师六团伪装红军主力东进，红三军团伏击了孙渡的第二旅后，蒋介石断定“我逆料他们出马场坪东下镇远出湘西回江西”，急调孙渡的第二旅、第五旅向东追击红军到了贵定，又调廖磊的一个军在前边堵截。这时，利用滇军被我调出了云南，又被我从贵阳调出向东去追“去湘

▶作者在贵阳郊区抄写当年红军书写的标语。
（刘中宝摄）

▲这是国民党元老谷正纲在贵州龙里的旧居。红军长征时曾住过，秋毫无犯，至今仍保持原貌。（罗开富摄）

西的红军”机会，中央军委于4月7日晚给部队发出命令：“我野战军决定从贵阳、龙里之间南进。”到4月9日止，中央军委机关和红一、红三、红五军团主力在贵阳至龙里间约30里宽的地段上急速南下，全部通过了湘黔公路。一过湘黔公路，红军就完全甩掉了敌人，向云南疾进。

谷脚在贵阳的正东面，是龙里县的一个镇，地处贵阳市和龙里县城中间，当年红军穿越谷脚向南奔袭，而滇军也曾穿越谷脚向东去追“去湘西的红军”。谷脚离贵阳只有30多里，镇不大，市面却很热闹。我本以为这是贵阳市属下的一个郊区，走到招待所门口一看，牌子上写的是，黔南布依族苗族自治州龙里县谷脚镇招待所。看了牌子，我和中宝都很高兴：尽管现在两个人都瘸着腿，但我们毕竟从黔北走进黔南了。

此刻是凌晨1点半，窗外细雨霏霏，屋内煤火熊熊。我边烤火边想着白天给我当向导的张明德老人：50年前他给红军带过路，因此，龙里县委副书记张广江、宣传部长夏丹和县史志办副主任张维忠设法把他找到。老人74岁了，翻山走路还都比我强。他为了鼓励我，说能为走红军路的记者带路很幸运，其实感到幸运的应该是我：他带着我走了不少红军打敌人的地方，讲述了当年在水井湾山窝和梅家庄山冲，15名红军战士壮烈牺牲的情景。龙里人民是最记恩德的，安葬红军烈士的地方，现在已改称为“红军窝”和“红军冲”。

下午，张明德老人和谷脚区委副书记廖启荣等人领我顺道去看了国民党要人谷正纲的家。谷正纲现住在台湾。他的侄子谷多志对我们说，谷正纲是他的五叔，随蒋介石去了台湾。蒋介石觉得他已无多少利用价值了，就把他甩在一边。谷正纲为蒋介石卖了大半辈子命，目前在台湾的日子不好过。谷多志说：“还是共产党好，讲政策，讲情义。我母亲王文敏和哥哥都住在贵阳城里，哥哥是省政协委员，我是县政协委员。”谷正纲住过的老屋是回旋式的“走马楼”，就在谷脚镇边。我们边看边听介绍，得知此楼还是保持原样。谷多志说：“我的老家在安顺，现在家乡变得很好了。我母亲对我说，要是你叔叔正纲和其他解放前去台湾的人能回家乡看看，有多好！”当我和他谈到今年3月6日邓颖超在第二次全国台湾同胞代表会议上发表的讲话时，他说：**“实践证明，共产党讲话是算数的，也最实事求是。统一祖国，台湾回归，有利于中华民族更加强大。这个目的一定会实现。”**

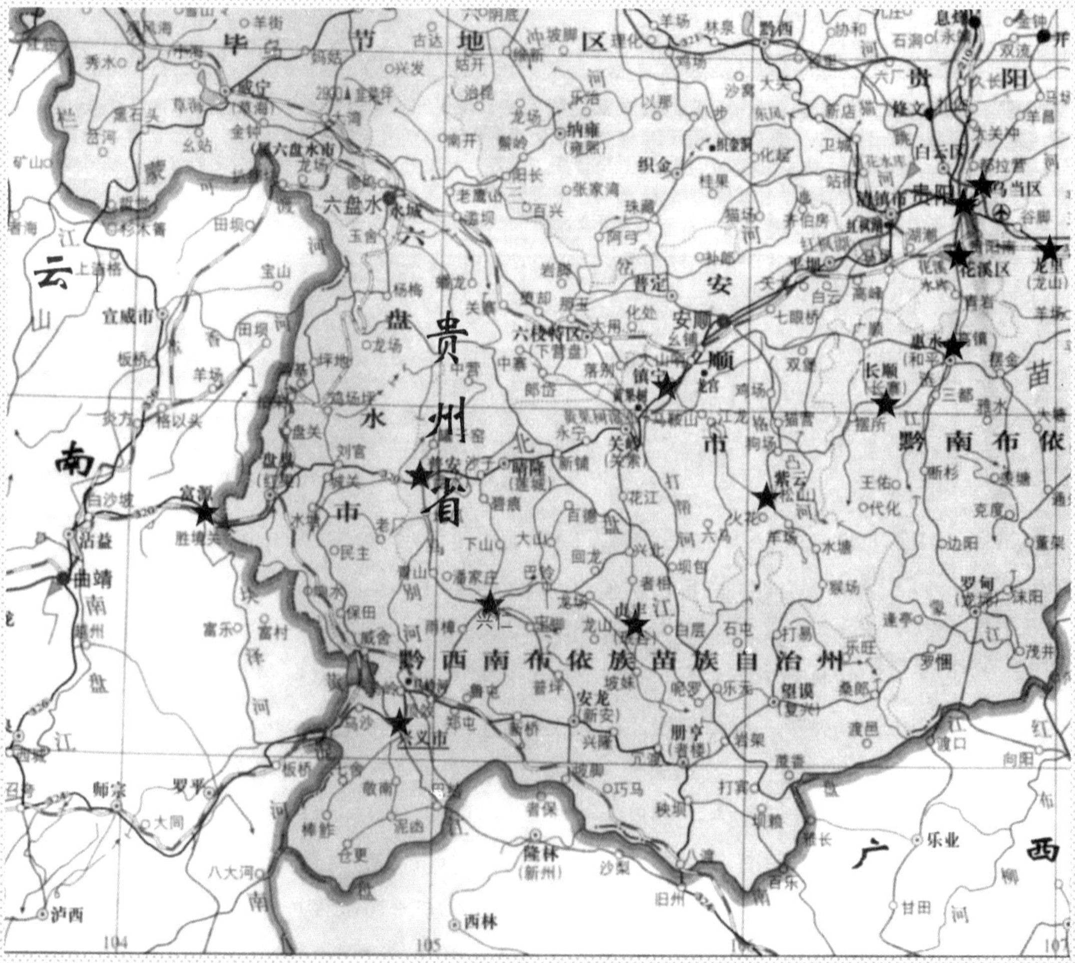

贵州省

1985 年 3 月 20 日~1985 年 4 月 14 日

花溪区　惠水县　长顺县　紫云县　镇宁县

贞丰县　兴仁县　普安县　兴义县

1985年3月20日　阴

贵阳市花溪区小碧乡

龙里县城我没有去，因为当年红军也没有进城，只是佯攻。龙里因旧城一里有座龙架山而得名，我们向它告别，走进了花溪区，傍黑走到小碧布依族苗族乡。

1935年4月8日，中央红军分三路进入贵阳的花溪地区的黄泥哨，我今天走的是第一路的进军路线。小碧乡虽说是贵阳市的郊区乡，但我们觉得比黔南州的龙里县还要闭塞，交通不便，电话靠摇，摇又摇不出声音。正在担心发稿又成了大问题，好在陪我到小碧的龙里县广播站站长谭大祥和县宣传部的王连昌还在，他们说，可以想办法。

这里的村寨乡民基本上都是少数民族，很干净也很热情。黄泥哨的群众告诉我，红军先后过了4天，这里还有毛泽东、周恩来、朱德领导红军打敌人的战场，说是明天领我们去看。

当地山高阴冷，喜食辣，据说他们喜食热辣的肠血旺。虽然喜欢吃，可是平时却不大容易吃到。越是想吃又吃不到的食品就越珍贵，所以今晚的农家特意给我们做了个热辣肠血旺。他们高兴，我也高兴，不仅吊起胃口，不知怎的，火辣辣的一烫，汗一流，身上奇痒竟有所减缓。

人不舒服睡不着，舒服了又想抓时间看点资料，特别是乌当区、龙里县的史志办给了我一大堆，有红军的资料，也有当时国民党的资料，这些都是我路上很想找到的。

我翻着读着，觉得有些应摘录在日记中，不仅今后查阅方便，也可从不同侧面了解不少情况。

当时任红一军团一师政治部巡视团主任的肖忠谓同志在一篇日记中写道："晨七时出发，经新巴、南明河、乌当到谷脚镇宿营，行程九十里。

红军把贵阳包围起来了。蒋介石派兵到处围追我们，现在我们送上门来了，他一点办法也没有。我们兴奋地唱着国际歌向敌人示威。”

从肖忠谓当时的日记中可以看到，共产党人在任何艰难险阻中都保持着乐观的精神，高昂的斗志，我们应当加强宣传。我们常说，人是要有点精神的。我觉得尤其需要像红军那种开拓进取，听党的话，指向哪里，打到哪里的精神。这使我想到，在路上不少人对我走红军路颇为赞赏，认为每天走每天写可唤起人们长忆当年、发扬革命精神。但也有一些青年甚至也有中年人不大理解，有人问我：“现在是搞“四化”，又不打仗，写红军打仗做什么？”也有的看我干瘦病样，又瘸着条腿，很同情地说：“走几步行了，纪念红军长

▲贵阳花溪青岩镇是毛泽东、周恩来等领导率红军长征经过的地方。1939 年，我八路军办事处贵阳交通站站长袁超俊将周恩来父亲、邓颖超母亲及博古（秦邦宪）、李克农等的家属疏散到青岩镇居住。这处房子是周恩来父亲在青岩镇的居所。

征胜利50周年，开个会，领导讲个话不就得啦，走得这么苦，犯得着么！”看来宣传红军的革命精神很有必要。

记到这里，停电了，刘中宝给我打着手电，我划个记号，明天接着记。

1985年3月21日　阴

花溪区

今天傍晚，我们终于走出群山，到了贵阳市花溪镇，住在花溪区招待所。

电灯明亮，续记昨天想记而没记完的资料：

随同蒋介石在贵阳的心腹、“南昌行营”第一厅副厅长晏道刚在记述当时的情景时写道：“4月5日夜，贵阳外围风闻有红军游击队活动，蒋彻夜不安……”

路透社于4月5日从广州发出专电，也记述了当时蒋介石的恐慌状况。电文说：“滇湘桂三省援军现纷纷入黔，……当局为万全计，已劝各教士及外人暂退出贵阳而去安顺，贵阳已实施戒严令。”

从以上可以看出蒋介石的惊慌。当时的贵阳警备司令王天锡写到：

▼红军长征在贵阳花溪区青岩镇与敌激战的临时指挥所。

4 月 5 日晚，蒋介石要他“你去准备一下，挑选 20 名忠实可靠的向导，预备 12 匹好马，两乘小轿到行营听用，越快越好”，从这里可看出，蒋介石是个怕死鬼，而且关键时刻是只顾自己性命，不管他人死活的角色。据不少资料证实，当时贵阳机场附近已发现红军侦探，机场实际上已被我军控制。为保万无一失，蒋介石只有从陆路乘轿出逃。20 名向导实际上既领路又抬轿，12 匹好马也只能坐 12 个人，干什么？保镖。那么陈诚等一大帮与他称兄道弟的正在贵阳城里的谋士，就只好自己逃命了，为什么不能一起逃？因为目标太大。从这里可以看出，蒋介石实在是小人一个。

我读过一些文章，看过一些电影，蒋介石冷冰冰的一副傲相。从今夜我看到的一些资料来看，蒋介石虽然刚愎自用，但在日本鬼子和帝国主义面前却是一副奴相，蒋介石在走麦城时，在部下面前同样不敢傲，还得“小心伺候”。本来滇军就不太买老蒋的面子，自成体系，用大量搜刮来的民脂民膏装备自己，枪好车多。为了讨好滇军，蒋介石从贵阳派出几十辆卡车，开出 200 多里去接滇军安恩溥旅。红军兵临贵阳，蒋介石给孙渡发了不少手令。他也知道手令多了不值钱，见不到救兵更不放心，急得只好自己屈尊给孙渡打电话。怕电话打多了，有失颜面，但心里发急，就只好给孙渡的部下龚顺壁旅长打，想不到这个龚老兄不是浙江人，听不懂蒋介石的话。其实浙江话有 20 多种，蒋介石的奉化话属难懂的一种。

蒋介石打的电话，自然是蒋先问。龚顺壁听不懂就问：“什么？”蒋问三句，龚回答两个“什么”。特别是蒋已听到红军攻城的炮声，急得要死，问滇军到了什么地方时，龚还在反问“什么？”要是我写小说或剧本，写到这里就可能用大骂一句“娘西屁”，把电话一摔，交“军法重处”的模式了，其实不然。蒋不仅耐着性子一个字一个字地回答龚旅长的“什么”，把龚旅长接到贵阳后，立即接见龚旅长，犒赏了猪肉、粉丝，还另给了龚旅长一笔现洋和票洋（据说是购物券）。那时弹火纷飞，到哪里去购东西？直到龚顺壁围着贵阳东奔西颠“救了驾”要离开贵州时，那票洋还没花出去，直骂蒋介石“真不是个东西！做大人装小人都是为了骗人保自己”。

看来，长征路上对照着当时的地点、事件等情况，翻翻敌人的来往函电和一些记录，对认识蒋介石政治上的反动和为人的奸诈及其性格上真实的一面，还是很有用的。

1985年3月22日　晴

花溪区

1960年2月29日，朱德到了花溪，写了一首《题花溪》的诗，其中有一句“长征战士赋归来”。长征途中，朱德是司令员，就是他和毛泽东指挥红军佯攻贵阳，于4月9日进驻花溪的。今天上午我和中宝去看花溪，下午去红一方面军和红二方面军经过的地方去采访。

花溪是汉、布依、苗等多民族杂居地，原称花仡佬场，1936年改称花溪，1958年划归贵阳市成为花溪区，现有人口26万，总面积1000多平方公里。花溪河清澈见底，流淌于两山夹峙中，从龙山峡奔腾直下，滋润着花溪镇一带平缓的田野。溪中有碧潭，有芳洲。两岸有幽泉，也有香柏叠翠。龟山、狮山、凤山、灵山、羊角山拔地而起，山上亭台楼阁，错落有致。正如董必武同志在花溪所写诗句：“亭接岩头欲近仙。”这里近年来每年接待国内外游人达40多万人。

花溪的山水虽美，但目前开发的风景区还只有五六平方公里。管理部门只收5分钱门票，几乎没有其他旅游项目，收入寥寥无几。花溪两岸居住着布依族、苗族等少数民族，风情独特，足以吸引更多游客。但溪中的不少芳洲目前仍是荒岛，游人来园中看到的，却是从外地运来的普通飞禽走兽的标本。

花溪是贵州高原的一颗明珠，人们盼望它早日开发，闪耀出异彩。

在花溪，我看到陈毅写的“真山真水到处是，花溪布局更天然”的诗句。的确，花溪之美，堪称天然。可是据当地史料记载，红军分三路进入

▼作者在贵州花溪区高坡乡云顶小学采访。

这里的地方叫“花仡佬”，并没提及“花溪”二字。红军在这里停留了4天。革命胜利后，不少红军战士来贵阳时，都喜欢到原来叫“花仡佬”的花溪看一看，缅怀当年烽火岁月中的战斗历程。我查遍当年史料，没有花溪这个地名，只有“花仡佬”的地名。趁中午吃饭时间，我就这个问题请教了区人大常委会副主任肖醒球、张玉华和政协花溪区委员会副主席赵志远：一是为什么这个地方基本上都是苗族，过去却叫仡佬场。二是花溪之名何时才有的。他们三人给我作了解答，并给了我相关资料。现整理记述如下：

▲贵阳市远郊的高坡乡是苗族聚居区，红军经过时，群众过的是“天当被子地作床，辣子当盐菜作粮”的日子，如今生活完全变了样。这是高坡小学的两位苗族小学生。（罗开富摄）

贵州本地土著民族叫仡佬。早在两千多年前秦汉时就设“牂牁郡”以管辖，把花溪一带称“僚”或“仡僚”，是今仡佬族的先民。由于汉族势力不断南移，迫使定居于湘桂等地的苗族进入贵州，陆续分散到贵阳定居。苗族和仡佬族在花溪繁衍传代，直到如今，而老地名一直留在民间。

红军到这里时，这一带确实还没叫“花溪”。我在众多写花溪的资料中查找，觉得在一位苗族李儒云编辑的史料中，董君抉的文章讲得比较清楚。他说，花溪是1936年的一个叫刘剑魂的人牵头建的。刘剑魂，布依族，贵州平越（今福泉县）苗冲村人。1902年生，幼从其父刘士嵩（清末秀才）读书，17岁时因家贫不能升学，乃随黔军伐川。后闻孙中山在广州组织护法军政府，遂入粤谋职。先任文职，后入韶关军校。董君抉的文章写道：“抗战爆发，刘剑魂一度任贵阳难民救济总站主任。他任贵阳县长期间（1936~1937），见贵阳西南郊花仡佬山明水秀，宛然天生画图，遂策动地方建设委员会将之开辟为公园，亲自规划勘察，于1936年底动工，建亭筑路，种花植树，次年秋天即大体完工。他采纳秘书罗浮仙建议，将公园命名为花溪。榜书‘花溪’二字，刻石立于济番桥左侧。同时，又写了《花溪季咏》四首及《经始花溪》一首，一并刻石立于公园之中。此碑惜早被吴鼎昌令人磨去，亦不见文献记录。日前访见原拓。”

1985 年 3 月 23 日　阴

花溪区

摊开地图可以发现，**花溪这个位置在红军长征史上很特别**。它的东边和东北紧靠龙里县，西北是乌当区，西边是清镇、平坝，我们到今天止，用 6 天时间，围着贵阳市中心 30 里至 130 里的半径已绕了一圈。**它在红军长征史上之所以特别，是因为红一方面军、红二方面军的长征都经过了花溪，但走的方向恰恰相反。花溪有 30 多个村寨留下了红军的足迹和红军洒下的鲜血**。红一方面军是 1935 年 4 月初从龙里进的花溪，红二方面军是第二年 2 月初从乌当区进花溪去龙里，围着贵阳市区转了一圈，奔红一方面军逼近贵阳的路线出去的。特就特在行军路线相反，目的都是一样，都是为了渡过金沙江，甩开敌人。

今天我采访了花溪北边的中曹乡烂泥沟、石板乡的镇山等地，后折回到花溪镇，明天一早向南走。

我四渡赤水以来，按照安岗的要求，在踏访红一方面军路线的同时，在金沙、息烽、开阳、乌当、黔南州龙里等地也采访了红二方面军的事迹。今晚我同中宝一起，整理了采访两个方面军的笔记，觉得收获颇大。中宝

▼红二方面军一部分同志在长征途中于贵州大定合影

说：过去也听说过红军的长征，但就搞不清有几路，更不知道从哪里走到哪里的。我告诉他，我是军人出身，从小就热爱红军，看了不少书，可我也搞不清三支红军到底走了哪些地方，还以为四渡赤水是在一个渡口打来回呢。

我们在地上摊开好几份地图，研究了一番。决定明早继续按红一方面军行军路线往南，待到进入乌蒙山区，再采访红二方面军的行军足迹，然后再赶路，于 5 月 3 日红一方面军在皎平渡过金沙江的同一天，我们也赶到皎平渡过江，6 月下旬进入雪山草地后，再采访三个方面军的长征。

这些天，我走访了红二方面军威逼贵阳的情况，现记几个要点：

1. 红二方面军威逼贵阳是 1936 年 1 月 26 日，从红二军团第四师早 8 时占领平越（今福泉）向马场坪、贵定进军开始，到 2 月 2 日贺龙、任弼时、肖克、王震率红二、红六军团北渡鸭池河结束，共 8 天。

2. 红二方面军于 1936 年 1 月 12 日占领贵州石阡，进军余庆、瓮安，蒋介石估计红军要经贵阳沿去年 4 月红一方面军南下的路去渡金沙江，遂派其“重庆行营”主任顾祝同到贵阳指挥。调樊嵩甫为第一纵队指挥官，万耀煌为第二纵队指挥官，又从云南调孙渡到贵州任第三纵队指挥官，李觉为第四纵队指挥官，率 10 多万敌兵围追堵截红军。

3. 红二方面军声东击西，迷惑敌人，在佯攻贵阳，痛打敌人后，不是照红一方面军往南路线，而是向北，乘敌人防务空虚之处，渡鸭池河，迂回乌蒙山区，到滇西北渡过金沙江。

1985 年 3 月 24 日　晴

惠水县长田乡

今早 8 点告别花溪镇，先是沿中央红军左路军走的路线，经青岩、黔陶、高坡等乡到云顶寨，然后由摆龙、水塘、杉坪下山折向当年红军中路军由青岩、新哨、思潜南下的路线，傍晚到了惠水县长田乡。

今天采访所碰到的两件事，使我此刻心中还很不平静。

云顶寨属花溪区高坡乡，海拔 1400 多米，是苗族聚居区，当地流传着这样一句话：“高坡高万丈，谷拉利还在顶顶上。”（“谷拉利”是苗语云顶的意思）。我们从花溪至高坡，一直是爬坡，从高坡到云顶，几乎是爬崖

◀党和政府十分关心红军长征路上的教育。这是地处海拔 1400 多米的贵州云顶寨的苗族小学生。(罗开富摄)

了。云顶寨就坐落在崖顶上，整个罩在云雾中，十分寒冷。到了云顶小学，我把背在包里的棉大衣穿上，还觉得挡不了风寒。

云顶苗寨有 1600 多人，解放前只有 4 个人识字。党和政府十分关心这里的教育，如今已有半数人达到小学文化水平，还有正在读中专，上大学的。村干部和村民最关心教育：我爬上山顶，他们先领我去看了红军打敌人的地方，然后就领我去看学校。呈回字形的小学，由泥墙垒起瓦片屋顶，在整个寨子里是最好的房屋。

我们一走进学校，村干部就扯起嗓子先是用苗语，后用汉话叫着："姑妈，客人来了。"姑妈是谁？原来是这所学校的老师，名叫岳琴。她是龙里县城郊区的一位汉族姑娘。1957 年，18 岁的岳琴被分配到云顶山腰的高坡乡沙坪小学教书。第二年，听说云顶小学缺老师，想到自己是共青团员，就主动报名来到云顶寨，一教就是 26 年。村干部对我说："岳琴老师爱苗家，和苗家长有一颗心，大家都喜欢她，尊敬她，寨子上男女老幼都

▼长征途径之地十分偏僻，很缺教师。当年的岳琴（右二）姑娘到贵州云顶山苗寨教书已有 28 年，如今苗家亲切地称她为"姑妈"。图为她和学生在一起。（刘中宝摄）

称呼她为‘姑妈’，这是亲热的称呼。”

不一会儿，我见到岳老师牵着一男一女，领着一大帮孩子从教室里走了出来。她穿着开口对襟、已洗得灰白、还打着补丁的棉衣，身旁的女孩都穿着本民族的服装，很是光鲜。可是那些男孩穿得就很差了，基本都是乌黑的破衣烂衫。我问村干部：“你们这里是不是重女轻男？”村干部告诉我，不完全是这样，寨里的温饱问题还没有解决，当地女孩子没有读书的习惯，不让她穿好点，就更哄不来了，男孩子经冻，有书读就是天大的好事了。

云顶寨小学有四个年级，50多位学生，只有岳老师一人教。她对我说：“苗家对人特别好，这里最缺的是老师。”村干部说：“几年来，我们一直在请老师，硬是找不到。这都怪我们这里苦了点，不怪人家不来。”

我看了教室，比较暗。一位学生对我说：“今天算好的，天上在下雪珠，才明亮些，下雨天就得点煤油灯上课了。”村干部看我背有相机，要我和大家照了张合影。后来我又和那些男孩合照了一张，我坚信我还会来云顶，更坚信这些穿破衣烂衫的孩子到那时都会穿得光鲜。

到了长田乡政府不久，他们端上了辣子炒鸡块和一瓶酒，我请他们端了下去，剩下米饭就咸菜，加一个青菜汤。事先曾向他们讲过，不要杀鸡上酒。我看了云顶，也了解到丘陵中的长田乡温饱也还没解决，更感到安岗和庹震嘱咐我吃喝上要注意影响是对的。我以为这样会伤了乡里领导的心，人家确是出于好心好意啊。乡党委书记说：“我真的是从内心里理解你们从云顶寨下来的心情，我们共产党员本应该是想人民群众在前，想自己在后的。”

1985年3月25日　阴

惠水县城

兵不厌诈。我中央红军先头部队，头上扎着柳条帽，手里拿着一面“青天白日”旗，沿着长田至定番场（今惠水）的简易公路分成两行，伪装前进，到了城外濛江河岸。此时，定番场里正赶乡场，人来人往嘈杂一片。濛江河牛场桥上执勤的敌警备队胡老九看到红军过来，以为是“中央军”，就喊话问：“哪部分的？”走在前面的七八个红军一面答应：“中央军，九十三师的。”一面快步走上桥去。其中一个大个子红军走到胡老九面前，一下把他的枪抓了过来，飞起一脚把他踢下河去。另一个敌兵吓得转身就逃。我军顺利地冲过牛场桥，直奔县城。守城士兵一看情势不妙，只有一个叫沈金山的团丁打了一枪，就跟着其他人去关城门了。我红军战士由向导张顺臣带路急奔东门，被敌人发现。我军一面还击敌人，一面从东门右侧卢俊家房上，用叠罗汉办法登上城墙，迅即打开城门，吹起冲锋号，红军大部队很快占领了定番场。

定番于 1941 年更名为惠水，定番场改为惠水城，现在是县委县政府所在地。中午 12 点半，我从长田乡跨濛江河走到县城，见到县长徐德林，向他要车，下午把我送回长田乡去。徐县长是布依族，人耿直，问道：“你不是徒步的么？要车做啥子？”我说：“往前走，我徒步，走回头路搞调查，为不耽误时间，只好要车了。”我详细告诉他缘由：

今天早上，县史志办副主任向自宜和我们从长田乡政府出来，走了不到 3 里地，路边树丛中突然窜出一个青年人，求我们把他带到县公安局去。我们问他为什么？他说公安局不打人，安全，乡里的干部打人，挨不了。我们问他为什么要我们带。他说：“昨晚村里就有人传，记者不吃乡上的鸡，也不喝酒，我们就约了几个人到乡政府反映。可是你们正在开会，没法。”既然这样，事情较复杂，不能听了，只听一面之词不能写批评报道

▼贵阳市远郊的云顶寨位于高寒山区，是当年中央红军红一军团与敌激战的地方，作者经过时这里还很贫困。图为他和云顶寨小学部分同学合影。（刘中宝摄）

的，我还得赶路，就让他先回家，下午我再回到长田乡去调查核实。

县长很支持我的做法，马上派了县委副书记石轧江和我同行。石轧江是苗族，他和县委书记、县长都是刚调到县里工作的，他说："学红军，要学精神，发扬党的优良作风，要来实的，不好好为人民服务，还打老百姓，咋行。"

据调查核实的情况是：

长田乡原为公社，打人最凶的是原公社书记陈某，另一位是李某。据了解，这些干部在1976年底以后指使人或亲自打人，达到了肆意妄为的程度。农民交公粮和余粮交慢了几个小时，就要被捆起来。男女青年在一块说笑，他们看着不顺眼，也要写条子叫人捆绑起来。他们打了人，还不准人家向上反映，越反映越要挨打。1976年12月16日，公社养猪场有两人的三条棉被、两条床单被盗，李某等人怀疑是兽医黄学忠偷的，当晚就把黄学忠抓来，捆绑吊打。黄到公安局去申诉，把公安局领导写的要陈、李不要打人的条子交给了李某。但只过5天，陈某又指使人把黄学忠捆了几个小时，还向黄学忠宣布：不准到公安局再去告状，否则就定为"翻案告状盗窃罪犯"。1978年8月，县有关部门破了养猪场盗窃案，查明盗窃犯不是黄学忠而是养猪场的另一名职工，但对黄学忠的问题一直没有落实政策。

对陈、李等人的违法行为，县委曾派出调查组进行调查。调查组只把调查材料和处理意见交县委后就不管了，陈某却在去年当了三都区区长，李某也入了党，当了乡党委书记。

我在惠水听到群众议论说：打人的干部不受处分，还升了官，说明情况复杂。群众反映不管用，弄不好自己反会吃亏。蒙受了不白之冤的黄学忠对我说："从我被捆绑吊打到今天已经9年了，我已向区委、县委反映了100多次。我现在要求政府尽快按法律办事，为我落实政策，帮我解决遗留问题，使我能放下包袱，安心搞好工作。"

今晚我向编辑部写了一篇题为：《打人升官，法制何在》的报道，半夜里请刘中宝送到邮局去发了。

1985年3月26日 晴

惠水县山边寨

1935年4月10日至11日，中央红军长征途经惠水县近百个村寨，纪律严明，秋毫无犯，受到各族群众的爱戴。红军进惠水县城的第三天，街上就有人贴出赞颂红军的歌谣：“纪律严明算红军，秋毫不犯得民心，公买公卖不苟且，打倒土豪救穷人。”

中央军委纵队和红一军团从花溪、高坡等地进入惠水，夜宿连江河岸的山边寨一带。当地农民方云洲家里住有一名红军指挥员，他工作很忙，还经常同方的母亲谈心。临走时，这位红军指挥员看方家太穷，就送给了一匹马和一口锅，锅里还盛着糯米饭。红军走后第二天，敌人来了，把马和锅都抢走了。这件事使方母对敌人无比憎恨，对红军更加怀念。方母只记得这位首长30多岁，围着他转的几个人，好像是警卫员，都称这位首长是“李师长”，不知他的名字。这个故事寨子里家喻户晓，大家都盼望这位李师长再来山边寨看一看。

3月26日，我来到山边寨，方云洲放牛去了，他的母亲早已去世。我访问了曾给红军带过路和接待过红军的方云成、方华元等老人。我从手头资料中查到，当时红军进惠水，是红一军团经高坡、岩头到山边寨，然后去的定番城。当时红一军团姓李的师长只有一人，就是第一师师长李聚奎。李师长是否就是李聚奎，老人们都不能确定。

我与老人们正谈得起劲，寨里的姑娘方家华忽然抬来一口锅，要我尝一尝“黑珍珠”。打开锅盖一看，原来是甜酒煮的黑糯米粑粑。**黑糯米是惠水的名贵特产，它的皮呈紫黑色，米质洁白，煮熟后香软异常。从宋代起这种黑糯米即是“贡米”。**据贵州农学院分析化验，黑糯米的营养价值比白糯米高。

接着，村上的老人又端来几杯酒要我们喝，我说：“我们总编辑说了，不让我们在外边喝酒，再说，我身上痒得很，也不敢喝。”想不到我这一说，老人们更来劲了，其中花白胡须的一位长者笑着对我说：“不提你们总编倒也罢了，提到总编却非干杯不可了，有功啊！”我不禁一愣，这话从何说起？经大家一谈，我才弄清，原来我报的前身是《中国财贸报》，这低度黑糯米酒按照传统工艺，反复试验25次成功后，1981年的《中国财贸报》曾有文章，誉它为贵州名酒的新秀，这“新秀”于1983年8月经贵州中医研究所鉴定，能补中益气，暖脾胃，兼有饮用和药用的功效。这之后，先是全国各大城市广为畅销，近几年还出口东南亚，已供不应求。

事后，刘中宝感慨地说：你们的报社影响真大。我说：“可惜基层的报道还很不够。”

1985年3月27日　阴

惠水县城

今天夜里我和中宝都紧张了一阵。

凌晨1点多，我把初稿写好，正在琢磨修改，刘中宝在隔壁打个盹后过来了，我俩就一块下楼去上厕所。

我们住的招待所院子很大，围墙边上的树丛里黑压压的一片。我们住在二楼，下楼后要沿着树丛走百十来米才到厕所。夜里很静也很暗，还有点濛濛小雨。因为路不远，我们摸黑顶雨早习惯了，所以没有带伞也没带手电。两人凭着感觉擦着树丛快走到厕所跟前时，突然从头顶跳下一个人来。我毕竟上过战场，本能地一转身，擒住了这人的右臂，这时中宝的手枪早已顶在他的左膀上，另一只手擒住了他的左手。中宝叫他“别动”，这人发着颤抖的声音却叫我们“小声点”。他说自己是县委的一名干部，有意见反映，让我们放开手，他好拿证件给我们看。

我们放开他后，他甩着臂，一边说“你们真有劲”，一边掏出了证件。这时啥也看不清，让他去房间谈，他坚决不去，我只好划了火柴看。

既然是县机关的一名工作人员，何必要深更半夜躲在树上找我们，把我们吓了一跳呢。他向我们说了原因：

进惠水城的那天夜里，我发了一篇题为《打人升官，法制何在》的电稿，第二天就在本不很大的县城里传开了。昨天我们在山边寨，县总工会主席张建鹏向我们反映，由于省里有关部门和县里扯皮，使在建的工人俱乐部工程已停工3年。我们又回到县里看工地，开座谈会进行调查核实，并表示要写稿披露以引起省里重视。其实此稿还正在写，而想不到我们这点动作又在县城传开了，说找这个记者反映有用，所以这个人来找我们。

刘中宝告诉他，今晚已接待了好几个人反映情况了，为什么刚才不来。

他说："我是机关里的人，门口有看门的，哪敢来，只好翻墙，地上太湿，又怕蛇，我只好等在树杈上，你们总要上厕所么。"

我们把他要说的问题听完后，应他的要求，托着他，让他翻过墙回去了。

等我的日记记到这里，中宝还没去睡。他说："罗老师，这样下去，只怕我们精力不够。"我说："尽力吧。"

1985年3月28日　阴

长顺县威远乡

今天一早，我离开惠水城，经冷水河，走到长寨（今名长顺县）的威远。

中央红军南渡乌江之时，毛泽东、周恩来、朱德等领导就在调动蒋介石。蒋介石缩在贵阳城里，一天几个手令，按毛泽东的部署在调动他的军队保卫贵阳并往黔北、黔东和黔西北奔命，这样就给红军让开了南下的大路。红军的先头部队一路上没有遇到什么抵抗，顶多是遇到些地方武装和省警备队在地方作威作福的"双枪兵"，他们遇上红军不是被全歼，就是丢下枪支作鸟兽散。红军一路上长驱直入，势如破竹，连克定番、长寨和紫云县城，突破北盘江，到贞丰才作休整。

从惠水到长顺，当年就有一条大路，红军分三路进军。今天我们走的是右路军路线。曲里拐弯地边走边访，走了90多里，下午5点就到了宿营地威远，而且不觉得累，这大概同沿途比较平坦和山水之美有关。

从几天前的惠水长田乡开始走到今天的长顺县威远，真好像走在江南水乡，又像是桂北风景区一般。如果不到这里走一走，正像是刘中宝说的"连我这个贵州人也不相信，贵州竟有这么大一片江南水乡。"

这里虽然属贵州高原，但基本上是平坝，以惠水县城为中心加上我们今天走的地方，约350平方公里的土地上，清澈的涟江、翁水河、冷水河滋润着5万多亩良田。村寨星罗棋布，橘树桃李交相掩映。田野四周拔地而起的是以喀斯特地貌为主体的群山，有洞有水，神奇秀丽。站在田野上环顾四周，粗看是白色中间一片绿，细看到处是突兀峥嵘的峰峦，时隐时现，若有若无，因而更显得绰约多姿。在这群山之中，蕴藏着众多的矿藏，有开采价值的首推石英砂。仅在惠水的矿区面积就达20平方公里，矿石中二氧化硅平均含量为98.3%，已探明储量为1344万吨，远景储量为1亿吨。此外还有砷、煤、锑、冰洲石、水晶、闪锌等矿。

从进入贵阳郊区至惠水，今到威远，沿途已进入布依族苗族聚居区。遇到不少布依族同志，一直不敢多言，怕讲“拐”了（当地话，意为问得不合适）。其实完全是自己多虑。今天的向导和同行的长顺县委宣传部长、史志办主任班天泽都是布依族，都很随和，他们边讲，我们边问。通过交谈，我慢慢地了解到布依族的不少情况。

布依族是一个具有悠久历史的民族。据班天泽告诉我，贵州省民族研究所的专家认为：布依族“是从我古越人中的‘骆越’以及后来的‘僚人’中逐步开始形成的”。在公元前476年至221年的战国时期，古越人在五岭以南就建立了许多大小部落联盟（有的古书上称国）。

解放前，历代统治阶级推行民族歧视和民族压迫政策，布依族被扣上许多侮辱性的称谓。解放后，根据他们喜欢的自称，协商报请国务院批准，最后统一称为布依族。现在人口有200多万，主要分布在红军长征路上的惠水、长顺、紫云、镇宁、贞丰等地。

今天走了十多个布依族村寨，发现寨子都建在平坝傍水的地带。即使有山的地方，也是聚居在溪水边。远看村寨，房子有点像桂北、湘西南的吊脚楼，近看又大多是建在斜坡边的半边楼。有的墙是石头的，也有木柱、木板支撑着房顶上的瓦片或石板。大多分为二层，楼上住人，楼下养牲畜，整个环境都十分卫生，加上房前屋后黄果树、樟树和绿油油的庄稼等，大多村寨给人以秀丽、清新和古香古色的感觉。

夜深了，刚才和班天泽暂别时，我还有点不放心，总觉民族政策是个大政策，很重要，所以我又征求他意见，怕搞“拐”了。班天泽说：“好好走你的路，写你的稿，莫急，布依族人可宽容人呢，再说，还有我呢。”

1985年3月29日　晴

长顺县

今早告别威远后上路，景象就有点不同了，主要是水少了一点，山势还算平缓，小路上行人更少，高大的树木和花木也不多了。可是路两边仍长着许多树木，只是不高不粗，比人高不了多少，树干粗的也只有10多公分。这个地方现在还有点乍暖还寒，别处桃花杏花已经开得很艳丽，可这种半高不矮成片的树却刚吐出新芽，在还未返青的茅草和干黄苔藓上沐浴着春风。

开始我不在意，还以为是村寨养护的柴山，可又没有砍伐的痕迹。土地关一带，还见到矮树林里有穿着对襟短衣、用花格帕包头的布依族男子在进行剪枯枝等护理。我好奇地问起了向导，原来看似作烧柴不起眼的这些树名叫盐肤木、红麸杨、青麸杨等。向导指着树下的地皮告诉我，这些地上生长一种名叫棓蚜虫的虫子，它冬天在一种名叫提灯藓的苔藓类植物中越冬，春天飞到盐肤木的树叶上寄生，在叶上形成疣状的虫瘿。这种虫瘿干燥后，便是著名的工业原料和中药五棓子。红军长征时经过的3个区、112个村寨都生产五棓子。

傍黑，我们走到了县城，我半夜写好稿件后，班天泽把特意找来的明代李时珍著的《本草纲目》上写的有关段落给我看。原来《本草纲目》中就有记载："五棓子味酸咸，能敛肺，止血化痰，止渴收汗；其气寒，能散热毒疮肿；其性收，能除泄湿烂。"

我们正看着资料，县长莫洪文、县委农工部副部长陈继学拿着还有点热的几块"糯米粑粑"（类如年糕）来了，说是来慰问我们，特意来送夜点心。他们两位也都是布依族，汉语讲得比我这个浙江人还标准。他们见我们对五棓子很感兴趣，就对我们说："五棓子在工业方面用途广泛，可以用于鞣革和生产环氧树脂、油漆、墨水、尼龙、染料、泡沫塑料等。它还是超深井石油钻探的泥浆处理剂和金属防锈剂，也是铀、钚、钍、锗等稀有金属的沉淀剂和分析剂。由于五棓子用途广泛，货源一直比较紧缺。"

我从他们那里还了解到，长顺县人19万，布依、苗等少数民族占43%。党的十一届三中全会以来，五棓子的生产得到恢复和发展，但年产量只二万来斤，主要原因是缺乏管理。人们在虫瘿还没成熟、棓蚜虫还没有下树就争相采摘，以致棓蚜虫越来越少。目前，全县可供开采的矿藏也很少，工业产品微乎其微，因此，县委、县政府把发展五棓子生产列入了"七五"计划，作为建设长顺、人民致富的重要战略措施。除了充分利用现有资源，做好留种保护工作，还打算搞棓蚜虫室内人工放养。据推算，产量可比自然繁殖提高20倍至28倍。如人工放养成功，全县五棓子的年产量可以突破百万斤。

这个县属于不发达地区，但发展五棓子有着得天独厚的条件，稍作投资，即可产生较大的经济效益。当地各族群众都想靠它致富，他们盼望上级有关部门给予支持和帮助。

1985年3月30日　晴

长顺县堡堡寨

沿红军长征路采访，给我的教育和留下的印象很深很多，各个地区、县，甚至区、乡都有一批十分热爱红军长征史研究的干部群众，他们弘扬红军精神，对长征史做了十分深入、细致的调研工作。长顺的班天泽、杨朝兴、杨群艳和李居一等早些年就采访过几十位见过红军、给红军当过向导、得过红军帮助的各族群众。这些天，我读到他们记录整理的许多原始资料。根据这些线索，我也见到了一部分老人。从他们的口述中，我了解到许多没有经过加工的第一手资料。广顺街上67岁的余洪儒说：“大部分红军穿青布衣服，头上戴一个草圈圈。红军在广顺（即现长顺）城中，写了很多标语，并在上街苦竹庙开群众大会，宣传共产党的政策，告诉群众，红军是干人的队伍，是老百姓的救星。红军放火烧了城里大地主但启林家一个碉楼，把衣服、粮食分给穷人，有些红军还扛起粮食往穷人家送。红军进城的第二天，蒋介石的飞机就来了。我们广顺人第一次看见飞机，就是这年，红军前脚走，滇军跟着就来了，滇军离红军最近的时候只有五六里路。红军走，滇军也走，红军停下，滇军也停下。”

住在长顺县城和平东路67岁的崔其相说：“红军在长寨虽然时间不长，但留给穷人的印象很深，他们把大地主殷乐山、周成斋家仓库打开，把粮食、衣服分给穷人，把猪杀了，连肉带皮砍成一块一块分给穷人。对穷人，红军态度很好。穷人家的东西，硬是一点不动。红军住在我家，在墙上钉了一排排钉子，从地主、土豪家抱来一堆堆衣服，撕成条条打草鞋。我们家的东西，红军一根纱都不要。红军走的当天，下午三四点钟，国民党的飞机就飞来了4架，飞得很低，连驾驶员都可以看得见，长寨人第一次看见飞机就是这一年。”

住在长顺县城和平西路70岁的阎兴富说：“我从山上回家以后，看见红军纪律非常好。他们穿的衣服比较杂，长的、短的、青的、蓝的都有。

红军很辛苦，连日行军打仗，有的胡子头发长了都没有理，有的一坐下就睡着了。听口音，江西、湖南那面的多。”

从这些口述记录中，我还了解到红军在长顺打仗英勇牺牲的情况。我今天和班天泽等人走到干坝，在小坡山看见有座红军烈士墓，是用石头垒起来的。再过几天就是清明节，不时可以见到有人向烈士墓叩头。两位苗族汉子陈继学、罗祯明，还有一位汉族汉子金国庆正在拣石块修补墓墙。这座红军烈士墓是当地布依族群众修建的，墓中有一具红军忠骨，这位受伤战士是一位布依族老人护理过并亲手下葬的。我和中宝从山坡上采来一捧花朵敬献给烈士后，决定去采访这位老人。

下午，我们找到了这位老人，住在堡堡寨，名叫陈国章，今年 79 岁。他身板硬朗，眼不花，耳不聋，口述清楚。他说：“猪的年（1935 年），红军过路的第二天，早饭过后，我家伯伯陈文顺、叔叔陈文兰带着我去砍柴。路过长冲地头，看见有位伤员，两只脚炸得稀烂。一看他的穿着、口音和待人的样子，他不讲，我们都断定他是红军。他穿着两件黑色单衣，长得好模好样的，约莫二十一二岁。一见我们几个，他就支起身和我们讲话。他是外省口音，讲的话，我们三个谁也听不懂。见他这个样子，我家伯伯将他背起，爬到山上一个有一间房子大小的山洞里去躲藏起来。我和我家叔叔陈文兰天天夜晚摸黑送饭给他吃，连灯都不敢点，怕人晓得。第五天，我和叔叔又去送饭时，他已不行了。”

陈国章老人最后说：“解放初，土改工作队的同志了解到这个情况，就带我们寨的群众进洞去，把这个红军伤员的尸骨收殓后，葬在大路边。1970 年，全寨各家又凑木料做成一副棺材，重新装殓，用石头垒成墓。他讲的话我们一句听不懂，所以到现在都不知他的家乡在哪里，他叫什么名字，但我们晓得他是救我们少数民族出苦海的红军。”

1985 年 3 月 31 日　晴

紫云县板当

这些天我沿中央红军路线行进，查对地图后有两点明显感觉，一是先头部队走得快。二是红军到了惠水后，就开始折向西南。红军离开长顺分三路，继续向西南方向行军。第一路是从广顺经石洞、鼠场、安乐去紫云。

第二路是从沙子关，经克炳去紫云坝羊。第三路是由长寨经摆所、营盘去紫云。我今天走的是第三路的路线。按照惯例，长顺的同志与紫云县的同志交接后，就要和我分别了。

回想在沿途，每次同送了我一程的同志分别，总是依依不舍，在不少地方是挥泪惜别。这一次也不例外。班天泽、秦忠成、李居一、韦德芳、王海等把我送出县境后，还在为我整理资料。昨晚，他们得知我还想了解红军是怎么打前站、搞侦察的，又得知我要赶时间，不能在长顺多停留了，就连夜要去找种获乡的席树臣和席树炳兄弟俩收集情况，因天太黑路太远，在我再三劝阻下，他们才作罢。他们把两年前访问席树臣兄弟的记录交给我看。席树臣是这样叙述的："红军来的头些天，我们寨上来了一个算命的女子，操外省口音。她给人家算命不要钱，人又温和，我家祖母就招待她在我家吃住，一天后她就走了。那时国民党兵说红军不好，红军来那天，乡亲们都往外跑，我也跟着跑。我拿起我家祖父的一根烟枪往房背后正跑着，却遇见了前些天算命的妇女，这时她骑着一匹马，我才知道，她原来是红军。她见我还要跑，就用马鞭指着我，叫我回家去。她到了我家，写了一些小纸条条，贴在我家门上、牛背上、猪圈门上，我家都不识字，不

▲长征路上地处偏僻，买东西很不方便。这是作者（中）在贵州黔南州一路边草棚里买袜子。（袁毓才摄）

知写些啥。后边的红军一到，看了这些纸条，一样东西也没有动我家的。”

分别时，班天泽他们送了本黔南州党史办编的《红军在黔南》的资料汇编给我，还为我找到了红军总政治部于1935年4月6日发布的《关于连队组织工作命令》。这对我很重要，因为我带的宏观史料较多，各地给的资料也不少，但大多来不及翻阅，所以对红军长征中连队的具体情况不大了解。这个“命令”是红军进逼贵阳决定南下时发布的，**从“命令”中我了解到当时连队的组织、宣传等方面的情况，对下一步采访帮助很大**。其中“命令”中第一条“甲”的部分是这样写的：

> “甲、检查现在连队中组织名目很多，但是有些组织差不多完全没有工作，因此根据目前的环境的需要，特重新规定连队组织如下：
>
> （一）连队中除设立党支部、列宁青年组、政治战士外，只设立十人团与地方工作组，其他如宣传队、列宁室干事会、墙报委员会、经济协助委员会均暂行取消。宣传队工作合并于地方工作组，列宁室干事会、墙报委员会由支部文化娱乐干事担任，经济协助委员会工作直接由连指导员、政治战士负责进行。
>
> （二）十人团每班必须有一人，其工作除依照过去本部颁布关于十人团工作训令进行外，应特别积极帮助连指导员对个别政治落后分子和新战士进行政治解释教育。解答其疑难，解决其困难，使部队更加团结、巩固，来消灭逃亡、掉队落伍以及个别投敌现象。十人团工作连指导员和支部须切实负责检查督促与领导。
>
> （三）地方工作组由五人组成，除组长照过去本部命令规定为支部地方工作委员外，必须有一得力团员参加，必须注意吸引积极的新战士参加。目前地方工作组应切实负责进行宣传与争取群众、扩大红军的工作，地方工作组对本连队的纪律，须负责严格检查，保障本连队纪律的巩固。此外，地方工作组组员，在进行其工作时，应由指导员与连长协商减少或暂时解放其勤务。
>
> （四）青年队的组织依然存在，团政治处总支委应即帮助团青年委员将青年队伍整顿，青年队的工作，应完全按照过去总政治部关于青年队训令建立起来。

1985 年 4 月 1 日　阴

紫云县松山

黔南这个地方很有意思，每一个县风土人情都大不一样。我从长顺县进入紫云县，感觉就很明显。

中央红军是分两路进入紫云县的。一路从夜合山麓走小麦布，一路从天马山麓经来远里、鹞子岩进入紫云。

1935 年 4 月 14 日，中央红军先遣部队红一军团第二团进入松山镇，与守敌张元勋部激战一个多小时，消灭了敌人一个营。第二天，军委纵队和红一、红三、红五军团陆续通过了松山镇。

松山镇是紫云苗族布依族自治县县委县政府所在地。我是今天早上从板当出发，走了 70 多里到达松山镇的。走的路程没有前几天长，流的汗水却多得多。沿途高山峻岭，又是上坡下坡，磨得脚上老茧又打起了

◀贵州紫云山区的小水电。(罗开富摄)

▶作者深入苗寨采访刺纺专业户，图为主人按苗家的风俗向他敬酒。

新血泡。

沿途村寨不少，当地人都很热情，问了路，一定会指引或带一段路，让你找得到为止。不论走到哪个村寨，很少有看到门关着的。只要你在哪家门口停一下，甚至只是张望一眼，里面的人就会迎出来，既不问你哪里来，也不问你哪里去，就热情地请你进去坐，接着就是“装烟倒茶”。我背上的水壶今天几乎没有打开过，喝的都是寨子里的茶。这里人抽的大多是旱烟，我抽不惯。我在抽纸烟时，自然要敬一支给对方，对方不论年长的还是年青的都会站起来，用双手接这支烟。这种恭敬弄得我不好意思，也急忙站起来。**这时我会想到书上看到过的中原文化，同时也觉得当地一些苗族、布依族老人说得有道理：他们的祖先是战国前从中原大地陆续迁徙过来的。勤劳、礼貌、真诚待人的兄弟民族，是今天给我留下的深刻印象之一。**

今天我在沿途看到的大多是苗寨，傍晚在松山镇，也看到了不少苗族男女老少。苗寨多依山势而建，有的在山腰，有的在山脚，但都会傍靠溪水或清澈的小河。住房以木质结构为主，屋顶用瓦的多，用石板或茅草的较少。寨子的周围都是树木，树木外伸展出去的是层层叠叠的梯田，一直伸向云端。

苗族的服饰很有独特之处。今天我从农村、山区到县城，所见到的苗族女人基本上都穿裙子，其中百褶裙居多。上衣开襟，以花带束腰，配上素净、挑花、绣花或镶花的长短不一却十分合身的裙子，给人的印象是既充满活力又多彩多姿。男人们的服饰也很有特点，我看到山间劳作的男子，有的蓄发包着头，上装大多无领，袖子很大，裤脚很宽，也束着腰身，给人的印象是威武粗犷，似乎给我走路也增添了力量。

刘中宝长在黔北，与少数民族接触不多。这9天来和少数民族在一起，感触很多，他说："少数民族真好，中国许多值得称道的文化、传统和古风保留了不少。今后交通发达了，这里会是个什么样子呢?"我说："你问我？我也说不清。"

1985年4月2日　下午 晴

紫云县中洞寨

如果有人说，现在还有人住在山洞里，可能大家都不相信。其实，这种事还真有，我今天下午3点多，就是在一个名叫中洞寨的山洞里记这篇日记的。

我所在的山洞中有16家住户，都是苗族。洞中还有学校，我现在记的日记，就是在小学生的课桌上草草写成的。

紫云苗族布依族自治县，人口26万，少数民族人口占56%。解放后，党和政府对紫云县各族人民千方百计地加以扶持和帮助。30多年来，除了发放各种补助款外，还发放农业贷款1500多万元。近几年来，县领导认真落实了党的政策，减免群众负担，使群众得以休养生息。同时因地制宜地改革农业生产结构，发展多种经营，因此，经济发展较快。全县人民不仅基本解决了温饱问题，去年农民人均纯收入比1981年增长近一倍，群众的居住条件和生产条件也得到改善。过去许多村寨的群众没有地方养牲畜，而发展牲畜是当地群众的主要经济收入。近几年来，当地政府把改善群众住房条件和建设畜栅作为帮助群众致富的大事来抓。我沿途看到，不少村寨已盖起了新瓦房和牛圈、猪栏。

那么为什么这16家还住在山洞里呢？罗华田是住在这个洞中寨子里的村主任，他用我听不大懂的普通话说："共产党、人民政府硬是关心我们啦。红军过紫云那阵，你格晓得我们苗家过的啥日子?"说到这里，他想给我唱一首当年的歌谣，发了几次音，又停下来，他说今天嗓子不好，就念给我听："流不完的泪，交不完的税，受不完的罪，18岁姑娘无衣穿，20岁男儿光着背。"他把当年的歌谣念完后接着说："如今温饱快解决了，大家对我们（少数民族）可好啦，又关心又尊重，你格晓得，我们的县委书记(潘定衡)、县长（陈兴贤）都是苗家（族)。"说到这里，他指了指我身旁的县委副书记班联（布依族)、县党史征集办副主任罗兴益（苗族）说：

“他们都是（少数）民族，可关心我们啦，前些年县上就安排我们下山搭屋建寨啦，我们全寨都搬去住啰。”

为什么又搬回岩洞来住呢？罗村长有点不好意思回答。我说：“随便说，我也姓罗，500 年前是一家啊。”他给我舀来一碗洞壁上流下来的泉水，看着我喝下后说：“这个岩洞大，通风，冬暖夏凉，舒服呗。”我又一次环顾了岩洞：足有五六个篮球场大，基本上是正方形，圆锥形的岩顶，最高处，离地 20 来米，最矮处也有四五米。我正在写日记的小学是用一人高的小木棍一根挨一根围成的，里外都互相看得见。小学地处洞的中前部，正好采洞外的自然光，较明亮。学校的四周是各家各户，大都紧挨岩壁，各家用木板或土坯隔开，房上有的盖有木片，大多是敞着的。有的人家里炊烟正往上冒。岩洞的后部没有住人。岩顶有几个约一米直径的小洞，正好用来空气对流。

我问罗华田村主任：“就不想搬了？”他连说了两个“不”字后说：“有个认识过程么，县里书记、县长到中洞寨来关心我们好几次了，还和我们一起商量，一起调查，一道选了寨子的新址。前些日子还派车送我们到贵阳去参观，城里那个好法真没得说。可我也听讲有些儿子把父母接来了，

▲贵州紫云县有一座高山，山洞里住有 16 户人家，名为中洞寨。图为作者与同行的刘中宝（中）在洞中的山洞小学里采访，左为中洞寨村长罗华田。

老人硬是住不惯，偷偷跑回了农村，儿子不也没得法。”我以为他在找理由，又说不搬了呢。想不到他接着说：“到那些地方一参观，脑壳硬是动了，要发展商品生产，让娃儿们读大书，做个大事，不搬出洞去咋行。”也许他看我只顾记，没有点头，忽然说：“你不信我嘎？县上拨了款，盖房材料也买到啦。”

我觉着他误会了，赶忙放下笔，连连点头说：“我信。”他可高兴了，看我简要记完后，送我下山，送到山腰分别时，我们都有点依依不舍，罗村长说：“角烘米罗巴亨烘冉！”（苗族话，意思是：欢迎你们下次再来。）我连连点头，并连连说：“一定，一定。”

1985年4月2日　夜阴

紫云白石岩

从岩洞里出来，我们继续赶路。

中央红军从紫云县进入镇宁县，是从猫场进入镇宁的新院、哑呀的，然后又进入紫云县的白石岩折向西南，进入镇宁的弯田村。为什么这么转来转去？自有道理，从史料上还没有看出是因为被敌人阻拦的原因。从今天我们看到的山不转水也不转的崇山峻岭分析，可能是由于山路崎岖的原因，在层层叠叠的山峦中，看上去也只有这一条路，尽管是那么弯曲和难走，但毕竟能下脚。

一讲到山高路险，有些人就害怕，其实走多了，就习惯了。走惯了山区，我开始喜欢上这些山，正是这些山和水养育了山里人的性格。他们用博大的胸怀支持和保护红军战士，他们用大山磨炼的意志，迎困难而上，开发山区。

中央红军于1935年4月14日进入紫云，消灭敌人一个营，占领县城后，继续前进去渡北盘江，此刻，蒋介石的中央军和滇、川、黔军正被毛泽东、周恩来、朱德等调动在黔北、黔东北和黔西北东奔西窜，寻找红军主力决战。地上找不到，敌人就派飞机找，看到哪里有红军，就轰炸。紫云境内，红军被炸牺牲14人，受伤12人。当地的兄弟民族从红军征战途中的纪律严明、打土豪劣绅及分粮、分盐、分布给穷人的行动中，认清了共产党领导的红军是自己的队伍，就冒着生命危险掩埋了红军烈士，并保护了红军伤员。在坝昂寨，一位江西籍的名叫陈少华的红军战士被炸伤了右腿，寨里的人冒着生命危险，互相掩护，躲过敌乡团丁的盘查，把陈少华送到大山安全的地方养伤。后来几乎全寨的人都为他找草药，轮流为他洗伤口。敌人几次来抓他，群众都想尽办法把他保护下来。后来一个名叫小罗山的土豪悬赏 30 块大洋抓捕这位红军伤员，群众不仅没有出卖他，还帮他与当地姓王的布依族姑娘成了亲。敌人不死心，在陈少华伤好后上山砍柴时，派出 8 个兵丁将他抓走。后来经坝昂寨十多个青年施展巧计，又把陈少华救了回来。1953 年江西派人来接陈少华，寨里群众挥泪送别了陈少华全家。直到现在，寨里的群众都在想念着陈少华，想念着红军。紫云县委书记潘定衡是一位苗族同志，他对我说，依靠党的领导和红军老战士的艰苦创业，我们少数民族才真正翻了身。群众热爱红军，对红军的业绩是永远不会忘记的。

紫云山多、树多、草也多，菜牛、水牛、山羊又肥又大，正等待出售的菜牛、水牛就有 7000 多头。山多，矿产品种也多。在地质部门帮助下，国内罕见的纺云青花瓷大理石蕴藏量已发现有 6000 万立方米。我见到的这种大理石是墨青的底色，上面布有各种白色的花形。据说规划、采掘、修路、运输都很不易，县长陈兴贤说：“如有单位来投资联营当然好，如果没有，我们也要干，困难总比红军那时少吧。”

今天我又一次受到教育。

1985 年 4 月 3 日　阴

镇宁县乐纪寨

▲刘伯承

刘伯承与彝族头人小叶丹在大凉山结盟、借路北上的故事，脍炙人口。今天我采访到的李富春、彭德怀、杨尚昆与镇宁布依族首领陆瑞光订立反蒋协定，给红军让道和引路，保护红军伤病员的故事，是红军长征史上又一段佳话。

李富春等红军领导与布依族头人陆瑞光订立反蒋协定的时间是 1935 年 4 月 16 日，地点在我今天走到的镇宁布依族苗族自治县乐纪乡弄染寨。

▲李富春

我是今天中午走到弄染寨的。这里是布依族群众的聚居区，坐落在黄纳河畔，西距著名的黄果树瀑布 100 多里。我们见到了陆瑞光的妻子罗凤岐，走访了当年订立协定的地方，也看到订协定后，李富春等给中央汇报的电报抄件。

电报是彭德怀、杨尚昆于 1935 年 4 月 16 日 7 时 30 分签发的，是给中央军委的报告，其中写道："沙子周（沟）百数十里，有夷（即布依族）兵约千，有师团营组织，一首领名陆瑞光，我们已与其订立作战协定，反蒋（介石）、王（家烈）、犹（国材）国民党及苛捐杂税。留有一批伤病员，赠步枪三十六支，并留一批工作员。"

陆瑞光出生于紫云县洛缸寨一个布依族农民家庭，后因躲避反动政府的压迫剥削，搬到弄染居住。由于他忍受不了官府的压迫，30 多岁时，率领族人抗捐、抗款、打富济贫，反对国民党政府。这一行动，受到我地下党组织的重视。当时，中共安顺县工委书记谢速航曾在地下党办的《烽火》杂志上发表文章，赞扬陆瑞光。

反动派对此十分恐慌，多次派兵进剿，血染弄染，杀死了陆的父亲陆品山和大哥陆吉光。后来反动派采取招安和离间的伎俩，由于他没有识破反动派的奸计，在与板乐一带的布依族头人争斗中，弄得两败俱伤。正当陆瑞光苦恼彷徨之际，红军总政治部代主任李富春、红三军团军团长彭德怀和政委杨尚昆来找他。那是 1935 年 4 月 16 日，红军首长向他讲解了共产党的革命主张和民族政策，劝告他警惕反动派的反间计，加强民族团结。陆听了非常高兴，当晚留李、彭、杨等同志住在家里，与红军订立了反对国民党反动派的协定，商定留下方武先等 12 名红军伤病员在此养伤，并协助他工作。红军赠给他 36 支枪。第二天红军离开弄染，向北盘江进发，陆瑞光带了 20 多个弟兄一直送到乐纪高山顶上，才珍重道别。临别时，红军领导又取出红旗一面、望远镜一架、机枪 3 挺和一些手榴弹赠给陆瑞光。

弄染寨坐落在群山之中。通向北盘江的一条小路必经弄染。陆瑞光的行动避免了双方的战事，为红军争取了时间。

弄染寨很大，占地半平方多公里。当年红军首长住的房子曾被烧毁，现已按原样修复。在寨子的山坡下，我看到了陆瑞光的坟墓。他的家人已搬到8里外的仁其寨，我见到了陆瑞光的妻子罗凤岐。她今年84岁，身体很好，头脑清楚。家里新建一栋瓦房，养着三头牛、两头猪。她对我说：50年前的4月16日，她曾给那几位红军首长请菜斟酒。她还告诉我：1936年，留下养伤的红军干部方武先和陆瑞光带领几百人，曾准备渡北盘江去广西，找邓小平、张云逸同志领导过的红七军，不幸中途遭敌阻击，只得回弄染。1936年10月，军阀杨森抓走陆瑞光，1937年初在贵阳把他杀害了。敌人抓走陆瑞光的同时，把100多名布依族、苗族群众和留下的部分红军战士都活埋了。老人讲得十分沉痛。她说，瑞光被害时只有36岁，50年来，我一直想着他，也想念那几位红军首长。说到这里，她从内房拿出一根实心棕竹拐棍对我说：“这拐棍我用了十多年了，你拿去，帮你走路，走到延安，走到北京，告诉红军领导，我想念他们。”

我向凤岐老人赠送了10尺青布。她49岁的儿子陆新榜说：“布依族老人喜爱穿青布，它象征吉祥、长寿、如意，我们全家也衷心祝愿你吉祥如意，走完长征路。”

▶贵州省北盘江畔84岁的布依族老阿妈罗凤岐（左），曾为途经的红军做过饭。1985年4月又为重走长征路的作者送上3根拐棍，并说“其中一根我用了十多年了，你拿走，帮你走路，走到延安，走到北京，告诉红军领导，我想念他们”。（刘中宝摄）

1985年4月4日　阴

镇宁县荒田寨

镇宁是山区，而进入六马地区，就进入了镇宁最边远的山区。这里山高路陡，深沟峡谷，峰峦重叠，纵横交错。从军事角度来看，今天我又一次体验到了什么叫地形险要：两边是山，坡度在70度左右，前望，只有一线天空，让人顿生逼仄局促、插翅难飞之叹。

从史料看，那时这一带山高皇帝远，地方军阀纷争割据。蒋介石老奸巨猾，明知鞭长莫及，便有意坐山观虎斗，对于少数民族地区，更是极尽挑拨之能事，使之山头林立，相互消耗，然后从中渔利。

红军安全通过乐纪弄染山区后，作为先遣团的红三军团十一团在前开路。部队快到六马板乐时，碰到了一个自称“王司令”的头人把住要塞。红军要前进，必须又一次借道。

红十一团在团长邓国清、政委张爱萍、政治处主任王平率领下，以180里的强行军速度于1935年4月16日下午4点多到达六马板乐。刚进入“王司令”管辖的地盘岜先坡，树林里就射来了子弹。

来到岜先坡前，我以为红军从弄染寨那么险要的地方都过来了，而且此时离北盘江江边只100多里，不走“王司令”门前的路，抄山背后去有何不可？到了岜先坡，才发现纸上谈兵不行，想当然地布阵也不行。岜先坡的海拔约在1500米，朝两边山上看看，我站的位置只能算是山脚。仰望两边高山，不仅会掉了帽子，而且让人觉得头晕、心慌，别说两边有人打枪，就是滚下几块石头，谁也躲不了。向导也怕这个，让我们在离沟底50多公尺的沟口休息。

你越怕什么，就越有什么。当我们坐在沟口正要起身，正互相检查香烟头是否掐灭时，只听沟里哗啦哗啦地响了起来，响声越来越大，撞击声、回音声很快变成了巨大的声浪，犹如千军万马在奔腾。我们循声望去，岩石似从天上滚滚而降，刚滚下的石头还是完整的，比脸盆大，滚了几转，撞下几块，就再也看不清哪块岩石是原先的，哪块是被滚动的岩石刚撞下来的。远远望去，真像是在下岩石雨，场面无比壮观。我立即想到的是，一支部队要通过这样的地段，该会冒多大的危险，付出多大的牺牲。

我对向导说：“真有点怪，山那么高，上面不可能有人，怎么会掉下石头来呢?”向导也正在纳闷，他说：“可能是野兽踩下的石头，就是晓不得是哪种野兽。”

石头滚落到谷底，基本都粉身碎骨了。为了赶路，我们迎着还弥漫在空中的粉尘，踏进了沟底。我在这时记了日记，想想还有点后怕，但当时只想着能走出这条山沟就行，顾不了那么多了。因为除了这一条小路，确无路可走。如果有人说，没有绕不出去的山路，这当然是对的，但对当年“限时即刻”要赶到前边北盘江白层渡口的先遣团来说，只能别无选择，勇往直前。我在进沟前曾详细看了地图，正如身旁的镇宁县公安局参谋覃忠贤（布依族）对我说的：“如果说还有别的路，只有绕到东边进紫云县，然后再翻山进镇宁的喜妹山区。别说这个绕法走不通，因为至今也还没有路，即使人多了，在石山连着石山的山区踩出一条路来，也要好几天时间。”

不打无准备之仗，这是红军在日夜行军的时候也始终坚持的一条原则。**我军在同弄染寨头人订立反蒋协定、借道前进时，也已经在为通过“王司令”所管辖的六马板乐地盘做准备了。**

据我了解，六马板乐的“王司令”至今也不知道这“司令”二字是谁封的。这在有奶便是娘，有枪便是草头王的年代里不足为奇，何况他还有

◀作者行进在红军走过的贵州深山中。

一百多条枪呢。至今已搞清楚的是，这位“王司令”名叫王仲芳，他最害怕人家来抢地盘、抢枪、抢东西。我红军了解这些情况后，就通过一些关系找到了一个人，此人名叫何炳仁。

为什么要找这个何炳仁？因为他是王仲芳的堂侄女王云芝的丈夫，并在坝寨安家立业。除了这点，更重要的是这个人是小商贩，长期在山里山外驮盐巴、火柴、棉布等长途贩运，见多识广。早些天他在山外鸡场见过红军，看到红军纪律严明，对红军很有好感。因此，红军在鸡场时，就找到何炳仁的好友赵和壁等 4 人给他做了工作。当年红军走到今天下午我们遇险的路段时，正是何炳仁当的向导。所以当山上有人向沟底的红军开枪时，何炳仁对张爱萍政委说：“官长，他们一定是王司令（王仲芳）的兵，等我来打个招呼。”

何炳仁之子何志平向我们回忆说：“当时我父亲双手卷成喇叭筒向山上喊着：呜——我是何炳仁，兄弟们，这是红军，是好人，他们不打我们，你们也莫打罗。”不一会儿，山上枪声停止了。部队继续前进，走了很长一段，才到了王仲芳住的寨子。

红十一团政治处主任王平和中央军委纵队保卫局特派员吴信全同志与王仲芳进行了交涉谈判，这时才得知，原来几天前，王仲芳害怕反动军阀犹国材的部队借口追堵红军，趁机抢劫板乐，故派了一个连守在沟口，见有人马过就开枪。要不是何炳仁话喊得早，滚石早就推下来了。吴信全等希望王仲芳觉醒过来，和陆瑞光团结起来，扩大武装力量，共同与国民党反动派做斗争。

王仲芳看到红军虽然穿得破烂，却知书达理，纪律严明，最后同意借道。

张爱萍对王仲芳的举动给予赞扬，并给了王仲芳十多条汉阳造步枪、子弹等礼物。王仲芳当时有了地盘，缺少的就是枪，自然喜不自禁，连声说：“红军好。”说完后，就派了一个副官和何炳仁一起给红军带路，并嘱咐他们与各隘卡交涉，对红军后续部队不但不加阻拦，而且安排食宿。

今天日记记得长了一点、细了一点，但我觉得必须这么做，因为岁月毕竟过去半个世纪，红军长征的许多当事人不在了，即使还健在，由于当时许多条件的限制，也不可能记得那么清。**就拿板乐一带发生的这件事来说，有的当事人的回忆文章就没有写明是发生在北盘江哪个地方，有的文章讲是红军奔北盘江通过彝族地区时发生的，当地一些人说的也有矛盾，**

▲作者在北盘江畔和布依族老乡一起吃饭。

核实较困难。另外，有些人说这一带是彝族地区，但我问了不少人，都说这里是布依族苗族聚居区，今天一路上我也没有见到彝族村寨。

至今我也还未看到记载红军与头人王仲芳这段佳话的史料，所以我必须细一点，因为这是历史。尽管这样，我想还会有些差错。

1985年4月5日　阴

镇宁县坝草寨

今天我沿红三军团十一团行军路线走到了六马坝草。

有人要问，怎么又是“六马”？为什么这里既叫六马，又叫坝草呢？向导说，过去就这么叫过来的，红军的回忆录里也不时可以见到这个地名，可为什么过去这么称呼呢？过去是什么时候开始这样称呼的呢？这让我很好奇。如果同马有关系，在贵州，一般应当叫马场。在贵州偏远山区，不少地名同当地交易的主要牲畜品种有关，我就在贵州境内夜宿过猪场、狗场、羊场、鸡场、猫场、牛坝，还经过鼠场。这鼠场倒不是跟交易有关，贵州人吃东西很文明，不吃老鼠，据说过去当地鼠害为患，大家起来捕捉，鼠场是因掩埋老鼠的场所而得名的。

也许是记者的习惯，越问不清越想问。我在傍晚找了六马区领导，又问了几个老人，才得知这个地名的来由不是我想得那么简单，这同过去的政治、经济有关。

六马之名，起于明代。当时设站官（“站”类似于后来的镇），站之大小，是以各站应站差的站马数量多寡来衡量的。而站马之多寡，主要是由地方之广狭、站之重要与否来决定的。比如建置永宁州时，全州设有十七个“站马”，这个地区就占了六“马”，因此这里便以“六马”得名。

虽然那么重要，名气很大，当时却是瘴气弥漫，外人是不敢进来的。六马区公所副区长张文礼给我找来古书上的记载：“六马……素苦瘴，每夏秋间，微雨初歇，斜日欲晚，丹碧弥漫，非虹非霞，气如蒸秫，远闻稻香，则瘴起也。其地少井，涧溪之水多恶……，风于山沟中来，多毒气，生长其地者无虞；外间人至，或渴而饮水，或热而乘风，鲜不受症。”因为瘴疠之气如此之重，而那些州衙门之官，大多不“生长其地”，属“外间人”，害怕“鲜有不受症”，上任之后，就把衙门搬得远远的。原来设在打罕的永宁州，就因害怕六马的瘴疠而他迁，原设在较远的罗黎寨的镇宁州，也迁到更远的安庄卫（即今镇宁城）。

虽然这一地区瘴气严重，却由于“生长其地者无虞”，加之各族群众又勤劳，物产很丰富，蔗糖、木材、油桐等久负盛名。特别是油桐质量好，向导告诉我，当时连“红眉毛蓝眼睛”的外国人也跑到贵阳城讨要。因此，国民党反动派的要人虽听到“六马”二字毛骨悚然，却常派中央军来“六马”掠夺地产以换取金银，肥自己腰包。致使这里的民众恨透了国民党的“遭殃军”和王家烈的贪兵。

1935 年 4 月 15 日，红军进入六马地区，17 日要过板袍寨时，群众以为当兵的来了没安好心，肯定是为了抢夺他们的东西，除了一位名叫杨登奉的布依族老人，全寨人都跑到山上躲藏起来。到北盘江只有这一条道，红军没有进寨，更没进入百姓家里，只在路边和寨门口搭篷做饭、休息。

杨登奉那年 50 多岁，读过私塾。他前些天就听说红军要来。红军来后，他觉得面前的军队同“刮民党”兵、王贪官的兵都不一样，就开门请红军进家休息。**红军一位首长叫一位战士将一张《中国工农红军总政治部布告》贴在他家墙壁上。杨登奉看到《布告》写的遵守群众纪律，没收地主的土地分配给农民等规定，更认定红军是支好队伍。**他从山上找回全寨乡民，给红军烧水做饭。送走红军不几天，国民党的保安团来搜寨。**杨登奉早有准备，他**

用桐油浸泡烤干的纸，把《布告》包了一层又一层，然后装进竹筒里，再包上几层油纸，装在小木箱中，埋在烂泥田中。这一埋就是17年，直到1952年解放，土改工作团到了板袍，杨登奉才将《布告》献给了人民政府。红军当年曾在杨登奉家休息，后来还有6位领导在他家开会，还拉有电话线。为此，这间屋作为红军居住过的旧址，至今完好地保留着。

记到这里忽然想起，这张《布告》的原件我好像见过。3个月前，我在遵义会议纪念馆参观时，讲解员说，这张《布告》是原件，是一位布依族老人保存下来的。我想，会不会就是杨登奉？

都说我脾气急，刘中宝比我更急，他被我翻包开箱查对资料的声音吵醒后，得知我在想这件事，就说了声："找人问一下不就得了。"说完就冲出房间，不一会儿就把睡在隔壁的县党史办副主任黎德荣请来了。黎德荣肯定地说："正是杨登奉献出的那一张。"

我太高兴了，可是也为把黎德荣吵醒了而不好意思。我向他表示歉意，他却说："我也没睡着。这些天和你们一块走路，感情深了，正想着明天你渡北盘江，分别那阵，喝了便当酒（布依语：包谷酒），写给你几句话哩，正在想格。"刘中宝又来了兴致，问道："黎主任，想出来没有？"黎德荣说："我想送八句，现在只想出了四句。"刘中宝还想问，我说算了，已经对不起黎主任了，明天还要赶路，还要过江，早点休息吧。

我和中宝一起把这位好兄弟送到了隔壁。

1985年4月6日　晴

贞丰县白层乡

北盘江属珠江上游，是贵州西南部的重要河流。今天我沿红三军团十一团参谋长兰国清率领第一营抢占白层渡口的路线，踏北盘江东岸高山中的羊肠小道，经孔明坟，走50多里，下午1点多到达白层渡口。

孔明坟位于我离开六马坝草沿北盘江向东南方向走的路左边，我看到离羊肠小道不远，有几块很大的人工打磨过的大岩石围着一堆土。这堆土比附近的地面稍高，却没有碑。

几天前我进入镇宁，就听说有孔明坟，今天见到了，可又觉得纳闷：相传孔明病死于五丈原，而五丈原是在现在的陕西省眉县。这里的路这么难走，三国的时候，谁能从五丈原把诸葛亮搬到这里来呢？和我一起行走的杨秀奎、王建伦两位布依族同志说，孔明“台文累”（布依语：是好人），我们喜欢。杨、王二人称赞孔明“台文累”是那么真诚，这倒启发了我，使我想起元稹对孔明的赞颂：

拨乱扶危主，殷勤受托孤。
英才过管乐，妙策胜孙吴。
凛凛《出师表》，堂堂《八阵图》。
如公全盛德，应叹古今无。

诸葛亮文韬武略，稀世之才，却不争个人之利，不谋一己之私，在五丈原病成那个样子，为了社稷安泰，还在井井有条地安排国之大事，只剩下了最后几口气的时候，还在给部将密授锦囊妙计，真可谓“鞠躬尽瘁，死而后已”。

千年风雨，千年怀念，这一堆黄土，道出了人们对逝者的哀思，表达了人们对社稷安泰的向往和对人民有功者的永久怀念！这也证明，为历史作过贡献的人将与历史同在，至于孔明葬于何处，对百姓而言倒无关紧要了。

得道者多助。1935 年 4 月 15 日，红十一团到达白层渡口之前，曾在六马坝草停留，这里是一个渡口。为了赢得时间，邓国清团长、张爱萍政委决定在此涉水泅渡，先机占领西岸的坡门山。这不仅可以早一点占个渡口，还可接应前边去抢占白层渡口的部队。

当时的六马坝草只有 20 多户人家，全寨布依族群众受反动派宣传迷惑，都躲进了山林。有一个 50 多岁名叫王凤昌的人，平时为人耿直，乐于助人，受到全寨人的尊敬。当时他刚从前边荒草田回来，见过红军对百姓秋毫无犯，回寨后就从山林中找回乡亲，带领 20 多个青年赶到红军集结的江边。这时刚巧兰国清参谋长和红军战士正向江心泅渡。王凤昌大喊不好，原来这里的江中心水深，还有回水塘（漩涡），很是危险。王凤昌毛遂自荐，征得邓团长、张政委同意后，顺河而下走一里多路，到了花滩。这里相对水浅，又少回水塘，他让寨里林少先等青年在前，红军战士在中间，自己则和其他青年在后，涉水过了北盘江宽约两百米的花滩渡口。

红军十一团侦察排在陈排长带领下冲上坡门山，翻上坡门寨山顶，与从贞丰闻讯赶来增援的100多敌保安队相遇。我侦察排居高临下把敌人打下山去，又追两里多，稳住了北盘江西岸花滩渡口。接着，兰国清参谋长又带红十一团一营沿北盘江东岸而下，由布依族王由怀等人做向导，经孔明坟去占领白层渡口，以便三路红军分头渡江。

今天下午，我在白层渡口乘一叶小舟过江。上岸后，我同陪伴我翻山越岭、同舟共济的镇宁同志依依惜别。黎德荣把写好的8句话交给了刘中宝，刘中宝性子急，马上念了起来：

> 清明盛开油桐花，笑迎开富到六马。
> 半世纪前红军志，五十年后记者情。
> 四天同行受教益，一日惜别岂无话。
> 祝君平安到延安，新闻史上增新花。

和我一道行走4天的还有镇宁布依族苗族自治县县长杨通邦，他依依不舍地握着我的手说："为了表达当地各族人民对记者采访长征路的支持，也为了表达怀念红军的心情，我也来4句吧。"说完拿过黎德荣的诗，在8句话后边写了4句：

> 北盘江边忆红军，黄果窖酒敬亲人。
> 开富同志莫忘了，桐花时节又一春。
>
> 杨通邦（苗族）
>
> 1985年4月6日于北盘江白层渡口

现在已夜深，我还在看他们两人写的这12句诗。这倒不是因为话中有赞扬我的意思，我珍惜的是这份情。都说少数民族好，说少数民族美，如果能同他们一起生活几天，就更能理解当年他们无私支持和帮助红军的真诚和胸怀，就更能感受他们的内在美。这种美可以净化人的灵魂，消除患得患失的烦恼，使心胸充盈博大、宽广，增添不怕困难的豪情和追求事业的力量。

我在心中默默地说：我不会忘记你们，我一定会把布依族、苗族人民的这份情揣在心中，把它带到雪山草地，带到吴起镇，带到北京。

在镇宁县的同志和我告别之际，贞丰县委宣传部、史志办的同志和向

导一直在我们中间。等我们告别结束后，贞丰县的同志给我送上了几份《经济日报》，他们对我说："老红军都在关心着你，国防部长张爱萍说，你走到吴起时，他要亲自去欢迎你。"当年张爱萍就是在这里指挥十一团打退了敌人，占领了白层渡口。我们想，把他和其他老红军的谈话在这里交给你，意义会更大。

我从内心感谢革命前辈们的关心和鼓励，我从心底佩服贞丰县同志们的支持和细心。这一带山高路远，别说很难看到报纸，在不少地段，连收音机都收不到信号。我在读了有关报道后，心里想，这里订一张报纸不容易，可能这是留作资料备查的报纸，离开时应归还，所以就请刘中宝把有关内容摘记如下：

> **1月10日，国防部部长张爱萍向本报记者赵健、庹震发表谈话说："罗开富不怕艰苦、不怕困难，徒步采访长征路的精神，对正在从事现代化建设的全国人民是很大的鼓舞**。青年一代应该有这种勇气，敢于到最艰苦的地方去创业，到最贫穷的地方，去帮助人民创造富裕的新生活。想当年，我长征时才二十三岁，年轻力壮的，罗开富已四十二岁，走这样的长征路很艰难，很不简单啦！他写的报道也很有意义，我看他写的渡于都河、打汝城的报道时，想起了我们红三军团的许多往事。从这些报道中，我还了解到这些地区现在的一些建设情况，变化大、新面貌多，但更多的还是贫穷落后。这应该引起我们领导机关的高度重视，引起有志知识分子的注意；先进地区的经济要发展，贫穷地区的经济也要发展，那里有我们的人民，还有很好的自然条件，应该想办法尽快让他们繁荣富强起来。"
>
> 张爱萍同志说，越是贫穷落后的地方，越是缺乏知识和人才，越能发挥知识和人才的作用。可是现在有些同志却很不情愿到这些地方去工作，留恋大城市、追求好条件。这不是一个好现象，我曾对国防科技工业战线科技人员说，从事业角度看，有现成好条件的地方，不一定比需要创造条件的地方更利于成才，最需要也最能显示才能的，是前人还没有建设好的地方。我认为，有出息的青年知识分子，应该具有罗开富那样艰苦创业的精神，

踊跃到边远地区进行创造性劳动。全社会也都应该用这种不依附现状、努力改变现状的精神，去实现十二大提出的总目标。

张爱萍充满感情地说，“离开遵义，罗开富要走的路更艰苦。每天走完路，一定要用热水泡脚，再擦点烧酒，这是我们长征时保护脚力的最重要经验，以后成为八路军、新四军、解放军的传家宝之一。翻四川夹金山很够呛，前年5月我到阿坝考察国防工业，当地领导介绍，夹金山至今没有公路。山顶‘六月飞雪’，积雪过膝，下午两点多就有大风雪，翻山前一定要在半山宿营，最好在中午时翻过山顶。要准备氧气，过夹金山时吸一些，翻梦笔山时再吸一些。草地很冷，要备足衣物靴子。**请《经济日报》代我转告罗开富：继续勇往直前，祝他胜利归来。归来时，我将前去欢迎他。”**

载《经济日报》1985年1月11日

1月14日，中顾委委员李卓然向本报记者汪洋发表谈话说：“经济日报记者罗开富报道长征沿途的近况，宣传红军长征精神、遵义会议的意义，这件事做得很好！”今年八十六岁的李卓然，长征时是红五军团政委，当时，他和军团长董振堂指挥五军团担任长征“断后”任务。他回忆起当年遵义会议召开的情景说：1935年1月14日下午，我接到通讯员骑马送来的中央让少奇同志和我参加政治局会议的电报（当时少奇同志在别处），我即刻带领两个通讯员骑马上路，昼夜兼程，15日下午赶到遵义城，见到了毛主席，毛主席问我：“老李，队伍怎么样？”由于“左”的路线错误，当时红军被动，挨打，作为后卫部队的五军团仗打得非常艰苦，我也窝了一肚子火，便回答：“战士们怨声载道，这哪像打仗的样子！”接着，我把辎重太多，部队让坛坛罐罐拖得筋疲力尽，一天走不了一二十里路的情况，以及干部战士埋怨中央指挥的意见向毛主席做了汇报。

忆往昔，李卓然心情激动。他说，遵义会议是我们党坚持实事求是路线的胜利，它使红军胜利完成了长征，这是我党的光荣，全国胜利后，我们党在相当长一段时间里背离了这个原则，搞假、大、空，导致了“文化大革命”等“左”的悲剧的发生，使党和人民的事业遭受了巨大的损失，这是我党的教训。今天，我们进行新的长征，要保持遵义会议上我党树立的实事求是的传统，建设中国特色的社会主义。

载《经济日报》1985年1月15日

本报记者郝北上、杨洁报道：3月31日上午，七十九岁高龄的六届人大代表、中顾委委员、老红军李坚真，委托正在沿长征路线徒步采访的本报记者罗开富，转达她对老区人民的怀念，并希望罗开富更多地反映老区的经济建设情况。

李坚真早在1926年就投身革命，于1931年任中共福建长汀县委书记，1933年任中央局妇女部部长，是一位参加过二万五千里长征的红军女战士。当记者向她谈起罗开富沿红军长征路线已行走八千多里时，**她高兴地说：“罗开富同志的情况，我在报纸和电视上已经看到了。他很有志气，进行了一次很了不起的采访！”**李坚真说，记者沿长征路线采访，通过再现长征的历史，对青年人很有教育意义。她希望罗开富要多反映老区经济建设的新面貌，同时也要反映老区人民的困难和疾苦。她说，老区还有相当多的地方比较贫困。一些地区有丰富的矿产和农产品，至今没有很好地开发利用。她希望更多的有理想、有文化的青年投身老区经济开发。李坚真说：“罗开富要走的路还很长，过雪山时脚冻了，不要马上用热水洗，要先用雪或冷水慢慢擦；过草地要小心脚被水浸泡，如果发炎，可以先用萝卜叶子烧水洗，然后搽上酥油，这样可以很快治愈。”她祝愿罗开富同志圆满地完成任务，顺利地到达吴起镇。

载《经济日报》1985年4月1日

感受着老将军们激情洋溢的鼓励和细致入微的关怀，我体会到了奋斗者真正的自豪。我听到了自己的强烈心跳，疲惫不堪的身体中，热血陡然升腾。

我深深地吸了口气。我知道，再过几天，前方等着我的是雪山，是草地……

1985年4月7日 晴

贞丰县城

中央红军在长征中，渡过的200米宽以上的大江大河有24条，其中红军浴血湘江、突破乌江、四渡赤水、巧渡金沙江、飞夺大渡河、泸定桥的壮举，早已为人们所熟知，而红军毫发无损、计渡北盘江的史实却并不为人们知道。通过这些天的实地访问，我惊奇地发现，红军突破北盘江用的是“飞鸿借渡”之策。这可不是写条子向老百姓借，而是向敌人借；不仅借到了，而且是敌人送上门来的，这在古今作战史上算得上奇迹。三国演义中，有“孔明借箭”，今有红军“飞鸿借渡”。

我先整理一下思路，同时把北盘江的概貌及渡口记录下来：

刚才正要记的时候，刘中宝进来要我早点休息，说是追路要紧。我明白他说的“追路”之意：上个月，我们按照安岗总编辑的要求，在走中央红军行进路线的同时，又拐到红二方面军的路上去采访了，这就耽误了些时日，我想“追”到金沙江边就可以追上中央红军的同一时间了。刘中宝又说：“这要走二万六千里了。”我了解他是好心，怕我多走了路，所以我说：“过些天就追上了时间，再说，这些天也没有走垮身体，多走点路怕什么。”

昨天我在日记里已写到，1935年4月16日，中央红军先遣团十一团的部分红军已在镇宁县六马坝草的花滩渡口过了北盘江。为何还要沿着江的左岸派一营战士走30多里去抢渡白层渡口？当我从花滩渡口走到白层渡口，才弄明白其中的道理：原来中央军委给红三军团先遣团下达的任务本来就是抢占贞丰白层渡口，并架设浮桥，保证大部队通过北盘江。而花滩渡口虽然占领了，大部队却无法动作：花滩渡口水流湍急，两岸都是高山峡谷，坡陡无路。即便偶见悬崖上挂着的小路，也是径悬磴仄，山复环耸。当地把这一带山脉称为七盘山，道尽其地势之险，登山之难。我没有从花滩渡口过江，也是因为用望远镜观察对岸，怎么也找不到悬崖上稍微像样的路。六马坝草的向导对我说：这个花滩渡，自古以来是除了猎人，平时很少有人走。正因为此，红军几万之众不可能在此过了江，再一个一个地攀岩，而且火炮、驮畜等都无法运上去。

尽管如此，当年红十一团先机抢占了花滩渡口，总是一着好棋：占了渡口，有了落脚之地，就可接应前边去抢占白层渡口的部队。

从花滩渡口往前，经孔明坟到了白层渡口。我看到，这里江面虽然宽阔，有 200 多米，但两岸的悬崖深谷中，却有古人今人不断开凿出的通道。只要占了两岸渡口，就不愁千军万马在几天之内越过江去。

贞丰县党史办同志向我介绍，**白层渡口历史上便是北盘江的一个重要码头。20 世纪 30 年代的贵州，陆路交通闭塞，与邻省的客货运输，多仗于水路，北盘江便成为连接广西、广东等省区的重要通道。白层渡口，是北盘江通航的顶端，也就很自然地成为一个重要的商品集散地。**那时的白层，客商来往众多，航运船只经常有数十艘停靠码头。红军到达白层渡口前几天，敌人就封锁了江面，码头上看不到一艘船只。

为什么叫白层渡口？我到了这里终于弄明白了：正如长江在云南境内称为金沙江一样，北盘江汇入珠江，在贞丰县境内称之为北盘江。江两岸岩石中白石居多，当地通称白层河。**在白层渡两岸，这种地质地貌更是明显，当地人也就把这渡口称为白层渡。这个渡口历来为兵家必争之地，自古有“黔桂锁钥”之称。**

当时白层渡对岸的“锁钥”是敌人的一个营。按双方兵力对比，我红十一团拿下对岸渡口不成问题。问题是渡江强攻会耽误红军过江时间，还会出现较大伤亡。我看到：对岸山崖比我所站的地方高，如果在我军强渡之时，对岸敌军再无能，但只要朝江中乱打一气，也很容易给我军造成损失。况且此刻被我红军逼在贵阳城里的蒋介石已有点清醒过来，催着滇军和中央军周浑元部加紧尾追红军。此刻对我军来说，争取时间就意味着胜利。

红十一团在团长邓国清、政委张爱萍率领下，一营作为先遣营于 1935 年 4 月 17 日凌晨（也有说是 16 日晚）就秘密地到达白层渡口的东岸一个叫攀枝花丫口的地方。部队一到，就在树丛淹没的岩石上露宿；营长田维扬即刻派尖兵到渡口一个名叫王砥臣的家里了解白层守敌情况，不久就找到了船工周云先，随即叫一群众（此人姓名至今众说不一）乘周云先藏在河湾拐角多日的一条船，把红军写给对岸守敌的信送过江去：信的内容是告诫敌人让出渡口，不得阻挠红军过江，红军只是借道，不会久留，否则毫不留情，统统消灭。

白层对岸敌营长名叫叶清文，这个家伙慑于红军声威，脑袋还有一点清楚。他早听说，几十万中央军都挡不住红军过乌江、赤水，自己一个营在红军面前可能算不上一个麻雀蛋，要是不自量力，非粉身碎骨不可；要是答应红军信上的条件，做得巧妙些，或许还可保住一条小命。叶清文思忖一番后，决定派副营长黄斗章过江和红军谈判。

谈判时间很短，干净利落，黄斗章答应全部照红军信上说的办，同时也战战兢兢提了一个条件：为了好向上司交差，请求红军像模像样地放一阵空枪，随后他们就撤走。红军答应了这个条件。等敌黄副营长回到对岸不久，我军的机枪朝对岸山头上空连发了几梭子，接着步枪也不断响了一阵。敌人也配合得不错，乱放了一阵枪，就撤出了白层。

红军随即乘小船渡江并迅速架好浮桥。不久，红军主力部队到达渡口，随中央军委源源过江，连续过了3天3夜。

这时，蒋介石心里直打鼓：公开场合吹嘘“红军难渡北盘江”，私下里心里很是发慌，不时派出飞机在北盘江两岸寻找红军踪迹。据当地史料记载：4月18日那天，有国民党飞机在白层渡两岸上空盘旋侦察，投弹5枚。其中在白层渡投弹两枚，均落在河中，浮桥和正在过江的红军都未受损伤；另外3枚投在江对岸的毛安寨，一枚炸着罗玉坤家，引起火灾。红军当即组织人员，奋勇抢救，将火扑灭。罗家仅烧去一间草屋，人畜均无伤亡。

50年后，我经过毛安寨时，老人们还在说，三国时孔明草船借箭，传扬后世；红军在白层用小船飞鸿借渡，天上还有“送行”的“礼炮”，应当刻个碑记。可惜这里实在交通不便，很少有文人涉足，故而这段精彩的战史一直鲜为人知。

1985年4月8日　阴

贞丰县窑上寨

从北盘江白层渡口上岸已走了两天多，总觉得一直在爬坡：从毛安寨走到贞丰县城，今天又从县城出发，中午到达离城30多里的窑上寨，这里已是海拔1300多米。

中央红军先头部队于1935年4月16日进入贞丰县境内，17日开始渡北盘江。除红九军团留在黔北牵制敌人未经过贞丰，至4月20日，红一、三、五军团和军委纵队前梯队全部经过贞丰县境，分别折向西南，向兴仁、

册亨、安石等方向前进。

红十一团在北盘江白层渡架好浮桥，除一部分战士留守白层渡口外，部队继续前进，占领了贞丰县城。

贞丰是一座名符其实的山城，平房楼宇傍山而筑，顺着陡峭的山势起伏，真有点气势不凡。山城背靠三座大山，名为大后坡、二后坡和三后坡。山顶入云，当地人却不叫它们为山，只称为坡，真可谓身在山中不奇山。另一个当地人觉得十分平凡而我这个外地人觉得惊奇的风景是城中到处是泉眼，几乎称得上“家家泉水”。为此，我在贞丰的报道中这样写道：黔西南布依族自治州贞丰县，是我沿红军路线采访以来泉水喝得最多的一个县，特别是县城，多处可以看到泉眼，有的形成深潭，有的遍地横流。当地群众除了饮用泉水，拿泉水酿酒，还用这些泉水浇地。我在城中见到的男女老少，皮肤细嫩，特别是姑娘显得异常秀气。当地人说，这和泉水的水质好有关。

为了让我多一点时间学习、研究资料及写日记，刘中宝早就在研究我那难看又不好认的字体了。南渡乌江前，他说已能认懂，在我改来改去定稿后，他就帮我誊抄到邮电局制发的电报稿纸上去。不少时候他边誊边提醒我出错的地方。今天他誊抄到第一段中“我在城中见到的男女老少，皮肤细嫩，特别是姑娘显得异常秀气”时，突然放下笔，转过头来对我说：“罗老师，讲秀气的这一句不要了吧。”我说：“为什么？是不符合事实？”刘中宝连忙说：“不，不，这里的人比你写得还要好看，我是说怕不合适。”

刘中宝谈了自己的担心，他说，我是怕人家说你受资产阶级思想影响。你吃了那么多苦，受了那么多累，本来好好的，要是写歪了，被人抓住一两点，就全部否定了，犯得着吗？依我看，写长征路，就多写红军，写工农业生产的变化，写人们的坚强和豪气等，这样比较保险。

听了中宝的话，我虽然心里有自己的想法，但觉得他是一片好心，讲得也不无道理，我折中说：“这第一段还是保留，让读者了解长征路上有个泉城，水质也好，从第二段开始就写贞丰县的工农业生产吧。”刘中宝同意了。我们研究出了一个题目：“请看泉城贞丰的综合农业区划。”

今天走的路少，我们改写誊抄完稿件后，精力似乎还有过剩，我就由刚才的话题对刘中宝谈了自己的想法：我已走了 160 天红军当年走过的路，至今三分之二还在荒山野林中，平时很少有外人来，科研、地质等方面的高级人士来的更少，而我又不懂，看到了新鲜事就想报道出去，好让人们来研究。**我们在贞丰城，进了 5 家人家，4 家的地坪沟中都流着泉水，有一家的泉水沟还从床铺下穿过去。这里的人不擦雪花膏，海拔又那么高，但比我们在北京、上海、杭州等地看到的那些热爱打扮的人白净多了，这不应当写一点吗？**

我还对刘中宝说："你讲得也对，有的报道要顾及影响。"我告诉他，长征路上的报道题材真是太多了，好多东西拿不准，也不能写。我说：**"去年我从广西龙胜县、湖南通道县走到今年进入贵州黎平县、剑河县等地，大都是在侗族地区行进。不论是在农家，还是在县城，餐餐离不开腌缸酸菜。当时并不很在意，只是当作当地一种口味，在文章中点到也就罢了，后来才知道，这种酸菜奇特之处多得很呢。"**

说到这里，中宝忍不住插上了话，他说："一讲侗乡的腌缸酸菜，我就流口水。我去过侗乡，那口味是真好。"我点点头，继续说："开始，我也只是觉着这种酸菜好吃、下饭，可是后来别人告诉我，它还有一种特殊功效，不知你听说过没有？"中宝想了一下说："是不是吃了侗乡酸菜跟喝了贞丰泉水一样，皮肤好，身材也好？"我告诉他，这个问题我倒没有注意，只是我在去年 12 月 19 日进入侗乡高洋山区时，不时要攀越陡崖，胡炳益和吴庭玉两位向导都是少数民族，他们在问我有没有高血压、心脏病时，总要接着问我进侗乡有多少天了，喜不喜欢吃侗乡酸菜。开始我只是以为他们怕我上了悬崖会发晕，后来一想，觉得不完全是：因为他们在问我有没有这些病症时，总劝我多吃酸菜，并说在我离开侗乡时，还要装几坛让我带在路上吃。

刘中宝急着对我说："噢，我懂了，酸菜是治高血压、心脏病的。"我对他说："你说得对，也说得不对。"说中宝说得对，是因为胡炳益、吴庭玉确实说了：在侗乡，很少听说谁有高血压、低血压、心脏病或是生癌的；说中宝讲得不对，是因为它的药理还没有经医学论证，而且也不是指普天下的酸菜都有这个功效，只是指侗乡的酸菜，他们认为这是已被许多代人的实践所证明了的。我对中宝说："在侗乡，几乎所有的菜肴，包括汤都是用酸处理的。我有低血压，而且很严重，在沿途吃了半个多月侗家菜，过了剑河，到了台江后，医生检查我的身体，说我血压正常。我在江西、湖南爬山到了高处，头晕，还反胃；这里的山高多了，但现在爬绝壁上的山岩路，我的头却不晕了，这不由得人不信。”

刘中宝来了兴趣，说：“把这个发现写到文章里去，读者肯定喜欢看。”我告诉他，我没有写，因为顾不上，又拿不准，不过我倒是留了心，注意观察侗乡的腌菜究竟与其他地方有什么不同。我访问了十多户侗家，发现他们的酸菜腌制方法的确与众不同：腌制的器物是老油杉木做成的大桶，用桐油多次涂抹以防腐；腌制的原料是生姜、花椒、大蒜、野葱、土硝、米酒、糯米饭等，当地人把上述配料称为腌糟；人们把山上采来的野菜、水里捞来的鱼虾、还有鸡、猪等肉类放进桶中拌匀（大多是有讲究的，荤素严格分装），盖上严丝合缝的木盖，木盖缝隙和木桶结合部都用盐拌糯米饭密封，然后把木桶埋入地下，四五个月后取食。

刘中宝听后若有所思，好一会才说话：“怪不得我们那里有人老是到侗乡去找酸菜，看来我回遵义后，也得去找找。”我说：“去不去你自己定，反正今后我还会去的。”

1985年4月9日　阴

兴仁县巴铃乡

一大早离开贞丰县，傍晚进入兴仁县的巴铃，这是一个集镇。

1935年4月19日晨，中央红军先头部队从巴铃进入兴仁县境，前后历时5天。全军除红九军团外，全都经巴铃，占兴仁县城，由雨樟等三地出境进入普安和兴义等县。

巴铃虽然偏僻，但由于地处兴仁、贞丰、安龙三县的交界，集市很热闹：天已黄昏，天上飘着细雨，街上行人仍然不少。从穿着上看，集市上苗族、布依族群众居多。不少平房中的小门脸商店都开着门，进去的顾客却不多；而马路上摆地摊的倒生意兴隆，尤其是那些摆陶器的地摊前，总有几个顾客在挑选。我们走近一看，原来大多是贞丰窑上寨的产品。这使我想起了前些天途经贞丰县境时，县委书记田忠明、县长黄成安对我说的话：来到黔西南布依族苗族自治州，如果不到贞丰窑上寨看一看，将是终生憾事。因为他们的这句话，我专程去了一趟窑上寨。到了那里一看，岂止是大开眼界，还深受启发：原先自以为了解深山老林，无非是奇花异草、飞禽走兽，其实不然，此间还深藏着有失传危险的传统工艺。趁夜深人静，我把北盘江畔陶都窑上寨的情况记录如下：

窑上寨位于海拔 1300 多米的高山上，聚居着 400 多户汉、苗、布依等族群众。我一到寨子，就看见到处堆放着整齐的各式陶器，等待外运。在许多小瓦屋和小茅棚里，都有人在制作泥坯，不用二三分钟，造型美观的泡菜坛、夹层蒸锅、茶壶、花盆和鸟食盅等就制出来了。20 多座龙窑烈火熊熊，日夜烧制。在村头寨尾，我几乎没有看到一个闲人，据说全寨有 1600 多人以做陶为生。我见到 73 岁的徐仁德正在烧龙窑，中年苗族农民姜国兴正在给花盆上釉，只有 13 岁的徐建国小朋友也在拉坯。尽管他们全力生产，但仍供不应求，我看见来自广西、四川、云南和贵州各地的人一个劲地催货，可见这里的陶器质量之好。

贞丰窑上寨手工制陶的历史，据文字记载已有两百多年。寨子周围蕴藏着丰富的陶土，有 50 万平方米，深度均为 5 米。据介绍，这里的陶瓷业是靠汉族人民的帮助发展起来的：清朝乾隆年间，有个名叫郭思贤的四川艺人来窑上传艺，接着又有江西师傅来传授技术。在窑上寨，自称祖上从江西迁来的有 90 多户，农民徐仁伟对我说，他家就是从江西来的，世世代代以陶瓷业为生，他已属第六代了。

当地目前生产的 80 多种陶器，不仅具有民族风格，在设计上也有独到之处。就拿夹层蒸锅来说，它由 4 层组成，中间一层置水，上面一层放鸡，蒸气由四周几个小孔进入上层顶上。上层还有冷却装置，蒸气碰到它，又返回进入放鸡的那一层里。只要 1 个多小时，鸡肉和骨头就会分离。更值得称道的是最外面一层同炭火或煤火直接接触，但烧的时间再长也不会烧坏。

“踏遍黔南路千条，窑上陶器算一宝”。让人感到不足的是各道工序几乎都是手工操作，效率较低。但回过头一想，也许正因为效率低，才更加显得稀奇珍贵。

1985年4月10日　晴

兴仁县田坝寨

“手打滇军，脚踏黔军，拖死中央军，吓死两广军！”这是中央红军路过兴仁时在田坝寨写下的标语。这条标语形象地概括了红军过北盘江后的军事态势。

为什么第一个要打滇军呢？是因为滇军这条“尾巴”跟得最紧：孙渡率3个旅因在贵阳“保驾”有功，蒋介石给予猪肉、现洋、票洋犒赏，竟受宠若惊，一直尾追红军。当红军刚西渡北盘江，滇军纵队就追到了江东平街，与红军隔河相峙。当然，滇军也不敢真追，因为孙渡亲自尝过红军的厉害。

1935年4月5日，孙渡刚从云南赶到贵阳“救驾”，就想露一手，在离贵阳30多里一个叫谷脚的地方寻找红军。没料到还没有见到红军的影子，就突遭红军伏击，孙渡车上卫士伤三死一，轮胎也被打瘪，靠了前后车上的卫士死围活拉才逃脱性命。尽管如此，孙渡为了在蒋介石面前邀功，也想在黔军面前露一手，日后好在贵州地盘上伸条腿，故而红军走得快，滇军追得也紧。等追到北盘江，眼巴巴地看到红军过了江，这个草包司令才恍然大悟：红军要进云南，去抄他的老窝。

这时的孙渡才开始明白：为老蒋卖命，最后落得的下场是自己要葬在自掘的坟墓中去。但孙渡并不甘心，仍想一搏。他想到了一根救命稻草，这就是他的部队还剩有一个旅在云南。于是他急令这个旅的旅长刘正富率部由云南进入贵州的兴义，企图阻止红军入滇，让红军在贵州境内打转转。孙渡太自以为是了：红军渡过北盘江，势如破竹，滇军的前堵后追，只是螳臂挡车而已。

脚踏黔军，是不让他僵而不死。黔军本来就是“双枪兵”（烟枪、长枪），没有战斗力。中央红军自1934年12月中旬进入贵州，横扫黔东南、黔北、黔南、黔西南已有4个多月，黔军早已闻听“红军”二字就成惊弓之鸟，不敢抵抗。驻守北盘江的黔军慑于红军声威，拱手让出渡口讨个活路就是明证。但是黔军中那些脑袋削得更尖的却僵而不死，不想再挂黔军牌子，改换门庭，投靠了蒋介石。其中一个叫吴剑平的就是代表人物之一。

吴剑平原是黔军第三师的师长，驻守兴仁。王家烈任二十五军军长兼贵州省主席时，吴剑平紧紧抱着王家烈的粗腿不放。红军回师遵义，把黔军打得落花流水，蒋介石觉得受到莫大耻辱，就把王家烈的职务给撤了。吴剑平马上另寻靠山，投靠了黔军的第二号人物犹国材，表示“要与国材兄共荣辱，与所守城池共存亡”。表忠心还没有几天，吴剑平看见犹国材指挥黔军照样挡不住红军，老蒋被红军围在贵阳城里吓得团团转，不再信任犹国材时，吴剑平又一次另寻靠山，很快接受了蒋介石对黔三师的改编，扔掉了黔军的牌子，挂起了中央军一二一师的招牌。

换了牌子后，吴剑平神气了几天，据说讲话时还会迸出刚学的半句或几个字的京腔。可是人们仍把他看成彻头彻尾的黔军，其他黔军也还是称他的部队为黔三师，从不称他的部队为中央军第一二一师。令吴剑平更可气的是：蒋介石真是老奸巨猾到家了，吴剑平的部队虽然换了中央军的牌子，但军费粮饷还得在当地自筹，老蒋什么也不给。最后连向老蒋要个印章也没要到。看到蒋介石如此一毛不拔，吴剑平心寒到家了，所以在红军抢渡北盘江前，吴就借口“奉调”，躲到安顺去了，留下一个团长何绍卿驻守兴仁。虽然这个团长整天被鸦片烧得昏头昏脑，心中还有一丝明白：自己这个团当不了红军一筷子小菜。于是他留一些兵丁守卡子，自己也开溜了。敌兴仁县长赵德生一看如此光景，也用黑布包上印章，带上几个团丁连夜逃走了。因此，红军进驻兴仁时，县城已是一座空城。

再说“拖死中央军”：红军从江西出发以来的半年间，国民党的中央军一直尾追，一直吹牛，也一直损兵折将。1935 年 4 月 23 日，中央红军离开贵州向云南急进时，蒋介石又一次急电薛岳，要他率领吴奇伟、周浑元部紧追。**中央军追了半年，此时“厌追”情绪非常大，士气低落，已被拖得不成样子了。**我从当年敌方往来的函件中分析，薛岳、吴奇伟、周浑元这些中央军的军官，在玩弄权谋上也非等闲之辈：他们在打击红军上利益一致，但又力求自保，互相间勾心斗角。何况这时老蒋远在贵阳，鞭长莫及。他们和红军打过几仗，都是红军手下败将，自知如果追得太紧，短兵相接，必遭灭顶之灾。再说此刻滇军邀功心切，孙渡拍马屁拍得正响，蒋介石又趁机正在收编地方军，万一孙渡得势，军阶自不在吴、周之下。我在研究这些史料时，忽然想到一句俗语：拍马之人最终目的是为了骑马。我想，薛岳、吴奇伟、周浑元等不会不明此理。所以他们口口声声追击红军，却总追在了孙渡纵队后边，不曾与红军交火。孙渡为保自己的实力，本来就与红军相差一二天路程，这样中央军则总落后于红军数天路程，就这样一天拖一天，谁都不愿玩真的。

最后说说“吓死两广军”：兴仁、兴义、安龙三县西与云南富源、宣威等接壤，南与广西紧邻。广西之敌最怕红军入桂，又想趁黔军遭到红军打击之时到贵州捞点油水。粤桂之敌本质上尔虞我诈，但此时为扩充地盘，却联合起来，蠢蠢欲动，小股敌人不时骚扰我红军后续部队。我军给予迎头痛击，吓得粤桂之敌再不敢轻举妄动。

今晚写日记时，我又一次琢磨红军写在田坝寨的口号，越琢磨越觉得**“手打滇军，脚踏黔军，拖死中央军，吓死两广军”这几句话真是既概括又形象；既着眼全局，又符合实际；既讲了方针，又讲了政策，简洁明了，易懂易记。红军的这种文风，很值得学习。**

1985年4月11日　晴

兴仁县城

“历代兵戎民之害，唯有红军为吾民”。北盘江两岸山高路险，很是闭塞，但正因为此，关于红军的传扬保留得比较多、比较完整。日记开头的这句话，我在贞丰县听人们讲过，今天我从田坝寨走到兴仁县城，夜晚十点多访问60多岁的王显治老人时，他也向我讲了这句话。

半个世纪过去了，人们还特别喜欢向记者讲这句话，自然有不平凡的来由。今晚我想简要记述“红军为吾民”的3件事和蒋介石的一个指令。

第一件事就发生在我今天写日记处不远的大坪地。实际上大坪地土地并不平，是在山腰上。那里有位农民名叫周光明，由于对红军不了解，又受到反动派宣传的影响，在1935年4月19日红军进入马路河（大坪地寨子在河岸上）时，带着妻儿老小躲到山头上去了。夜半时分，周光明突然看到寨里起火，就不要命地往寨子冲去。走到家门前，只见红军正奋不顾身地救火，但终因天气干燥，茅草盖顶、苞谷杆做墙的3间房屋，抢救不济，被烧光了。

房子被烧了，但周光明没有怨恨红军，因为他看到了红军救火时的那种真诚和勇敢，特别是事后红军又给了他4个大银子、一缸钵大烟、一担谷子和不少衣服，让他重建家园。周光明被感动得说不出话来，第二天，他一定要让兄弟周光泉给红军带路。红军走后，周光明全家和寨子里群众都说：天底下只有红军最好，要不是亲眼看见，听别人讲还不一定信。再说，房子被烧还可能是反动派使的坏；退一步说，就算是红军不小心失了火，这破草房也不值 1 个大银子，而红军竟赔了 4 个，还有其他东西，真不得了。红军要是不走，我们老百姓就有救了。

第二件事发生在白层渡，具体地点在过北盘江、再走十多里的贞丰县毛安寨。5 天前我经过那里时，看见地里甘蔗长得很茂盛，而这个故事就是关于甘蔗的：1935 年 4 月 20 日，中央红军一支部队经过这里，在一块甘蔗地边休息。由于战士们又渴又饿，就砍了一些甘蔗吃。当时，甘蔗地的主人伍云章因受反动宣传欺骗，带全家上山躲避。红军走后，他去地里，老远就看到甘蔗被砍了一大片，气得又哭又骂。可到跟前仔细一看：被砍的每根甘蔗蔸上，都放着一个铜元，伍云章惊疑得不知如何是好。最后，他在地里一共拣得一盆铜元，相当于 3 块地上种的甘蔗钱。

第三件事还是发生在毛安寨。寨里有位老人名叫王明章，他也是受反动派宣传的影响，红军从北盘江一上岸，全家除了他，都上山躲起来了。他留下来一是看家，二是想看看：红军究竟比犹棺材（黔军第二指挥，名犹国材）的匪兵坏到哪点（里）去。

农历三月十七日（公历 4 月 18 日）那天，红军进了寨。战士们一不进庄户人家，露天宿营；二不惊扰百姓，在野外埋锅做饭。王明章深为感动，他从来没有见过这么好的军队。他想，看来这就是老人们讲故事中的仁义之师。于是他就拿出一挂腊肉和自酿的一坛酒，送去招待红军。红军推辞再三，收了下来，给了他 12 个银元，他坚决不要。红军走时，王明章又去带路，一直送到 50 里路外的丫口上。红军劝他早点回家，以免家里人牵挂，他才依依不舍地回到了家里。4 个月后，王明章在“七月半”敬祖烧香时，意外地在香炉里发现了那 12 个银元。王明章激动地说：“红军岂止是仁义之师，还是心贴心的兄弟啊。”

记到这里，我想起了从贵州渡赤水，进入四川古蔺、叙永时，向导和党史办的同志介绍红军纪律严明时说过的一件事。他们说：蒋介石这个龟儿，怕红军打仗凶，更怕红军得人心。**1936 年 3 月 6 日，蒋介石曾致电川南“剿总”总指挥潘文华等人说：据报，红军窜至川南时，对人民毫无骚扰，有因饿取食土中萝卜者，每取一头，必置铜元一枚于土中，……希严**

饬所属军队、团队，……爱护民众，勿为匪所利用，为要。

蒋介石的电文虽对红军极尽诬蔑，但对红军的纪律严明和爱民如亲，也不得不承认，不得不恐慌。

为吾民者必胜，这句话如挂在嘴上，不去真做，那就岌岌可危了。

1985 年 4 月 12 日　雨

普安县泥堡寨

今天，我沿着当年红三军团进云南的路线，从兴仁县城出发，走了 70 多里，夜宿普安县泥堡寨。

50 年前，彭德怀和杨尚昆率领的红三军团曾在这里与阻拦之敌打了一仗，并夜宿泥堡寨。老人们对当年的景况记忆犹新。一位苗族杨姓老人说："那些犹国材的'双枪兵'哪里是大红军的对手，边放枪边跑，尸体丢了一路。我们躲在山顶树枯（丛）里，看着好痛快。"

贵州是祖国的西南边陲，普安县又是贵州的西南边陲，因此格外闭塞。全县 1420 平方公里，平均海拔 1500 米。在海拔 500 至 800 米的地方，有几条简易公路，其他大多是山间小道。红军当年为避开敌人地面追击和飞机骚扰，走的大多是在海拔 1300 至 1800 米的山间小道。在这样的海拔高度行进，我和向导好些时候只能凭方向走，常常找不到路，只好拨开树丛或在齐腰深的茅草中向前趟。天上下着雨，路极难走。但也有让人高兴的事，**在这里，我们看到了在外面看不到的许多植物和动物**。这一带几乎没有人过往，飞禽走兽都不怕人。我们不时看到：色彩斑斓的锦鸡时而跟着我们飞一会儿，时而又停在树上歇一会儿。有一种鸟，头很小，脖子细长，腿也不短，羽毛丰满，毛色为灰、红、绿相间的杂色。说它是鹤？向导说不是，但究竟叫什么，大家都说不上来。它们见了我们，好像是老相识似的，向我们伸长脖子"咕！咕！"地叫几声后就不再理我们，自顾自找食去了。有一片树林，约有二亩，直径在 20 至 50 厘米之间。让人惊奇的是：树上的树叶好象是花，一蓬一蓬的；远看似花，近看才发现是菱形的叶片，叶片的颜色组合很有规律：叶尖为鹅黄色，叶根部呈浅青色，难怪远看像花。

因为赶路，又看不懂，只好带着遗憾离开了。**有些看得懂的植物也和**

其他地方的不一样：今天中午我们在一个叫甸子坡的山腰上，见到 100 多棵绣球杜鹃花。杜鹃花我见过不少，但还从没见过花瓣这么大、这么宽，花色这般殷红的。

20 世纪 80 年代初，我曾因出差从昆明往西坐了 6 天的公共汽车。到了没有公路、没有公共汽车的高黎贡山、碧罗雪山上采访了 7 天。在那里，我也见到过不同种类的野生杜鹃花，也非常好看，但对球形的杜鹃花没有留下太深印象，我想是因为花朵也没有这么大，这么鲜艳夺目。

我们大致观察了一番这些奇特的杜鹃花：花朵直径在 15 至 20 厘米之间，每棵树上开有 80 至 150 朵不等；树高约在 3 至 5 米，直径却有 20 至 40 公分。这真是“山中有直树，林中有好花”。刘姓、张姓两位向导看我和刘中宝对这 100 多棵绣球杜鹃很感兴趣，不无遗憾地告诉我：要是早几年来看就更好了，那时这里有 1000 多亩，甚是壮观，可惜被放火烧山给毁了。我问他们，难道这里就没人管？他们说：“这深山老林谁来？管事的都忙着呢，到这穷山恶水的地方来干啥？”我还能说什么呢？只能又一次望了望正怒放的杜鹃，转身赶路了。这时，我忽然想到，从古至今，为什么文人们形容正开着的花朵总是用“怒放”二字？有没有典故不清楚，但从今天我看到的杜鹃花和听到的杜鹃树的不幸遭遇来看，这“怒”字用得太准确了。自有人类以来，已不知道有多少种花树被消灭了，随着它们和各种树木的消灭，郁郁葱葱富饶山区变成了穷山恶水；好不容易幸存下来的，经过先人的培养，栽在城里的公园或道旁，也正被自称“文明”的人群糟蹋，花亦有灵，岂有不怒之理！

1985 年 4 月 13 日　阴

兴义县车榔寨

地下埋的是煤，地上堆的是煤，但因为交通不便，就是销不出去。这是我今天一早离开普安县泥堡寨，经楼下寨，走进兴义车榔寨，在沿途见到的境况。

50 年前，红三军团在泥堡寨宿营，第二天行进约 30 里，攀越楼下河铁索桥向云南进军。今天我沿这条路线经楼下寨走到楼下河边见到：当年的铁索桥还在，桥上已没有木板，铁索锈迹斑斑。它告诉人们时代变了，

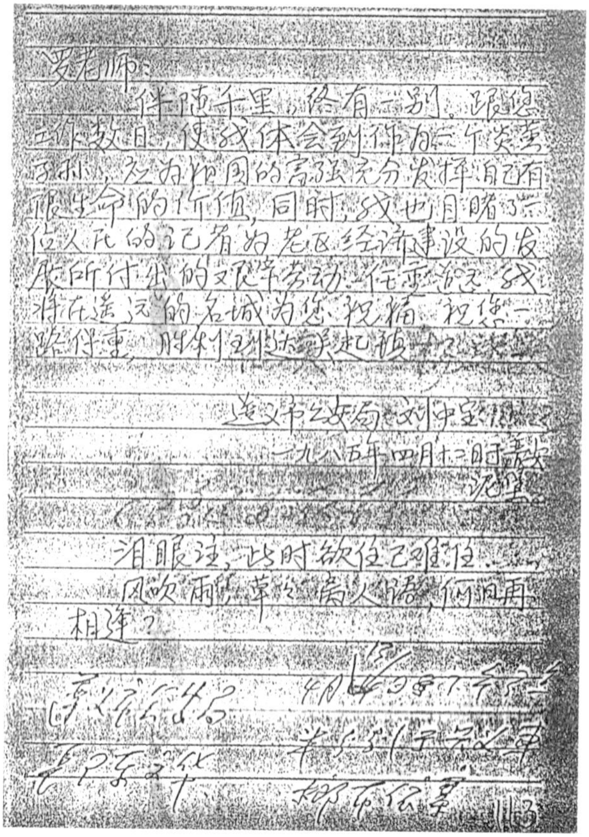

罗老师：

伴随千里，终有一别。跟您工作数日，使我体会到作为一个炎黄子孙，应为祖国的富强充分发挥自己有限生命的价值，同时，我也目睹了[illegible]位人民的记者为老区经济建设的发展所付出的艰辛劳动。任重道远，我将在遥远的名城为您祝福，祝您一路保重，胜利到达[illegible]

遵义市公安局 刘中宝[illegible]

一九八五年四月十二日[illegible]

[illegible]

泪眼注，此时欲住已难住。风吹雨[illegible]草[illegible]，何日再相逢？

[illegible]

▲刘中宝留言

如今过往行人已不用在它上边行走了。在铁索桥右侧500多米的地方，取代它的是一座雄伟的水泥桥，桥长近百米。我在桥边看到，桥栏上刻有“长征桥”3个大字。

昨晚上我一夜没有合眼：陪同我走了96天的刘中宝，今天晚上要回遵义了。普安县委办公室主任高邦明、县史志主任王正安建议，车榔寨离滇黔铁路支线的火铺站只有150多里路，他们负责把刘中宝送上火车，不用去云南转火车，免得给兄弟省添麻烦。

送君千里，终有一别。说起来容易，临到面前却难。96个日夜的风雨相伴，艰险与共，这真挚的友情是在我最艰难的时期结下的。要分别了，两人的话反而少了，只有泪水不时在眼眶里打转。今早凌晨3点，中宝为我誊清最后一份稿后，我们两人默默地望着剩下的半截蜡烛燃尽，然后坐在地上，等着黎明的到来。

▶长征路上的向导、陪同有 2800 多人。图右是遵义市的刘中宝，他陪同罗开富 96 天，走了近 7000 里，这是他们 1985 年在车榔寨分别时合影。

一清早，我们又一同默默地整理着行李、资料。上路后，中宝要陪我再走一天，晚上才分手。此时此刻，我的思绪一直沉浸在我们共同走过的近 7000 里山水间。

这时，一个好像在喊我们却又看不清楚的人出现在对面山上，而且朝着我们奔了过来。

这里的山路既有“之”字形的，也有“凵”字形的。这时我们正走在“凵”字形的一端上，和来人隔着个大沟。这沟是绝壁，约有 200 米深、300 米宽。虽然看不清人，但与我们同行的泥堡公社书记吴运吉、楼下乡书记吴运康看了一会儿、听了一阵说，好像是杨建英。一听“杨建英”这个名字，我和刘中宝就想到了昨晚我们夜宿泥堡寨的房东，是位新娘子，就是杨建英。

泥堡寨地处偏僻，有一部分农户还没有解决温饱。乡里领导十分重视我的采访，但心有余而力不足，到傍晚还没有为我找到一户点灯不透风、能写稿的农家。中宝觉得过意不去，几次告诉他们随便找一家算了，可乡里领导不依，后来把我们领进一户苗族人家。我们进去一看，原来是间贴着喜字的新房，立即退了出来。这时，新娘子杨建英和她的丈夫提着热水向我们走来，一看我们要走，他们夫妇俩一面把我们的行李往里搬，一面把我们往里推。看着他俩快要生气的样子，我们只好住下了。

夜深了，我把稿子写完后，刘中宝又为我点上两根蜡烛，让我写日记，自己继续摸黑整理药品，收拾行李，又从袋里摸出一卷报纸和近一个月来我专备专用的床单，准备铺到床上去。我说："今天就把它们铺在地下算了。"中宝想了一会儿说："对，罗老师，今天我们就在地下睡，只是怕这高寒山区天亮前更阴冷啊。"我知道中宝是关心我，为我着想，我说："中宝，你可以睡到床上去，今晚，为了对得住苗族群众，我睡地下比较保险啊。"中宝回答说："对，为了保险。"

我们所说的保险，是因为我生了疥疮，几十天来，身上奇痒，背上、胸口、腿上、手上都抓烂了。这种传染病，在红军长征时不足为奇，但解放后已几乎绝迹，所以连一些中青年医生也不大懂。每当我请他们治疗，都被诊断为过敏反应或水土不服，给我服药或敷药。直到20多天前，两位老中医才诊断出是疥疮。因为当地早就没有这种病，也就没有治疗的药。考虑到要走万里路，睡百家铺，怕感染给别人，我就和中宝商量，买了几条床单和几块毛巾，每天晚上先把报纸垫在床上和枕头上，再在上面铺上我专用的床单和毛巾。好在我每晚也只能睡三四个小时，身上再裹上备用床单，将就着也就过去了。昨晚因和中宝即将分别，我俩都没有睡，因此再保险不过了。

我们在山坡上等了20多分钟，向导余德祥、黄永荣和刘中宝迎上去把杨建英接来了。只见小杨满头是汗，气喘吁吁直拍自己的胸口，一时说不出话来。后来我才明白，小杨是为两件事追我们：一是她看到我脸上、手上疤疤癞癞的，以为是日晒夜冻造成的，就送上半月前做新娘时买的一瓶珍珠霜，给我护肤；二是给我和中宝提意见，说我们看不起苗家，不睡他们家的床铺。

好在陪我的一行大多是苗族，我把在地下打铺的原因说了后，杨建英的眼眶里涌出了泪水，她边擦泪边说："叔叔，是我错怪了。我要上山找药，给你治病。"面对这么好的苗族妇女，我眼中也闪动着泪花，我说："千万别去找药了，过两天我进了云南，会有办法的。珍珠霜我收下了，苗家的心我也收下了，我永远不会忘记你们小两口子，祝你们幸福。"

1985年4月14日　阴
兴义县独家村

今日夜宿兴义县品甸区独家村。

明早就要沿着中央红军的行军路线进入云南。半个世纪前的今天，中央红军长征已历时半年，将士们历经人间磨难，人员损失过半，所剩3万多英勇将士即将渡过金沙江，继续用忠诚和鲜血去开辟胜利之路。想到这里，敬佩、敬仰之情不禁油然而生。身处滇黔交界的山林丛中，周围一片寂静，胸中涌起波澜。

1934年10月中旬，中央、中央军委和中央红军一、三、五、八、九军团共八万六千多人，从江西南部和福建西部的瑞金、于都、长汀、宁化等地出发，10月16日晚渡过于都河，开始长征。全军将士不怕牺牲，英勇苦战，在相继突破了蒋介石设置的4道封锁线后，中央红军仅剩下三万多人。面对如此严重的局势，"左"倾路线领导人仍然企图孤注一掷，把希望寄托在与红二、六军团的会合上，命令部队强行北进。而此时敌人在我北进的道路上已设置了一个大口袋：蒋介石非常害怕中央红军北上与红二、六军团会合，在湘鄂川黔建立巩固的苏区，已命令何健为"追剿军总司令"，薛岳为"前敌"总指挥，刘建绪为副总指挥，率三十万敌军在红军北上的道路上，构筑碉堡，设置新的封锁线，全力堵击红军北上。如果我军仍把希望寄托在与红二、六军团的会合上，强行北进，就钻进了敌人的圈套，显然有全军覆没的危险。

在这紧急关头，毛泽东不在其位，仍谋其政：1934年12月11日，红军占领湖南通道。在这里，中央军委开了一个会，吸收毛泽东参加。会上，毛泽东深刻分析了敌我形势，坚决主张红军改向敌人力量薄弱的贵州前进。在这之前，毛泽东在行军途中，已先后同王稼祥、洛甫（张闻天）交换了意见，说服了他们，周恩来、朱德一直尊重毛泽东，所以，毛泽东的建议在会上得到大多数同志的赞同和支持。博古（秦邦宪）由于部队屡遭挫折，已束手无策，虽然一直怕大权旁落而排挤毛泽东，但这时迫于形势危急，也只好同意改道贵州；李德（号称共产国际派来的代表）虽然被王明、博古封为军事专家，自称上过战场，但湘江血战，红军损失惨重，李德此时说话已底气不足。何况在当时的“三人”最高决策小组里，李德只占一票，因而尽管心里不同意毛泽东的主张，也无可奈何。于是部队改变了进军方向，向贵州前进。这一行动，把蒋介石惊得目瞪口呆，他的主力部队和湘军的大部兵力，一下子被远远抛在湖南的西部地区。红军在攻克黎平，突破乌江后，占领了遵义。

在黔北遵义，党中央召开了中央政治局扩大会议，批判和纠正了王明“左”倾路线的错误，改组了中央书记处，对于当时迫切需要解决的军事问题和组织问题作了决议，确立了毛泽东在党中央的领导地位，结束了王明“左”倾路线在党中央的统治，把党的路线转到马克思主义与中国革命实际相结合的正确轨道上来。遵义会议，在党的历史上是一个伟大的转折点，不仅为红军胜利地完成长征、战胜张国焘的“右倾”机会主义奠定了基础，而且为后来中国革命事业的发展开拓了胜利的道路。

遵义会议后，蒋介石纠集了湘、川、滇、桂、黔各军阀部队及其嫡系薛岳兵团，拼凑了150多个团，共50多万敌军，从四面八方向中央红军展开合围，妄图在川黔边界聚歼红军。毛泽东及中央军委决定乘敌人尚未形成合围之前，准备出黔北，在宜宾、泸州间北渡长江，创建新的根据地。鉴于蒋介石在川南地区调集了重兵，倾力堵截红军北渡长江，毛泽东及中央军委当机立断，迅速调整战略，率红军一渡赤水过川南古蔺、叙永，集结云南扎西（威信），在川、滇、黔三省交界地区，寻求新的战机。当蒋介石调兵遣将，各路敌军奔集而至时，中央红军又挥戈东指，二渡赤水，再克遵义，被我红军俘虏的敌军就有三千人。**蒋介石损兵折将，暴跳如雷，他在训斥薛岳的电文中哀叫：这是“国军追击以来的奇耻大辱”。**由于陈诚、顾祝同的说情，把惨败的罪责推到王家烈身上，薛岳才没有受到惩处。而贵州军阀王家烈被当了垫背的，丢掉了贵州省的军、政大权。

中央红军实行了一系列争取和掌握主动的声东击西战略技术，继三渡、四渡赤水后，南渡乌江，威逼贵阳，迂回穿插于数十万敌军之间，调动敌人，打击敌人，歼灭敌人，使蒋介石一个又一个“围剿”红军、“聚歼”红军的阴谋失败，几十万敌人被我红军牵着鼻子走，一直牵到了黔滇交界的兴仁、兴义和我即将要去的云南富源、曲靖一带。

两军相争智者胜。蒋介石采用了不少战略战术，如什么“堡垒主义”、“稳扎稳打”等，但最后都落得个疲于奔命，处处挨打的下场。

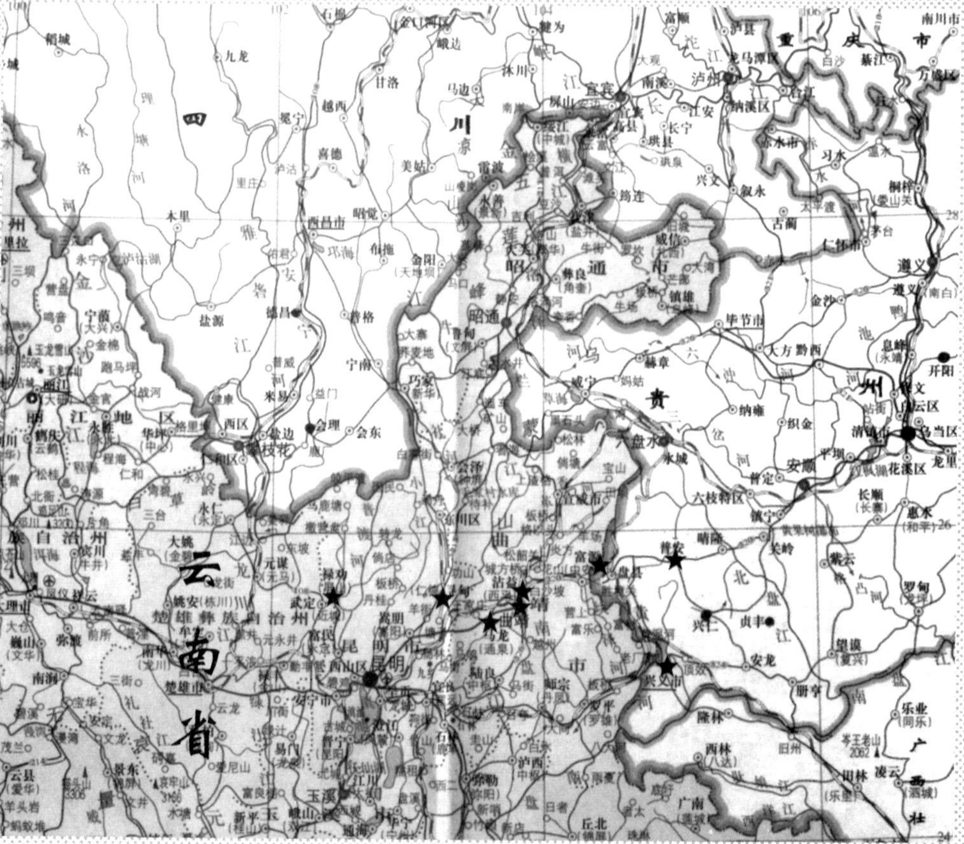

云南省

1985 年 4 月 15 日~1985 年 5 月 2 日

富源县　沾益县　曲靖市　马龙县　寻甸县　禄劝县

1985 年 4 月 15 日　阴

云南富源黄泥河

寡妇桥，是贵州兴义与云南富源县的界桥。这是一座平桥，两个桥洞一大一小。这座桥属贵州管辖，从东向西走完这座桥，就进入云南了。

1935 年 4 月 23 日下午，中央军委纵队跨过寡妇桥进入云南时，毛泽东亲自指挥干部团和殿后掩护的红五军团一部，利用桥前的丘陵地带和离桥 3 里多的新寨等地伏击了尾追之敌，歼灭了中央军周浑元纵队的一部，使其不敢迫近。

我是今天下午 3 点钟走到寡妇桥的。专程从贵阳赶来与我告别的贵州省委宣传部副部长徐用度及兴义县委书记朱云璋等人早就在桥上等着我。专程赶来与我告别的还有省委宣传部的张俊和、贵州日报、贵州电视台的同行及兴义县委县政府有关部门负责人田薰新、刘嘉坤、沈全、邓传芳、姚建平等，让我很受感动。

告别贵州，真是依依不舍，我进贵州时，黎平的韩鸿周为迎接我，险些被寒冻夺去生命；我翻越高洋山区时腿摔折了、生病了……至今得以按时行军、采访，全靠了贵州的父老乡亲。此时“感谢”二字已难表心境，千言万语凝结于心，无从说起。

此刻已是凌晨两点钟，虽然已身处云南写稿，我的心还留在贵州：我忘不了贵州的山水和淳朴、聪慧善良的父老乡亲，也忘不了红一、红二方面军转战贵州的英勇悲壮。就在今天（实际是昨天）下午两点多钟，我在寡妇桥西约 7 里的兴义县猪场威舍寨采访时，80 岁的曾荣清、67 岁的孙少珍还在对我说：“今天大家生活好了，可千万忘不得红军过去为老百姓流的血。”他们领我瞻仰了红军烈士墓，还看了贺子珍身中 17 块弹片受重伤的地方。

长征路上，中央红军卫生部下辖一个妇女队，董必武为队长，徐特立为副队长。妇女队的主要任务是：照料伤病员，雇请抬担架的民夫，调查民情和做群众的思想宣传工作，有时也参加打土豪、筹粮筹款。她们每人照料和管理的担架有三、四副，异常艰苦。

1935 年 4 月 12 日傍晚，太阳还没有完全落山，妇女队刚在威舍寨前 200 多米的一座小山边放下担架准备宿营，突然飞来几架敌人的飞机，对担架队轮番俯冲扫射、扔炸弹。妇女队的同志冒着生命危险，拼死转移担架上的伤员。但因敌机来得突然，一些担架来不及转移，打遵义时负重伤的一位名叫钟赤兵的团政委躺在担架上，动弹不得，他的警卫员已经牺牲在担架旁了。贺子珍看到后，立即冲上前去拖钟赤兵的担架。担架被拖动了，就在快要拖到隐蔽处的时候，忽听到一颗炸弹尖叫着落下来。在这千钧一发之际，贺子珍纵身跃起，扑在钟赤兵身上。炸弹在离他们不远处爆炸了，10 多块炸弹碎片嵌入了贺子珍的头部和背部，鲜血从她被炸破了的军装上渗透出来，染红了钟政委的衣衫，鲜血顺着衣衫又滴落下来，渗进了土地。

曾荣清老人领我来到寨子的后山。山不很高，离地面约 100 多公尺，树木葱茏。山腰上有座红军烈士墓，里面长眠着那次被敌机扫射牺牲的 4 位红军烈士。曾老向我述说着当时亲手掩埋烈士的情景，眼里闪着泪花。

这是贵州（右）与云南（左）交界的寡妇桥。长征时，毛主席曾亲自在这里指挥红军干部团伏击敌人。（罗开富摄）

孙少珍当年17岁，敌机轰炸时，她躲在山岩下。她说："敌机飞走后，这里一下子就乱了。"她指着离山脚10多米处的小麦地说："就在这个地方，我见到一位女红军头上、身上都是血，大家七手八脚在抢救。我们寨子里的人都骂蒋介石和王家烈最不是个东西，连个女的也不放过。这一年半载，省上、地区、县里来了一批又一批人调查，我们才晓得那个受伤的女红军是毛主席的屋头（即妻子）。真了不起，毛主席的屋头也抬担架，还挡弹片救人，跟大家一样平等，不可想（像），不可想（像）。"曾荣清站在一旁直埋怨孙少珍："看你对记者说的，不显得我们山里人太落后了？共产党一生下来，就提倡平等的，不管丈夫当了啥子，屋头还是个凡人么。难事、险事抢先扛着，这就是共产党么。"

贺子珍受伤时才25岁。对贺子珍在长征路上受伤这件事，过去少有提及。直到近些年，一些资料或书报上才偶有提及，但有的说是在云南境内，有的说是在盘县猪场村，没有说是在威舍寨的。其实这些说法从大范围来讲也对：威舍寨离云南富源边界只有7里，离猪场村只有9里。在这个大范围里的许多寨子里，不论是老人还是青年，向我谈起贺子珍时，都会说："贺子珍是在我们这里受的伤。"还是曾荣清老人说的有道理："大家抢着说毛主席的屋头是在他们那里受的伤，是抢个光荣，也是想叫现在当干部的学着点，明白点：当了领导，屋头人可不要飞起来。脱离群众还是小事，弄不好，全家搞得鸡飞蛋打。"

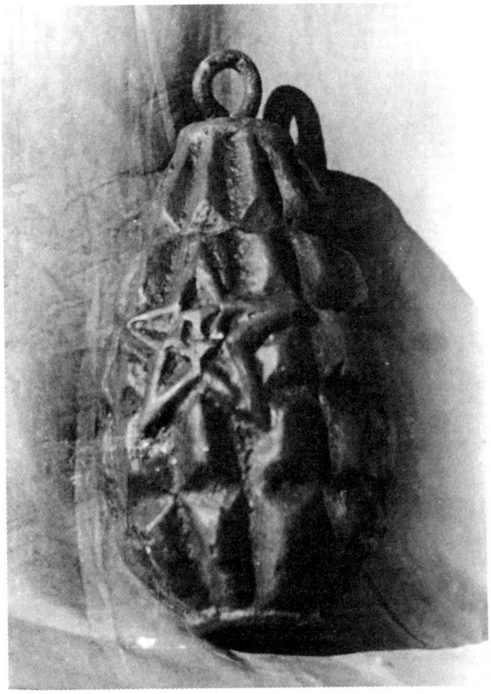

▲红军长征时使用的手榴弹。（富源县党史办供稿）

1985年4月16日 晴

富源县富村

中央军委纵队进入云南的第二天，经富源县布吉、古木、大凹子到富村宿营，行程70多里。行军途中，富村土豪付崇华率民团百余人在老岩脚偷袭红军。周恩来命令军委参谋王飞、黄鹄显率警卫连迅速击溃民团。

今天我用9个多小时才走完这段70里的崎岖山路，当年红军既要赶路，还要打仗，其艰苦卓绝，可见一斑。今晚，我也夜宿富村。

回想今天，很有意思，我看到了过去在电影里才能看到的景况：我在山上穿越新店村至古木寨的公路时，恰遇公路验收，成群的彝族、水族、汉族的群众因为没见过汽车，好奇地追着汽车奔跑。也许是吉普车、解放牌卡车的驾驶员理解山里人的心情，车开得很慢。追车的人群里，有男人肩上扛着小孩的，有女人背着老人的。我趁一位汗流满面的年青妇女，把背上老婆婆的双脚蹬着岩壁歇口气的功夫，和她们谈了几句。这位年青妇女名叫李澄香，她那天生的淳朴中透出的美，是城里很少见得到的。她是古木寨人，背着的是她的婆婆，今年76岁，腿脚有疾，行走不便，还从来没有见到过汽车。老人的额头上也流着许多汗，但显得很兴奋，对我连连说：“这东西硬是厉害，硬是厉害，气力那个大哟，爬大坡，只喘几口气就上到顶了。”她问媳妇：“这个同志格是修路的？”我听清了，就告诉她们：“我是经济日报的记者，是走红军长征路的。”老人一听“红军”二字，眼睛更亮了，她告诉我，她见过红军，红军住在他们寨里时，处处帮助群众，挑水、扫院子、治病，临走还给她家原来就破了的篱笆墙打理好。我向她们告别时，老婆婆问我：“红军，我晓得，是好人。你这位同志说是什么者，是做什么事的？”我怕一时说不清，就对她说：“阿婆，我是记者，就是……就是写文章的。”想不到我的回答使她又激动起来，问：“噢，写字的，格是吃官家饭的？”我点着头，她高兴地说：“好，共产党里吃官家饭的好人多，要不是这些吃官家饭的人想着我们山里人，路怎能修得这么宽，爬山再不用颠啦。”

老阿婆的话使我很受震动。与我同行的富源县文化局局长姜凤华说得好：“老人说的话，对我们当干部的是个教育，吃官家饭的，就是要处处为老百姓着想啊。”

富村是富村区委、区政府所在地。全区有21个乡，解放前别说公路，连大路都很少；1978年以前，也只修了56公里公路；从1979年至今的5年间，全区已修建乡村公路13条，总长249公里，变化很大。

老红军在报上发表谈话，要我多反映群众的呼声。走了一路，我发现各地的呼声都差不多，就是盼望建桥修路。写了一路，自己也觉着写腻烦了。今天我却觉着心里高兴：这里“吃官家饭的人”不等不靠，既号召又抓落实；领导上定位定点，资金上民办公助；谁趁机胡乱开支，撤职清退，还要查办，使交通不便的状况有了改变。看来至今温饱还没有完全解决的富村区，再过几年就会名符其实了。

1985年4月17日　阴

富源县民家村

▲红军长征途经的云南富源县全景。（富源县党史征集办 1985年4月19日拍摄）

富源县民家村，50年前红军经过时名叫羊场营。

今天我攀岩爬沟走了80多里到了羊场营后，又跨过块泽河，爬上了海拔1800多米的**白龙山。这里是中央红军入滇第二天打第一场大仗的战场。**

中央红军进入云南的序列是：红一军团为左翼，红三军团为右翼，中央军委纵队居中，红五军团殿后。在上述部队进入云南的第三天，红九军团也从贵州盘县鸡场进入富源县的后所、法家等地。被周恩来称为“战略骑兵”的红九军团，为掩护党中央、中央军委南渡乌江，甩掉追敌，于1935年3月26日开始留在黔北牵制敌人。等完成任务后于1935年3月30日赶到距乌江30多里的沙土村时，已超过军委规定的南渡乌江时限6小时。这时浮桥已被破坏，敌周浑元、吴奇伟纵队已接近沙土。罗炳辉军团长、何长工政委只好率5000多指战员独立与10多万敌军周旋于黔北。后来迂回曲折，与数倍于我的敌军激战，4月7日占领黔西北瓢儿井，然后转向南。4 月 13 日，攻克大定，进入大兔场，经茨冲、阿佐、法那等地，进入乌蒙山区的莽莽丛林。后来由一位祖辈受苦、世代务农、被人称为王三爷的农民带路，找到一条秘密通道，由“虎跳石”上跨过北盘江。那里是北盘江的上游，江面不宽，江中有几块露出水面的岩石，似天然桥墩，战士们仅用几根木头一搭，便成了木桥。人从桥上过，牲口由王三爷帮助，在上游泅水过江。红九军团过江后，于 4 月 25 日进入云南富源、沾益等县，离中央军委右翼红三军团不到一天路程。为了迷惑敌人，掩护红军主力渡过金沙江，军委指示，红九军团继续从侧翼掩护主力。后与主力平行前进了一段，又折向西北，夺取宣威县城。

站在白龙山上俯瞰民家村，才看出村子坐落在坝子（盆地）里。白龙山东面峡谷中的块泽河奔腾咆哮，由北向南流去；主峰南面有磨盘山，其他方向还有杨梅脑山丘，是一个地形险要、易守难攻之地。

中央红军威逼贵阳，直下惠水、长顺、紫云，在镇宁翻越七盘山，渡过北盘江，进入贞丰、普安、兴仁等地后，云南军阀龙云被吓慌了。这时，滇军孙渡纵队 3 个旅救援贵阳后正在尾追红军的路上，留在云南的只刘正富所率的一个旅。为阻止红军进入云南，龙云孤注一掷，调刘正富东进贵州兴义防堵。由于滇黔交界处山高沟深，连接通道有好几条，刘正富旅倒

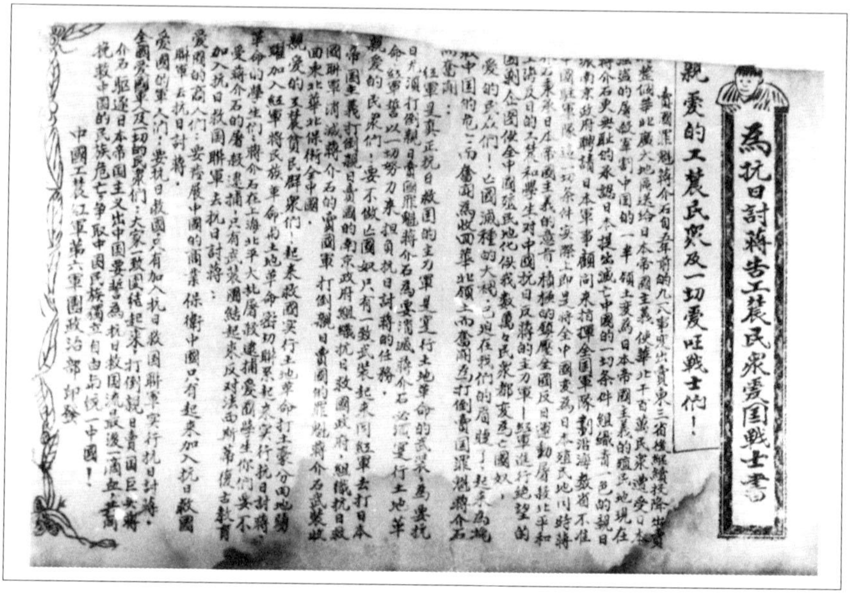
為抗日討蔣告工農民衆愛国戰士書

親愛的工農民衆及一切愛国戰士們！

賣國賊蔣介石自五年前的九一八事变出賣東三省後繼續投降出賣整個華北廣大地區送給日本帝國主義，使華北千百萬民衆遭受日本強盜的屠殺宰割中國的一半領土变為日本帝國主義的殖民地現在蔣介石更無耻的承認日本提出滅亡中國的一切条件組織青一色的親日派南京政府聘請日本軍事顧问来指揮全国軍隊剿滅沿海數省不住中國駐軍隊退一切条件实際上即是將全中國变為日本殖民地同時將以來承日本帝國主義的意旨，積極的鎮壓全國反日運動屠殺北平和上海反日的工人和學生，對中國抗日反蔣的主力軍—紅軍進行絕望的圍剿，企圖使全中國殖民地化，使我數萬萬民衆都変為亡國奴，親愛的民衆們！亡國滅種的大禍已迫在我們的眉睫了！起來為挽救中国的危亡而奮鬥，為收回華北領土而奮鬥，為打倒賣國賊蔣介石而奮鬥：

紅軍是真正抗日救国的主力軍，是實行土地革命的武裝，為要抗日必須打倒親日賣國賊蔣介石，為要消滅蔣介石必須實行土地革命，紅軍當以一切努力來担負抗日討蔣的任務。

親愛的民衆們：要不做亡國奴只有一致武装起來同紅軍去打日本帝國主義打倒親日賣國的南京政府，組織抗日救國政府，組織抗日救國聯軍消滅蔣介石的賣國軍，打倒親日賣國的罪魁蔣介石武裝收回東北華北保衛全中國。

親愛的工農貧民群衆們：起來救國實行土地革命打土豪分田地踴躍加入紅軍將民族革命與土地革命密切聯系起來實行抗日討蔣。

革命的學生們：蔣介石在上海北平大批屠殺逮捕愛國學生你們要不受蔣介石的屠殺逮捕，只有武装團結起來反对法西斯帝復古教育加入抗日救國聯軍去抗日討蔣。

愛國的商人們：要發展中國的商業保衛中國只有起來加入抗日救國聯軍去抗日討蔣。

愛國的軍人們：要抗日救國只有加入抗日救國聯軍實行抗日討蔣。

全國愛國軍人及一切的民衆們：大家一致團結起來，打倒親日賣國巨头蔣介石，驅逐日本帝國主義出中國，要堅為抗日救國流最後一滴血，来為挽救中國的民族危亡爭取中國民族獨立自由与統一中國！

中國工農紅軍第六軍團政治部 印發

▲红六军团长征过云南富源留下的“为抗日讨蒋告工农民众爱国战士书”。

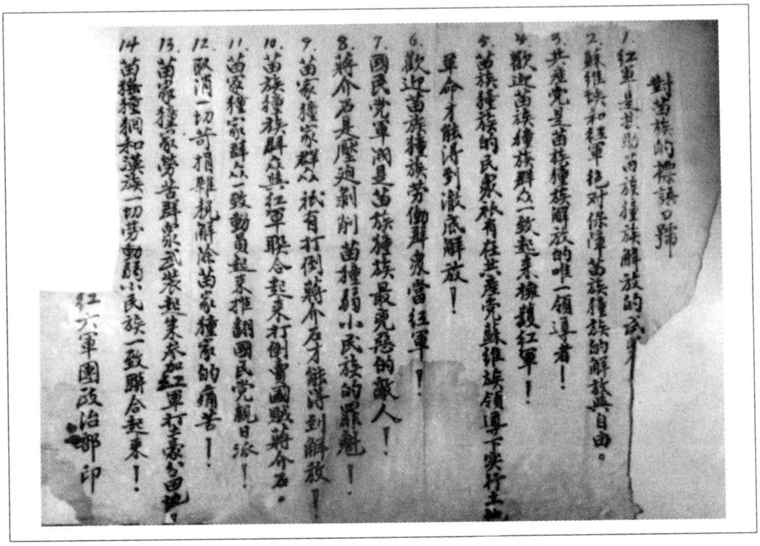

對苗族的標語口號

1. 紅軍是[illegible]苗族種族解放的武[illegible]
2. 蘇維埃和紅軍絕对保障苗族種族的解放與自由。
3. 共產党是苗族種族解放的唯一領導者！
4. 歡迎苗族種族群众一致起來擁護紅軍！
5. 苗族種族的民衆祇有在共產党蘇維埃領導下實行土地革命才能得到徹底解放！
6. 歡迎苗族種族勞働群衆當紅軍！
7. 國民党軍閥是苗族種族最兇惡的敵人！
8. 蔣介石是壓迫剝削苗種弱小民族的罪魁！
9. 苗家種家群众祇有打倒蔣介石才能得到解放！
10. 苗族種族群众與紅軍聯合起來打倒賣國賊蔣介石。
11. 苗家種家群众一致動員起來推翻國民党親日派！
12. 取消一切苛捐雜税解除苗家種家的痛苦！
13. 苗家種家勞苦群众武裝起來參加紅軍打土豪分田地。
14. 苗種種侗和漢族一切勞動弱小民族一致聯合起來！

紅六軍團政治部印

▲红六军团长征在富源留下的“对苗族的标语口号”。（富源县党史办）

是东进兴义了，却没有见着红军主力。等发现红军主力已进入云南两天，这个旅再调头，哪能堵住红军，连跟都跟不上了。龙云急得似热锅上的蚂蚁，一面向蒋介石呼救调飞机来，一面急命留守滇西的敌李嵩独立团前往堵截。4 月 24 日上午，敌独立团已占领了白龙山制高点。

我走上长征路前，有时想：遇到敌人阻拦，红军为什么不可以绕过去呢？走上长征路后，才知道完全不是那么回事：有些山隘根本绕不过去，一定要绕也可以，得多走几天路程。而在这多走的几天里，敌人有了调兵的时间，说不定危险会更大。此刻敌占据的白龙山，就是这种情况。为保障红军主力顺利前进，必须迅速踢开李嵩这块绊脚石。

红一军团一师二团接受了主攻白龙山的任务。战斗于 4 月 24 日下午 5 点钟打响，正面进攻部队向杨梅脑守敌发起 3 次猛烈攻击，夺下了杨梅脑。天黑下来后，我军一面向主峰正面佯攻，一面分兵两路迂回包抄。这支滇军没有同红军交过火，不知道红军的厉害，又仗着人多枪好，狂妄得很，红军枪声暂息时，敌人还在山上嗷嗷叫。我军在完成对敌包抄之势后，立即发起攻击。全团指战员犹如猛虎猎食，在夜幕中冒着枪林弹雨，越战越勇，打得敌人溃不成军，夜里 11 点多钟胜利占领了白龙山主峰。李嵩唯恐全军覆没，慌忙带着残兵败将，摸黑向东山方向狼狈逃去。

夜幕降临，我在当年白龙山主峰战场遗址上，见到一座红军烈士陵园。

我借着手电筒光，一一细数下来：45 座烈士坟墓被掩映在盛开的杜鹃花丛中。和我一块上山的富源县委书记李佐仁告诉我：当年红军经过时，这里还被国民党反动派称为平彝县，少数民族倍受歧视，解放后，于 1954 年改为富源县。他说，国务院把这里改为富源，改得太对了：地上有省里办的杉木林基地、水果基地和广阔草场，地下有丰富的煤、铁、锑、萤石等矿藏。只要认真落实党的民族政策，一定能把经济搞上去，成为真正的富民县。

1985 年 4 月 18 日　大雨

富源县朝阳菁村

我原以为中央红军在白龙山把敌李嵩团击溃后，这一仗就算完了。今天走在路上才知道，这个李嵩并不甘心失败，在距白龙山 70 多里的糯岗车新口收拾残兵，又对红军进行了阻拦。

也许是因为历史上糯岗少有兵家之争，文人雅士又很少进来，我至今还没有见谁写过这道险关。其实，**糯岗之险，超乎想象：两座山峰拔地而起，中间只有一条狭窄的石级路通过。**抬头望天，不足二尺宽；隘口周围山高林密，岗峦盘曲，无路可行。李嵩仗着此险，妄图堵截红军，报白龙山之仇。我红二团赶到糯岗后，以部分兵力佯攻隘口，吸引敌人，大部队却从两侧迂回，占领了车新口关隘附近的制高点松山脑，立即向车新口守敌猛烈扫射；红军佯攻部队也一鼓作气，杀上隘口。敌人背腹受敌，顿时乱成一团。经过两个多小时的鏖战，红军毙敌二百多，俘敌二百多。敌团长李嵩趁敌机增援轰炸红军阵地、烟雾弥漫的时机，匆忙带着几十个残兵，仓皇逃脱。车新口这一仗打得干净利落，狠狠教训了不知天高地厚的滇军一顿，此后的滇军，果然老实多了：中央红军主力途经云南 13 天，在后边 10 天里，红军所经之处，不少滇军和民团闻风丧胆，再不敢轻举妄动了。一见红军便边朝天边放枪边跑：既逃了命，又交了差。

正因为中央红军主力入滇后的第一仗打得干净利落，打出了威名声势，毛泽东的心情也格外好，几年后忆起这一段岁月，还不无自豪地吟出了“乌蒙磅礴走泥丸”的诗句来。

我自渡过北盘江，进入乌蒙山区以来，便发觉路实在难走：今天的车新口，昨天的老岩脚，至今回头一想，还很后怕。那老岩脚一带尽是绝壁

▲在云南富源的一个村子里作者抓紧时间写稿。

悬崖。崖上有段路长 50 多公尺，宽却不到 1 公尺，一边是峭壁矗立，直上云中，一边是百丈深渊，看不见底，望一眼头就发晕。天上雨蒙蒙，脚下滑溜溜，走这段路时不敢往上看，怕脚下打滑踩空，掉下去粉身碎骨；但又不敢往下看，一看头就昏。人也真怪：越不敢看，却越是自觉不自觉地偷着看，这使我几十天来时时发痒的皮肤也紧张得不痒了。

由于路险、大雨、爬坡，今天走了 13 个小时才走了 80 多里，夜里 9 点多钟才走到海拔 2300 多米的朝阳箐村。这是个大寨子，有 115 户人家。山下已春深了，这里却还在烤火。82 岁的龚开学老人领我们到孙丽花家一道吃晚饭。他向我讲述了当年见到红军的情景，也谈到滇军“闻红色变”的狼狈相。我同他聊起了毛泽东的《长征》诗，我说，这里山这么高这么难走，毛主席却说是“走泥丸”，真是大气魄。龚开学听了后，摸摸满头的白发，若有所思地说：“我只在私塾念了几个字，但听人讲过这首诗。我想：有大气魄、大胸怀，还得有为国为民谋幸福的大精神，才能气吞山河，才能把凶恶的敌人，把天大的困难看得小了，不知在座各位格认为如何？”

我们在座的听了也都若有所思起来。现在已凌晨两点多钟，我还在体会着伟人《长征》诗的意境。

1985 年 4 月 19 日　阴

沾益县白水区

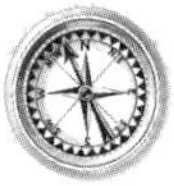

今早我从朝阳箐起步，先是沿中央军委纵队路线，走罗广，越过一座大山，进入沾益县的甘路后，又走上了红军右路军三军团的路线，进入白水区。今天计划要到达曲靖，要走 90 多里，所以走得很快，但到了白水区，不得不让向导放慢脚步。因为富源县党史办王嘉谷告诉我：**红三军团政委杨尚昆当年就是在白水区受的伤。因此我决定在白水多停一会儿。在白水的停留很有价值：不仅使我了解到 1935 年 4 月 26 日上午，红三军团**

在白水遭敌机空袭投弹20多枚，20余名战士不幸遇难、杨尚昆也负伤的史实，同时也使我解开了入滇以来的一个谜团。

我进入云南已5天，沿途见到不少红军烈士墓，发现烈士们大多是因遭敌机轰炸而牺牲的。我很想弄明白：为什么红军入滇后，蒋介石的飞机如此猖狂呢？

王嘉谷研究红军史已很有年头，尤其对红军进云南的史料掌握很多。考虑到晚上他把我送进曲靖后要回富源，我就趁中午坐在山边息脚的时候了解情况，就不明白的地方向他请教。

▲杨尚昆(左)与李伯钊。

云南是龙云的老巢。红军进军云南，龙云自然害怕，同时他也怕蒋介石派兵乘机而入，把他变成王家烈第二，逼他下野。所以在情势危急、红军入滇之际，龙云急忙召集他的高级军政人员，在昆明震庄商量对策。最后决定派人去找薛岳，告诉他“薛君个人来省（指云南），余当表示欢迎，若统大军前来，则可不必。”此时薛岳是国民党重庆行营参谋团第二路军前线总指挥，龙云是总司令。尽管总司令一职是虚的，但薛岳这个总指挥名义上毕竟在总司令之下，因而派兵追不是，不派兵追又怕蒋介石军法重处。薛岳左右为难，只得向蒋介石汇报。

▶人民想念红军。杨尚昆长征时，在云南沾益县白水曾负伤倒在煤堆上。这是当地干部将一块煤炭托作者带回北京交给老红军。

蒋介石老谋深算，谋的是消灭红军，做窃国大盗；算的是削弱各军阀势力，独霸天下。他知道龙云不是王家烈，收拾龙云的时机还不成熟，但也深知红军是心头最大之患，因此老蒋想出了一个两全之策：中央军暂不进滇，多派飞机轰炸红军。

蒋介石老奸巨滑，龙云也诡计多端。为防蒋介石“假途灭虢”，龙云想方设法，不让蒋军深入云南腹地；同时又派从贵州兴义折返的刘正富旅去巧家堵截红九军团。明为堵截，实想让红军去四川，不要攻打昆明。红九军团军团长罗炳辉，是云南彝良县人，曾在滇军中任过职，龙云欲拉老乡关系，申明滇军只在自保。龙云自知这只是一厢情愿，不得不准备了最后一手：西逃缅甸。

弄清了红军入滇以后敌机频繁的来由，我对敌人的勾心斗角、尔虞我诈有了更深的认识。这样的军队，非败不可。

1985年4月20日　晴

曲靖市

曲靖市是滇东北的重镇，南距昆明200多里。**1935年4月26日至27日，红一军团和红五军团先后赶到，包围了曲靖县城，控制住城内2000多名守敌，以保证中央军委和其他部队从城北顺利通过。**

我是昨天从富源县朝阳箐村经沾益县的白水区，走90多里，夜晚9点多钟才进曲靖城的。云南省委常委、省经委的领导都赶来看望我，使我很受感动。在他们和曲靖市领导安排下，曲靖地区医院院长杨中和、内科主任仇让佳、皮肤科医生李瑞云、彭正权当晚就给我检查治疗。为了节约我的时间，检查和治疗都在我的住室里进行。为此，他们从我住地到医院来回跑了很多趟。午夜过后，我写好了稿子，坚持要去医院治疗，但他们坚决不让我动。他们一边给我治疗皮肤病，一边给我输液。凌晨两点时，我从大夫们口中得知，我的疥疮并不要紧，只要不感染，治上几天就没事了。他们最担心的是：我的肝、胆都有损伤，身体很可能被拖垮。听了他们的议论，我心里很急，担心医生们强制我住院。大夫们像是看出了我的心思，安慰我说：“不要急，我们正在想办法。”院长杨中和说：“我们每天从报纸上看到你写的文章，知道你的任务是宣传红军。这么有意义的事情，我们也有一份责任啊。”面对着这么好的大夫，我放心了。我心里明白，他们是把热爱红军的感情倾注到了我的身上。我想对他们说句真诚感谢的话，又觉得多余。我勉励自己：下一步一定要更深入地采访，不辜负大夫们为我付出的辛劳。

我想着想着，睡了过去。等醒来时，天快亮了。我觉得多少天来搅得人恨不得把皮剥去的搔痒好多了，胃也松快多了，前些天，不吃东西也老觉着沉甸甸的。我睁开眼，只见挂着的葡萄糖水还在一滴一滴地往我血管里输，大夫们熬了一夜，这时还在为我准备路上要带的药品。

1985年4月21日　晴

曲靖市

经过昨天和今天的走访，我觉得曲靖这个地方既可说很有特色，又可说缺少特色。

曲靖古时一直是我国重要的边关，诸葛亮七擒孟获的最后一擒，传说就在这个地方。**曲靖地处滇东北，至今地理位置仍很重要：它是云南的东大门，也是从华北、华东、华南等地进云南后的第一座城市。**

曲靖市不大，但在当地人看来，变化却是够快的了：红军经过时只有4000多人，新中国建立初期，曲靖城里人口17000多，目前已有10多万人口，城市面积也扩大了10多倍。

曲靖人引以为豪的东西很多：红军经过的地方，四季如春的气候，阿诗玛的故乡（指全世界闻名的石林所在地路南县，归曲靖行署管辖），全国最大的优质烤烟基地，古文物之多之古在云南名列前茅等。说起这里的文物，光是我见到和听到的就有列入国家重点保护文物的晋代时期的字碑和其他收存在博物馆的1800多件历史文物；城郊有罕见的春秋时期的“八塔古墓群”，仅竖穴墓就有340多座；还有保存于沾益峻岭深沟之中、相传是诸葛亮南下挥鞭书“毒水”的手迹，及保存较好的朱元璋30万大军入滇的白石江战役遗址等。

同样值得曲靖人自豪的是：这里还是古代鱼类的发祥地，是鱼类的故乡。世界上目前发现的各种鱼类，几乎都可以在曲靖找到它的祖先。这里有廖角、翠峰两座山，山上树木葱茏，怪石很多。科研部门的同志告诉我，就是在这一带，距今四亿年至三亿五千万年的早泥盆世地层中，目前已发现10多个属20多种鱼化石。

在曲靖城郊，我还见到了有天下第二奇观美誉的天生洞和碳酸温泉等风景。

说曲靖没有特色，是指城里。我在城里转了一圈，印象很是一般。

都说这里是四季如春，鲜花盛开，但城里街道上却很少看到花，连树木也很少，草地更是见不着；封闭式的院墙比一般小城市都要多，除了主要的一条街，走在其他街道上，简直就是在院墙间穿行；说有公共汽车，我却没有见着，而街上的噪音却很大：人叫马欢、拖拉机、小三轮……热闹倒是热闹了，但总觉得与想象中的静美差了一大截；说是鱼类的故乡，吃鱼却很难，价钱也贵。中午我去了农贸市场，又去了一家餐馆。在餐馆里，我见到一只中号碟子里装着一条草鱼，约8两重。我问正在吃鱼的顾客价钱多少，他回答说："5块钱。"我算了一下，这条鱼是当地人月平均工资的十分之一。这位顾客说，能吃到就不错了。果不其然，后来我到东方红饭店，见门口黑板上写着：今日无鱼供应。

我没时间去探究原因，说实在的，有时间也不想去了解。因为得到的回答无非是这个那个，尽是客观原因。其实凭曲靖这样文化积淀深厚、气候又好的地方，大家动手种花植树育草，只是举手之劳，用不了多少资金；把封闭式的围墙拆掉，各级领导机关带个头，又需花多少钱？……经济发展、特色显著是城市的生命。我盼望下次见到的曲靖，会是美丽而有特色的曲靖。

1985年4月22日　晴
曲靖市

乌蒙山，位于贵州的西北部、云南的东北部，它是金沙江和南北盘江的分水岭，最高峰海拔3806米。它气势磅礴却又神秘莫测：山中有山，峰外有峰，逶迤连绵；夏秋终日被细雨和浓雾笼罩，冬春多为冰雪覆盖。

1935年4月上旬，中央红军渡过北盘江，就开始进入了乌蒙山区；从曲靖地区进入禄劝县过金沙江，就离开了乌蒙山区。

明天我将去追寻中央红军的足迹，于50年后的同一天渡过金沙江。今天我将按总编辑安岗的要求，采写红二方面军在乌蒙山区的战斗情况。乌蒙山区有一个叫宣威的地方，属曲靖行署，在曲靖市以西。我到过两次宣威，每次来到这里，心里总会升起庄重之感，同时也多了一份凝重的心情：因为红二、六军团（即红二方面军）进行宣威之战的时间是1936年3月23日，这时的毛泽东等中央领导已结束长征，到达陕北。宣威之战后，红二、六军团即奉命渡金沙江。当时的命令来自自立“中央”的张国焘，而不是来自陕北的党中央。更要命的是：红二、六军团当时根本不知道张国焘已进行了反党分裂活动。直到1936年3月23日夜，红二、六军团在宣威来宾铺与敌激战，准备撤出阵地转到云贵交界的富源、盘县去建立根据地时，才从朱德、张国焘发来的电报中的一句话得知中央红军（即第一方面军）已到陕北。这句话是：“一、三军（团）及二十五军近过黄河在汾水黄河间活动，二十六军仍在陕北苏区。”

自1934年10月16日中央红军长征后，红二、六军团一直在战略上配合中央红军：他们在湘、黔、川交界的大片地区英勇作战，吸引并粉碎了敌人100多个团的围攻，击毙击伤敌人一万多人，牵制了追击中央红军的敌人。1935年9月，党中央走出雪山草地后，毛泽东、周恩来等与他们的联系中断。后红二、六军团为恢复与中央的联系，作了很多努力，均未成功，只好于9月29日采用最后的办法：用电台向空中呼叫。功夫不负有心人，他们终于与红四方面军的一个电台联络上了，任弼时立即给周恩来发了一份电报。而此刻的中央总负责人张闻天（长征路上，党内没有设总书记）和毛泽东、周恩来、王稼祥等刚经历雪山草地的艰险，又刚摆脱了张国焘自恃有八万之兵、妄图挟持党中央南下草地的危险，正率领7000红军北上。1935年9月29日这天，党中央正从甘肃的榜罗镇出发，率领红军去攻打通渭城。所以任弼时的这份重要电报没有到达党中央，而是落入了张国焘的手中，当时张国焘在四川。

党中央对红二、六军团一直十分关怀：就在红二、六军团于1935年9月29日，向周恩来发出电报的20天后，**1935年10月19日，党中央率7000红军已走完二万五千里长征，胜利到达陕北吴起镇。一到吴起，中央立即决定想办法恢复与红二、六军团的联络。1935年12月，中央召开了瓦窑堡会议，会上通过的关于军事战略的决议案中就提出：要在“1936年2月5日前完成与二、六军团的通讯联络”。**

▲任弼时

1936年1月21日，周恩来为此亲笔致电张国焘，要张“将与二、六军团（电台）密码速告之，以便直接通报”，张国焘利令智昏，根本不买账。中央军委三局局长王诤和陈士吾只好奉命在电台连续守听寻找二、六军团的电台，历时近半个月。有一次还真呼叫上了：在二、六军团和四方面军通报时，二、六军团的电台发现“突然有一个电台插进来呼叫我们(他掌握了我们与四方面军联络的呼号、波长)，联络通后经互相问讯，才知道是军委三局王局长亲自上机在呼叫我们。”此事张国焘知道后，即于1936年1月29日，在自封中央的所在地四川阿坝卓木碉用红军“总司令部”名义发电给陕北的红一方面军（即中央红军）叶剑英参谋长，电文指责说：“你们电台冒用总部电台呼号与二、六军通报，这是不对的”，“以后你们有报给他们时，发给我们转。”由于这时党中央与红二、六军团仍然不知道对方的密码，联系又中断了。

1936年5月18日，林育英（我党派驻共产国际代表，这时已回到陕北)、周恩来再次致电张国焘，要张电告与红二、六军团通报密码及联系办法，“以便联络通电，免误时间”。张国焘仍然置之不理。

1936年7月1日，任弼时、贺龙、关向应、肖克、王震等率领红二、六军团历尽千辛万苦、到达四川甘孜与红四方面军会合后，才弄清在这9个月零3天中，接收到的都是张国焘冒用中央名义发的指示。任弼时立即向张国焘要中央的密码，张国焘被迫无奈，拖了几天，只好给了。任弼时要到密码后，于7月6日向中央发出了第一份电报，才沟通了与党中央的电讯联络。按中央命令，此时红二、六军团改称红二方面军。

了解了这段史实，我又一次体会到红军胜利之不易：不仅要克服自然界的千难、战胜敌人前堵后截的万险，还须同内部的分裂主义做斗争。

我想进一步了解红二方面军长征的情况，特别是了解他们在与中央失去联系后，是怎么冲破敌人的围追堵截的。

时间不早了，离明天早上赶路只有3个多小时了，只好就此停笔。

1985年4月23日　晴

曲靖市关下村

今天从曲靖城走到关下村，一路上总想着今晨想弄清的问题。行进中请教了曲靖党史办的同志，又把沿路收集的资料看了一些，现将收获记述如下：

红二、六军团（1936年7月上旬改称红二方面军）的长征是从1935年11月19日开始的，两个军团约二万人，自湖南桑植的刘家坪和水獭铺（今瑞塔铺地区）出发，冲破敌人的重重包围，连续强渡澧水、沅水，横扫湖南中部，在何健、樊嵩甫等军阀的部队尾追下，由湘入黔。1936年1月，红二、六军团相继占领贵州晃县、玉屏。接着组织便水战役，打败何健等尾追之敌，占领石阡、江口后继续西进，冲破龙溪封锁线，占领瓮安、平越、修文，2月间，又占领黔西、大定、毕节。在这里，红二方面军休整了近1个月，吸收了新战士5000多人，并开始执行抗日民族统一战线政策，组织了黔、大、毕救国委员会和抗日救国军，获得了各族群众的拥护。这时蒋介石又调郝梦麟、万耀煌、李觉、郭汝横、樊嵩甫、孙渡等纵队，集中了十几倍于我军的优势兵力，妄图围歼红二、六军团于乌蒙山区。

红二、六军团是1936年2月27日进入乌蒙山区的，经过20多天的乌蒙千里回旋战后，终于把敌人甩在黔西地区，于1936年3月21日进入云南，乘虚挺进滇东北宣威。在宣威的来宾铺、虎头山等地，不仅把龙云的10多个团、孙渡的两个旅打得丢枪弃马、狼狈不堪，还把国民党中央军郭汝栋纵队打得人仰马翻。我军也有伤亡，红六军团十七师第五十团政委段兴寿、红二军团四师十二团团长钟子建等不幸牺牲。

宣威之战于3月23日拂晓打响，24日拂晓，我军击溃敌人，主动撤出战斗，转向贵州的盘县、云南的富源建立根据地。正是在这天夜里，红二、六军团收到了朱德、张国焘发来的电报，要他们渡过金沙江去四川，与红四方面军会合。

我整理了一下思路，归纳如下：

一、红二、六军团是1935年11月19日，从湖南桑植的刘家坪和水獭铺地区出发长征的。他们与党中央的联系是在长征前的9月10日中断的，这说明红二、六军团开始长征时，党中央并不知道。

二、红二、六军团长征出发时的战斗序列如下：

1.总指挥部：

总指挥：贺　龙　　政　委：任弼时

副政委：关向应

2.下辖的红二军团：

军团长：贺　龙（兼）　　政　委：任弼时（兼）

副政委：关向应（兼）　　参谋长：李　达

政治部主任：甘泗琪

红二军团下辖3个师：

第四师：

师　长：卢冬生　　政　委：冼恒汉

第五师：

师　长：贺炳炎　　政　委：谭友林

第六师：

师　长：郭　鹏　　政　委：廖汉生

3.下辖的红六军团：

军团长：肖　克　　政　委：王　震

参谋长：谭家述　　政治部主任：夏　曦

红六军团下辖3个师：

第十六师：

师　长：周球保　　政　委：晏福生

第十七师：

师　长：吴正卿　　政　委：汤祥丰

第十八师：

师　长：张正坤　　政　委：张正坤（兼）

从以上指战员的名单中可以看出：他们都是经过战火考验的、熟悉毛泽东的军事战略和战术、对共产主义抱着必胜信念的共产党员。如贺龙就是在1927年8月上旬在瑞金入党的。而那时正是国民党反动派从“四一二”开始屠杀共产党人，中华大地腥风血雨、白色恐怖的时期。8月1日，共产党人奋起反击，发动了南昌起义，但最后寡不敌众，部队被迫南下潮汕，途经瑞金。在革命的低潮中，贺龙等人向中国共产党党旗庄严地举起了右手。有这样一批坚定的共产党人率领红二、六军团，张国焘是无法蛊惑拉拢的。

三、1935 年 6 月 12 日 12 时，红一方面军第二师第四团与红四方面军第九军第二十五师第七十四团在四川夹金山北坡下的懋功达维桥会师后，党中央一直同张国焘的分裂主义做斗争，8 月底，张国焘终于同意中央北上的方针。随后，红军分为左、右两路军北上。中共中央随右路军行动；红军总司令朱德、总政委张国焘、参谋长刘伯承等随左路军行动。当右路军穿过草地到达包座、巴西等待左路军前来会合时，张国焘却以种种借口不愿北上，并于 1935 年 9 月 9 日，密电右路军的红四方面军领导人："南下，彻底开展党内斗争。"密谋以武力挟持党中央。毛泽东和他的战友们识破张的阴谋，9 日晚连夜北奔，11 日脱离险境。不久，张国焘公然打出了反党旗号，于 10 月 5 日在理番县足木碉（今马尔康县足木脚）非法作出关于成立第二中央的决定，另立"中央"，并成立了"中央政治局"、"中央书记处"、"中央军事委员会和常务委员会"，决定"毛泽东、周恩来、博古（秦邦宪）、洛甫（张闻天）应撤销工作，开除中央委员及党籍，并下令通缉"。

朱德、刘伯承当时在左路军。张国焘多次逼朱德表态，均遭到朱德的严厉驳斥。朱德和刘伯承等在十分艰难的处境下，与张国焘的反党分裂主义进行了不懈的斗争。

1960 年 11 月 9 日，朱德在红二方面军战史座谈会上说："因为电报密码由总部带下来，被张国焘掌握了，二方面军和中央失去了联系，我们当时发什么电报都得经过他，不经过他不行。""中央的一切他不给你们转了，中央又不能直接告诉你们，所以都是他的东西。关于军事上的指挥，是我和刘伯承同志搞的，向你们发电报也是他同意的。"从这里可以看出，红二、六军团的长征是在敌情严重、党内斗争复杂的情况下进行的。

红二、六军团在宣威摆脱了敌人，已转到富源县及相邻的贵州盘县准备建立根据地时，突然改变计划，急转向西去渡金沙江，这是怎么回事呢？

明晚再记。

1985年4月24日　阴

马龙县王家庄

今天离开曲靖市区，经下关村，走进马龙县的王家庄。

马龙县在清代时就是云贵驿道中的一站。当地官府政客一是没见过山外世面，二是为了吹牛和邀功，曾引用李后主的“车如流水马如龙”来形容这个驿站，还把它刻在县城西门外的石牌坊上，马龙县名由此而来。其实老百姓都知道，马龙县穷得很。百姓们编了一首歌谣：“好个马龙县，四城像猪圈。大堂打板子，全城都听见。”

党中央率领的中央红军和红二、六军团长征都经过了马龙县。中央红军主力是1935年4月27日至28日经过马龙的；红二、六军主力是1936年4月6日至7日经过马龙的。

红二、六军团于1936年3月24日拂晓撤出宣威，向东南的富源和贵州的盘县进发，于3月29日电告朱德、张国焘：二、六军团在滇黔川地区内以运动战打败敌人、创立根据地的可能“还是有的”，“我军究应此时北进与主力汇合，或应留滇黔川边活动之问题，请军委决定”，并望“在一二天内电告”。他们不知道，军委正在陕北，这一天，毛泽东和周恩来、彭德怀正以中国人民抗日红军西北革命军事委员会主席和副主席名义发布《为一致抗日告全国民众书》。也是在这一天，朱德和刘伯承抓住了机会，策划红二、六军团过金沙江，与红四方面军会合，壮大反对张国焘的力量。这段史实，在1960年11月9日朱德谈二方面军渡江同四方面军会合前后的经过情况纪要中即可看出。朱德说：“我和刘伯承同志意思，想把你们那方面的力量拉过来，不然我们很孤立。”二方面军“过江（指金沙江）不是中央指示，是我们从中抓的，抓过来好，团结搞起来了”，“二方面军过江，我们气壮了，北上就有把握了”。

要红二、六军团渡江北上的电报是朱德、张国焘联合署名发出的。张国焘怎么会听朱德的呢？这主要有两个原因：

一是由于朱德、刘伯承等在十分困难的情况下，坚持了党的原则，坚持同张国焘的错误做斗争态度很坚决。

二是此时张国焘的南下方针已被证明失败，部队在川康边已难于立足，张也开始考虑北上。他原先是想叫红二、六军团在长江南配合他，他好在

▲王震

四川甘孜待下来保存实力，他的中央就搞成了；这时又想让红二、六军团过江与自己会合后，壮大自己的力量，妄图同党中央进一步讨价还价。

由于上述原因，朱德、张国焘于3月30日急电贺龙、任弼时、关向应：“最好你军在第三渡河点（云南的元谋、龙街）或最后路线（云南丽江、中甸一带）北进与我们汇合一同北进；亦可先以到达滇西为目的，我们当尽力策应。在困难条件下可在滇黔川广大地区活动，但须准备较长期的运动战。”

从上述复电中可以看到朱德、刘伯承的正确主张粉碎了张国焘妄图把红二、六军团留在江南以配合他继续分裂党的阴谋；同时也可看出：张国焘此时还心存幻想、犹豫不决，仍想把红二、六军团留在江南的滇黔川。

收到朱德、张国焘复电的当晚，贺龙、任弼时、关向应、肖克、王震等根据全国民众要求抗日的形势，决定经滇西华坪，北渡金沙江，并于当天（30日）夜11点钟即电告朱德、张国焘：望“在适当时机派队接应”。

第二天（3月31日），红二、六军团即撤离盘县，在平彝（今富源县）冲破滇敌孙渡纵队防线，分两路经曲靖、马龙等地向滇西方向急进。部队历经千辛万苦，于4月26日在滇西石鼓、巨甸渡过金沙江，向云南中甸挺进。部队爬雪山后进入无人区，克服了断粮、高寒、瘟病等困难，红六军团先头部队终于在1936年6月3日在甲洼同红四方面军第三十二军先头部队会合，红二军团也已到达附近的巴安。

当红二、六军团同红四方面军的战士们沉浸在会师的喜悦之中时，党中央同张国焘分裂主义的斗争也进入了激烈阶段。

今天我还看到了一份资料：红二、六军团在过金沙江时还有15993人，7852支枪。其中：

红二军团9995人，4867支枪。

红六军团5998人，2985支枪。

1985年4月25日　晴

寻甸县城

在曲靖治了几天疥疮，现基本好了。那种人前人后都抓痒、不抓连一分钟似乎都活不下去的难受和难堪，是没有得过疥疮的人绝对体会不到的。我也知道讲卫生的重要，但在睡百家床、吃千家饭的日子里，实难做到。我觉得主要还不是不讲卫生的原因，而是在走了7个多月、写了7个多月、每晚只能睡三四个小时左右的情况下，人已瘦得不成样子，抵抗力基本没有了。传染上了，又治好了，这种病后健康恢复的轻松和愉快，我想，也是没有得过疥疮的人绝对享受不到的。

人一轻松，看景物都觉得美了许多。其实云贵高原原本就是很美的，拿天上的云来说，就与别处的不同：湛蓝的天上，飘动的白云不论是一朵一朵的，还是一片一片的，都是那么轻柔绵长，给人以亲切感，令人遐想。

白云下边有个关下村，村前有一条公路，公路边有一个面甸坡。中央红军1935年4月27日下午经过这里时，这里曾发生一件趣事，很值得一提。这件事最早刊登在1936年巴黎出版的《全民月刊》上，现录述如下：

> 红军包围曲靖而向马龙前进时，截得昆明来云薛岳副官所乘汽车一辆，内满载军用地图并云南著名云南白药（可医枪伤，极贵重）。据被俘之副官云，他系由薛岳派入滇省谒龙云者。前者薛岳来电，因无云南军用地图，请龙云送去。龙云接电之后，本拟派飞机送去，但次日机师忽病，故改用汽车送去。但未知曲靖已被红军包围，汽车亦被截断。龙云并送薛岳大批白药、云南之宣威火腿及普洱名茶，共满载一车。车离曲靖20里时正遇红军。因此卫兵副官均被缴枪，军用地图未交薛岳反而被红军用以渡过金沙江，白药、火腿、茶叶，均为红军享受。故红军兵士每谈至此，皆为捧腹，感为三国时刘备入川系由张松献地图，此番红军入川，则有龙云献地图。

上述文字作者署名为廉臣，实际上是陈云同志用的笔名。长征时，陈云为红五军团党代表，大部时间为全军殿后，格外辛劳。红军到达四川宝兴时，中央为了恢复上海党的组织，派陈云去上海，后转到苏联工作。

我是4月23日走到关下村的，这是个百十来户的村庄，背靠面甸坡，村前是平坝。**对于在这里发生的“龙云献图”的事，我早已看到有关资料，但究竟是谁指挥红军截获敌汽车的？说法不一。此次我在曲靖党史办的帮助下总算搞清了：是一位名叫刘金定指挥的。**

1935年4月27日下午，当中央军委纵队前梯队顺利到达关下村时，通讯连在前梯队设营队负责人刘金定（总部管理科长）的指挥下，截获了云南军阀龙云派往贵阳给薛岳送军事地图的这辆汽车。

在关下村，我见到了红军战斗遗址纪念碑；离碑50多米的松柏山上有一座纪念塔，上有毛泽东题写的“英勇奋斗的红军万岁”九个大字，旁边还有一座纪念亭；山下有一所今年开办的西山区农民文化艺术学校。

关下村属曲靖市西山区，当地人称为三岔坝。除了部分丘陵，我所横穿的整个西山区基本上是个大平坝。1964年秋，我曾来过这里。那时这里很穷，当地人曾告诉我一首歌谣：“好个三岔坝，穷人得搬家，媳妇讨不进，姑娘往外嫁。”我在关下村同农民兄弟谈起这首歌谣时，站在一旁的西山区党委书记林培发和村里许多人几乎同时哄笑我说，那是老皇历了，歌谣已变了两次了：七十年代前后的歌谣是“在党领导下，实现水利化，村村喇叭响，户户电灯亮”。现在的歌谣是：“电视进了村，坛罐白米装不下，城里姑娘进了坝。”

▲1935年4月26日，毛泽覃在江西瑞金红林山战斗中牺牲。

1985年4月26日　晴

寻甸县麦冲村

中央红军从贵州进入云南，向金沙江挺进：以红一军团为左翼，中央军委纵队居中，红三军团为右翼，红五军团殿后，红九军团在右侧牵制敌人。

我从曲靖城出发后，前3天走的是红军左翼部队行军路线。经关下村、鸡头村、王家庄、鲁口哨到大汤姑村后，我即转向右翼路线，经高阳村，经寻甸县城来到麦冲。到了这里，就进入高寒山区了。

我在寻甸县的鲁口哨、大汤姑村了解到：**1935年4月28日，中央军委纵队曾在这里宿营。29日上午，中央军委在鲁口哨发布了《关于我军速渡金沙江在川西建立苏区的指示》**。

指示说："甲：由于两个月来的机动，我野战军已取得西上的有利条件，一般追敌已在我侧后，但敌已集中七十团以上的兵力向我追击，在现在地区我已不便进行较大作战机动；另方面金沙江两岸空虚，中央过去决定野战军转入川西创立苏维埃根据地的根本方针，现在已有实现的可能了。

乙：因此，政治局决定，我野战军应利用有利的时机，争取迅速渡过金沙江，转入川西消灭敌人，建立起苏维埃根据地。……"

从这个指示中可以看出，中央此刻选择的落脚地仍是川西。3个多月前的遵义会议，就是决定去川西，因此才有出娄山关、准备从宜宾与泸州间北渡长江的打算；后因遵义会议后的第一仗、即土城战役失利，才有四渡赤水出奇兵之举。红军暂时放弃了北渡长江的计划，转而南进。经过3个多月的转战，终于摆脱了敌人重兵的围追堵截，赢得了转入川西、创立苏维埃根据地的有利时机。

因为红一方面军和红二、六军团都走这条路线，前后历时36天，所以据曲靖地区和所属各县党史办的同志介绍，沿途红军留下的标语很多。但50年后的今天，我看到的标语已经很少了。主要原因有两个：一是红军走后，留下的标语被敌人和当地土豪劣绅撕毁或铲去了很多；二是近些年农村造新屋的多了起来，而大多是在旧宅基地上重建。旧屋被拆，写在板壁上或墙壁上的红军标语也就被毁了。这个问题虽说已引起了有关部门重视，但往往只是挂在嘴上，顶多是写在纸上，没有实实在在的具体措施，真是太让人惋惜了。

在幸存下来的红军标语中，给我留下很深印象的是刻写在马龙县红桥村宋学义家板壁上的一条标语，字迹至今仍清晰可见。标语全文是："苏维埃新中国万岁！红一军宣。"红一军即红一军团。**主力部队经过红桥村的时间是1935年4月28日，那时的标语中就出现了"新中国"三字，实在难得。它是我踏着红军原路行进6个多月来，第一次看到和听到出现"新中国"字样的标语。**写这条标语的14年后，新中国真的诞生了。就是为了这一天，红军才如此艰苦卓绝、南北征战。从这条标语中，可以体会到当年红军战士坚定的共产主义信念及必胜的决心。

这条标语是怎么保存下来的呢？据了解，红军走后，敌人及狗腿子来到红桥村，挨家挨户逼群众洗刷红军标语。宋学义家住过红军，红军临走时，不仅把宋家里外都打扫干净，把水缸挑满，还送给他家一个竹水壶、一把木勺和一根竹扁担，使宋学义全家非常感动。**此时宋学义夫妇想：一定要把红军留在他们家的12个字保护下来。夫妇俩急中生智，用草席遮住红军标语，并用钉子钉，看上去是遮挡破墙的。就这样，这条标语被一直保存到新中国成立，直到如今仍完好无损。**

我想：我们有关部门，如果有宋学义夫妇对红军的这份感情，就会因地制宜想出办法，把日渐稀少的红军标语保留下来。

1985年4月27日　晴

寻甸县柯渡

今天在崇山峻岭中翻上爬下走了90多里，又一次体会到山路的崎岖艰险。翻越最高的是大黑山，海拔2700多米。在乌蒙山区，这样的高度只能算中等水平，但在四季如春的云南，还是足以使人敬畏的。翻上大黑山时，和我同行的省公安厅小崔及寻甸县的同志都很惊奇：我们从麦冲出发时只穿单衣，而山上的牧羊人却披着皮袄。小崔连声说：“这山厉害。”

▼在红军走过的途中除雪山草地外，都可见到荒废的石桥。

▲红军长征路上险峻的天堑，如今架了桥。（罗开富摄）

半年多来，我翻的山多了，思想上有准备，身体也适应了。但这次却遇上了一个想不到的难题：有钱买不到东西。早上走了不到 1 个小时，我的火柴就用完了。想不到走了 30 多里，还找不到地方买，被烟瘾憋得手足无措。一直憋到中午，到了寻甸松林乡，才在 73 岁的回族大妈马兰芝那里找到一盒火柴，点上了烟卷。

说实在话，我这点困难真算不上什么，大不了忍忍烟瘾而已。真正辛苦的是那些走山路的农民：除了小孩、学生走路轻松点，只要是大人，几乎没有一个不是背着背篓的，有的还背着大猪小猪，劳顿不堪。

这一带农民出门就爬山，背东西的方式跟别处不同：不是用肩膀，而是把力用在头上，也就是把背篓放在背上，背篓的框上拴着一根肩宽的绳子，把绳子顶在脑门心上。一般两手都是空的，为的是爬陡坡时攀枝抓藤。

我去年在湖南汝城的山间，见到农民抬着猪、爬岩攀崖去供销社出售，其困苦之状，至今难忘。这两天在马龙一带山里，又看到农民背着猪爬山，为的也是送到食品站去出售，心里真不是个滋味。这里山崖高，路又窄，背着猪走，不仅吃力，而且危险：猪本身很重，有时猪一挣扎，人没站稳，就有摔下深谷的危险。

卖难买也难，这是今日革命老区的常见现象。我想到了老将军杨成武、本报总编辑安岗，他们在遵义同我分别时再三嘱咐：一定要走红军当年走的原路，不仅要把原路走通，还要真实反映沿途群众的生活、生产状况。现在我才体会到他们牵挂老百姓的一番用心：我要是从曲靖去金沙江边挑着大路走，今天就绝对感受不到农民的卖难了。

傍黑走到柯渡村，在写这篇日记时，我竟长叹了一声，我想，我见到了农民的这种境况又有什么用呢？作为记者，也只能呼吁一下罢了。今晚我写了一篇文章，题目是“生活物资全靠人背马驮，寻甸县群众盼望建公路”。文章里有这样一段话：为解决山区交通问题，省里规定从去年起，各县、区建设公路，在确保工程质量达到四级路标准的前提下，包括小桥、涵洞在内，每新建一公里路补助5000元。寻甸的干部群众认为省里的这个规定好是好，但应该区别对待，不能搞一刀切。因为平坝地区修路比较容易，山区坡陡崖高，按同样的补助，即使修成了，也很难达到四级标准。去冬今春，全县各族群众修了不少公路，有的因达不到四级路标准就得不到补助。我看到有些公路建了一半就没有人管了。有的看上去修好了，但没有夯实，也没有铺路面，无法通车。还有的只在小路上打了几个公路测量桩。有的干部说，还不知道哪年能动手。据反映，目前全县尚有40多个乡不通公路，他们盼望上级有关部门能深入调查，制订出合理的补助规定，以利山区公路建设。同时，我发现这里少数领导干部有单纯依赖上级的思想，有些路段若组织群众自力更生，还是可以修通的。

上面文章写的是真实情况，我想反映的问题是：各级领导不能真正深入下来，老在嘴上讲为人民服务，老在文件上深入基层，机关部门也有到偏远山区来的，但大多是那些人微言轻的工作人员，拍不了板，顶不了事。我想：让那些管事又有权的干部在他管辖的地区，沿当年红军长征的原路走上几天就好了，使他们真正受点革命传统教育，真正体会一下老百姓的喜怒哀乐，不然部分干部会离老百姓越来越远。

1985年4月28日　晴

寻甸县丹桂村

多难兴军，又一场生死决战摆在红军面前。

为了渡过金沙江，与红四方面军会合，中央红军于遵义会议后决定在宜宾、泸州间北渡长江。由于在贵州青杠坡一仗受挫，只好于1月28日一渡赤水，到今天刚好3个月。在这92天里，红军南渡乌江、佯攻贵阳，穿越布依族、苗族聚居的崇山峻岭，过北盘江，进入乌蒙山区，到达云南寻甸柯渡坝子时已转战6000多里，但仍找不到落脚甚至能休整几天的地方。刚进云南时崇山峻岭多，而走进曲靖，基本上是平川。但为了避开敌人，红军从曲靖，经马龙等地到寻甸，仍然翻山越岭。红军走的这一线路，南距昆明最远也不到200里。从总体上看，这一带的地形于我军不利。50年前的今天晚上，毛主席在寻甸的鲁口哨宿营时，看了当天缴获的敌人地图后，与张闻天、周恩来、朱德、博古、陈云、王稼祥、刘伯承、李富春等中央和军委领导听取了作战参谋孔石泉、王辉及二局局长曾希圣对敌情、行军情况的汇报。几位领导谈了各自的看法后，毛泽东对形势作了分析，认为自遵义会议后，我红军由于大胆穿插、机动作战，已把蒋介石的尾追部队甩在侧后，现在是西进、北渡金沙江的最有利时机。其中毛泽东谈到，“进入云南境内的地形条件，特别是从缴获的十万分之一图上看，昆明东北地区是一

▼云南柯渡丹桂村的中央军委驻地。（罗开富摄）

块比较大的平原，不像湖南、贵州两省有良好的山区可以利用，我军现在不宜在平川地带同敌人进行大的战斗，尤其要避开省城昆明为好”。

毛泽东在分析了地形、敌情和我军所处的位置后说：“……对我们过去决定一方面军北上进入四川西部，同红四方面军会合，创造革命根据地的方针，已经有实现的可能了。因此，我军应趁沿（金沙）江敌军空虚，尾追敌人距我们尚有三四天的行程，迅速抢渡金沙江，以争取先机。”

英雄所见略同，对毛泽东的精辟分析，大家一致同意，随即对渡江作了部署。

▲作者与妻子鲁萍(左一)、女儿菲菲(左二)在长征路上的云南柯渡红军纪念馆的院子里合影。

两天后，中央军委纵队到了柯渡坝子，中央领导住在丹桂村。丹桂村很有点与众不同：村周围有高约 1 丈，宽约 5 尺的土墙环绕。村后有山丘，村北有座山，名叫龙头山，树林茂密。林中有 10 余幢宽敞高大的建筑物，大多是四合院。丹桂村所在地的柯渡区委书记崔文章告诉我，这些建筑物就是当年中央军委机关驻地，现改建为**“柯渡红军长征纪念馆”**。

我跟着纪念馆讲解员任正兰，参观了这个建筑群。它基本上是广式楼屋的式样，宽敞高大。据了解，这些建筑当年是杨家廉、杨明修、何本思等土豪的住房。中央军委总部和周恩来、朱德、刘伯承等都是在土豪何本思的四合院里住宿和办公；毛泽东住在紧靠总部住房南边的土豪杨明修家的楼房里；张闻天等住在另外几家土豪的住房里。

值得一提的是：抢渡金沙江的前卫团是陈庚、宋任穷率领的干部团，张闻天曾亲自去干部团向全体指挥员进行战斗动员，命令干部团在“五一”国际劳动节前完成渡江任务。

自遵义会议后的第 19 天，即 1935 年 2 月 5 日，张闻天从博古手里接过权力，担任党中央总负责以来，很少出面进行战斗动员，这次亲自出马，足见渡江关系重大，又一场决定红军生死存亡的战斗即将打响了。

▶云南省经委副主任单志超（前排左三）、经济日报驻云南记者站站长刘瑞麟（二排左四）和作者的妻子鲁萍（前排左一）、女儿菲菲（前排左二）到长征路上的云南柯渡看望作者时留影。（罗开富摄）

1985 年 4 月 29 日　晴

禄劝县头哨乡

我们的许多国产电影，都是“黑白分明”，敌人就是敌人，就要消灭它，很少想到利用它。沿着长征路采访，边听边记，边看现场，我由衷佩服毛泽东的高明：他对敌人的看法比一般人深了一层。在漆黑中他能找到“亮”点，而且善于利用这点“亮”去开辟胜利之路。

我想，找“亮”点不是把黑说成了白，而是说毛泽东善于从敌人内部发现矛盾，然后巧妙地利用这些矛盾，为我所用。

柯渡南距昆明 100 多里。当时云南军阀龙云的属下孙渡所辖有 6 个旅，两个新兵团，共二万四千多人，加上蒋介石调集的 70 个团 10 多万人，一直在尾追红军，此时离柯渡也只有三四天的路程。

今天一大早，我离开柯渡，沿红军足迹走到古城寨，然后开始爬一座高山。休息时，我和向导摊开地图一看，真为当年的中央红军捏把汗：这时在这个山区的中央红军主力不到三万人，因为红九军团在 1935 年 3 月27 日受命伪装主力掩护大军南渡乌江后，还一直没有归回建制，因而此刻中央军委身边只有红一、三、五 3 个军团，而且已是疲惫之师；滇军可不是黔军，洋枪洋炮洋电器比国民党的正规军还要多；再说这里的山区，正如毛泽东所分析的，不像湖南、贵州的山区那么险峻，总体上是一块大平原，交通比较发达，敌人易于运兵运枪。而正是在这样的险境中，毛泽东和他的战友们杀开了一条生路。从此中可以看出，**毛泽东的确智慧过人，他利用了蒋介石和地方军阀之间、军阀和军阀之间、蒋介石嫡系与非嫡系之间各种错综复杂的矛盾，为我所用，当机立断，巧渡金沙江，使红军又一次绝处逢生。**

今夜我根据掌握的资料，分析了敌人的矛盾：

1934 年 12 月15 日，中央红军离开湖南通道、兵分两路进入贵州时，蒋介石正在南昌行营对他的心腹陈布雷分析局势："川、黔、滇三省各自为政，共军入黔我们就可以跟进去，比我们专为图黔而用兵还好。川、滇为自救也不能不欢迎我们去，更无从借口阻止我们去，此乃政治上最好的机会。今后只要我们军事、政治、人事、经济调配适宜，必可造成统一局面。"

蒋介石狡猾，军阀们也不是笨蛋，对老蒋这一套早有警惕。我在前几日的日记中，写到龙云向薛岳献地图、被我军截获时，就很纳闷：1935 年 2 月 6 日，龙云奉蒋介石之命，就任"剿匪军"第二路军总司令，薛岳为前敌总指挥。此时红军已进入云南了，这个本该到前线来指挥的薛岳，怎么还待在贵阳呢？

为了弄清这个问题，这些天我翻阅了一些敌人的资料：原来龙云怕中央军乘机而入，自己成为贵州王家烈第二，被逼下野，于是他以第二路军总司令的名义，希望中央军"追剿"红军，但不要进入云南。据一个名叫胡羽高的回忆，龙云曾派人告诉薛岳："薛君个人来省，余当表示欢迎，若统大军前来，则可不必。"俗话说，柿子只拣软的捏，遇上龙云这个"硬柿子"，薛岳只能在贵阳坐等时机。毛泽东正是看准了这一点，运用孙子兵法中的声东击西之策，逼迫龙云让路。中央军委于 4 月 29 日派出红一军团第四团和红五军团一部佯攻昆明，把"打到昆明去，活捉龙云"的声势造得比枪炮还要响，吓得龙云除了把所有的兵丁都调去保卫昆明外，还把昆明南边维持滇越铁路的警察和附近各县民团都调到昆明，日夜站岗并赶修碉堡工事。这么一来，等于是毛泽东指挥龙云，把红军前进路上的障碍扫得一干二净。

敌人之间的矛盾毕竟是狗防狗、狗咬狗的矛盾，当人们要把“狗们”全部消灭时，它们还是会共同对付人类的。4 月 30 日，红军的佯攻部队已打到离昆明仅三十多里的大板桥。这下龙云真急了，一面准备逃命，办好了全家和心腹们逃往越南和缅甸的护照，一面也顾不上自己说过的中央军不要进入云南的话，准许他们按自己规定的路线，进云南“追剿”红军。龙云为什么要规定路线呢？这是孙渡给龙云的建议：“……为免除以后一切麻烦起见，只有追而不堵，将共军尽管赶走出境为最好。”

老奸巨猾的蒋介石虽然觉得解决云南的时机还不成熟，但毕竟已找到一个下手的机会。于是他命令飞机天天侦察轰炸，命令吴奇伟、周浑元加速尾追。这两员红军的手下败将分别是薛岳手下的第一、第二纵队司令，各辖 4 个师。他俩 1935 年 1 月 19 日从遵义开始尾追红军，追到云贵交界，损兵折将无数，饱尝了红军的厉害。为了不被红军彻底消灭，他俩一直是追而不紧。如今老蒋下了命令要加速，不照办不行，却又舍不得自己的嫡系部队去送死，真是为难。

吴奇伟、周浑元本来就是老蒋的嫡系，但嫡系中还有亲疏之分，周浑元属下的第十三师师长万耀煌，就属于次等嫡系之列。他是蒋介石收编的一个军阀，老奸巨猾，且看不起人，所以一直是中央军追击红军的前锋。万耀煌是军阀出身，他深切懂得保存实力的重要。当周浑元急令他全力向皎平渡口尾追我军后，他既怕孤军深入，被我吃掉，又怕蒋以追击不力拿他治罪，趁机吞并他的部队。但他知道，不追是交不了差的，只好派出先头部队追击。追到离柯渡不远的团街，就挨了我殿后的红五军团第三十七团一顿猛揍，万耀煌知道不能再追了，就借口构筑工事，固守不前。后来怕红军围而歼之，就谎报军情，撤出工事，原路返回。

对于蒋、万的矛盾，毛泽东早有了解。万在尾追时的矛盾心态和表现被我掌握后，毛泽东和他的战友经过研究，觉得机不可失，迅即命红一、三军团过江，五军团殿后阻敌。

蒋介石也不是等闲之辈，对于万耀煌的表现，蒋也得悉，正调集兵力再阻红军。这就决定了红军渡江时还有一场硬仗要打。

1985年4月30日 晴

禄劝县团街

今天我已走进了位于地震区内的震中地区。前些天，这一带刚发生地震。据新华社报道：4月18日13时52分，昆明以北地区发生六点三级地震，受灾最严重的是昆明市禄劝县的转龙、团街、九龙和曲靖地区寻甸县的牛街等区。

其实这些天我一直在地震区走，只是今天到了震中地区。由于还有不少余震，山崖上不时有石块滚落，同行的禄劝县人大常委会主任纳思颐和向导李继年、李春泉等为了保护我，不是跑到前面探路，就是把我护在中间，使我很受感动。在好几处地方，滚石擦着我们的脚后跟追上来，十分危险。地方的同志如此保护我，我心中很感不安：一是我反正要按时间按线路采访，真遇到危险，也是为了事业，命中注定，而万一把县领导和向导伤了，真不好交代；二是全县正在抗震救灾，本来人手就不够，还抽出好几人来为我的采访服务，心里真有点过意不去。纳思颐主任说："我们是为你服务但你冒着这么大的危险走长征路、写红军，不是对我们的鼓励更大吗！"纳主任的话让我很感动，心头却沉甸甸的。

使我心情更沉重的是中午在沙鱼朗村看见的断垣残壁。我走进了许多临时搭起的防震棚里，发现人们的精神没有垮，都坚信有党和政府的关心，

▼罗开富行进在云南禄劝县红军经过的山区。

通过生产自救，生活不会成问题，新房子也会建起来。

当我们走进一家用油毛毡搭起的窝棚时，看到一位少女正躺在稻草上。她见来了人，想起身，却动弹不得，但仍然想用双手把身体硬撑起来。纳主任赶紧过去帮她拉好被角，让她别动。这位姑娘姓殷，今年才 12 岁。地震发生时，她被压在山墙（即高墙）下。土被人们刨开了，小殷姑娘性命保住了，左腿却被压折了。我们望着稚气未脱、由于流血过多而灰白的脸，都不知说什么好。我问了一句："还痛吗？"小殷回答说："痛劲过去了，叔叔放心，没事的。"她看我拄着拐棍，问道："叔叔，你也受伤啦？"我点点头，说："不是因为地震，是在贵州走路时摔的。"

我佩服这位农村小姑娘的坚强和自己受了重伤还为他人着想的善良。

从油毛毡房里出来，我摸了一下自己的口袋，发现还剩下 30 多元钱。我想了一下：到四川会理县城只有 6 天路程，到了县城，就可以向农行借钱了。于是我留下了饭费，趴在一块石头上，在稿纸上写上几行字，连同 30 元钱一起交给了纳主任，以表达一名记者慰问灾区的一点心意。想不到纳主任一下严肃起来，凝重的脸上挂起了泪花，他一边接过我的钱，一边对我说："罗记者，这可是我们县收到的第一笔捐款呀！"

第一笔？我真不敢相信。事后纳主任在路上对我说，他也不敢相信。他问我："有难大家帮，这是美德啊，怎么现在……现在，唉！"自他问这句话到现在我写完这篇日记，已过去 8 个多小时了，我的心还是沉得很。

1985 年 5 月 1 日　晴

禄劝县撒营盘村

今天走了近 90 里，终于从团街走到了撒营盘。之所以用"终于"这个词，是因为一路上山连着山，似乎永远走不出山区，不过也让我又一次领略了"乌蒙磅礴走泥丸"的不凡气势。

地处滇东北的曲靖地区虽有山，不太高；路虽窄，不太长。而今天走的这片山区，座座山头似波浪起伏，无边无际；被许多小河小溪千万年切割成的幽深峡谷，落差竟大多在百米至五六百米之间。

群山中间有一条掌鸠河，它的上游名叫石板河。1935 年的今天，毛泽东、周恩来等经过石板河时，见两岸地形险要，又是追敌必经之路，就决定红五军团在这里阻击敌人，以掩护中央军委机关和红军主力过江。

到这里一看，我由衷佩服毛泽东的用兵如神，布防之奇也令人折服。

前天我在日记中已经提到，蒋介石命其第十三师为前锋尾追红军，而第十三师师长万耀煌与蒋早有矛盾，心怀鬼胎，为保存实力，追到团街不追了。

这里需要说明的是，中央红军的先头团于5月1日当晚渡金沙江成功，以后部队陆续过江。到全军全部过江，共花了9天时间。5月3日，万耀煌已追到团街。遭到我殿后部队的猛烈反击后，万怕孤军深入，被红军吃掉，就再不追了。5月4日一早，蒋介石给各路追军发出手令：要“不顾任何牺牲，追堵兜截，限歼‘匪’于金沙江以南地区，否则以纵‘匪’论罪”。万耀煌在团街等了一天，仍不见吴奇伟、周浑元率领的其他7个师增援的动静，更相信了自己判断：蒋介石嫡系中的嫡系们要让红军吃掉自己的队伍，至少是“弟兄们”要看自己的笑话。于是，万当晚向蒋介石发电称：前边尚未发现共军行迹，故决定俟查明共军去向后，再尾击而剿之。万耀煌想来个“金蝉脱壳”。5日晚，他又向蒋发电称：经一天侦察，前方仍未发现共军，天亮前如无新的训示，将率部原路返回，协同友军在其他地方“追剿”共军。其实万耀煌根本没派人前去侦察，只是在琢磨如何谎报军情。万黄昏时刻向蒋发了电报，还未等到“训示”，即令部队后撤，找安全地方去保存实力了。

万耀煌尽管老奸巨猾，却忘了蒋介石有飞机侦察：这几天，红军已在金沙江两岸。天亮前，万耀煌真的接到了电令训示：“限时即刻”到皎平渡，“如再违令，军法正之”。万耀煌这时害怕了：蒋介石杀人的阴险功夫非比寻常，不然怎能于军阀混战中登上宝座？他只好掉转方向重回团街，向皎平渡口追去。

毛泽东率红军出了团街，往西走了100多里，在追敌必经之路的石板河东的险山丛林中，部署了红五军团，以阻击敌人。

阻击敌人，是红军长征中的家常便饭，故而这一次阻击战几乎没有见到史书上有记载。但这些天我在现场看了地形，研究了当时军事态势、我军过江的时间和原计划用3个渡口、后压缩在一个渡口过江的万分险恶的情势后，感到这石板河阻击战非比寻常，这是一场关系到红军能否顺利渡江，甚至是生死存亡的阻击战。红五军团滞敌成功后，毛泽东从皎平渡过了金沙江，在江边岩洞中对作战参谋们说：“你们知道三国时代诸葛亮借东风的故事吗？我们现在借用蒋介石与万耀煌的矛盾，把主力部队调到这里来渡江。将来也让后人写段故事吧。”

这段故事是真实的。我勉励自己边看、边学习、边研究，以后在党史部门帮助下，试着写一写。

1985年5月2日　晴

禄劝县杉栎寨

今天尽在山里绕来绕去，走了90多里，傍晚才走到杉栎寨。这里离金沙江皎平渡还有30多里。

到了宿营地，虽然累得已不想讲话了，心里却很兴奋，因为今天我至少弄清了毛泽东说的借东风故事中的一个章节。

中央红军在中央苏区站不住脚从江西瑞金出发远征后，先是决定到湘西去，同红二、六军团会合，后因敌重兵横在我去湘西的路上，遂决定在湖南通道转兵，到敌人力量薄弱的贵州去。到了贵州，党中央在遵义会议上决定北渡长江，后因在习水县青杠坡一仗受挫，在宜宾、泸州间渡长江已不可能，就决定一渡赤水，到云南扎西休整并整编部队。接着是二渡赤水，回师遵义，在运动中消灭了大量敌人。但这时蒋介石已从云南、四川、湖南等地调集30多万人，企图聚歼我红军于黔北地区。毛泽东指挥红军进行了三渡、四渡赤水，终于摆脱了敌人的围追堵截，从万马丛中杀出一条生路，把敌人甩在了黔北。红军南渡乌江，向云南方向前进。

毛泽东指挥红军四渡赤水，从黔北挥师南下目的还是相机渡过长江，去四川与红四方面军汇合。一开始，蒋介石并没有发觉红军南下的意图，我想，这除了蒋介石刚愎自用，目光短浅，在军事战略上无法同毛泽东相争之外，同蒋的手下拍马、吹牛、撒谎，把蒋介石搞得晕晕乎乎有很大关系：红军四渡赤水后，明明是主动撤离黔北，而蒋的耳朵里听到的却都是：“委座”实在高明，红军已“溃不成军”，“仓皇流窜”了；当红军主力锐气未减，突然出现在贵阳郊外，大踏步前进时，蒋的周围又是马屁猛拍：“委座”指挥“实在有方”，红军已成“乌合之众”，“仓皇流窜”了。

但蒋介石毕竟是蒋介石，当红军渡过北盘江，进入云南，过了曲靖，向金沙江疾进时，蒋已发觉了红军的意图，判断我军“必渡金沙江无疑”，即刻命薛岳所率的吴奇伟、周浑元的8个师、滇军孙渡的3个旅加紧“追剿”。国民党军阀都深知有枪才是草头王的道理，为了保存实力，都是追而不紧，离红军后续部队保持三四天的路程。滇敌孙渡为保老蒋，从云南奔到贵阳，又从贵阳跟在红军后头回到云南。这时，红军派出两个团佯攻昆明，逼得龙云手忙脚乱，把滇南铁路警察都调来当守城部队使用。孙渡这个时候率部回了云南，自然被调去“保卫昆明”了。

这时，真正在追红军的只有敌第十三师。而敌第十三师是蒋嫡系中的次等嫡系，师长万耀煌与蒋有矛盾。这些天，当我写到敌十三师时，总是在想：蒋介石明知这个万耀煌与他有矛盾，为什么要派这个师去追呢？今天我从敌人当年的资料中，终于弄清了一点来龙去脉。

蒋介石是在4月27日判断我军“必渡金沙江无疑”的。这天，蒋密电川军在金沙江北岸堵截，命薛岳部加紧“追剿”，妄图把我军消灭在金沙江以南的云南境内。第二天，即4月28日，蒋介石又密电龙云：“凡金沙江上游，自巧家（县）至元谋（县）一段之船舶及一切可渡河之材料，……全部移至于绥江以下、叙州附近集中管理。”各渡河点的“竹木板店亦应严密收集，或烧毁”。

一个要过江，一个不让过，必有一场大仗要打。从红军到达遵义以来，敌人的部队几乎都尝过红军的厉害，真要打了，自然要万耀煌的第十三师先去送死。万心知肚明：自己没有保护伞，蒋的嫡系将领也想借刀削弱自己的实力。所以万只做了个追击的样子，5月2日晚到达禄劝团街，第二天被我红军后卫第三十七团一阵猛打后，即停止尾追。4日、5日晚，万耀煌两次向蒋发电，谎称这两天找不到共军，于5日晚从团街率部偷偷后撤了。6日一早，蒋向万发出手令：如再违令，将军法从事。这时蒋介石所有的“爱将”都离红军较远，只有万耀煌跟在红军后面，该他倒霉。

此刻的万耀煌只有转身去尾追红军了。7日追到石板河，被我殿后部队红五军团打得抬不起头，再难前进一步。

万耀煌的上司是周浑元，周的上司是薛岳。此刻的薛岳也怕难于向蒋介石交代，于5月8日向周浑元等发出严令：要他和吴奇伟等纵队“努力追击”，加紧“向石板河一带之‘匪’，竭力压迫，乘其半渡而击之，此千载一时之机会”。

5 月 9 日，薛岳所属的吴奇伟为司令的第一纵队、周浑元为司令的第二纵队、孙渡为司令的第三纵队的各一部陆续麇集石板河，向我殿后部队发起进攻。我红五军团指战员在军团长董振堂、政委李卓然、参谋长陈伯钧、政治部主任曾日三的率领下，与十多倍于我的敌人展开了激战。红军以一当十，越战越勇，把敌人死死钳制于石板河；后来采取节节抗击、交替掩护的战术，迅速脱离追敌，急行军到达皎平渡口，当天渡过了金沙江。

第二天一早，敌人过了石板河，追到皎平渡口时，中央红军已全部渡过了金沙江，“追剿”成了又一次给红军送行。龙云等自然要向蒋“请罪”，这是后话。

图书在版编目（CIP）数据

红军长征追踪／罗开富著．--3版．--北京：经济日报出版社，2017.1

ISBN 978－7－5196－0038－9

Ⅰ．①红… Ⅱ．①罗… Ⅲ．①中国工农红军长征－史料 Ⅳ．①K264.406

中国版本图书馆CIP数据核字（2016）第270211号

红军长征追踪

作　　者	罗开富
图片著者	（本书中所采用的图片除注明拍摄者或者提供者之外，大多由解放军画报社、拍摄者或肖像主人公后代、罗开富同志的向导、陪同等提供。因大多佚名故无法注明拍摄者，特此致歉。恳请照片著作权所有人主动与本社联系。）
责任编辑	肖小琴
责任校对	向倩兰　郭明骏
出版发行	经济日报出版社
地　　址	北京市西城区白纸坊东街2号（邮政编码：100054）
电　　话	010－63584556（编辑部）　63516959（发行部）
网　　址	www.edpbook.com.cn
E－mail	edpbook@126.com
经　　销	全国新华书店
印　　刷	中国电影出版社印刷厂
开　　本	710×1000 mm　1/16
印　　张	54.5
字　　数	850千字
版　　次	2017年1月第三版
印　　次	2017年6月第三次印刷
书　　号	ISBN 978－7－5196－0038－9
定　　价	118.00元（上下两册）